高等院校金融专业系列教材

商业银行业务与经营

(第二版)

主 编 季 健

扫码申请更多资源

南京大学出版社

图书在版编目(CIP)数据

商业银行业务与经营 / 季健主编. —— 2版. —— 南京:南京大学出版社,2020.5
ISBN 978-7-305-23075-2

Ⅰ.①商… Ⅱ.①季… Ⅲ.①商业银行-银行业务-高等学校-教材②商业银行-经营管理-高等学校-教材 Ⅳ.①F830.33

中国版本图书馆 CIP 数据核字(2020)第 045385 号

出版发行	南京大学出版社
社　　址	南京市汉口路 22 号　　邮　编　210093
出 版 人	金鑫荣
书　　名	**商业银行业务与经营(第二版)**
主　　编	季健
责任编辑	武坦　　　　　　　　编辑热线　025-83592315
助理编辑	张亚男
照　　排	南京南琳图文制作有限公司
印　　刷	宜兴市盛世文化印刷有限公司
开　　本	787×1092　1/16　印张 18　字数 472 千
版　　次	2020 年 5 月第 2 版　2020 年 5 月第 1 次印刷
ISBN	978-7-305-23075-2
定　　价	49.80 元

网址:http://www.njupco.com
官方微博:http://weibo.com/njupco
微信服务号:njuyuexue
销售咨询热线:(025) 83594756

* 版权所有,侵权必究
* 凡购买南大版图书,如有印装质量问题,请与所购
　图书销售部门联系调换

前 言

近年来,随着经济的发展和金融改革的深入,商业银行的地位日益凸显,商业银行业务与经营的研究也在学术界和实务操作中受到了广泛的重视。越来越多的财经院校和金融爱好者希望更多地了解商业银行的各项业务,熟悉商业银行常见的管理方式与方法,从而更好地提升自身能力,更便利地解决现实问题,更方便地融入商业银行的各项业务活动之中,这就引出了我们对一门专业领域——商业银行业务与经营——的关注与研究。

目前,商业银行已经成为人们重要的就业领域和方向,也是社会资金融通和金融整合的重要枢纽之一,因此,了解和熟悉商业银行的经营方式与管理办法已经成为越来越多的人关注的焦点之一。鉴于此,本书立足于实践性发展的客观需求,在系统性整合现有商业银行发展理论和经营管理办法的基础上,将实用性、互联网和风险管理融入内容之中,将理论分析与现实问题相融合,将风险管理与商业银行业务拓展相衔接,将互联网金融与传统银行发展相关联。这充分凸显了本书与实际需求的契合性,全面提升了本书的适用范围,扩大了本书的受众对象。

本书编写的特色与创新表现为以下四个方面:

(1) 以理论性与实践性相融合为导向,基于国内外商业银行的业务对比及我国商业银行的发展实际,重新整合理论知识体系,对应实际需求安排章节,构建以基础理论、风险管理和互联网金融为核心的框架结构,同时增加典型的商业银行业务与经营的案例,全面提升教材的实用性,真正做到理论与实际的融合。

(2) 以服务应用型人才培养为方针,基于国家应用型高校建设的需要,科学分析应用型人才的培养需求,将学生的知识积累、素质提升与教材编写紧密融合,将教材的知识整合、银行的人才需求和社会发展需要恰当衔接,提升教材的综合应用性,适应各类应用型高校人才培养与发展的需要,进而有效地扩大本书的应用范围,提升针对性。

(3) 以盐城市金融研究院为依托,充分整合现有的各类金融资源,不断吸收商业银行的实战人员充实本书的编写力量,整理商业银行经营管理的具体案例,将知识讲授与科学研究相融合,将理论的阐述与案例的分析相衔接,进而保障本书的科学性和实践性。

(4) 打破传统理论编写模式,基于互联网发展和风险监管的各项要求,将互联网金融、风险管理融入编写体系,彰显教材的与时俱进,提升教材的覆盖面,扩大教材的针对性,同时增强理论知识与实践内容的连贯性,提高教材与课程的针对性。

本书内容实用,体系合理,案例翔实新颖,并提供了丰富的资料检索地址,以利于读者充分地利用好网络数据资源。本书可作为金融工程、会计、财务管理、经济学、国际经济与贸易等专业本科学生教学用书,也可作为银行从业与管理人员培训及自学用书。

本书由盐城师范学院季健教授负责提纲的拟定及定稿前的修改、补充和总纂。各章节的执笔人如下:第1章、第2章、第3章、第4章、第10章、第11章、第12章由季健编写;第5章、第6章、第7章、第8章、第9章由祝婧然编写。季健教授还负责了全书案例的选取、修改与定稿。

限于作者水平,本书内容安排和文字表述上可能有不恰当之处,恳请读者的批评指正。如果您有其他意见或建议均可发邮件至 mhh8911@126.com。

编　者

2020 年 3 月

目 录

第一篇 基础理论篇

第一章 商业银行导论 (3)
第一节 商业银行的起源与发展 (3)
第二节 商业银行的概念和作用 (11)
第三节 商业银行的组织结构 (13)
第四节 商业银行的监督与管理 (17)

第二章 商业银行的资本管理 (35)
第一节 商业银行资本的功能与构成 (36)
第二节 巴塞尔资本协议与资本充足率的测度 (42)
第三节 商业银行资本的筹集与管理 (56)

第三章 商业银行的负债管理 (63)
第一节 商业银行的负债管理概述 (64)
第二节 商业银行的存款负债管理 (66)
第三节 商业银行的非存款负债管理 (72)
第四节 我国商业银行的负债结构分析 (75)

第四章 商业银行的资产管理 (78)
第一节 商业银行的现金资产管理 (78)
第二节 商业银行的贷款业务管理 (86)
第三节 商业银行的证券投资管理 (103)

第二篇 风险管理篇

第五章 商业银行风险管理概述 (123)
第一节 金融风险与金融风险管理概述 (123)
第二节 金融风险管理的流程与方法 (128)
第三节 商业银行风险管理 (134)

第六章 信用风险管理 (139)
第一节 信用风险概述 (139)
第二节 信用风险的计量 (142)

第三节　信用风险的控制……………………………………………………（150）
第七章　流动性风险管理……………………………………………………………（156）
　　　第一节　流动性风险管理概述…………………………………………………（156）
　　　第二节　流动性风险的监管与监测……………………………………………（158）
　　　第三节　流动性风险管理的方法………………………………………………（162）
第八章　市场风险管理………………………………………………………………（168）
　　　第一节　市场风险概述…………………………………………………………（168）
　　　第二节　市场风险的计量………………………………………………………（171）
　　　第三节　市场风险管理…………………………………………………………（176）
第九章　其他风险管理………………………………………………………………（180）
　　　第一节　操作风险管理…………………………………………………………（180）
　　　第二节　合规风险管理…………………………………………………………（188）
　　　第三节　声誉风险管理…………………………………………………………（195）
　　　第四节　战略风险管理…………………………………………………………（201）
　　　第五节　跨市场金融创新风险管理……………………………………………（205）

第三篇　互联网金融篇

第十章　互联网金融与商业银行……………………………………………………（213）
　　　第一节　互联网金融概述………………………………………………………（213）
　　　第二节　互联网金融对传统银行业的影响……………………………………（219）
　　　第三节　互联网金融与传统银行业的融合发展………………………………（226）
第十一章　互联网时代下银行业创新实践…………………………………………（232）
　　　第一节　互联网银行概论………………………………………………………（232）
　　　第二节　互联网时代与银行业相关的互联网金融模式………………………（234）
　　　第三节　互联网银行与传统银行业的比较……………………………………（253）
第十二章　互联网时代商业银行风险监管与控制…………………………………（258）
　　　第一节　银行变革与监管的博弈………………………………………………（258）
　　　第二节　互联网时代美国银行业的监管………………………………………（261）
　　　第三节　银行业传统风险新特征………………………………………………（264）
　　　第四节　互联网时代衍生出的全新风险形态…………………………………（273）
　　　第五节　"STORM"框架概述…………………………………………………（277）
参考文献………………………………………………………………………………（281）

第一篇
基础理论篇

第一篇

基础理论篇

第一章 商业银行导论

学习目标

- 了解商业银行的起源与发展历程;
- 熟悉商业银行的概念与作用;
- 掌握商业银行的内部组织结构与外部组织形式;
- 熟悉政府对银行监管的原因与内容;
- 掌握商业银行经营管理的目标与原则;
- 掌握商业银行经营过程中的各种环境要素。

学习重点

- 商业银行的基本作用;
- 商业银行的内部组织结构与外部组织形式;
- 商业银行经营管理的基本原则;
- 商业银行经营过程中的各个要素及其对商业银行的影响。

第一节 商业银行的起源与发展

一、西方国家商业银行的起源与发展

银行是经济中最为重要的金融机构之一。关于银行业务的起源,可谓源远流长。西方银行业的原始状态,可溯及公元前的古巴比伦以及文明古国时期。据《大英百科全书》记载,早在公元前6世纪,在古巴比伦已有一家"里吉比"银行。又据考古学家在阿拉伯大沙漠发现的石碑证明,在公元前2000年以前,古巴比伦的寺院已在对外放款,而且"放款时采用由债务人开具类似本票的文书,交由寺院收执,且此项文书可以转让"。公元前4世纪,希腊的寺院、公共团体、私人商号也从事各种金融活动,但只限于货币兑换业性质,还没有办理放款业务。罗马在公元前200年也有类似希腊银行业的出现,但较希腊银行业又有所进步,它不仅经营货币兑换业务,还经营放贷、信托等业务;同时罗马对银行的管理与监督也有明确的法律条文,罗马银行业所经营的业务虽不属于信用贷放,但已具有近代银行业务的雏形。人们公认的早期银行的萌芽,起源于文艺复兴时期的意大利。英文中的银行一词为"bank",是由意大利文"banca"

演变而来的。在意大利文中,"banca"是"长凳"的意思。最初的银行家均为祖居在意大利北部伦巴第的犹太人,他们为躲避战乱,迁移到英伦三岛,以兑换、保管贵重物品、汇兑等为业,在市场上人各一凳,据以经营货币兑换业务。倘若有人遇到周转不灵、无力支付债务时,就会招致债主们群起捣碎其长凳,兑换商的信用就此宣告破碎,所以英文"破产"为"bankruptcy",也源于此。

早期银行业的产生与国际贸易的发展有着密切的联系。中世纪的欧洲地中海沿岸各国,尤其是意大利的威尼斯、热那亚等城市是著名的国际贸易中心,商贾云集、市场繁荣,但由于当时社会的封建割据、货币制度混乱,各国商人所携带的铸币形状、成色、重量各不相同。为了适应贸易发展的需要,必须进行货币兑换。于是,单纯从事货币兑换业并从中收取手续费的专业货币商便开始出现和发展了。"货币经营业,即经营货币商品的商业,首先是从国际贸易中发展起来的。自从各国有不同的铸币以来,在外国购买货物的商人,就得把本国铸币换成当地铸币和把当地铸币换成本国货币;或者把不同的铸币同作为世界货币的、未铸币的纯银或纯金相交换,由此就产生了兑换业,它应被看成近代货币经营业的自然基础之一。"随着异地交易和国际贸易的不断发展,来自各地的商人为了避免长途携带而产生的麻烦和可能的风险,开始把自己的货币交存在专业的货币商处,委托其办理汇兑与支付。此时的专业货币商已表现出银行萌芽的最初职能——货币的兑换与款项的划拨。

随着接受存款的不断增加,商人们发现多个存款人不会同时支取存款,于是他们开始把汇兑业务中暂时闲置的资金贷放给社会上的资金需求者。最初,商人们放贷的款项仅限于自有资金,随着代理支付制度的出现,借款者就把所借款项存在贷出者那里,并通知贷放人代理支付。可见,从实质上看,贷款已不仅限于现实的货币,而有一部分变成了账面信用,这标志着现代银行的本质特征已经出现。

当时,意大利的主要银行有1171年设立的威尼斯银行、1407年设立的圣乔治银行等。自16世纪末开始,银行由意大利普及至欧洲其他国家,如1609年成立的阿姆斯特丹银行、1619年成立的汉堡银行、1621年成立的纽伦堡银行等,都是欧洲早期著名的银行。在英国,早期的银行业是金匠业发展而来的。17世纪中叶,英国的金匠业极为发达,人们为了防止盗窃,将金银委托给金匠保存,当时金匠业不仅代人保管金银、签发保管凭条,还可按照顾客的书面要求,将金银划拨给第三者。金匠业还利用自有资本发放贷款,以获取利息。同时,金匠们签发的凭条可代替现金流通于市面,称为"金匠券",并由此开辟了近代银行券的先河。这样,英国早期的银行业就在金匠业的基础上产生了。

这种早期的银行业虽已具备了银行业的本质特征,但它仅仅是现代银行业的原始发展阶段。因为银行业的生存基础还不是社会化大生产的生产方式;银行业的放款对象还主要是政府和封建贵族;银行业的放款带有明显的高利贷性质,其提供的信用还不利于社会再生产过程。但早期银行业的出现,完善了货币经营业务,孕育了信贷业务的萌芽,它们演变成现代银行业则是在17世纪末到18世纪,而且这种转变还要求具备经济发展过程中的某些特殊条件。

现代商业银行的最初形式是资本主义商业银行,它是资本主义生产方式的产物。随着生产力的发展、生产技术的进步、社会劳动分工的扩大,资本主义生产关系开始萌芽。一些手工场主与城市富商、银行家一起开始形成新的阶级——资产阶级。由于封建主义银行贷款具有高利贷的性质,年利率平均在20%～30%,严重阻碍着社会闲置资本向产业资本转化。另外,早期银行的贷款对象主要是政府等一批特权阶层而非工商业,新兴的资产阶级工商业无法得到足够的信用支持,而资本主义生产方式的产生与发展的一个重要前提是要有大量的为组织资本主义生产所必需的货币资本。因此,新兴的资产阶级迫切需要建立和发展资本主义银行。

资本主义商业银行的产生,基本上通过两种途径:一是旧的高利贷性质的银行逐渐适应新的经济条件,演变为资本主义银行。在西欧,由金匠演化而来的旧式银行,主要是通过这一途径缓慢地转化为资本主义银行。二是新兴的资产阶级按照资本主义原则组织的股份制银行,这一途径是主要的途径。建立资本主义银行的历史过程,在最早建立资本主义制度的英国表现得尤其明显。1694年在政府的帮助下,英国建立了历史上第一家资本主义股份制的商业银行——英格兰银行。它的出现,宣告了高利贷性质的银行业在社会信用领域垄断地位的结束,标志着资本主义现代银行制度开始形成以及商业银行的产生。从这个意义上说,英格兰银行是现代商业银行的鼻祖。继英格兰银行之后,欧洲各资本主义国家都相继成立了商业银行。自此,现代商业银行体系在世界范围内开始普及。

二、我国商业银行的起源与发展

（一）1948年前我国商业银行的发展

与西方的银行相比较,中国的银行产生较晚。中国关于银行业的记载,较早的是南北朝时的寺庙典当业。到了唐代,出现了类似汇票的"飞钱",这是我国最早的汇兑业务。北宋真宗时,由四川富商发行的交子成为我国早期的纸币。到了明清以后,当铺是中国主要的信用机构。明末,一些较大的经营银钱兑换业的钱铺发展成银庄。银庄产生初期,除兑换银钱外,还从事贷放,到了清代,才逐渐开办存款、汇兑业务,但最终在清政府的限制和外国银行的压迫下走向衰弱。我国近代银行业是在19世纪中叶外国资本主义银行入侵我国之后才兴起的,最早到中国来的外国银行是英商东方银行。其后,各资本主义国家纷纷来华设立银行。在华外国银行虽给中国国民经济带来了巨大破坏,但在客观上也对我国银行业的兴起起了一定的刺激作用。为了摆脱外国银行的支配,清政府于1897年在沪成立中国通商银行,标志着中国现代银行的产生。此后,浙江兴业、交通银行相继产生。

（二）1948年后我国商业银行的发展

新中国成立以来,中国银行业的发展有几个关键年份:一是1948年12月中国人民银行的建立,标志着中国银行体系的诞生;二是1984年1月中国工商银行正式成立,四大国有专业银行基本形成,中国的中央银行—国有银行两阶层式银行体系正式确立;三是1986年我国第一家股份制银行交通银行成立,代表着中国银行业银行类型开始存在不同;四是1995年《中华人民共和国商业银行法》(以下简称《商业银行法》)的颁布及"专业银行"称谓的取消,中国银行业的商业化进程加快;五是2006年中国银行、工商银行、建设银行三家国有独资商业银行上市成功以及2006年12月11日兑现加入WTO的银行业开放承诺,银行业面向外资全面放开。这些关键年份是中国银行业发展的五个阶段的标志,其梯次推进既表明中国银行业改革的渐进式思想,又体现出商业银行从无到有、从数量累积到结构优化的演化过程。

1. 1948—1984年1月:商业银行无从谈起

从1948年到1979年是中国人民银行的"大一统"时期,中国人民银行因兼营中央银行与一般性银行的双重业务,同时又隶属财政部,导致银行产业无从谈起。而中国人民银行的垄断与国家的经济封闭也导致银行业竞争力无从谈起。这一状况在1979年以后有所改观。1979年2月,国务院批准恢复组建中国农业银行,作为从事农业金融业务的专业银行。1979年3月,专营外汇业务的中国银行从中国人民银行中分离出来,完全独立经营。同年8月,中国人民建设银行也从财政部分设出来,专门从事固定资产贷款和中长期投资业务,后更名为"中国建设银行"。这些专业银行各有明确的分工,打破了人民银行独家包揽的格局。1983年9月,国务院决定中国人民银行单一行使中央银行职责,同时设立中国工商银行,经营原中国人民银行办理的工商信贷和储蓄等经营性业务。四家专业银行在国家政策分工所限定的地域和行业范围内开展活动。它们开设网点,迅速扩张,虽然因承担大量国家政策的任务,使其企业化运营和市场竞争为零,竞争力无从谈起,但毕竟在机构设置和市场占有等方面为以后的银行商业化发展提供了一些基本条件。

2. 1984—1997年:商业银行体系的初步形成

这一时期银行业以国有商业银行为主体,其他银行并存的局面初步形成,国有专业银行开始向商业银行转变。

首先,在明确专业化银行身份之后,国家对银行机构施行了一系列以扩大经营自主权为主的企业化改革措施,重点包括:转变银行信贷资金管理体制和财务管理体制。1985年,银行信贷资金管理体制由实行"差额包干"改为"实存实贷";财务体制也由"统收统支"改为各银行单独核算、利润留成,逐步实行独立核算、自主经营、自负盈亏。1989年实行了"限额管理,以存定贷"的方针,资产负债管理体制开始逐步建立。国有银行开始由机关式管理方式向企业化管理方式过渡。围绕企业化经营方向,建立了各种岗位责任制、目标责任制和单项承包制,同时推行劳动人事制度改革,试行中层干部聘任制、任期目标责任制等,打破专业银行的垄断格局和业务范围限制。

其次,相继成立10余家股份制商业银行,各银行之间也出现了业务交叉、相互竞争的局面,为专业银行的企业化转变创造了外部条件。1986年,交通银行成立,标志着股份制银行的出现。当时的政策背景也是希望在银行业增加国有独资银行的竞争对手,用新型银行带动国有银行的改革。其后先后成立了中信实业银行、招商银行、深圳发展银行、烟台住房储蓄银行、蚌埠住房储蓄银行、福建兴业银行、广东发展银行、中国光大银行、华夏银行、上海浦东发展银行、海南发展银行、民生银行等12家股份制银行。[①] 到1996年年底,这12家股份制银行共有机构3 748个、职工8.55万人,逐渐改变了国有银行占据100%的市场结构的格局,银行求变的内在动力、外在压力不断增强。

再次,成立政策性银行为专业银行的企业化创造条件。1994年,我国建立了国家开发银行、中国进出口银行、中国农业发展银行三家政策性银行,政策性银行成立的目标是为了分离国有银行原来承担的政策性业务,为其商业化运营减负。

最后,以1995年《商业银行法》的颁布为标志,从法律上确定了商业银行的性质、定位以及行业运作的范围边界。应该说有法可依是银行企业化运营的制度基础之一。同时,1995年也开始了对城市信用社的改革。1995年7月,第一家地方性的股份制商业银行——深圳城市商业银行——正式成立,并实施了分三批组建城市商业银行的规划。此外,1996年国务院颁布了关于农村金融体制改革的决定,1996年年底全国农村信用社基本完成了与农业银行的脱钩,开始进行合作金融的改革。

---

① 注:蚌埠住房储蓄银行和海南发展银行都没有了,中信实业银行改为了中信银行,烟台住房储蓄银行改为了恒丰银行,深圳发展银行改为了平安银行,加入了浙商银行和渤海银行。

这一系列举措为中国银行业奠定了银行机构的数量基础,表现为机构扩张、业务扩张、网点人员扩张的数量累积,同时银行间的同质性不断提高,表现为各家银行的组织结构、资本结构、业务结构趋同。但这一时期银行业竞争也稍显端倪,1985年国有专业银行分工限制被打破,银行业竞争开始呈现,特别是规模扩张成为竞争的主流,银行业大中规模的银行初具形态。这与1985年以来经济体制由计划经济转为有计划的商品经济有关,到1992年社会主义市场经济的初步设计为银行的企业化和产业化经营提供了经济环境,使银行业整体的市场观、竞争观初步树立,表现为银行业开始关注并展开占有率的竞争、网点人员数量的竞争。当然,这一时期数量扩张下的各种问题也逐渐显现:高比例的不良贷款问题、银行资产运用的软约束、银行业风险的加剧。

3. 1998—2003年:银行业市场化改革的推进

这一时期银行业拉开了改革的大幕,商业银行尤其是四家国有独资商业银行的改革不断推进,改革的方向是建立现代企业制度的银行市场主体,这基本符合商业银行主体的市场化要求。值得一提的是,受1997年亚洲金融危机的警示,我国政府和金融界开始重视金融风险问题。1997年亚洲金融危机之后,国有企业大面积陷入经营困境,致使国有商业银行不良资产剧增,银行脆弱的资产质量甚至影响到国家经济和金融体系的安全。1997年11月,为正确估量经济、金融形势,深化金融改革和整顿金融秩序,国家召开了第一次全国金融工作会议,此后实施的主要改革措施包括:成立金融工作委员会,对全国性金融机构组织关系实行垂直领导,改革四家银行干部任免制度,试图解决地方政府干预银行业务问题;补充资本金,剥离不良资产,提高国有独资商业银行的抵御风险能力。中央政府于1998年发行2 700亿元特别国债补充四家国有独资商业银行资本金,1999年成立东方、长城、信达、华融四家资产管理公司,剥离国有商业银行不良资产1.4亿元左右。全面推行资产质量五级分类制度以取代原来的"一逾二呆"贷款分类法,同时要求商业银行按照审慎会计原则提取贷款损失准备金。国务院向四大银行派驻监事会,强化监督制约机制,这说明国家已经意识到国有商业银行在治理结构方面存在问题,并开始着手改进。

上述改革措施充实了国有商业银行的资本实力,改善了财务状况,也在一定程度上减轻了四家银行的历史包袱。随着宏观经济保持稳步增长势头,四家银行在2000年第四季度出现了不良贷款总额和比例"双降"的良好局面。但是,由于计划经济的烙印太深,历史包袱积重难返,管理体制和经营机制等深层次问题没有得到根本解决,有效的资本金补充、风险管理和内部控制机制没有形成,随着信贷规模的不断扩大,风险资产相应增加,资本充足率进一步下降,不良资产再次反弹。按贷款质量五级分类统计,2002年年底四大银行的不良贷款总额21 350亿元,不良贷款率25.12%。伴随着资产规模的高速扩张,四家银行面对的是盈利水平的低下,2003年平均总资产回报率(ROA)为-0.2%,而国际前100家银行平均水平为1%;平均股本回报率(ROE)为-0.5%,而国际前100家银行平均为12%~14%。

由于1998—2000年中国经济面临的萧条环境,以及国有银行所承担对国有企业的融资责任等原因,这期间不良贷款又新增1万多亿元,使得资产管理公司剥离不良贷款所创造的银行发展机遇被吞噬一空。单独依靠银行自身的经营来化解不良资产、充实资本金几乎没有可能。按照审慎会计原则计算,四家银行2003年年底的资本充足率均为负数,外界因此有"中国的国有商业银行早已'技术上破产'"的论断。严重的不良贷款问题加强了管理当局推动国有银行治理结构改革的决心,改革的深化势在必行。

4. 2003年至今:商业银行改革的深化

2001年12月11日我国加入WTO后银行业承诺的开放过程为银行业带来改革的外在压力,这种压力所形成的外在推动力和冲击使银行业感受到竞争的激烈和提升竞争力的必要性与迫切性。同时竞争力还来自于中国国内金融体系改革与发展所带来的新情况:一是同业之间的业务竞争加剧,各家银行都实现规模扩张,银行的同质化使同一市场、同一客户的竞争不断升级;二是混业经营开始松动,非银行金融机构,如保险公司、财务公司等开始抢夺银行业务与客户;三是资本市场的发展,虽然在中国没有形成对银行足够的冲击,但其可预见的发展速度毕竟具有潜在的威胁。应该说进入21世纪的中国银行业开始感受到前所未有的竞争压力,而随着国门的开放以及对国际银行业发展的深入了解,中国银行业也开始认识到"脱媒""并购"等现象后的国际银行竞争力,开始考虑自己的出路。

2002年2月,党中央、国务院召开第二次全国金融工作会议,提出"产权清晰、权责明确、政企分开、管理科学"的现代金融企业制度要求。其后,国务院成立了国有独资商业银行综合改革专题工作小组,部署了中国人民银行牵头研究国有商业银行改革问题。改革目标已经提出,但在改革的资源选择上却存有争议。一种选择是延续第二轮改革的思路,即中央财政利用财政发债的方式对国有商业银行进行财务重组。但是自1998年实施积极财政政策以来,我国连续几年出现较大财政赤字,国债发行的余地已经很小,财政部门也明确表示国家财力不足以支持国有商业银行的改革。此外在法律程序上,国债发行须获人大批准,在当时的情况下发债的方案不易获得通过。2003年5月19日,中国人民银行向国务院提出了动用外汇储备向国有商业银行注资的新思路,其背景是我国已积累了较为充裕的外汇储备。这些外汇储备投资于国有商业银行股权,可在中国人民银行资产负债表的"其他投资"中应用,国家最终选择了运用外汇储备注资的方案。

2003年9月,中央和国务院原则通过了《中国人民银行关于加快国有独资商业银行股份制改革的汇报》,决定选择中国银行、中国建设银行作为试点银行,用450亿美元国家外汇储备和黄金储备补充资本金,进一步加快国有独资商业银行股份制改革进程。国家根据产权明晰的原则,于2003年12月16日依《中华人民共和国公司法》(以下简称《公司法》)设立了中央汇金公司,由其运用国家外汇储备向试点银行注资,并作为国有资本出资人代表。中央汇金公司的成立是国有商业银行业改革的一个重大创新,国有商业银行长期存在的产权主体虚位局面由此得到根本性改变。此后,中国银行、建设银行等试点银行的改革工作按照改革总体方案,根据"一行一策"的原则稳步开展。

第一步是财务重组,主要包括核销资产损失、处置不良资产、再注资等三个环节。中行、建行将所有者权益、准备金和2003年利润全部转入不良资产拨备,用于核销资产损失,之后将不良资产以市场评估价格剥离给资产管理公司。在工行的财务重组中,财政部创新性地以工行未来的收益冲销工行过去的损失,设立了"特别共管账户"。在核销资产损失、处置不良资产的基础上,2003年12月30日国务院通过中央汇金公司向中行、建行分别注入225亿美元的资本金;2005年4月,中央汇金公司再向中国工商银行注资150亿美元。通过财务重组,三行财务状况得到显著改善,主要财务指标已接近国际大型商业银行的水平。

第二步是在财务重组的基础上实施股份制改造,建立现代公司治理框架。中行、建行、工行相继于2004年8月26日、9月21日和2005年10月28日由国有独资改组为股份有限公司。中央汇金公司分别向三行派出专职董事,代表行使国有资本出资人职能。

第三步是引进战略投资者。国务院在制定改革总体方案时，将"引进国内外战略投资者，改变单一的股权结构，实现投资主体多元化"作为股份制改革的重要一环。三行分别引入了美国银行、英格兰皇家银行、高盛投资团等投资战略投资者。

第四步也即改革总体方案的最后一步，是境内外公开发行上市。从2005年10月起，三行相继启动首次公开发行工作，均取得了巨大成功，在融资规模、认购倍数、发行价格等方面屡创纪录。截至2007年9月，中行、建行、工行三行全部完成A股和B(H)股两地上市。

同时，农业银行的股份制改革也在推进。针对农业银行政策性业务多、不良贷款比率高以及历史遗留的管理体制，农业银行改革遵循"面向'三农'、整体改制、商业运作、择机上市"的改革方针，在全面外部审计、清产核资的基础上，稳步推进不良资产处置、国家注资等财务重组和设立股份公司工作。改制后的农业银行建立健全了公司治理结构，着力推进内部改革，切实转换经营机制，进一步强化为"三农"服务的市场定位，不断提升服务水准和效益。经过三年多的努力，中国农业银行于2010年7月15日和16日正式在上海和香港两地上市，至此，中国四大国有商业银行全部实现上市，中国金融改革开始了新的一页。

2013年，随着新一届领导人换届完成，涉及金融改革的政策出台节奏明显加快，无论是贷款利率下限松绑还是人民币自由兑换进程加速，或是各种金融创新品种的次第推出等，都预示着金融改革在2013年已步入深水区。

2014年全国两会，李克强总理在政府工作报告中首次提及互联网：促进互联网金融健康发展，完善金融监管协调机制，密切监测跨境资本流动，守住不发生系统性和区域性金融风险的底线。

2015年3月5日，李克强总理在政府工作报告中提出，"制定'互联网＋'行动计划，推动移动互联网、云计算、大数据、物联网等与现代制造业结合，促进电子商务、工业互联网和互联网金融健康发展，引导互联网企业拓展国际市场。"3月23日，中国工商银行在北京正式发布互联网金融平品牌"e-ICBC"及其主要产品，"三大平台＋三大产品线"战略布局谋定，成为国内第一家发布互联网金融品牌的商业银行。此外，业界关注已久的工行直销银行也于3月23日正式亮相，为首个国有大行直销银行揭开神秘面纱。业内人士指出，工行此次全面启动互联网金融战略，抢先为整个互联网金融业态提供了基于银行视角的新思路。

互联网＋金融，普惠金融梦想成真。互联网＋金融酝酿出了近年来炙手可热的互联网金融，以2011年央行发放第三方支付牌照为标志，第三方支付机构进入规范发展的轨道。2013年至今，互联网金融快速发展。P2P网络借贷平台、网络众筹等新型业态起步，第一家专业网络保险公司获批，互联网＋金融的基础设施和行业形态明显迈上台阶。截至2016年第一季度中国第三方互联网支付交易规模达到40 584.3亿元，同比增长67％，环比增长14.4％。截至2016年4月，P2P网上借贷平台已经发展到了4 029家，贷款余额上升到了5 478亿元。

2015年5月1日起，《存款保险条例》实施，存款保险制度倒逼银行业"主动起来"。随着存款保险制度的正式实施，银行存款将不再是纯粹的无风险资产，从理论上来讲，超出50万元保额上限的存款也可能出现违约风险。未来商业银行唯有通过着力提升自身的资产管理、风险管控及金融服务能力，才可能从根本上留住客户资金。从这个意义上讲，存款保险制度的出炉将倒逼银行业加速金融创新步伐，主动向交易性资产管理机构转型跨越。

商业银行可开展贷款展期，推进利率市场化。李克强总理2015年4月17日考察工行和国开行，随后主持召开座谈会。李克强总理称经济下行压力加大，稳健货币政策要灵活有效；商业银行要开展贷款展期；推进股票发行注册制；推进利率市场化。

2015年12月2日,李克强总理在北京主持召开国务院常务会议。会议部署在浙江省台州市、吉林省等多地开展金融改革创新试点,以提升金融服务实体经济能力。

在2014年《商业银行理财业务监督管理办法(意见征求稿)》的基础上,银监会2016年7月已初步形成了新的意见征求稿,最重要的调整体现在以下几点:① 或建风险准备金制度;② 拟对银行理财分综合类和基础类;③ "非标"投资拟不得对接资管计划;④ 将禁止银行发行分级理财产品;⑤ 不得直接或间接投资于除货基和债基之外的证券投资基金。

商业银行发展到今天,与其当时因发放基于商业行为的自偿性贷款从而获得"商业银行"的称谓相比,已相去甚远。今天的商业银行已被赋予更广泛、更深刻的内涵。特别是第二次世界大战以来,随着社会经济的发展,银行业竞争的加剧,商业银行的业务范围不断扩大,逐渐成为多功能、综合性的"金融百货公司"。

在20世纪90年代,国际金融领域出现了不少新情况,直接或间接地对商业银行的经营与业务产生了深远的影响,主要表现在:银行资本越来越集中,国际银行业出现竞争新格局;国际银行业竞争计划,银行国际化进程加快;金融业务与工具不断创新,金融业务进一步交叉,传统的专业化金融业务分工界限有所缩小;金融管制不断放宽,金融自由化的趋势日益明显;国内外融资出现证券化趋势,证券市场蓬勃发展;出现了全球金融一体化的趋势。这些金融发展趋势的出现必将对今后的商业银行制度与业务产生更加深远的影响。表1-1总结了我国商业银行业构成情况。

表1-1　　　　　　　　2016年8月我国商业银行构成情况

类　型	名　称	数　量	是否上市	地理范围
大型商业银行	中国工商银行	5家	上市	全国
	中国建设银行		上市	全国
	中国银行		上市	全国
	中国农业银行		上市	全国
	交通银行		上市	全国
股份制银行	中国光大银行	12家	上市	全国
	招商银行		上市	全国
	中信银行		上市	全国
	民生银行		上市	全国
	华夏银行		上市	全国
	平安银行		上市	全国
	兴业银行		上市	全国
	上海浦东发展银行		上市	全国
	广发银行		未上市	全国
	渤海银行		未上市	区域
	恒丰银行		未上市	区域
	浙商银行		未上市	区域

续表

类　型	名　称	数　量	是否上市	地理范围
城市商业银行	北京银行、上海银行、宁波银行、南京银行、江苏银行、江阴银行、无锡银行、常熟银行等	135家	有的上市	地区性
农村商业银行、合作银行	北京农村商业银行等	157家	有的上市	地区性

资料来源：http://www.cbrc.gov.cn/index.html，中国银行业监督管理委员会，国内银行业金融机构。

第二节　商业银行的概念和作用

一、商业银行的概念

从商业银行的起源和发展来看，商业银行的性质可以归纳为：以追求利润为目标，以金融资产和负债为对象，综合性、多功能的金融企业。

我国2003年新修订的《商业银行法》规定，商业银行是指依照该法和《公司法》设立的吸收公众存款、发放贷款、办理结算等业务的企业法人。

首先，商业银行是一种企业，它具有现代企业的基本特征。与一般的工商企业一样，商业银行也具有业务经营所需的自有资金，也需独立核算、自负盈亏，也要把追求最大限度的利润作为自己的经营目标。获取最大限度的利润是商业银行产生和发展的基本前提，也是商业银行经营的内在动力，就此而言，商业银行与工商企业没有区别。

其次，商业银行与一般的工商企业又有不同，它是一种特殊的企业。商业银行的特殊性主要表现在：① 商业银行的经营对象和内容具有特殊性。一般工商企业经营的是物质产品和劳务，从事商品生产和流通；而商业银行是以金融资产和负债为经营对象，经营的是特殊的商品——货币和货币资本，经营内容包括货币收付、借贷以及各种与货币运动有关的或者与之联系的金融服务。② 商业银行对整个社会经济的影响和受社会经济的影响特殊。商业银行对整个社会经济的影响远大于任何一个企业，同时，商业银行受整个社会经济的影响也较任何一个具体企业更为明显。③ 商业银行责任特殊。一般工商企业只以营利为目标，只对股东和使用自己产品的客户负责；商业银行除了对股东和客户负责之外，还必须对整个社会负责。

最后，商业银行是一种特殊的金融企业。商业银行既有别于国家的中央银行，又有别于专业银行（如西方指定专门经营范围和提供专门性金融服务的银行）和非银行金融机构。中央银行是国家的金融管理当局和金融体系的核心，具有较高的独立性，它不对客户办理具体的信贷业务，不以营利为目的。专业银行和各种非银行金融机构只限于办理某一方面和几种特定的金融业务，业务经营具有明显的局限性。而商业银行的业务经营则具有很强的广泛性和综合性，它既经营"零售"业务，又经营"批发"业务，已成为业务触角延伸至社会经济生活各个角落的"金融百货公司"和"万能银行"。

二、商业银行的作用

商业银行作为一国经济中最重要的金融中介机构,具有不可替代的作用,商业银行的经济职能恰好能说明这一点。

(一) 信用中介

信用中介是商业银行最基本,也是最能反映其经营活动特征的职能。这一职能的实质是通过商业银行的负债业务,把社会上的各种闲散资金集中到银行,再通过商业银行的资产业务,把它投向社会经济各部门。商业银行作为货币资本的贷出者和借入者实现货币资本的融通。商业银行通过信用中介职能实现资本盈余与短缺之间的调剂,并不改变货币资本的所有权,改变的只是其使用权。这种使用权的改变,对经济活动可以起到一个多层次的调节转化作用:① 可以把暂时从再生产过程中游离出来的闲置资金转化为可用资金,从而在不改变社会资本总量的条件下,通过改变资本的使用量,提供扩大生产手段的机会;② 可将用于消费的资金转化为能带来货币收入的投资,扩大社会资本总量,加速经济增长;③ 可以把短期货币资本转化为长期货币资本,在利润原则的支配下,还可以把货币资本从效益低的部门引向效益高的部门,形成对经济结构的调节。

(二) 支付中介

商业银行除了作为信用中介融通货币资本以外,还执行着货币经营业的职能,通过存款在账户上的转移代理客户支付,在存款的基础上为客户兑付现款等,成为工商业团体和个人的货币保管者、出纳者和支付代理人。这样,以商业银行为中心,形成了经济社会无始无终的支付链条和债权债务关系。支付中介职能的发挥,大大减少了现金的使用,节约了社会流通费用,加速了结算过程和货币资金周转,促进了经济发展。支付中介职能从逻辑上限于信用中介职能,它最早产生于货币经营时期。货币经营者在货币保管和办理支付中积聚了大量货币,为使货币增值而发放贷款,由此产生了信用中介职能。但支付中介职能的发展,也有赖于信用中介职能,因为只有在客户保存一定存款余额的基础上,才能办理支付;当存款余额不足时,客户会要求银行贷款,而贷款又转化为新的客户存款,又需办理支付。可见,支付中介职能和信用中介职能是相互联系、相互促进的,两者的互动构成了银行借贷资本的整体运动。

(三) 信用创造

商业银行的信用创造职能是在信用中介与支付中介职能的基础上产生的。商业银行利用吸收的存款发放贷款,在支票流通和转账结算的基础上,贷款又转化为派生存款,在这种存款不提现或不完全提现的情况下,就增加了商业银行的资金来源。最后,在整个商业银行体系形成了数倍于原始存款的派生存款。

(四) 金融服务

随着经济的发展,各个经济单位之间的联系更加复杂,各金融中介机构之间的竞争也日益激烈,人们对财富的管理要求也相应提高,商业银行根据客户的要求不断拓展自己的金融服务领域,如信托、租赁、咨询、经纪人业务及国际业务等,这些领域在商业银行经营中占据越来越重要的地位。

上述作用是通过商业银行的业务来体现的。在发达国家的现代银行中,银行业务包括了储蓄、支付、中介、保险、信托、投资银行、现金管理等,特别是近年来,某些新兴业务发展迅速,如消费信贷、金融咨询、金融租赁、退休金管理、投资银行服务等,这些新业务的开展使商业银行获得了一个新的名称——全能银行。

根据《商业银行法》的规定,商业银行可以从事的业务范围包括:
(1) 吸收公众存款;
(2) 发放短期、中期和长期贷款;
(3) 办理国内外结算;
(4) 办理票据承兑与贴现;
(5) 发行金融债券;
(6) 代理发行、代理兑付、承销政府债券;
(7) 从事同业拆借;
(8) 买卖、代理买卖外汇;
(9) 从事银行卡业务;
(10) 提供信用证服务及担保;
(11) 代理款项及代理保险业务;
(12) 提供保管箱服务;
(13) 经国务院银行业监督管理机构批准的其他业务。

商业银行经中国人民银行批准,可以经营结汇、售汇业务。

很明显,我国的商业银行在业务范围上与全能银行还有较大差距。

第三节 商业银行的组织结构

自商业银行产生以来,已经形成了多种不同的组织形式,发挥着各种功能以满足社会公众不同的需求。但无论商业银行采取何种组织形式,都必须以效率为原则。事实上,商业银行的组织形式既与其发挥的功能有关,也受银行规模的影响。因为商业银行的规模大小与商业银行的作用呈正相关关系,银行规模越大,所提供的金融服务也越多,对经济生活发挥的作用也越大,因此也决定了银行的组织形式。当然,政府对银行业的监管要求也会对银行的组织形式产生一定的影响。

通常来说,商业银行的组织结构可以从其外部组织形式和内部组织结构两方面来认识。

一、商业银行的外部组织形式

商业银行的外部组织形式是指商业银行在社会经济生活中的存在形式,从全球商业银行看主要有以下三种类型。

(一) 单一银行制

单一银行制也称独家银行制,它的特点是银行业务完全由各自独立的商业银行经营,不设或限设分支机构。这种银行制度在美国非常普遍,是美国最古老的银行形式之一,它通过一个网点提供所有的金融服务。因为美国是各州独立性较强的联邦制国家,历史上经济发展很不平衡,东西部相差悬殊。为了适应经济均衡发展的需要,特别是适应中小企业的发展需要,反对金融权力集中,反对各州的相互渗透,各州都通过银行法禁止或限制银行开设分支机构,特别是跨州设立分支机构。

单一银行制的优点是:① 限制银行业垄断,有利于自由竞争;② 有利于银行与地方政府的协调,能适合本地区需要,集中全力为本地区服务;③ 各银行的独立性和自主性都很大,经营较灵活;④ 管理层次少,有利于中央银行进行管理和控制。

但这种银行制度本身也存在着严重的缺陷:① 商业银行不设分支机构,与现代经济的横向发展、商品交换范围的不断扩大存在着矛盾,同时,在计算机等高新技术大量应用的条件下,其业务发展和金融创新受到限制;② 银行业务多集中于某一地区、某一行业,容易受到经济发展状况波动的影响,筹资不易,风险集中;③ 银行规模较小,经营成本高,不易取得规模经济效益。

目前,美国大多数新的银行开始成立时仍然是单个组织,因为它们的资本、管理和人员都非常有限。另外,美国的很多州还是完全禁止设立全方位服务的分行。尽管如此,大多数的美国银行仍希望能建立多家分行,以便打开新的市场、分散风险。

(二) 分行制

分行制的特点是法律允许除了总行以外,在本市及国内外各地普遍设立分支机构。总行一般设在各大中心城市,所有分支机构统一由总行领导指挥。这种银行制度源于英国的股份银行。目前,世界上大多数国家均采用这种银行制度。分行制按总行职能的不同,又可以进一步划分为总行制和总管理处制。总行制银行是指总行除管理控制各分支外,本身也对外营业。总管理处制是指总行只负责控制各分支行,不对外营业,总行所在地另设对外营业的分支行或营业部。

分行制的优点在于:① 分支机构多、分布广、业务分散,因而易于吸收存款、调剂资金,可以充分有效地利用资本,同时由于放款分散、风险分散,可以降低放款的平均风险,提高银行的安全性;② 银行规模较大,易于采用现代化设备,提供多种便利的金融服务,取得规模效益;③ 由于银行总数少,便于金融当局的宏观管理。

分行制的缺点在于:① 容易造成大银行对小银行的吞并,形成垄断,妨碍竞争;② 由于银行规模较大,内部层次、机构较多,管理困难。

目前,世界上大部分的国家都实行分行制,我国也是如此,但对单一银行制和分行制在经营效率方面的优劣却是很难简单加以评判的。

(三) 银行控股公司制

银行控股公司制是指一个集团成立股权公司,再由该公司控制或收购两家以上的银行。在法律上,这些银行是独立的,但其业务与经营政策统属于同一股权公司所控制。这种商业银行的组织形式在美国最为流行,它是 1933—1975 年美国严格控制银行跨州经营时期,立法方面和商业银行之间"管制—逃避—再管制"斗争的结果。到 1990 年,美国的银行控股公司控制了 8 700 家银行,占该行业总资产的 94%。银行控股公司使得银行可以更便利地从资本市场筹集资金,并通过关联交易获得税收上的好处,也能够规避政府对跨州经营银行业务的限制。至于是否会造成银行业的垄断、降低银行经营效率,则是难以说清楚的。

银行控股公司制有两种类型:一是非银行控股公司;二是银行控股公司。前者是由主要业务不在银行方面的大企业拥有某一银行股份组织起来的;后者是由一家大银行组织一个控股公司,其他小银行从属于这家大银行。

近年来,我国银行控股公司发展迅速,成为银行业规避分业经营限制的桥梁。表1-2列出了我国现有主要金融控股公司的结构。

表1-2　　　　　　　　我国现有金融体系中出现的部分金融控股公司

母公司	被参股的子公司(部分)
中信控股(a)	中信银行、中信证券、信银国际、中信资本、中信信托、信诚人寿、中信资产、中信期货、中信基金、信诚基金
光大集团(a)	光大银行、光大证券、光大控股、申银万国证券、光大永明人寿、光大保德信基金、光大金控资产管理公司、光大期货、光大金融租赁
招商局集团(b)	招商局金融集团、招商银行、招商证券股份、招商局中国基金、招商局保险、海达保险经纪有限公司
平安集团(a)	平安寿险、平安车险、平安养老保险、平安健康险、平安银行、平安资产管理、平安信托、平安证券、平安期货、平安香港、平安海外
中国工商银行(a)	工银瑞信、工银租赁、工银安盛、工商亚洲、工商东亚、工银国际
中国银行(a)	中银国际、中银香港、中银保险、中银投资、中银基金、中银集团投资
中国建设银行(a)	建信基金、建信金融租赁、建信信托、建信人寿、建银国际
交通银行(a)	交银国际、交银保险、交银金钱租赁、交银施罗德基金、交银国际信托、交银康联人寿保险
兴业银行(a)	兴业国际信托、兴业金融租赁、兴业基金、兴业消费金融、兴业国信资产管理、兴业期货、华福证券、兴业财富资产管理
海尔集团(b)	海尔纽约人寿保险、海尔保险代理公司
首创集团(b)	首创证券、首创资产管理、首创创业投资、首创融资担保、首创期货、银华基金
东方、新希望集团(b)	民生银行、民生人寿保险、民族证券、联华国际信托投资

资料来源:http://www.cbrc.gov.cn/index.html,中国银行业监督管理委员会,国内银行业金融机构。(说明:a为金融资本控制金融资本;b为实业资本控制金融资本。本表为作者整理。)

我国金融控股公司发展的主要原因与美国及其他国家有所不同。由于我国金融业务长期以来实行严格的市场准入制度,形成了金融业高度垄断的市场结构。金融控股公司的出现可以获得现行金融管制下的垄断利润,同时,通过一种新的组织形式,控股公司的金融创新空间增加,并可以实现金融业的规模经济、范围经济与协同经济。

值得注意的是,金融控股公司极易形成内部关联交易,风险控制难度大。我国新疆德隆金融控股集团的解体就是经营和监管失败的典型案例。近年来,金融控股公司在我国有迅速扩张之势,如果风险不能得到有效控制,将会危及我国实体经济和金融体系的安全性。

二、商业银行的内部组织结构

商业银行的内部组织结构是指就单个银行而言,银行各部门内部及各部门之间相互联系、相互作用的组织管理系统。对于商业银行的内部组织结构,以股份制形式为例,可分为决策机构、执行机构和监督机构三个层次。决策机构包括股东大会、董事会以及董事会下设的各委员会;执行机构包括行长(或总经理)以及行长领导下的各委员会、各业务部门和职能部门;监督机构是指董事会下设的监事会。

(一)股东大会

现代商业银行由于多是股份制银行,因此股东大会是商业银行的最高权力机构,每年定期召开股东大会和股东例会。在股东大会上,股东有权听取银行的一切业务报告,有权对银行业务经营提出质询,并且选取董事会。

(二)董事会

董事会是由股东大会选举产生的董事组成,代表股东执行股东大会的建议和决定。董事会的职责包括制定银行目标、确定银行政策模式、选取管理人员、建立委员会、提供监督和咨询以及为银行开拓业务。

(三)各种常设委员会

常设委员会是由董事会成立,其职责是协调银行各部门之间的关系,也是各部门之间互通情报的媒介,定期或经常性地召开会议处理某些问题。

(四)监事会

股东大会在选举董事的同时,还应选举监事,组成监事会。监事会的职责是代表股东大会对全部经营管理活动进行监督和检查。监事会比董事会下设的稽核机构的检查权威性更大,除检查银行业务经营和内部管理外,还要对董事会制定的经营方针和重大决定、规定、制度执行情况进行检查,对发现的问题具有督促限期改正之权。

(五)行长(或总经理)

行长是商业银行的行政主管,是银行内部的行政首脑,其职责是执行董事会的决定,组织银行的各项业务经营活动,负责银行具体业务的组织管理。

(六)总稽核

总稽核负责核对银行的日常账务项目,核查银行会计、信贷及其他业务是否符合当局的有关规定,是否按照董事会的方针、纪律和程序办事。目的在于防止篡改账目、挪用公款和浪费,以确保资金安全。总稽核是董事会代表,定期向董事会汇报工作,提出可行性意见和建议。

(七)业务和职能部门

在行长(总经理)的领导下,设立适当的业务和职能部门便构成了商业银行的执行机构。业务部门的职责是经办各项银行业务,直接面对客户提供服务。职能部门的职责是实施内部管理,帮助各业务部门开展工作,为业务管理人员提供意见、咨询等。

(八)分支机构

分支机构是商业银行体系业务经营的基层单位。分支行里的首脑是分支行行长。各商业银行的分支机构按照不同地区、不同时期的业务需要,还设有职能部门和业务部门,以完成经营指标和任务。

典型的股份制商业银行的组织结构,如图 1-1 所示。

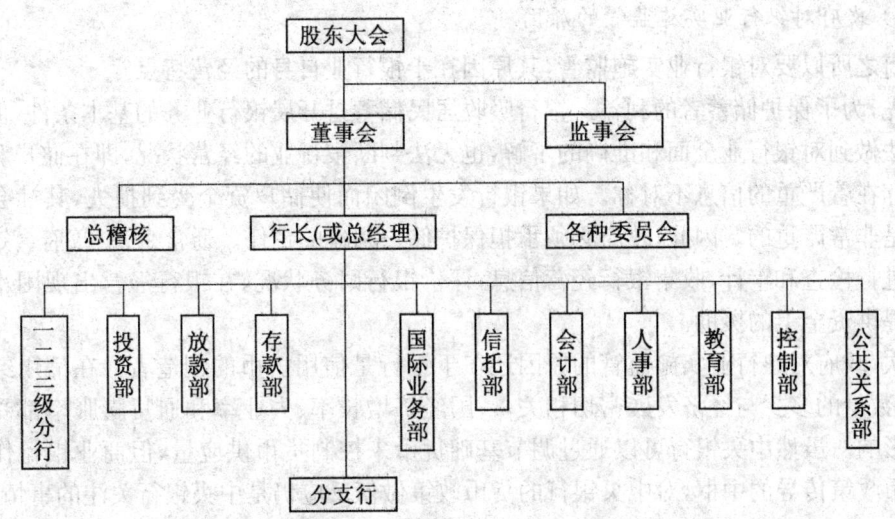

图1-1 典型的股份制商业银行的内部组织结构

商业银行的管理系统由以下五个方面组成：

(1) 全面管理，由董事长、行长(或总经理)负责，主要内容包括确立银行目标、计划和经营业务预测，制定政策，指导、控制和评价分支机构及银行的管理和业务工作。

(2) 财务管理，主要内容包括处理资本金来源和成本，管理银行现金，制定费用预算，进行审计和财务控制，进行税收和风险管理。

(3) 人事管理，主要内容包括招募雇员，培训职工，进行工作和工资评审，处理劳资关系。

(4) 经营管理，主要内容包括根据计划和目标安排组织各种银行业务，分析经营过程，保证经营活动安全。

(5) 市场营销管理，主要内容包括分析消费者行为和市场情况，确定市场营销战略，开展广告宣传、促销和公共关系，制定银行服务价格，开发产品和服务项目。

以上五项管理内容分别由各部门分工负责，同时，各部门之间也需相互协作，以实现银行的既定目标。

由于各国银行体制不同、经营环境不同以及民族习惯的差异，商业银行的内部组织结构并不完全相同。我国国有商业银行是我国金融体系的核心，其内部组织结构具有自己的特殊性。

第四节 商业银行的监督与管理

一、政府对银行业的监管

在各国金融体系中，商业银行要向社会公众提供贷款，接受存款和提供其他金融服务，银行业与经济生活存在紧密的联系，因此各国银行的经营均受到政府全面和广泛的监管。但各国行使监管的主体有所差异，有的国家单独设立监管机构，有的国家由财政部门负责对银行业的监管，有的国家则是由中央银行负责监管。

(一) 政府对银行业实施监管的原因

政府之所以要对银行业实施监管,其原因在于银行业自身的经营特点。

首先,为了保护储蓄者的利益。银行吸收居民储蓄是开展银行业务的基本条件,但是社会公众无法做到对银行业全面和准确的了解,也无法判断银行业的经营状况,即在储户和商业银行之间存在着严重的信息不对称。如果银行发生倒闭而使储户资金受到损失,其社会和经济后果都是非常严重的。因此,政府必须承担保护储户利益的责任。通常来说,政府会定期对商业银行进行检查和审计,收集银行经营信息,评价银行财务状况,在银行经营出现困难和必要时还会提供资金上的援助。

其次,政府对银行业实施监管的原因还在于银行是信用货币的创造者。在信用经济条件下,货币数量的多少与经济发展密切相关,一国经济增长率、失业率和通货膨胀率都受到信用规模的影响。虽然中央银行可以通过调节基础货币来控制货币供应量,但商业银行作为中央银行货币政策传导的中枢,对中央银行的货币政策做何反应仍是中央银行关注的事情。

最后,当今世界各国的银行业正在向综合化方向发展,银行业、证券业和保险业综合经营导致商业银行的概念在延伸,同时,世界经济一体化又使得银行国际化进程在加快。这些都对政府实施银行业的监管提出了新的课题。2008年以来,由美国次贷危机引发的全球金融危机更是证明了加强政府对银行业的监管有着极其重要的意义,这也促使各国更加重视在银行业监管领域的合作,新的、可能更有效的银行业监管标准正在形成中。

(二) 政府对银行业实施监管的内容

由商业银行的经营特点所决定,政府对银行业的监管要以谨慎监管为原则,即"CAMEL(骆驼)原则"。

C(capital)代表资本。商业银行最主要的资本形式因产权组织形式不同而有所差异。股份制商业银行资本的主要形式是股本,它为商业银行提供了永久性的资金来源,也是银行损失的缓冲器。股本要求有回报,而且同样的股本支持资产规模的不同会给银行带来不同的盈利率(资本的杠杆比率不同),这就要求建立国际上共同的资本标准,以使得国际银行业处于平等的竞争地位。

A(asset)代表资产。资产品质是政府监管部门关注的一个问题。监管人员将检查资产的规模、结构、银行的工作程序等,以获得对该银行的总体评价。对于贷款,政府的监管人员将对银行的未清偿贷款和贷款的担保进行仔细的审核,以确定每一借贷者的财务状况和信誉。资产集中是另一个需要关注的问题。近年来,资产的过度集中已是国际上一些大银行倒闭的原因。因此,各国开始对单个贷款进行法定的限额(如资本的15%),对贷款的行业集中问题、地区集中问题也给予了较多的关注。

M(management)代表管理。这是用以评价银行管理人员(包括董事会成员)的品质和业绩的。在相同条件下经营的银行,其成功或失败在很大程度上取决于管理者的管理能力。政府监管人员主要考察管理人员的素质、董事会职责的行使状况、银行战略计划的制订和执行情况等。

E(earning)代表收益。银行的盈利能力主要由银行的资产收益率和资本收益率来衡量。值得注意的是,这两个指标要进行同业比较才有意义。

L(liquidity)代表清偿能力。这是用来衡量银行满足提款和借款需求而又不必出售其资产的能力。政府监管主要是评价银行当前的清偿能力以及未来的变化趋势。

世界各国在对银行业进行监管时,主要内容包括以下几个方面:

(1) 银行业的准入。对银行业准入进行监管是各国政府对银行业进行监管的最初手段,目的是防止银行业的过度集中,限制社会资金过度流入银行业而降低经济运行效率。一般来说,对银行业的准入进行限制主要是规定最低注册资本金、合格的经理人员、合理的业务范围及规模、完备的服务设施和设备等。

(2) 银行资本的充足性。目前,世界各国均按《新巴塞尔资本协议》规定的资本比率对商业银行进行资本监管。

(3) 银行的清偿能力。银行清偿能力监管包括负债和资产两个方面。负债方面,要考虑存款负债的异常变动、利率变动对负债的影响、银行筹集和调配资金的能力等;资产方面,主要检查资产的流动性状况。

(4) 银行业务活动的范围。这主要是指银行业与证券业、保险业合业与分业经营的问题。目前,各国商业银行在此问题上的做法大体可以分为综合经营型和分业经营型两类。我国商业银行实行分业经营。

(5) 贷款的集中程度。对贷款集中程度的监管是商业银行分散风险的需要,从技术操作上讲,就是规定个别贷款与银行资本的最高比率。

(三) 存款保险制度

存款保险制度是一种金融保障制度,是指由符合条件的各类存款性金融机构集中起来建立一个保险机构,各存款机构作为投保人按一定存款比例向其缴纳保险费,建立存款保险准备金,当成员机构发生经营危机或面临破产倒闭时,存款保险机构向其提供财务救助或直接向存款人支付部分或全部存款,从而保护存款人利益,维护银行信用,是稳定金融秩序的一种制度。

1. 主要种类

目前,国际上通行的理论是把存款保险分为隐性(implicit)存款保险和显性(explicit)存款保险两种。

(1) 隐性的存款保险制度多见于发展中国家或者国有银行占主导的银行体系中,指国家没有对存款保险做出制度安排,但在银行倒闭时,政府会采取某种形式保护存款人的利益,因而形成了公众对存款保护的预期。

(2) 显性的存款保险制度是指国家以法律的形式对存款保险的要素机构设置以及有问题机构的处置等问题做出明确规定。显性存款保险制度的优势在于以下几个方面:

① 明确银行倒闭时存款人的赔付额度,稳定存款人的信心。
② 建立专业化机构,以明确的方式迅速、有效地处置有问题银行,节约处置成本。
③ 事先进行基金积累,以用于赔付存款人和处置银行。
④ 增强银行体系的市场约束,明确银行倒闭时各方责任。

鉴于联邦存款保险公司(FDIC)对稳定美国金融体系和保护存款人利益等方面的明显成效,尤其是 20 世纪 80 年代以来,世界上相继发生了一系列银行危机与货币危机,促使许多国家政府在借鉴国外存款保险制度的基础上,结合本国实际,着手建立或改善已有的存款保险制度。尤其是近年来,显性的存款保险在全球获得了快速发展。

2. 发展历程

（1）西方国家存款保险制度的发展历程。

20世纪30年代，美国为了挽救在经济危机的冲击下已濒临崩溃的银行体系，其国会在1933年通过《格拉斯-斯蒂格尔法案》，联邦存款保险公司（FDIC）作为一家为银行存款保险的政府机构于1933年成立并于1934年开始实行存款保险，以避免挤兑，保障银行体系的稳定，开启了世界上存款保险制度的先河和真正意义上的存款保险制度。运作历史最长、影响最大的是1934年1月1日正式实施的美国联邦存款保险制度。

20世纪50年代以来，随着经济形势和金融制度、金融创新等的不断变化和发展，美国存款保险制度不断完善，尤其是在金融监管检查和金融风险控制和预警方面，FDIC做了大量成效显著的探索，取得了很好的成效，从而确立了FDIC在美国金融监管中的"三巨头"之一的地位，存款保险制度成为美国金融体系及金融管理的重要组成部分。美国著名经济学家、货币主义的领袖人物弗里德曼对美国存款保险制度给予了高度评价："对银行存款建立联邦存款保险制度是1933年以来美国货币领域最重要的一件大事。"

20世纪60年代中期以来，随着金融业日益自由化、国际化的发展，金融风险明显上升，绝大多数西方发达国家相继在本国金融体系中引入存款保险制度，中国台湾、印度、哥伦比亚等部分发展中国家和地区也进行了这方面的有益尝试。2000年，全球已经有67个国家建立了存款保险制度。2004年全球共有74个经济体建立了显性的存款保险制度。

20世纪80年代以来，显性存款保险快速发展，鉴于FDIC对稳定美国金融体系和保护存款人利益等方面的明显成效，世界上相继发生了一系列银行危机与货币危机，促使许多国家政府在借鉴国外存款保险制度的基础上，结合本国实际，着手建立或改善已有的存款保险制度。显性的存款保险在全球获得了快速发展。

截至2003年，全球共有78个经济体建立了各种形式的存款保险制度，在法律上或者监管中对存款保护进行了明确规定（即建立了显性的存款保险制度）的已有74个经济体。1974年到2003年，建立显性存款保险制度的国家和地区数量增长了6倍多，其已成为专家们给发展中国家和地区提出的金融结构改革建议的一个主要特点，而且国家层面上的强制性保险已成为一种主流。几乎所有的国家从一开始就建立了国家层面上的存款保险，而且无论发达国家还是发展中国家，强制要求所有存款机构全部加入保险体系的越来越多并成为主流形式。截至2011年年底，全球已有111个国家和地区建立存款保险制度。

（2）我国《存款保险制度》的发展历程。

2012年1月初的第四次全国金融工作会议，以及央行行长周小川在之后均提出，要抓紧研究完善存款保险制度方案，择机出台并组织实施。2012年7月16日，人民银行在其发布的《2012年中国金融稳定报告》中称，中国推出存款保险制度的时机已经基本成熟。同月，一份题为《建立存款保险制度刻不容缓》的报告提交至决策层。

2013年，央行发布《2013年中国金融稳定报告》称，建立存款保险制度的各方面条件已经具备，内部已达成共识，可择机出台并组织实施。

2014年1月，央行在人民银行工作会议上表示，存款保险制度各项准备工作基本就绪；存款保险制度作为中国已全面展开的金融改革的重要环节，在2014年择机推出可能性很大。3月11日，央行行长周小川表示，存款利率很可能在2014年或2015年放开。

2014年11月27日，人民银行召开系统内的全国存款保险制度工作电视电话会议，各省级分行领导到京参会。研究部署于 2015 年 1 月份推出存款保险制度。11 月 30 日,《存款保险条例(征求意见稿)》发布,其中规定,存款保险实行限额偿付,最高偿付限额为人民币 50 万元。

2015 年 1 月,中国存款保险条例向社会公开征求意见工作已圆满完成,制度出台前的各项准备工作已经就绪。

2015 年 3 月 31 日,国务院正式公布中国《存款保险条例》(以下简称《条例》),将于 5 月 1 日起正式实施。中国人民银行负责存款保险制度实施,最高偿付限额为人民币 50 万元。

《条例》规定,存款保险实行限额偿付,最高偿付限额为人民币 50 万元。这一限额高于世界多数国家的保障水平,能为我国 99.63% 的存款人提供全额保护。同一存款人在同一家投保机构所有被保险存款账户的本金和利息合并计算的金额在最高偿付限额以内的,实行全额偿付;超出的部分,依法从投保机构清算财产中受偿。

3. 主要作用

(1) 保护存款人的利益,提高社会公众对银行体系的信心。当实行存款保险制度的银行资金周转不灵或破产倒闭而不能支付存款人的存款时,按照保险合同条款,投保银行可从存款保险机构那里获取赔偿或取得资金援助,或被接收、兼并,存款人的存款损失就会降低到尽可能小的程度,有效保护了存款人的利益。存款保险制度虽然是一种事后补救措施,但它的作用却在事前也有体现。当公众知道银行已实行了该制度,即使银行真的出现问题时,也会得到相应的赔偿,这从心理上给了他们以安全感,从而可有效降低那种极富传染性的恐慌感,进而减少了对银行体系的挤兑。

(2) 可有效提高金融体系的稳定性,维持正常的金融秩序。由于存款保险机构负有对有问题银行承担保证支付的责任,它必然会对投保银行的日常经营活动进行一定的监督、管理,从中发现隐患所在,及时提出建议和警告,以确保各银行都会稳健经营,这实际上增加了一道金融安全网。同时由于这一制度对公众心理所产生的积极作用,也可有效防止银行挤兑风潮的发生和蔓延,从而促进了金融体系的稳定。

(3) 促进银行业适度竞争,为公众提供质优价廉的服务。大银行由于其规模和实力往往在吸收存款方面处于优势,而中小银行则处于劣势地位,这就容易形成大银行垄断经营的局面。而垄断是不利于消费者利益的,社会公众获得的利益就会小于完全竞争状态下的利益。存款保险制度是保护中小银行,促进公平竞争的有效方法之一。它可使存款者形成一种共识,将存款无论存入大银行还是小银行,该制度对其保护程度都是相同的,因此提供服务的优劣,将成为客户选择存款银行的主要因素。

(4) 存款保险机构可通过对有问题银行提供担保、补贴或融资支持等方式对其进行挽救,或促使其被实力较强的银行兼并,减少社会震荡,有助于社会的安定。

(四) 我国政府对银行业的监管

1984 年中国人民银行成立以后,开始正式行使对商业银行的监管职能。1995 年 3 月 18 日,第八届全国人民代表大会第三次会议通过了《中华人民共和国中国人民银行法》,正式确立中国人民银行是国家金融业的主管机关。2003 年 12 月 27 日,第十届全国人民代表大会常务委员会第六次会议通过了《中华人民共和国银行业监督管理法》,明确中国银行业监督管理委员会为银行业的监管管理机构,将原中国人民银行对银行业监督的大部分职能划归该机构。

《中华人民共和国银行业监督管理法》第三条规定:"银行业监督管理的目标是促进银行业的合法、稳健运行,维护公众对银行业的信心。银行业监督管理应当保护银行业公平竞争,提高银行业竞争能力。"

《中华人民共和国银行业监督管理法》中规定的主要监管职责包括:① 依照法律、行政法规规定的条件和程序,审查批准银行业金融机构的设立、变更、终止以及业务范围,未经国务院银行业监督管理机构批准,任何单位和个人不得设立银行业金融机构或者从事银行业金融机构的业务活动;② 对银行业金融机构的董事和高级管理人员实行任职资格管理;③ 对银行业金融机构的业务活动及其风险状况进行非现场和现场检查,银行业金融机构应该严格遵守审慎经营规则,审慎经营规则包括风险管理、内部控制、资本充足率、资产质量、损失准备金、风险集中、关联交易、资产流动性等内容;④ 建立银行业突发事件处置制度,制定银行业突发事件处置预案,明确处置机构和人员及其职责、处置措施和处置程序,及时、有效地处置银行业突发事件;⑤ 对银行业自律组织的活动进行指导和监督;⑥ 责令银行业金融机构按照规定,如实向社会公众披露财务会计报告、风险管理状况、董事和高级管理人员变更以及其他重大事项等信息;⑦ 银行业金融机构违反审慎经营规则的,视情节轻重,对其采取整改、重组、接管以及撤销等措施;⑧ 相关处罚措施。

(五)次贷危机后的银行业监管改革

2008年次贷危机爆发后,为加快经济复苏、重建市场信心,美国和欧洲正加大力度推行金融监管改革,特别是银行业监管改革,旨在堵塞各自监管漏洞、避免危机重演以及重塑金融竞争力和掌握金融话语权。

美国的监管改革走在了世界的最前头。2010年7月15日,美国参议院通过了新金融监管改革法案——《多德·弗兰克华尔街改革和消费者保护法》,并于7月21日正式成为法律。这项改革法案很可能成为全球金融监管改革的新标尺。

在新金融监管改革法案中特别关注系统性风险监管、消费者保护、银行业业务范围限制以及金融机构"大而不能倒"等问题,主要内容包括:① 成立金融稳定监管委员会,负责监测和处理威胁国家金融稳定的系统性风险。该委员会共有10名成员,由财政部部长牵头。委员会有权认定哪些金融机构可能对市场产生系统性冲击,从而建议美联储在资本金、杠杆率以及其他规定方面对该金融机构实施更加严格的要求。在极端情况下,可选择对金融机构进行分拆作为最后的补救措施。② 在美联储下新设消费者金融保护局,为向消费者提供信用卡、抵押贷款和其他贷款等金融产品及服务的金融机构指定行为规范,并联合其他管理部门具体实施监管。③ 将场外衍生品市场纳入监管视野,大部分衍生品必须在交易所内或类似电子交易系统中通过第三方清算进行交易。在场外市场进行定制的互换产品交易,必须上报至中央储存库,以便监管机构能对整体市场形势有更加全面的掌握。此外,还将在资本金、保证金、报告、记录保存以及业务活动方面对从事衍生品交易的公司实施新的规定,以强化监管。④ 对银行业务范围与规模的相关限制。法案规定,商业银行在自营交易方面可以投资对冲基金和私募股权基金,但投资资金规模不得高于其自身一级资本的3%。在衍生品交易方面,要求金融机构将农产品掉期、能源掉期、多数金属掉期等风险最大的衍生品交易业务拆分到附属公司,但自身可保留利率掉期、外汇掉期、金银掉期等业务。在与资产规模相关的法条中,没有就资产规模在500亿美元以上的大型银行提出针对性的限制措施,而是通过提高在资本金、杠杆率、流动性、风险控制等方面的监管标准来预防和降低银行规模扩大造成的系统性风险。⑤ 设立新的破产清算机制,防止"大而不能倒"问题。新法案赋予联邦监管机构"破产清算授权",当任何金融机构因经营失败而对整个金融系统产生威胁时,监管机构可以接管该机构,并迅速清偿对有担保债权人的欠款。同时,联邦存款保险公司责令大型金融机构提前做出自己的风险拨备,以防止因金融机构倒闭而再度拖累纳税人救助。⑥美联储被赋予更大的监管职责,但其自身也将受到更严格的监督。美国国会下属政府问责局将对美联储向银行发放的紧急贷款、低息贷款以及为执行利率政策进行的公开市场交易等行为进行审计和监督。

此外,新法案的内容还包括了对企业高管薪酬进行监督,确保高管薪酬制度不会导致对风险的过度追求,以及加强投资者对公司治理的影响,并强化对证券经纪商、信用评级机构和对冲基金的监管等。

美国新金融监管法的实施将对美国及全球金融业的经营规则、金融创新等带来巨大影响。

二、商业银行的经营管理

商业银行的生存、发展与其经营管理直接相关。稳健、有效的经营管理不仅能为商业银行的日常运作提供保障,而且能够积极促进业务开发、市场拓展以及风险管控。商业银行的经营管理既有企业经营管理的一般性,也有商业银行的特殊性。其特殊性是由商业银行的性质、职能决定的,通过具体的经营管理目标、原则、方法等方面体现出来。

(一)商业银行经营管理的内涵、目标与原则

1. 商业银行经营管理的内涵

企业运营都会包括经营和管理这两个环节,经营是指企业进行市场活动的行为,管理是指企业理顺工作流程、发现问题的行为。经营是对外的,追求从企业外部获取资源和建立影响;管理是对内的,强调对内部资源的整合和秩序的建立。经营追求的是效益,要开源,要利润;管理追求的是效率,要节流,要控制成本。经营是扩张性的,需要积极进取;管理是收敛性的,需要谨慎稳妥、评估和控制风险。对企业而言,经营中的科学决策过程便是管理的渗透,而管理中又需要依据企业的经营目标和原则。因此,经营管理应该是相互渗透的,人们也经常把经营管理放在一起讲,把经营和管理严格区分开来是误区。

一般而言,经营管理是指在企业内,为使生产、营业、劳动力、财务等各种业务能按经营目的顺利地执行、有效地调整而进行的一系列管理、运营的活动。企业的管理是指对企业整个生产经营活动进行决策、计划、组织、控制、协调,并对企业员工进行激励,以实现其任务和目标的一系列工作的总称。作为特殊企业的商业银行,其经营管理大体也是上述内容。具体来看,商业银行经营管理,包括以下几个方面:

(1)商业银行经营管理的基础是商业银行业务。

商业银行经营是商业银行在组织资产负债业务和表外业务过程中的预测、筹划、谋略、决策、开拓创新活动。商业银行管理是指商业银行在业务的经营过程中为实现企业目标而进行的计划、组织、控制、协调活动。因此,商业银行经营管理的基础和对象是商业银行业务,所有影响业务开展与创新的因素都是商业银行经营管理需要关注的内容,也是其进行经营管理的条件。商业银行业务的影响因素,既有本身的定位、目标和员工素质,也有企业外部的市场环境、顾客需求、经济背景与社会环境等。这些因素互相影响、关系复杂,决定着每家银行各种业务的特点与变化,能否准确把握与利用,将关系着商业银行经营管理的顺畅。

(2) 商业银行的经营管理需要关注商业银行的特殊性。

与一般企业不同,商业银行所具有的特殊性也反映在其经营管理的内容上。首先,商业银行运营的对象是货币资金,其所提供的金融产品与金融服务都与货币、资本有关,因此商业银行的经营管理需要特别关注货币、资本的供求情况,了解其流量与存量的变动,掌握现代信用经济中货币资本的特性,更好地分析与预测货币流动与资本流动,从而为其经营管理的谋划与调整奠定基础。其次,商业银行所具有的内在脆弱性和风险易传染性也是商业银行经营管理需要特别重视的。因为高标杆运营和业务风险多样化,商业银行在经营管理中需要强调资本管理和风险管理。强调资本管理,通过有效的组织资本来源和进行积极的资本配置,为商业银行高标杆运营提供安全的保障;强调风险管理,通过有效的风险识别,采用科学的防范措施和加强风险预警,以商业银行最佳的风险收益匹配,获得其稳健持续的发展。最后,商业银行的社会影响力也是商业银行经营管理需要顾忌的。商业银行的顾客是面向社会的、分散的,其对经济秩序与社会秩序的冲击力都很大,商业银行的经营管理不能仅仅考虑企业自身的需求,还需注意其社会的影响。

(3) 商业银行经营管理应特别重视其人员素质。

商业银行是经济社会的信用中介和支付中介,其组织效率与便利程度关系着经济运行的正常进程。商业银行提供的产品与服务具有较强的专业性和技术性,其员工素质的高低会直接影响其经营管理能力。因此,激励与学习是商业银行经营管理的重要内容,提供学习机会和激励机制,促使员工不断追求知识水平和操作水平的提高,是商业银行在激烈竞争中胜出的决定性因素。

2. 商业银行经营管理的目标

商业银行经营管理的目标是商业银行一定时期内经营管理应达到的水平和标准。在具体的目标设计中,商业银行经营管理目标可以从不同的角度划分。按时间划分,可以划分为根本目标(无限期目标或永久目标)、长期目标(5～10年)、中期目标(1～5年)、短期目标(1年以内)和临时目标(突发性原因)。按空间划分,可以划分为总体目标、部门目标、地区目标、基层目标和小组目标。其中,按空间划分的角度实际上是总体目标逐渐分解并具体化的过程。比如总体目标是指商业银行最高管理机构设置,决定着商业银行的经营方向、经营规模和经营管理水平,商业银行的一切工作必须服从这一目标。部门目标是由商业银行的各业务主管部门制定的专业性目标,应有比较鲜明的技术标准和技术指导性。地区目标是总体目标在本地区的分解落实,并结合本地区特点,相对具体。基层目标是商业银行独立核算的分支机构为完成上级下达的任务而设置的目标。小组目标则是基层目标的进一步分解,应具有可操作性。

从理论上而言,依据商业银行性质,商业银行的经营管理目标应为在保障商业银行安全性的前提下,将盈利扩大到最高限度并对社会做出应有的贡献。在现实中,商业银行的经营管理目标最常见的表述是利润最大化。但是,利润最大化目标存在较为突出的局限性:一是利润的计量可能导致利润额的失真。因为利润是财务指标,在财务处理中,利润等于收入减去成本,而收入可能包括无法收回的应收收入,成本可能没有计入应提取的贷款损失准备金。二是利润所反映的是银行已过去的财务年度的成果,缺乏对商业银行发展机会与未来趋势的判断。三是利润最大化容易忽略对风险的关注,因为根据收益与风险均衡原则,收益越大风险越高,一味追求利润最大化显然不符合金融企业对安全性的要求。基于上述缺陷,加之近些年商业银行所面临的经营环境的复杂化和风险的加大,商业银行在确立自己的经营管理目标时非常关注企业的稳健运行和持续发展。大多数银行选择股东价值最大化来替代利润最大化,股东价值最大化虽然与利润紧密相联,但由于其主要取决于商业银行未来的盈利能力,受商业银行实际承担的风险以及社会公众评价的影响。因此,相比利润最大化,股东价值最大化能够更好地体现商业银行发展的客观性和前瞻性。同时,股东价值的可观察性以及股东对商业银行决策的影响,都成为选择股东价值最大化目标的理由。

在实际的运营中,理解股东价值最大化需要注意一定的条件。依据企业管理的利益兼顾理论,企业能否持续、有效地发展取决于企业能否兼顾相关利益者的利益。对商业银行而言,其相关利益者包括股东、经理、员工、客户、监管者以及竞争对手。如果仅考虑股东价值最大化,忽略甚至以牺牲其他相关利益者的利益为代价,那么商业银行的发展只能是短期的或不具稳定性的。因此,商业银行经营管理目标更为恰当的表述是在尽可能兼顾商业银行相关利益者利益的条件下追求股东价值最大化。

3. 商业银行经营管理的原则

对于商业银行的经营管理原则确切的表述应是:安全性、流动性和盈利性,简称"三性"原则。

(1) 安全性原则。

安全性原则是指商业银行在经营中要避免经营风险,保证资金的安全。安全性是银行资产正常运营的必要保障,它要求商业银行在经营活动中尽可能防范和降低各种风险。对于商业银行而言,安全性原则十分重要。因为商业银行是高负债经营的企业,其自有资本比率低,抵御资产重大损失的能力较弱,同时当发生财务困难时其承受危机的时间短,能力也弱。依据安全性原则,商业银行在经营管理中有以下两点需要明确:

一是注重资产质量,合理发展资产业务规模、注意调整业务结构。首先,加强贷前调查和业务风险预警。对于有问题贷款和高风险的投资需要审慎处理和严格管控,通过有效的客户关系管理和科学的评级,尽量规避有问题贷款,通过信息分析和数据处理积极分散或转移投资风险,以保障资产的安全运营。其次,合理发展业务规模。商业银行具有内在的扩张要求,规模经济的收益与"太大不能倒闭"的规律往往促使其在业务发展方面脱离其经营管理能力,而业务的扩张如果没有充分的能力匹配,往往成为隐患。最后,注意调整业务结构。既要注意资产负债业务种类与期限上的结构匹配,又要注意同类业务中不同客户的结构安排,同时还应注意通过保持一定的现金资产和持有一定比例的优质证券资产来提高商业银行的抗风险能力。

二是强化资本能力。商业银行是高风险的企业,抵御与防范风险需要保持清偿力。商业银行清偿力的根本保障是自有资本。自有资本的高低既是社会评价一个银行实力的主要依据,也是银行信誉的基础。因此,强化资本实力是实现银行安全的重要内容。

(2) 流动性原则。

强化流动性是由银行这种特殊金融企业的性质所决定的,流动性是指商业银行能够随时满足客户提取存款及应对客户获得贷款要求的能力。流动性能力是商业银行所具备的一种不损失价值情况下的变现能力,一种能应付各种责任的资金可调用能力。流动性实际上能够反映商业银行经营状况的好坏,也能体现商业银行管理能力的高低。这种能力具体体现为商业银行的资产流动性和负债流动性。

① 资产流动性是指商业银行所持有的资产能随时得以偿付或者在不贬值的条件下确能变现。从资产方面看,库存现金、在中央银行的超额准备金存款、在其他银行的活期存款是流动性最高的资产,这三项资产都可以随时用于清偿支付,所以商业银行必须保持一定比例的此

类资产。此外,短期债券的期限短、易变现,又有一定的收益,尤其是信用高的国库券可随时在货币市场变现,商业银行一般把它们作为仅次于现金资产的二线准备,对保持银行支付能力而言十分重要。

② 负债流动性是指商业银行能够较易以市场成本随时获得所需的资金。为获得流动性,商业银行越来越注重通过保持足够的资金来源来应付提款和支付的需要。从负债方面看,一般而言,直接向中央银行借款、向中央银行贴现、发行可转让存单、向其他银行借款以及利用回购协议等,成本相对较低,不会使银行因增加流动性而减少贷款和投资,是银行获得资金的较好选择。

(3) 盈利性原则。

盈利性原则是指追求盈利最大化,这是商业银行的经营目的。在商业银行各项收入与支出中,对银行利润影响的因素主要有三个方面:一是资产收益与资产损失。其中,资产收益水平取决于资产规模、盈利资产比率以及资产收益率等;资产损失主要是由资产经营过程中各种风险和防范风险的能力所决定的。收益与风险呈正比,因此对收益的判断务必要考虑风险影响。二是经营成本。经营成本包括利息成本和非利息成本。为保证收益,商业银行需要严格控制成本,加强管理。三是其他营业收支。商业银行只有追求盈利,才能有效地充实资本、强化激励,获得持续发展。但若一味强调盈利而忽略风险和长期发展,商业银行的利润也只能是暂时的。

商业银行经营管理的三个原则既是相互统一,又有一定的矛盾。其中,流动性与安全性是相辅相成的,流动性强、安全性高,而盈利性与流动性、安全性存在冲突,高盈利性往往伴随高风险性。由于三个原则之间的矛盾,使商业银行在经营中必须统筹考虑三者关系,综合权衡利弊,不能偏废其一。一般应在保持安全性、流动性的前提下,实现盈利的最大化。需要指出的是,为实现"三性"原则,商业银行在具体的经营管理中需要围绕它们建立健全指标体系,加强日常的监测与相应的信息分析,从量化结果的变化中及时发现问题、积极应对,促使"三性"原则落到实处。

(二) 商业银行经营管理的环境分析

外部环境对商业银行经营管理的影响是多方面的,这里选择 Le Pest&Co 分析方法进行分析。Le Pest&Co 分析方法将推动银行业变革的外部作用力归为法律(legal)、道德(ethical)、政治(political)、经济(economic)、社会(social)、技术(technological)和竞争环境(competitive)七大方面,是一种很实用的归类方法,为环境分析提供了很好的切入点。表 1-3 描述了影响商业银行运营的外部环境要素。

表 1-3　　　　　　　　影响商业银行运营的外部环境要素分析

要　素	内　容
法律	垄断法、银行业监管架构、消费者保护规则、业务相关规定
道德	社会责任与义务、企业文化
政治	政府的稳定、政企关系、政府对竞争的态度
经济	发展水平、产业结构、国际化

续表

要　素	内　容
社会	人口结构、家庭结构、顾客需求
技术	技术进步、技术革新的速度、新技术的采用率、技术开发
竞争	竞争对手、市场扩张、产业周期

资料来源：王琴译，[英]兹·克劳馥等.金融服务业管理[M].上海：上海财经大学出版社，2006。

这些要素与商业银行的运营有着密切的关系，对商业银行的经营管理有着不同的影响。通过进一步的提炼分析，可以明确几个问题：一是通过对环境要素状态与变化的把握，加深对商业银行自身的了解，使银行清晰知晓其在环境中的定位；二是为银行提供发展的机会与风险的识别；三是环境的复杂与多变时刻提醒商业银行在经营管理上注重应变能力。

1. 法律环境对商业银行经营管理的影响

法律环境对商业银行经营管理的影响主要有三个方面。其中，银行业监管构架是有关银行行为规范的法规，对银行资本、组织结构、业务发展等都会产生影响。消费者保护法是从顾客权力维护角度说明银行持久性发展的基础，而与银行业务相关的配套法律如信用立法等是从银行业务的支持角度来发挥作用的。

(1) 银行业监管法规的影响。

银行监管法规集中在银行资本要求、业务范围、组织构架和准入退出方面的规定，监管法规对监管程度的强化与放松体现出管理者对银行经营管理的矛盾心理：一方面严格限制表明管理者对银行安全的重视与对风险的谨慎；另一方面放松又表明管理者对银行利润与竞争的关注。

① 从监管法规对监管程度的放松而言，以美国、欧盟最突出的两例法规调整为例，放松管制为欧美银行经营创造了更大的市场空间和机会，改变了银行业的组织结构、业务结构，为欧美银行竞争力提升提供了重要的制度基础。首先，1993年1月付诸实施的《欧盟第二号银行调和指令》为欧盟银行业的发展开辟了国际空间。该法律引入了单一的欧洲银行特许经营的概念，即任何银行在任何欧洲国家的授权下，都可以自由地在其他任何欧洲国家开展业务活动，不需要获得任何其他的授权，并且在资本基础、银行股东构成、银行在非银行中的参与程度、会计制度和内控机制等方面与欧盟成员国达成一致。其次，美国1999年颁布了《GLB金融服务现代化法案》，该法律规定：允许银行、证券和保险业务在一个公司机构下进行运作；允许金融控股公司从事美国联储认定属于对金融业务具有补充作用的非金融业务等。该法律的颁布成为美国银行业迈向混业经营的标志。

应该说，欧美立法的调整与本国银行业在全球的竞争策略的调整有关。银行业将国际竞争、赢得全球市场作为经营目标，使得立法机构以增强本国银行业经营效率和国际竞争力的立法理念成为主流。

② 从监管法规对监管程度的强化而言，以《新巴塞尔协议》为代表。该协议的限制性虽然在一定程度上对银行资产的扩张业务的拓展起到较大的约束作用，但实际上从银行长远发展和稳健经营来看，是一种真正的支持。

银行监管法规的设置应能在满足管理者对银行业整体安全与稳定的要求的同时又能促进

银行的发展。首先,从银行监管法规的制定上应具有前瞻性,即注意银行业发展的趋势,在法规管理上给予其成长的空间。法律不能朝令夕改,但也不能成为银行业发展的障碍,这就需要制定者在确定条款的时候仔细研究银行业发展的动态,预先在法律上留下可操作的空间。其次,明确银行监管法规在银行业运营中的定位,即强调银行业的运营秩序和共同遵守的规则,搭建有效竞争的同一平台。最后,在法规内容上遵循注意强调规定银行不能做什么,而不具体规定银行能做什么,以解除银行运营的限制,鼓励创新。

(2) 消费者保护规则的作用。

消费者保护规则对商业银行的作用较为间接。从顾客角度的权益保护可能会在短期内对银行业务成本或高收益的风险性投资产生一定程度的负面影响,但从长期来看,让顾客满意绝对有利于银行信誉的获得,这一点的重要性对商业银行是不言而喻的。

以英国的《银行从业守则》为例,银行消费者保护规则一般体现在以下几个方面:对于所有的客户业务,要做到公平合理;用通俗的语言向客户提供相关的产品和服务信息,客户出现任何疑问,都要提供帮助;帮助客户选择满足其需要的产品或服务;帮助客户理解金融概念的含义,如抵押贷款、其他贷款、储蓄或投资、各类银行卡;帮助客户理解业务的运行过程;拥有安全的、有保证的投融资机制;快速修正错误、处理客户抱怨;系统性地积极地处理金融困境和贷款拖欠问题;保证所有产品和服务遵守相关法规制度。可见,消费者保护规则实际是银行实现客户满意的基础和保证,银行消费者在银行最终获得的权益保护会提高客户对银行的忠诚度和信任度,不同银行在进行消费者权益保护方面的优劣,也是银行间经营管理能力差异的具体体现。

(3) 健全完善的相关法律制度对商业银行经营管理的支持。

健全完善的法律制度能够为经济主体确立明晰的行为规范,起到引导促进和警戒惩罚的作用,以避免银行业发展中的风险和混乱。国际先进银行业在这方面都提供了有力的例证。比如美国银行业接近60%的贷款用于个人消费,而且这些信贷资产不良率很低,这与美国有一系列配套的法律法规密切相关。诸如《统一商法典》《公平催收法》《公平信用报告法》《社区再投资法》等,这些法律对于保护借贷双方的权益,解决双方的纠纷都有明确而详尽的阐述,对于美国消费信贷的发展起到较大的促进作用。而德国也有一套细致和严格的法律法规,如《银行法》《投资法》《投资公司法》《证券交易法》《股份公司法》等,为银行业的业务运作和管理提供了有效依据。可以说,一套相关补充协调一致的法律体系为银行业的竞争与发展提供了基本的规则、有效的监督和公平的环境,是每一个国家在产业发展和企业成长中发挥积极作用的重要和正确的途径。

2. 道德环境对商业银行经营管理的影响

(1) 道德环境对商业银行的主要影响。

道德环境关注的是"是与非"的区别,以及相应承担的责任与义务。卡罗尔(Carroll,1990)提出的11条道德准则,在银行的经营活动中有值得借鉴的地方,如习俗道德即一个人应在社会规范允许的范围内活动;黄金法则即你要想别人怎样对你,你就应当怎样对待别人;乐观原则即好心情是事情做好的保证;组织伦理即忠于组织;职业道德法则即重视职业道德。可以看出,从企业角度来看,银行对道德规则的使用,将有利于激发银行员工对银行的归属感和为之奋斗的自觉性;有利于银行在开展业务时关注其利益相关者的利益共赢;有利于形成银行发展的文化观、大局观和整体观。从产业角度来看,银行业对道德准则的认同有利于银行业业内的协调与自律。

道德环境对银行的影响主要体现在两个方面：一是通过杜绝非道德行为，消除竞争的缺陷，如银行间可能出现的恶性竞争。这就需要银行的发展注意延展性，银行要具有合理的战略方向、出色的领导水平和团队精神。二是将正确的价值观和行为模式融入银行每天的活动中，如确定银行行动方向、征询对价值和标准的反对意见、建立员工意见的汇集机制和反馈渠道。当然，种种影响建立在一些条件的成立上，如领导层对道德准则的重视与推行、银行薪酬体制对道德行为的支持、银行内部的互相信任等。

道德环境与组织文化息息相关。形成符合银行业道德准则和道德行为要求，具有自己组织特色的企业文化，会减少银行业内与银行内部的摩擦，是银行提高效率的重要方面。

(2) 道德环境对商业银行企业文化的塑造。

企业文化是企业在长期的经营实践经验形成的并被企业员工普遍认同和遵从的思想观念、价值标准、思维方式和工作作风的总和，是物质文化、制度文化和精神文化的复合体。其中，精神文化作为观念文化，是企业的价值观、企业目标、经营哲学等无形的文化部分，是企业文化的核心内容。作为精神层和物质层的中介的制度层，是具有本企业特色的各种规章制度、道德规范和员工行为准则的总和；精神层直接影响制度层，并通过制度层影响物质层。物质文化层面是企业文化的物质的外在表现，是指企业的环境、条件、设施、形象要素的总和。因此，塑造先进的企业文化必须要做到以下几点：

① 清晰地把握企业文化的特质。首先是价值性，即企业文化的基础是强调共同价值观和行为准则。对企业价值的正确认识是一种无形的力量，让企业内的每一个员工具有团结协作的内在动力。其次是渐进性，企业文化的创立和发展是一个积累过程，是经过多年的培育逐渐形成的，为此企业应注意避免短期行为和不顾细节。再次是潜移默化性，企业文化一旦形成，便会在日常的经营活动中通过各种形式渗透到员工的思想中，促使员工朝着同一目标前进。最后是延续性，优秀的企业文化一旦产生，应成为品牌，绵延发展，并在实践中不断丰富。

② 银行业塑造企业文化的两大原则。一是坚持共性与个性相统一的原则。一方面，银行业的企业文化要反映出银行业的行业本质，因此其共性表现为对信用文化、风险文化和服务文化三者的有机结合。另一方面，银行业又要坚持每一家银行自身的独特个性和特色。二是要坚持继承与创新相统一的原则。不同的商业银行，必然会形成各自不同的历史传统，并逐步积累成企业文化。然而，随着时间的推移，商业银行的外部环境、内部条件、经营战略等情况会发生新变化，因而，不同时期的企业文化的目标指向也必然会随之发生变化。因此，商业银行构建企业文化时，应坚持做到继承与创新相统一，在继承的基础上发扬创新。

③ 银行业塑造企业文化的核心内容——以人为本。谋求发展是企业文化的根基，只有优秀的人才能使企业取得更大的发展，同时也只有不断发展的企业才能留住优秀的人。事实上，企业文化是一种重视人、以人为中心的管理方式。建立先进的企业文化，就是要把管理的重心放在"人"这个基础之上，坚持把"以人为本"的思路贯穿在文化建设的全过程，尊重人、理解人、关心人、爱护人，最大限度地调动员工的积极性。只有这样，企业文化对银行竞争力的作用才能切实地发挥出来。以下从三个方面对"以人为本"进行具体分析：

第一，重视员工的满意度和激励。满意的员工会把满意的心情带到工作中去，从而实现满意的绩效。美国席尔士公司曾做过一项调查，调查后发现：员工满意度提高 5%，会使顾客满意度提升 1.3%，同时也因此提高 0.5% 的企业绩效；此外，有效的薪酬激励机制有利于员工的满意度和归属感的实现。以先进的美国银行业为例,其薪酬构成一般分为基本工资、年度资金和长期激励收入。

第二,重视员工的职业生涯设计和规划。企业要为员工的前途着想,才能体现企业"以人为本"的指导思想。在银行有三种职业前途可选择:管理型、专业型和操作型,每一种职业还应有不同的等级。当每一个员工跨入银行的大门时,都会被告知:他可能会有什么样的职业前途,而通过他的努力,在若干年后,他又会达到什么样的职位。这样,才能让每一位员工都能有一个奋斗的目标,激发其努力实现企业价值和人生价值。

第三,重视员工的教育培训。切不可只关注管理层次,对每一层次都强调之于企业的重要性,并真正重视对不同层次的人才进行针对性的培训:对于领导层,要着重对政策、形势分析、管理艺术、国际同业先进的经营理念等方面进行培训,帮助其掌握主流趋势;对于客户经理层,要着重资讯汇集、营销学、投资理财、金融政策、法规的掌握以及银行新业务、新产品的了解、认识等;对普通员工层,着重进行服务技巧和岗位培训,并鼓励学习现代金融工具和电子商务的应用、银行风险管理的基本要求等。

3. 政治环境对商业银行经营管理的影响

政治环境对银行经营管理的影响主要体现在三个方面:一是政府在银行管理中的地位。具体表现为政府对竞争的态度以及政府对银行风险的关注,这对于银行经营管理的影响是直接的。二是政府与企业的关系。因为作为银行重要服务对象的企业,其市场化程度与运营状态对银行的安全性、流动性、盈利性都会产生不可忽略的影响。三是政局的稳定为银行自身发展和国际竞争所带来的正面影响。

(1) 政府在银行管理中的两难境地。

一难是政府很难识别或把握银行业竞争的有效性程度。这就为政府选择实施支持或限制性的产业政策安排造成困难,同时政策建议决策过程的时滞,也可能形成一定程度的政策有效性的抵冲。另一难是政府对银行业竞争的态度与其对银行业风险的关注紧密相联。支持竞争的政府在银行风险管理上尊重市场的优胜劣汰,往往具有放松监管的倾向,因此常被指责为银行风险的加剧力量;而监管严格的政府又往往会束缚银行发展与创新的手脚,银行准入与业务的限制在客观上会对银行的有效竞争产生一定的抑制作用。这两方面的为难在美国银行业的管理中有突出的体现。比如,美国银行业管理者担心垄断而颁布了限制银行跨州设立分支机构的法案,即1927年的《麦克法登法案》;担心银行风险的传染,在大危机后颁布了禁止银行与证券的混业经营的法案,即1933年的《格拉斯-斯蒂格尔法案》。虽然这些管理在当时的金融经济背景下有过一定的积极作用,但随着时间的推移,在后来的国际竞争中一定程度上制约了美国银行业竞争力的提升。1970年在国际银行业市场上日、法份额加起来才相当于美国的份额,而在1989年德国的份额相当于美国的1.5倍,日本份额比美、英、德三国总和还多。这些管理在取消过程中美国银行业管理当局背负了沉重的指责。

(2) 企业的国有性质或政企不分的负面影响较多。

政企不分最可能导致企业选择一组无效益均衡。从表1-4提供的博弈分析可见,国有企业有赖于政府的出面救助,会选择策略(偷懒/救助)成为一种均衡,而导致低的总收益$(\Gamma, -\beta)$形成软约束均衡。

表 1-4　　　　　　　　　　　　国有企业和政府的博弈矩阵

国有企业 \ 政府	撒手不管	出面救助
付出努力	γ,π	
偷懒	0,0	Γ,-β

资料来源：周黎安译，[日]青木昌彦. 比较制度分析[M]. 上海：上海远东出版社，2001。

该矩阵中，行代表国企的决策，列代表国家的决策。每个空格的第一个数代表国企无法证实的私人净收益，第二个数代表可证实的收益，被政府完全征税征走。假定 $\Gamma > \gamma$，并且 $(\gamma + \pi) > (\Gamma + \gamma) > 0$。

软约束均衡又会导致债务对企业经营者的约束机制弱化，从而导致银行对企业或公司的债务约束弱化，会直接对银行的安全与盈利产生负面影响。

（3）政局的稳定与否关系银行战略的安排与参与国际竞争的认可程度。

这主要表现在国家的政治风险问题：一是一个政局动荡的国家，其国内外投资与贸易的发展存在巨大的不确定性，显然是不利于银行业务规模的扩展与盈利水平的提高；二是银行自身也同样遭受负面影响，表现为银行无法正常的融资与投资，缺乏创新空间以及很难实施长期持续的发展战略；三是银行在国际竞争中的信用级别会再打折扣。

4. 经济、金融环境对商业银行经营管理的影响

银行的运营内生在经济体系内，经济环境对银行的影响是巨大而深远的。首先，经济的市场化程度直接决定银行的市场化；其次，经济的国际化程度直接决定银行参与国际竞争的能力；最后，经济结构的变化对银行业务结构调整与可持续发展都具有制约作用。

（1）经济市场化程度的影响。

一是从银行自身而言，经济、金融的市场化决定了银行的市场主体地位。经济、金融的市场化程度高，银行的市场性才可以保证，只有银行具有市场地位，才可以实施真正意义的经营管理。二是从银行服务的对象而言，银行服务的对象主要是住户与非金融企业。这两类经济主体的市场化程度高，会通过多元化的市场需求对银行产生创新的拉动作用，同时也能够通过其对银行的市场选择产生积极的监督作用。此外，他们自身的市场行为质量也直接影响银行资产与负债的业务质量，决定银行"三性"的实现。

（2）经济、金融的国际化程度的影响。

首先，经济、金融的国际化发展为银行带来更为广阔的市场，这意味着银行利润来源渠道的拓宽。其次，经济、金融的国际化发展为银行带来更为雄厚的资金来源。以跨国公司的发展为主，众多跨国公司的利润、折旧、经营的周转资金为银行业资金来源扩展了空间。同时，金融市场的国际化为银行在筹资的数量与便利性上提供了条件。最后，经济、金融的国际化促使银行自身开放程度的提高，有利于其在银行国际竞争中的积极参与，为银行获得国际认可提供了可能。

（3）经济结构变化的影响。

经济结构变化对银行的影响总体表现在银行对变化的反应与行动上。换句话说，如果银行对经济结构的变化能够做出准确的判断并依此进行积极的调整，那么变化就成为银行领先的机会。

首先,对产业结构变化的识别。早期的经济学家克拉克在费希尔三次产业划分的基础上,对 40 多个国家不同时期的三次产业的劳动投入和总产出资料进行整理与分类,得出产业结构变动的一般规律,即以农业为主向制造业转变、继而向商业和服务业转变。20 世纪六七十年代,钱纳里等人利用 1950—1963 年间 54 个国家的横截面和时间序列资料,提出了标准产业结构的概念,即随着收入的增加,一、二产业份额下降,而第三产业份额上升。这种产业结构的一般规律对于银行调整其业务结构尤其是资产结构方面有重要的意义。

其次,消费需求结构变化的识别。消费需求结构的变化主要表现为三个方面:一是基本消费主要向居住、交通、通信等领域扩展;二是用品类消费的更新换代;三是文化教育及知识产品的消费比重明显增加。消费需求结构的变化与收入结构的变化关系密切,不同收入层次的消费需求的整体变化以及同层次收入水平的消费需求的个体变化所导致的多元化和个性化发展对银行服务的数量与质量都提出了更高层次的要求,也为银行业的类型结构的丰富和差异化运营提供了积极的条件,这种需求拉动与收益的扩张紧密相关,是银行取得竞争优势的重要来源。

5. 社会环境对商业银行经营管理的影响

社会环境所包括的人口结构、家庭结构、顾客需求和态度等要素会影响银行的顾客基础、产品结构、销售渠道等多方面,银行对社会环境的适应能力和服务能力决定了银行可能创新的空间。

首先,人口结构的变化(工业化程度较高的国家)主要表现为出生率的降低和人类寿命的延长。这一变化趋势的结果要求银行在以下两个方面做出调整:一是银行所提供的服务类型和产品创新的适应人群的调整,如对老年人群的产品开发;二是银行在人力资源的积累方面注意团队的稳定性和薪酬制度的调整。

其次,家庭结构的变化主要表现为家庭规模的小型化、单亲家庭比例的提高以及晚婚和晚育趋势。这必将导致银行服务对象结构的变化,针对家庭理财与个人理财在银行业务中的比重应具有上升趋势且不乏市场空间。

6. 技术环境对商业银行经营管理的影响

技术环境的变化对银行的影响是难以估量的。在过去的 20 年间,技术进步在银行的组织性、组织结构、产品和服务的设计方式以及面向顾客的服务渠道方面都发生着不同程度的作用。技术进步常常被引证为银行业变革中的即使不是最重要的也是主要的推动者之一。

(1) 技术环境对银行的组织结构、组织效率和管理水平产生影响。

首先,技术进步推动了官僚机构的扁平化,缩减了组织的管理层次,改变了对工作技能和工作方法的要求,而网络化沟通方式对银行治理和信息的传输与及时处理带来了效率的提升。其次,通过采用先进的技术条件,在某种程度上削减了行政工作和常规性工作的数量,简化了工作程序。比如自动化技术的采用,使得传统的后台工作站能够在中央系统和服务中心的集中控制下开展工作,大大提高了管理效率,也有利于形成顾客导向型组织。同时,通过采用先进的模拟技术,为银行提供一种更为可靠安全的预警系统,使银行风险管理能力得到有益的提升。

(2) 对银行业务经营方式和服务渠道的影响。

首先,技术进步对银行的转账和支付业务产生了巨大的影响。电子技术大大提高了异地之间的金融交易活动的速度并降低了交易成本,同时信用卡或借记卡等电子支付手段的使用也为银行业务的开展提供了更为便利的手段。其次,技术进步也改变了银行的服务渠道。随着银行服务的终端设备出现在超市、火车站等便利场所,以及网络银行、PC银行的出现,银行的顾客界面发生了根本性的改变。

(3) 对银行市场分析能力的影响。

比如综合数据库系统为银行组织提供了一种进行市场分析的支持型工具,可以用来进行顾客信息分析,从而使银行能够更加准确地预测顾客需求并识别市场机会。

银行专注于在四个领域引入新技术以实现上述影响,如表1-5所示。

表1-5　　　　　　　　　　　　银行引入技术的领域

银行引入技术的领域	具体内容
面向顾客的技术	ATM、EFT-POS、电话银行、客户服务中心、网上银行、电子商务和电子卡业务、CRM①
业务管理技术②	数据入库、数据提炼、信贷和风险管理系统
核心加工技术	支票加工、报表发行、利息和收费系统
支持和综合技术	总分类账、人力资源系统、融资体系、技术支持体系

资料来源:曹小敏译,[英]戈达德、莫纽利克斯等.欧洲银行业:效率、技术与增长[M].北京:中国人民大学出版社,2006。

7. 竞争环境对商业银行经营管理的影响

准确把握当前的竞争环境、预测未来主要的竞争力量,对于银行的战略安排至关重要。过去30年间,日趋激烈的竞争环境成为银行业的首要特征,而且其势头依然强劲,商业银行面对的市场竞争力量主要源于以下几个方面:提供类似服务的现有竞争力量,如各种商业银行、保险公司、储贷协会等;特定业务参与者,谁能提供更适合特定业务范围的产品类型,谁就在该特定领域内最具竞争力;深入银行服务领域的非金融性组织;国外的竞争力量。竞争力量的抗衡影响整体银行业的长期资金回报能力和潜在的利润。随着现有竞争者不断扩大其市场份额,随着新进入者逐步开展业务,银行业的竞争将越来越为激烈。这样的竞争环境将逐步削减边际利润,导致银行不得不寻找新的利润点,并不断寻求降低成本的方法。

具体分析竞争环境可以借鉴波特的五力模型。该模型指出有五股竞争力量,即新进入者的冲击、替代品的威胁、顾客的讨价还价能力、供应商讨价还价的能力以及现有竞争对手的影响,将对行业的竞争态势和竞争格局产生影响。

本章小结

本章主要对商业银行的基本内容与发展进行介绍。首先,对西方与我国商业银行的发展

---

① CRM指客户关系管理系统,旨在提供给银行关于客户终身价值的信息,并且创造通过需要、行为、购买嗜好以及其他特征来分割显示的和可能的客户的能力。

② 业务管理技术指增加组织和银行内部的信息流以便提升的决策制定。

历程进行介绍;其次,对商业银行的基本概念和基本作用进行阐述,商业银行的作用主要表现在四个方面,分别为信用中介、信用创造、支付中介和金融服务;再次,对商业银行的内部组织结构和外部组织形式进行分析,恰当的组织结构是商业银行稳健运营的重要保证;最后,分析介绍商业银行的监督与管理,阐述了政府对商业银行进行监管的原因与内容,商业银行经营管理的目标与原则。

 **思考题**

1. 商业银行从传统业务发展到"金融百货公司"说明了什么问题?
2. 如何认识现代商业银行的作用?
3. 银行组织形式有哪些?近年来,银行控股公司为什么发展迅速?
4. 分析我国的金融控股公司发展现状及存在的问题。
5. 政府对银行业的监管理由是什么?未来的发展趋势如何?
6. 如何评价我国对银行业的监管模式?怎样看待现行的监管法规?

微信扫码查看

第二章　商业银行的资本管理

学习目标

- 了解商业银行资本的基本功能；
- 掌握商业银行资本的构成；
- 掌握巴塞尔协议对商业银行资本构成的规定；
- 熟悉我国商业银行的资本构成；
- 掌握《巴塞尔协议Ⅱ》的主要精神；
- 熟悉巴塞尔协议对我国银行监管的影响；
- 掌握资本充足率的测定；
- 熟悉商业银行的资本规模；
- 掌握商业银行资本需求量的测定和最佳资本量的要求；
- 掌握商业银行内外部资金的筹集方式。

学习重点

- 巴塞尔协议对商业银行资本构成的规定；
- 我国商业银行的资本构成；
- 商业银行资本充足率测定的基本方法；
- 《巴塞尔协议Ⅱ》的主要精神；
- 商业银行最佳资本量的要求；
- 商业银行资金的内部筹集方式和外部筹集方法。

资本是商业银行存在与发展的先决条件：银行资本能够对不可预见的损失起到缓冲的作用，能够帮助银行为公众提供持续的信心，能够对提款者提供一定的保护以及能够支持商业银行的合理增长。银行资本的重要作用并非指资本越多越好，对于银行而言，过多的资本显然对其收益回报有所影响。换句话说，商业银行的资本不在于绝对数的多少，而在于其融资的成本与便利性以及资本对业务所发挥的作用。因此，科学有效的资本管理就显得十分重要。总体来看，商业银行的资本管理需要关注三大方面：一是商业银行资本如何筹集，有哪些途径，如何选择；二是对监管者和国际协定所要求的标准，商业银行如何获得令人信服的资本充足率；三是从资本的配置过程来看，商业银行如何处理资本与风险的匹配，如何将资本与业务创新、风险规避以及银行发展有效地联系起来。

第一节　商业银行资本的功能与构成

一、银行资本的功能

对于资本的定义可能因某个国家的金融制度、会计制度的不同而不同。

英格兰银行曾在 1980 年发表了一份"资本标准",确认资本的四个重要目的:
(1) 作为损失的缓冲;
(2) 对潜在的存款者表明股东用自己的资金来承担风险的意愿;
(3) 提供无固定融资成本的资源;
(4) 作为对总的经营基础投入资金的合宜形式。

美国银行家协会在一份正式报告中列出产权资本的重要职能为:
(1) 提供一个承受偶然损失的"资本缓冲器",使存款人自始至终得到保护;
(2) 为购置房屋、设备与其他营业所需的非营利性资产提供资金;
(3) 满足银行管理当局针对可能招致的风险而备足资本的要求;
(4) 向公众保证,即使发生贷款损失和投资损失,银行也具有即时偿付债务的能力,并能继续为公众服务。

上述界定表明,商业银行资本具有以下多种功能:

(1) 资本可以吸收银行的经营亏损,保护银行的正常经营,以使银行的管理者能有一定的时间解决存在的问题,为银行避免破产提供了缓冲的余地。因此,资本金又被称为旨在保护债权人,使债权人在面对风险时免遭损失的"缓冲器"。

(2) 资本为银行的注册、组织营业以及存款进入前的经营提供启动资金,如土地获得及建设办公楼或租用、安装设备等。

(3) 银行资本有助于树立公众对银行的信心,它向银行的债权人显示了银行的实力。对于高负债经营的银行业,市场信心是决定银行经营稳定性的直接因素。充足的资本令银行即使在紧缩时期也能满足市场的信贷需求,在客户看来,这是一种有力的保证。在市场经济条件下,银行资本在维持市场信心方面发挥了关键作用。

(4) 银行资本为银行的扩张,银行新业务、新计划的开拓与发展提供资金。许多银行的增长超出其开业时设施的承受能力,追加资本的注入允许银行增加办公设备、增设分行,以便同市场的扩大保持同步发展。

(5) 银行资本作为银行增长的监测者,有助于保证单个银行增长的长期可持续性。因为监管当局与市场都要求银行的贷款及其他风险资产的增长与银行的资本保持一致,随着银行风险的暴露,银行吸收亏损的缓冲装置也必须相应扩大。相对资本而言,贷款与存款业务增长过快的银行会从市场和监管部门接到降低增长速度或增加资本的信号。监管部门的资本监管已经成为限制银行风险暴露程度的越来越重要的政策工具,这有利于提高公众对银行的信心。

由此可见,银行资本的关键作用是吸收意外损失和消除银行的不稳定因素。

二、银行资本的构成

(一) 银行资本的类型

银行资本一般有两个来源:一是商业银行创立时所筹措的资本;二是商业银行经营利润的一部分。无论来源如何,资本金都属于商业银行的长期性资金来源。银行资本可分为不同的类型,主要包括实收资本(或股本)、资本公积、盈余公积和未分配利润等。

1. 实收资本(或股本)

银行的实收资本是指投资者按照企业章程或合同、协议的约定实际投入银行的资本。股份制银行的股本是在核定的股本总额及核定的股份总额的范围内通过发行股票或股东出资取得,一般分为普通股和优先股两种。

2. 资本公积

银行的资本公积是指由投资者或者其他人或其他单位投入,所有权归属于投资者,但不构成银行实收资本的那部分资本或出资。根据规定,我国银行的资本公积包括以下几个方面:

(1) 资本(或股本)溢价,是指银行投资者投入的资金超过其在注册资本中所占份额的那部分;

(2) 接受非现金资产捐赠准备,是指银行因接受非现金资产捐赠而增加的资本公积;

(3) 接受现金捐赠,是指银行因接受现金资产捐赠而增加的资本公积;

(4) 股权投资准备,是指银行在对被投资单位的长期股权投资采用权益法核算时,被投资单位因接受捐赠等原因而增加资本公积,银行按其持股比例计算而增加的资本公积;

(5) 外币资本折算差额,是指银行接受的外币投资因所采用的汇率不同而产生的资本折算差额;

(6) 关联交易差价,是指上市银行与关联方之间的交易,对显失公允的交易价格部分而形成的资本公积;

(7) 其他资本公积,是指除上述各项资本公积以外所形成的资本公积以及从资本公积各准备项目转入的金额,债权人豁免的债务也在本项目核算。

3. 盈余公积

银行的盈余公积是指银行按照规定从净利润中提取的各种积累资金。根据规定,我国银行的盈余公积包括以下几个方面:

(1) 法定盈余公积,是指银行按照规定的比例从净利润中提取的盈余公积;

(2) 任意盈余公积,是指银行经股东大会或类似机构批准,按照规定的比例从净利润中提取的盈余公积;

(3) 法定公益金,是指银行按照规定的比例从净利润中提取的,用于职工集体福利设施的公益金。

4. 未分配利润

银行的未分配利润是指银行以前年度实现的,留待以后年度进行分配的结存利润。

5. 重估储备

银行的重估储备是指对固定资产进行重估时,固定资产公允价值与账面价值之间的正差额。

6. 权益准备金

权益准备金也称银行的一般准备,是指根据全部贷款余额一定比例计提的,用于弥补尚未识别的可能性损失的准备。

7. 次级债务

银行的次级债务一般是指固定期限不低于5年(包括5年),除非银行倒闭或清算,不用于弥补银行日常经营损失,且该项债务的求偿权排在存款和其他债务之后的银行长期债务。由银行或第三方提供担保的次级债务一般不计入资本。

(二)《巴塞尔协议》对资本的规定

20世纪80年代中期以前,西方发达国家的银行监管当局基本上将银行的最低资本额与银行的总资产联系,与各银行的资产质量及风险没有直接的联系。80年代后期,各国金融当局逐渐把银行的最低资本额与银行的资产质量联系起来。1986年,美国金融当局首先提出了银行资本额应反映银行资产的风险程度。1988年,国际清算银行通过了《关于统一国际银行资本衡量和资本标准的协议》(即《巴塞尔协议》),规定12个参加国应以国际可比性及一致性为基础制定各自的银行资本标准。《巴塞尔协议》中对资本的规定是:商业银行的资本应与资产的风险相联系。银行资本的主要作用就是吸收和消化银行损失,使银行免于倒闭危机。因此,银行资本的构成应取决于资本吸收银行损失的能力,而不是银行资本的不同形式。另外,银行的主要风险是资产风险,将资本与资产风险相联系的目的在于银行资本能够吸收和消化因客户违约而造成的损失,包括表外业务风险带来的损失。为此,《巴塞尔协议》的主要思想是:商业银行的最低资本由银行资产结构形成的资产风险所决定,资产风险越大,最低资本额越高;银行的主要资本是银行持股人的股本,构成银行的核心资本;协议签署国银行的最低资本限额为银行风险资产的8%,核心资本不能低于风险资产的4%;国际银行业竞争应使银行资本金达到相似的水平。

关于资本的具体构成,《巴塞尔协议》有明确规定。该协议将资本划分为两类:一类是核心资本,另一类是附属资本。

1. 核心资本

银行的核心资本由股本和公开储备两部分构成。

(1)股本。股本又分为普通股和永久非累积优先股两部分。

① 普通股。商业银行发行普通股是增加资本的重要手段。通过发行普通股可以广泛吸收社会资金,使银行资本足够雄厚,以保护存款人和其他债权人不受损失,激励公众信心。但如果募集的股本超过需求量,将会影响股东权益,使原有股东的每股收益减少。

盈余转入是增加普通股的另一手段。盈余账户由银行外部资金和内部资金两部分资金形成。比如在美国,国民银行在营业前必须拥有至少等于股金总额20%的缴入盈余,作为银行盈利账户初始的外部资金来源。内部资金来源主要是未分配利润转来的资金。

普通股要对股东支付一种可变的收益,支付的多少以及是否支付取决于银行决策层的投票结果。

② 永久非累积优先股。发行优先股可以增加银行资本,因此也是构成股本的重要手段,它具有债券和普通股的双重特点:一方面,像债券一样,优先股通常只支付固定股息;另一方

面,像普通股一样,没有定期支付股息和到期偿还本金的义务。

非累积优先股带来的好处还在于银行没有法律义务支付累计未分配的那部分优先股股息,在这一点上,优先股完全等同于普通股。但优先股也有不利的地方:一是优先股股息不能从税前盈利中扣除,这使得用优先股筹资的成本比采用可从税前盈利中扣除利息的债券的筹资成本高;二是优先股股息支付义务先于普通股,且比较固定。

(2) 公开储备。公开储备是指通过保留盈余或其他盈余的方式在资产负债表上明确反映的储备,如股票发行溢价、未分配利润和公积金等。

2. 附属资本

银行的附属资本主要包括以下五项:

(1) 未公开储备。未公开储备又称隐蔽储备,由于各国法律和会计制度不同,巴塞尔银行监管委员会提出的标准是:在该项目中,只包括虽未公开,但已反映在损益表上并为银行的监管机构所接受的储备。

(2) 重估准备。由于一些国家按照本国的监管会计条例允许对某些资产进行重估,以便反映它们的市值或相对于历史成本更接近其市值,即如果这些资产是审慎作价的,并充分反映价格波动和强制销售的可能性,那么这种储备可以列入附属资本中。这类资本一般包括对记入资产负债表上的银行自身房产的正式重估和来自有隐蔽价值的资本的名义增值。

(3) 普通准备金。这是为防备未来可能出现的一切亏损而设立的。因为普通准备金可被用于弥补未来的不可确定的任何损失,符合资本的基本特征,所以被包括在附属资本中。但是,普通准备金不包括那些为已确认的损失或者价值明显下降的某项资产而设立的准备金。

(4) 混合资本工具。混合资本工具是指带有一定股本性质又有一定债务性质的一些资本工具。由于这些金融工具与股本极为相似,特别是它们能够在不能清偿的情况下承担损失、维持经营,因而可以列为附属资本,如英国的永久性债务工具、美国的强制性可转换债务工具等。

(5) 长期附属债务。长期附属债务是资本债券与信用债券的合称,它之所以可被当作资本,是因为它可部分地替代资本的职能,可以同样为固定资产筹集资金;只有在存款人对盈利与资产的要求得到充分满足之后,债权人才能取得利息和本金;银行一旦破产,损失先由附属债务冲销,再由保险公司或存款人承担。发行长期债务凭证的另外一些好处是:长期债务成本低,它的债务利息支付可以作为费用从税前利润中冲减,而股息属于税后净利润分配。

但是,债务资本也有一些弱点:在没有宣布破产之前,银行不能用债务冲销营业损失;债务有固定期限,到期日或到期前必须归还或展期;在紧急财务情况下可以推迟或不付现金股利,而每隔一定时间支付债务利息则是银行的法律义务,这使利用长期债务代替股本增大了银行破产的可能性。因此,一般情况下,只有期限在5年以上的附属债务工具可以包括在附属资本之中,但其比例最多只能相当于核心资本的50%。

同时,为了使资本的计算趋于准确,《巴塞尔协议》还对资本中有些模糊的、应予以扣除的成分做了规定,包括:① 商誉是一种无形资产,它通常能增加银行的价值,但它又是一种虚拟资本,价值大小比较模糊。② 从总资本中扣除对从事银行业务和金融活动的附属机构的投资。

这一规定的目的是力图避免银行体系相互交叉控股,导致同一资本来源在一个集团中重复计算的"双重杠杆效应",使银行资本更加空虚并给银行体系带来风险;也可以避免跨国银行利用自己的全球网络巧妙调拨资金,规避管制或进行投机活动。

(三) 银行规模与资本构成

对于不同规模的银行而言,资本构成存在很大的差异。我国四大国有商业银行与其他股份制商业银行的资本构成存在很大区别。

1. 不同规模银行资本构成的差异

对于不同规模的银行而言,资本构成存在很大的差异。对于规模较大的银行来说,其资本构成中股票溢价和未分配利润占有较大比重,其次是银行发行的长期债务和普通股股票。近年来,西方国家的商业银行发行了大量的次级票据和债券(长期债务资本),成为银行长期资金的一个不断增长的来源。这些国家的法规规定,这类资本票据的求偿权次于银行储户的求偿权。如果银行倒闭,存款人对所得有第一求偿权,而债券投资者有第二求偿权。银行发行的次级债务在发行后即可上市流通,利率可采取固定利率或浮动利率形式。这类资本不在存款保险公司的保险范围内,其投资者对银行的经营风险会格外关注,这在一定程度上减少了银行倒闭的风险。大银行具有信誉优良的特点,更容易以这种方式筹集资本。

对于小银行而言,其资本构成主要依赖于自身的未分配利润,而较少从金融市场上获得资本。大银行与小银行在资本构成上的差异,反映了不同规模的银行进入金融市场的难易程度不同,投资者也将银行规模与竞争实力和倒闭风险联系在了一起。小银行认识到了这一点,它们往往以提高自己的资本充足程度来显示其安全性,因此,小银行的资本充足情况往往比大银行好。

2. 我国商业银行的资本构成分析

根据《巴塞尔协议》的精神,银行资本应由核心资本和附属资本构成。1997年,中国人民银行就依据这一精神,针对我国商业银行体系的具体情况规定了我国商业银行的资本构成。此后,我国银行体系改革的深入开展和为适应与国际银行业接轨的需求,中国人民银行、中国银行业监督管理委员会(以下简称"中国银监会")及时对有关银行资本构成的规定进行了修改和补充。

自2007年美国次贷危机以来,巴塞尔银行监管委员会积极推进国际金融监管体系改革,并出台了《巴塞尔协议Ⅲ》,确立了银行业资本和流动性监管的新标准,要求各成员国从2013年开始实施,2019年前全面达标。在此背景下,中国银监会于2012年6月7日发布了新的《商业银行资本管理办法(试行)》(以下简称"新办法"),自2013年1月1日起实施。"新办法"中对资本的定义更加严格,并扩大了风险资本的覆盖范围,对于增强银行体系的稳健性、引导银行转变发展方式以及促进实体经济发展都将起到积极作用。根据"新办法",我国商业银行的资本包括以下内容。

(1) 核心一级资本。主要包括以下几个方面:

① 实收资本或普通股。
② 资本公积。
③ 盈余公积。
④ 一般风险准备。
⑤ 未分配利润。
⑥ 少数股东资本可计入部分。

(2) 其他一级资本。主要包括以下几个方面:

① 其他一级资本工具及其溢价。
② 少数股东资本可计入部分。

(3) 二级资本。主要包括以下几个方面：
① 二级资本工具及其溢价。
② 超额贷款损失准备。

商业银行采用权重法计量信用风险加权资产的，超额贷款损失准备可计入二级资本，但不得超过信用风险加权资产的 1.25%。此处的超额贷款损失准备是指商业银行实际计提的贷款损失准备超过最低要求的部分。贷款损失准备最低要求是指 100% 拨备覆盖率对应的贷款损失准备和应计提的贷款损失专项准备两者中的较大者。

商业银行采用内部评级法计量信用风险加权资产的，超额贷款损失准备可计入二级资本，但不得超过信用风险加权资产的 0.6%。此处的超额贷款损失准备是指商业银行实际计提的贷款损失准备超过预期损失的部分。

③ 少数股东资本可计入部分。

(4) 资本扣除项。计算资本充足率时，商业银行应当从核心一级资本中全项扣除以下项目：
① 商誉。
② 其他无形资产（土地使用权除外）。
③ 由经营亏损引起的净递延税资产。
④ 贷款损失准备缺口。

商业银行采用权重法计量信用风险加权资产的，贷款损失准备缺口是指商业银行实际计提的贷款损失准备低于贷款损失准备最低要求的部分。

商业银行采用内部评级法计量信用风险加权资产的，贷款损失准备缺口是指商业银行实际计提的贷款损失准备低于预期损失的部分。

⑤ 资产证券化销售利得。
⑥ 确定受益类的养老金资产净额。
⑦ 直接或间接持有本银行的股票。
⑧ 对资产负债表中未按公允价值计量的项目进行套期形成的现金流储备，若为正值，应予以扣除；若为负值，应予以加回。
⑨ 商业银行自身信用风险变化导致其负债公允价值变化带来的未实现损益。

与 2004 年的《商业银行资本充足率管理办法》相比，"新办法"主要有以下两方面的变化：

(1) 强调核心一级资本充足率监管。核心一级资本充足率要求从现行的 2% 提高至 5%，一级资本充足率下限将从现行的 4% 上调至 6%，总资本充足率维持在 8%。核心一级资本只能通过利润留存或增发股份方式获得补充，传统的可转债将无法补充核心一级资本。债务型资本工具发行不再设置上限。

(2) 新增了资本扣除项。主要包括：商业银行之间通过协议互相持有的各级资本工具，直接或间接持有本银行发行的其他一级资本工具和二级资本工具，对未并表机构的小额少数资本投资合计超过本行核心一级资本净额 10% 的部分，对未并表机构的大额少数资本投资中核心一级资本超过本行核心一级资本净额 10% 的部分，其他一级资本投资和二级资本投资，以及对有控制权但不并表的金融机构的所有资本投资及其资本缺口。

现实中，伴随我国商业银行盈利能力的增强和上市步伐的加快，其资本结构也发生了较大变化。表 2-1 反映了我国四大国有商业银行 2002 年、2008 年和 2015 年的资本构成情况。

表 2-1　　　　　2002 年、2008 年和 2015 年我国四大国有商业银行的资本构成　　　　　单位：亿元

	中国工商银行			中国农业银行			中国银行			中国建设银行		
年份	2002	2008	2015	2002	2008	2015	2002	2008	2015	2002	2008	2015
资本总额	1 779	6 071	20 121	1 360	2 905	14 716	2 197	4 939	14 984	1 072	4 676	16 502
资本构成												
股本或实收资本	1 607	3 340	3 564	1 293	2 600	3 248	1 421	2 538	2 944	851	2 337	2 500
占资本总额的比例(%)	90.33	55.02	17.71	95.07	89.50	22.07	64.68	51.39	19.65	79.38	49.98	15.15
资本公积	13	1 122	1 519	32	173	988	622	662	1 396	221	902	1 576
占资本总额的比例(%)	0.73	18.48	7.55	2.35	5.96	6.71	28.31	13.40	9.32	20.62	19.29	9.55
盈余公积	148	247	1 780	—	12	967	—	234	1 112	—	269	1 530
占资本总额的比例(%)	8.32	4.07	8.85	—	0.41	6.57	—	4.74	7.42	—	5.75	9.27
未分配利润	11	721	7 818	36	120	4 120	106	834	4 516	0.00	596	6 698
占资本总额的比例(%)	0.62	11.88	38.85	2.65	4.13	28.00	4.82	16.89	30.14	0.00	12.75	40.60

资料来源：2002 年数据来自《中国金融年鉴》，2008 年、2015 年数据来自银行年报整理计算所得。

第二节　巴塞尔资本协议与资本充足率的测度

最初的《巴塞尔协议》为我们判定银行是否在稳健经营提供了一个重要的标准，但当一家银行的资本规模没有达到国际银行业的最低要求，或银行的资本规模远远高于最低标准时，是否就一定意味着其经营不稳健或非常稳健呢，这是一个难以简单回答的问题。不断完善和修改的《巴塞尔协议》正努力对这一问题做出客观公正的回答。

一、《巴塞尔协议Ⅰ》

巴塞尔银行监管委员会是 1974 年由十国集团中央银行行长倡议建立的，其成员包括十国集团中央银行和银行监管部门的代表。巴塞尔协议是由巴塞尔银行监管委员会成员国（包括美国、英国、法国、德国、意大利、日本、荷兰、加拿大、比利时、瑞典等十国）的中央银行在瑞士巴塞尔达成的若干重要协议的统称，是为了维持资本市场稳定、减少国际银行间的不公平竞争、

降低银行系统信用风险和市场风险,推出的资本充足比率要求。其实质是为了完善与补充单个国家对商业银行监管体制的不足,减轻银行倒闭的风险与代价,是对国际商业银行联合监管的最重要形式,并具有很强的约束力。

(一)《巴塞尔协议》的产生背景

《巴塞尔协议》产生的背景可以溯源到20世纪70年代全球性通货膨胀,各国纷纷采取浮动利率和利率剧烈波动时期。国际大型商业银行的业务呈现出全球化、金融操作与工具创新和投机活动等三个特点。国际商业银行的发展表现如下:

(1) 越来越脱离国内的银行管制,同时国际银行监管又十分薄弱,使银行监管出现很大的漏洞。

(2) 金融操作与金融工具的创新,使银行经营的资产超过银行资本几十倍,使风险增大。

(3) 国际债务危机影响银行经营的稳定性。例如,1982年发展中国家爆发债务危机。

(4) 国际银行业中的不平等竞争使得国际银行的监管不能只靠各国各自为政、孤军作战,必须要在金融监管上进行国际协调。

结果在1974年,连续有三家大型国际商业银行(德国赫斯德特银行、纽约富兰克林国民银行和英国—以色列银行)相继倒闭,使许多国家客户受到巨大损失。

上述情况使美、英、德、法、日、荷、意、比、加拿大和瑞典"十国集团"的中央银行行长在国际清算银行总部所在地巴塞尔,成立了银行监管委员会,对国际银行进行监管。

(二)《巴塞尔协议》的发展进程

1. 1975年《银行海外分支机构监管原则》

1975年协议(库克协议),其准确的名称是《银行海外分支机构监管原则》。

这个协议极为简单,核心内容就是针对国际性银行监管主体缺位的现实,突出强调了两点:① 任何银行的国外机构都不能逃避监管;② 母国和东道国应共同承担的职责。

2. 1983年修改后的协议

这个协议基本上是前一个协议的具体化和明细化,如明确了母国和东道国的监管责任和监督权力,分行、子行和合资银行的清偿能力、流动性、外汇活动及其头寸各由哪方负责等,由此体现"监督必须充分"的监管原则。由于各国的监管标准存在较大差异,东道国与母国之间监管责任划分的实际适用上也存在不同意见,致使1975年协议的弱点充分暴露。为此,巴塞尔委员会于1983年5月对1975年协议进行修改。

两个巴塞尔协议没有实质性差异:总体思路都是"股权原则为主,市场原则为辅;母国综合监督为主,东道国个别监督为辅"。两者对清偿能力等监管内容都只提出了抽象的监管原则和职责分配,未能提出具体可行的监管标准。各国对国际银行业的监管都是各自为战、自成体系,充分监管的原则也就无从体现。

3. 1988年巴塞尔银行监管委员会《关于统一国际银行资本衡量和资本标准的报告》

该报告主要对信贷风险的评估和控制以及资本充足率确定统一的标准和计算方法。该报告主要有四部分内容:① 资本的分类;② 风险权重的计算标准;③ 1992年资本与资产的标准比例和过渡期的实施安排;④ 各国监管当局自由决定的范围。

第一,关于资本的分类。把银行资本划分为核心资本和附属资本两档。第一档核心资本包括股本和公开准备金,这部分至少占全部资本的 50%;第二档附属资本包括未公开的准备金、资产重估准备金、普通准备金或呆账准备金。

第二,关于风险加权的计算。协议订出对资产负债表上各种资产和各项表外科目的风险度量标准,并将资本与加权计算出来的风险挂钩,以评估银行资本所应具有的适当规模。

第三,关于标准比率的目标。协议要求银行经过 5 年过渡期逐步建立和调整所需的资本基础。到 1992 年年底,银行的资本对风险加权资产的标准比率为 8%,其中核心资本率至少为 4%。巴塞尔协议的出台源于前联邦德国赫斯塔特银行和美国富兰克林国民银行的倒闭。这是两家著名的国际性银行,它们的倒闭使监管机构在惊愕之余开始全面审视拥有广泛国际业务的银行监管问题。

根据上述内容,可以看出,体现协议核心思想的是前两项。同时也可以看出该报告的核心内容是资本的分类。也正因为如此,许多人直接就将该报告称为规定资本充足率的报告。

该报告反映出报告制定者监管思想的根本转变。

首先,监管视角从银行体外转向银行体内。此前的协议都注重如何为银行的稳定经营创造良好的国内、国际环境,强调政府的督促作用以及政府间的分工协作,对银行本身尤其是对银行防范风险屏障的资本没有做出任何有实际意义和可行标准的要求。而报告则直指主要矛盾和矛盾的主要方面,从资本标准及资产风险两个方面对银行提出明确要求,从而解脱了监管当局劳而无获或收获甚微的尴尬。

其次,监管重心从母国与东道国监管责权的分配转移到对银行资本充足性的监控。报告规定银行必须同时满足总资本和核心资本两个比例要求,总资本和核心资本都必须按明确给定的标准计量和补充。这既是对以往经验教训的深刻总结,也表明报告真正抓住了事物的本质。报告出台以前,各国虽然也对资本金规定了规模要求,但并没有对资本的内涵和外延做出明确规定,这使银行可以轻易地通过会计处理增加银行账面资本金,并实际加大资产与负债的落差,进而加大银行的经营风险;此外,由于资本金的管理还处在原始的静态管理状态,无法形成根据资产和负债的性质及其变动相应调整的机制,因而使这种资本金管理形同虚设,发挥的作用也极其有限。这也从另一个侧面说明此前协议的监管重心只能简单地放在监管责权的分配之上。

再次,注重资本金监管机制的建设。资本金监管的生命力在于它突破了单纯追求资本金数量规模的限制,建立了资本与风险两位一体的资本充足率监管机制。这表明报告的制定者真正认识到资本是防范风险、弥补风险损失的防线,因而必须将其与风险的载体(即资产)有机相联。而资产的风险程度又与资产的性质相关。报告以不同的风险权重将不同风险的资产加以区分,使得同样规模的资产可以对应不同的资本量,或者说同样的资本量可以保障不同规模的资产。资本的保障能力随资产风险权重的不同而异,体现出报告的动态监管思想。针对以往银行通常以金融创新方式扩大表外业务以逃避资本监管的现象,报告认识到监管表外资产的必要,因而首次将表外资产纳入监管。由于当时表外业务的种类、规模及其破坏力有限,报告只能简单地将期限种类各异的表外资产套用表内资产的风险权数来确定其风险权重,并相应提出了资本充足性的要求。

最后,过渡期及各国当局自由度的安排表明,报告真正认识到国际银行体系健全和稳定的重要,各国银行的监管标准必须统一。这种安排则充分考虑到了银行的国别差异,以防止国际银行间的不公平竞争。

报告的推出意味着资产负债管理时代向风险管理时代过渡。由于监管思想的深刻、监管理念的新颖、考虑范围的全面以及制定手段和方法的科学合理,这个报告成了影响最大、最具代表性的监管准则。此后围绕银行监管产生的核心原则或补充规定等,都是在报告总体框架下对报告的补充和完善。尽管巴塞尔银行监管委员会并不是一个超越成员国政府的监管机构,发布的文件也不具备法律效力,但各国的监管当局都愿意以报告的原则来约束本国的商业银行。

1988年《巴塞尔协议》公布以后,巴塞尔银行监管委员会并没有停止寻求更合理、有效的风险监管标准的努力。随着近年来银行风险日益多元化、复杂化,原有的协议内容已经不足以满足风险管理的需要。为了将更多的风险纳入资本计量和资本标准的国际体系,使协议体现出更大的准确性、灵活性、针对性,巴塞尔银行监管委员会对1988年《巴塞尔协议》进行了一系列修订。其修订进程及主要修订内容如下:

(1) 1993年4月,巴塞尔银行监管委员会发布《市场风险的资本标准建议》,规定了对市场风险的资本要求,包括债务衍生产品、股权衍生产品和外汇衍生产品市场风险的资本要求。

(2) 1996年1月,推出《资本协议关于市场风险的补充规定》。该规定认识到市场风险是因市场价格波动而导致表内外头寸损失的风险,包括交易账户中受到利率影响的各类工具及股票所涉及的风险、银行的外汇风险和商品(如贵金属等)风险,它们同样需要计提资本金来进行约束。并且提出了两种计量风险的办法,即标准计量法和内部模型计量法。

(3) 1998年,巴塞尔银行监管委员会决定全面修改协议。

(4) 1999年6月,巴塞尔银行监管委员会公布了第一次关于修改资本充足性框架的意见征询稿。

(5) 经过在成员国以及全球银行监管当局中的广泛讨论,巴塞尔银行监管委员会于2001年1月和2003年4月分别公布了意见征询稿的第二稿和第三稿,对初稿进行了许多有益的改进。

(6) 2003年8月后,巴塞尔银行监管委员会就业界比较关心的不可预见损失、跨国合作、AMA的实施以及证券化,出版了《预期损失和不可预期损失》《跨境实施新巴塞尔资本协议的高级原则》《母国—东道国对AMA计算操作风险资本认可的原则》《对证券化框架的变更》四个重要主题文件,并分别于2003年10月、2004年1月和5月以新闻稿的形式向业界说明了新协议的重大进展,同时进一步解释了一些问题。

(7) 2004年6月26日,十国集团的中央银行行长和银行监管当局负责人举行会议,一致同意公布《资本计量和资本标准的国际协议:修订框架》,即新资本充足率框架,现在普遍称之为《巴塞尔协议Ⅱ》。

(8) 自2007年金融危机以来,巴塞尔银行监管委员会经过三年左右的时间,于2010年9月12日正式出台了《巴塞尔协议Ⅲ》的框架,成为全球银行业风险管理的新标准。

《巴塞尔协议Ⅱ》和《巴塞尔协议Ⅲ》的出台,可以看作对1988年《巴塞尔协议》及其历次修订的总结,反映了当今金融风险复杂多变的特性,尤其是银行面临的不再是相互割裂的单一风险,而是信用风险、市场风险和操作风险相互联系、紧密渗透的风险体系,需要以全面风险管理的思路应对。《巴塞尔协议Ⅲ》促使人们更加重视综合风险的模型建立和量化管理问题,并集中体现了这一领域的进展。

从发展历程来看,巴塞尔协议经历了一个内容不断更新、方法不断改进、思想不断成熟的深化过程。该协议实际上没有一个明确的新旧分界点。学术界一般将1988年的《巴塞尔报告》称为旧巴塞尔协议,将1999年6月公布的《新巴塞尔资本协议》征求意见稿(第一稿)称为新巴塞尔协议。其实,1988年的旧巴塞尔协议经过多次修改补充后,已将新巴塞尔协议的基本框架搭建就绪,因此才有了新巴塞尔协议第一稿。而2001年推出的两个新巴塞尔协议征求意见稿更直接就是对第一稿的充实与完善。因此,本报告以1999年《新巴塞尔资本协议》征求意见稿(第一稿)为分水岭,此前的所谓旧巴塞尔协议实际上包括1988年的《巴塞尔报告》及其后的补充规定和核心原则;而新巴塞尔协议则统指三个征求意见稿。

二、《巴塞尔协议Ⅱ》和《巴塞尔协议Ⅲ》的主要精神

(一)《巴塞尔协议Ⅱ》的主要精神

《巴塞尔协议Ⅱ》的主要精神是银行风险监管的三大支柱。

1. 第一支柱——最低资本要求

这一部分论述如何计算信用风险、市场风险和操作风险总的最低资本要求。在测算银行风险资产状况时,《巴塞尔协议Ⅲ》提供了两种可供选择的方案,即标准法和内部评级法(Internal Ratings Based Approaches,IRB方法,该方法又进一步划分为初级法和高级法)。关于资本充足率的计算公式和计算方法,前面已用标准法举例说明,这里主要介绍标准法和内部评级法的特点。

所谓标准法,是指银行根据外部评级结果,以标准化处理方式计量信用风险。这种方法对银行持有债权根据对象类别和业务性质规定了不同的风险权重,比如对主权国家及其中央银行债权的风险权重如表2-2所示。对于标准法采用哪家外部评级机构的评级结果,《巴塞尔协议Ⅲ》规定由各国监管当局负责认定。合格的外部评级机构必须全面满足以下六条标准:① 客观性;② 独立性;③ 国际通用性和透明度;④ 披露;⑤ 资源;⑥ 可信度。

表2-2 《巴塞尔协议Ⅱ》对主权国家及其中央银行债权风险权重的规定

信用评级	AAA至AA⁻	AA⁺至A⁻	BBB⁺至BB⁻	BB⁺至B⁻	B⁻以下	未评级
风险权重	0%	20%	50%	100%	150%	100%

说明:此处采用标准普尔评级方法中所使用的评级符号,仅用于举例。

所谓内部评级法,是指银行采用自身开发的信用风险内部评级体系,但必须通过银行监管当局的明确批准。有资格采用高级法的银行可以根据自己对风险要素的估计决定对特定暴露的资本要求。这些风险要素包括对违约概率、违约损失率、违约风险暴露及期限的量化指标。内部评级法又分为初级法和高级法。按照初级法的规定,一般是由银行自己估计违约概率,其他的风险因素采用监管当局的估计值。按照高级法的规定,银行在满足最低标准的前提下自己估计违约概率、违约损失率、违约风险暴露,并自行计算期限。可见,实施内部评级法需要大量的资源、成本、人员和技术,只有那些具备良好的风险管理系统、压力测试和数据管理能力的银行才能较好地利用内部评级法衡量信用风险。

除了信用风险,《巴塞尔协议Ⅲ》还要求在计算资本充足率时考虑市场风险和操作风险。

市场风险是指在一段时期内汇率和利率变化所造成的金融工具市场价格下降的风险。1993年4月,巴塞尔银行监管委员会在《市场风险的资本标准协议》中规定了市场风险的资本要

求,包括债务衍生产品、股权衍生产品和外汇衍生产品市场风险的资本要求。其中,债务和股权衍生产品市场风险的资本要求又可分为特殊风险的资本要求和一般市场风险的资本要求。

操作风险是指由不完善或有问题的内部程序、人员及系统或外部事件所造成损失的风险,包括法律风险,但不包括策略风险和声誉风险。与信用风险和市场风险不同,操作风险内生于银行的业务操作,并且几乎涉及银行经营管理的所有方面,覆盖面很宽。正是由于操作风险的广泛存在,巴塞尔银行监管委员会建议将其作为独立的风险种类加以监控,并建立相应的衡量方法、评价体系和报告机制。

2. 第二支柱——监管当局的监督检查

第二支柱是针对银行业风险而制定监督检查的主要原则、风险管理指引和监督透明度及问责制度,包括如何处理银行账号的利率风险、信用风险和操作风险,如何加强跨境交流与合作以及资产证券化等方面的指引。《巴塞尔协议Ⅲ》认为,监督检查程序的目的,不但要保证银行有充足的资本应对业务中的所有风险,而且还鼓励银行开发并使用更好的风险管理技术来监测和管理风险。

3. 第三支柱——市场纪律

第三支柱是对第一支柱和第二支柱的补充。巴塞尔银行监管委员会希望通过建立一套披露要求以达到促进市场纪律的目的,披露要求应便于市场参与者评价有关适用范围、资本、风险、风险评估程序以及银行资本充足率等重要信息。巴塞尔银行监管委员会认为:披露十分重要,特别是考虑到《巴塞尔协议Ⅲ》允许银行采用自己的内部评级法,这使银行在评估资本要求方面有了更大的自主权。

《巴塞尔协议Ⅱ》通过三大支柱,鼓励银行改善风险管理系统,采用先进的风险计量方法。这既有利于提高监管资本的风险敏感度,也有利于更加全面地进行风险监督,逐步建立适应不同银行需要的资本制度框架。要达到这一目的,需要国际银行业的共同协调和努力,将三大支柱的精神结合本国实际加以落实。

(二)《巴塞尔协议Ⅲ》的主要精神

《巴塞尔协议Ⅲ》的基本精神可概括为增强资本质量和提高资本要求,引入非风险杠杆率、最低流动性标准、资本留存缓释和逆周期缓释。这些措施旨在从微观谨慎和宏观谨慎两方面增强银行消化损失的能力,确保长、短期流动性,提高银行业抵御系统性风险的能力,使银行更好地抵挡经济和金融压力,对全球长期金融稳定和经济增长起到支持作用。

微观谨慎,即单个银行或其他金融机构对风险的管理,是《巴塞尔协议》一直以来的监管对象。在《巴塞尔协议Ⅲ》中,微观谨慎方面的措施主要包括增强资本质量、提高最低资本要求、引入非风险杠杆率和提出最低流动性标准。

1. 资本质量与资本充足率

巴塞尔银行监管委员会主席努特·韦尔林克(Nout Wellink)认为,2007年金融危机暴露的主要问题是银行资本质量和资本水平的不足。因为,《巴塞尔协议Ⅲ》的核心内容是增强资本质量和提高最低资本要求,着力强调能够实质性消化损失的资本在银行资本充足率中的占比,尤其是普通股的占比。首先,对普通股做了更为严格的定义,银行在2014—2018年间,逐步剔除累计超过15%的用于金融机构、房屋抵押服务权利和递延税项资产的投资资金在普通股中的数额。其次,对非核心一级资本和二级资本做了更加严格的限定,要求银行自2013年起扣除不合规资本。

2. 非风险杠杆率

在修改原有巴塞尔框架的基础上,《巴塞尔协议Ⅲ》引入了两个新的要求——杠杆率和流动性标准。

一般来说,杠杆率就是比率,在《巴塞尔协议Ⅲ》中,非风险杠杆率的定义为:

$$\text{非风险标杆率} = \frac{\text{一级资本}}{\text{资产} + \text{表外风险暴露}} \times 100\% \quad (2-1)$$

而

$$\text{一级资本充足率} = \frac{\text{一级资本}}{\text{风险加权资产}} = \frac{\text{一级资本}}{\sum \text{资本} \times \text{相对应的风险权重}(\%)} \quad (2-2)$$

比较上述两公式,公式(2-1)中分母未经风险权重(百分比)削减,因此称为"非风险杠杆率"。非风险杠杆率的最低要求是3%。2013—2016年为非风险杠杆率的测试期,银行需从2015年起披露其非风险杠杆率;此项要求将在2018年加入《巴塞尔协议Ⅲ》的第一支柱中。引入非风险杠杆率的目的首先是防止银行过度投机。在金融危机中,很多达到和超过最低一级资本要求的银行未能在危机中幸存。这是因为在计算一级资本占比中,未考虑表外资产。而有问题的银行交易了大量的表外产品,尤其是复杂衍生产品,资本充足率掩藏了潜在的经营风险。非风险杠杆率涵盖表外资产,通过其最低比率要求可有效降低银行的杠杆倍数,促使银行稳健经营。

3. 最低流动性标准

流动性枯竭是金融危机的特点之一。为了最大限度地保证银行在各种可能的压力情景下有足够的优质资金维持流动性,巴塞尔银行监管委员会提出了两个流动性计量指标,即流动性覆盖比率(LCR)和净稳定资金比率(NSFR)。LCR为高流动性资产储备与未来30日资金净流出量的比率,反映短期内银行持有的高流动性资产应对资金流失的能力。巴塞尔银行监管委员会尚未确定LCR的最低要求,但从2011年开始,将在过渡期内测算观察,并将在2015年确定LCR的最低要求。NSFR为可供使用的稳定资金与业务所需的稳定资金的比率,反映中长期银行的资金稳定程度。通过优化银行资金结构比率,以减少短期融资的期限错配,增加长期稳定资金的来源。巴塞尔银行监管委员会同样未确定NSFR的最低标准;其观察期将从2012年开始,最终在2018年引入最低标准。

2007年次贷危机发生后,国际监管机构普遍认识到一些致命风险在微观谨慎监管下被忽视了,因此,除微观谨慎外,实施宏观谨慎监管的呼声越来越高。宏观谨慎就是对系统性风险的管理,包括对金融业各组成部分关联关系的研究和对威胁系统性风险的银行及其他金融机构的管控等。《巴塞尔协议Ⅲ》关于宏观谨慎的措施主要是引入资本留存缓释和逆周期缓释,目的是提高整个银行业在危机中的恢复能力,并在一定程度上弱化周期性带来的影响。

4. 资本留存缓释

巴塞尔银行监管委员会认为,解决系统性风险的根本方法是在市场繁荣时期保留一部分资本为压力时期的资本缓释。因此,监管理事会确定引入"资本留存缓释",仅供银行在压力时期使用;其全部由普通股构成,最低标准为2.5%。这意味着银行在满足普通股4.5%、一级资本6%、一级资本和二级资本8%最低要求的基础上,还要再预留2.5%的普通股作为资本留存缓释,所以普通股在最低资本要求和资本留存缓释的要求下总计需达到了7%的最低标准。资本留存缓释将自2016年起逐步实行,从2019年开始,银行需达到2.5%资本留存缓释的最低标准。

5. 逆周期缓释

巴塞尔银行监管委员会在2010年7月提出"逆周期缓释",作为资本留存缓释的延伸。逆周期缓释将由普通股或其他高质量的资本构成,仅在信用过度增长而对系统性风险造成影响时使用。各国监管机构将根据自身情况确定不同时期的逆周期缓释,其范围在0~2.5%。比如在正常市场情况下,逆周期缓释设为2.5%;而当监管当局认为市场处于信用过度增长时期,可将逆周期缓释从2.5%向下调整,在严重时期可调为0,以使逆周期缓释能够全部用来缓解银行在危机时期的压力。逆周期缓释的目的是在信用泛滥时期保护银行业免受系统性风险的威胁。

三、《巴塞尔协议Ⅱ》和《巴塞尔协议Ⅲ》的实施与意义

(一)《巴塞尔协议Ⅱ》的实施

巴塞尔银行监管委员于2004年6月26日发布了《巴塞尔协议Ⅱ》,并于2006年年底在十国集团开始实施。经过一年的定量影响分析或双轨制计算,高级法也于2007年年底开始实施。与1998年《巴塞尔协议》相比,《巴塞尔协议Ⅱ》更为强调监管当局结合各国银行业的实际风险对各国银行进行灵活的监管。巴塞尔银行监管委员认为,各国当局完全有权制定更高的资本要求,可以使用一些补充的资本措施,处理诸如资本管理制度中固有的及可能存在的风险计量的不准确性,或限制银行的债务比。《巴塞尔协议Ⅱ》还提出了标准法和内部评级法等不同的风险资本计量方法,供银行依据自身情况选择使用。

然而,《巴塞尔协议Ⅱ》在提高风险敏感性和灵活性的同时,复杂性也大大增加。相对而言,《巴塞尔协议Ⅱ》更适用于风险计量、管理水平较高,资本雄厚的国际活跃银行,一些中小银行很难落实《巴塞尔协议Ⅱ》的要求。就《巴塞尔协议Ⅱ》推出时的情况看,美国仅对十几家大银行实施《巴塞尔协议Ⅱ》,而欧盟国家是对整个银行业实施《巴塞尔协议Ⅱ》。许多发展中国家则积极借鉴《巴塞尔协议Ⅱ》提出的新的监管理念和风险管理办法,但不准备在当时立即实施《巴塞尔协议Ⅱ》。

当时,我国对《巴塞尔协议Ⅱ》期望达到的各项目标表示支持,但考虑到在中国实施《巴塞尔协议Ⅱ》只能在很小程度上提高资本监管的风险敏感度,因而我国表示仍将继续执行1988年的旧协议。然而事实上,我国一直在努力提高银行风险资本监管水平。我国1995年公布并实施的《中华人民共和国商业银行法》中,就根据《巴塞尔协议》的内容,并结合具体国情,规定了商业银行最低资本充足率必须达到8%。1996年中国人民银行发布的《商业银行资产负债比例管理暂行监控指标》,就参照《巴塞尔协议》的要求,对资本定义、风险资产、风险权重、表外业务、资本充足率(最低值)等进行了明确。在把银行业资产划分为若干种类的基础上,对不同风险程度的资产规定了不同的风险系数,共有五个档次:第一级为0,表示无风险资产;第二级为10%;第三级为20%;第四级为50%;第五级为100%,为具有完全风险的资产。中国人民银行将资产划分为六大类:第一类为"现金";第二类为"对中央政府与中央银行的债权";第三类为"对公共企业的债权(指邮电、水、电话、煤气、交通等基础部门)";第四类为"对一般企业和个人的贷款";第五类为"同业拆借";第六类为"其他"。2004年2月,我国公布了《商业银行资本充足率管理办法》,于当年3月1日开始实行,规定商业银行最迟要在2007年1月1日达到

最低资本要求。在过渡期内,商业银行要制定并实施切实可行的资本充足率分步达标规划,并报告银监会。该办法根据《巴塞尔协议Ⅱ》的建议,调整了资本充足率的计算公式,将市场风险纳入其中,并对商业银行资本构成进行了重新定义。另外,银监会也鼓励我国具有较高风险管理水平、最有可能跟国际同步实行新协议的四大国有商业银行,在 2006 年按照新协议的要求,用初级的内部评级法进行内部风险控制。这些都充分表明了我国对《巴塞尔协议Ⅱ》的积极态度。

(二)《巴塞尔协议Ⅲ》的实施

为了弥补《巴塞尔协议Ⅱ》的不足,巴塞尔银行监管委员于 2010 年 9 月 12 日出台了《巴塞尔协议Ⅲ》。此后,巴塞尔银行监管委员根据 2009 年底的全面计量研究指出,大型银行将需要大量额外资本才能满足《巴塞尔协议Ⅲ》的资本要求(《监管理事会宣布更高的全球最低资本标准》,2010)。因此,委员会设计了从 2013—2019 年的达标过渡期,使银行等金融机构能够有足够的时间过渡到新的监管标准上来,以降低对全球经济复苏的影响。对资本的各项要求,将逐年小幅增加,而自 2019 年 1 月 1 日起,所有款项均要达到《巴塞尔协议Ⅲ》的新要求。表 2-3 为《巴塞尔协议Ⅲ》的过渡期安排,所有日期均为 1 月 1 日。

表 2-3 《巴塞尔协议Ⅲ》的过渡期安排

	2011	2012	2013	2014	2015	2016	2017	2018	2019
杠杆率		监控控制	平行测试 2013—2016 年 从 2015 年起开始披露					加入第一支柱	
最低普通股资本比率			3.5%	4.0%	4.5%	4.5%	4.5%	4.5%	4.5%
资本留存缓释						0.625%	1.25%	1.875%	2.5%
最低普通股加资本留存缓释			3.5%	4.0%	4.5%	5.125%	5.75%	6.375%	7.0%
从普通股中分步扣减				20%	40%	60%	80%	100%	100%
最低一级资本要求			4.5%	5.5%	6.0%	6.0%	6.0%	6.0%	6.0%
最低资本要求			8.0%	8.0%	8.0%	8.0%	8.0%	8.0%	8.0%
最低资本加留存缓释			8.0%	8.0%	8.0%	8.625%	9.125%	9.875%	10.5%
不符合非核心一级资本和二级资本的产品			从 2013 年开始在 10 年内扣清						
流动性覆盖比率 LCR	观察期开始				引入最低标准				
净稳定资金比率 NSFR		观察期开始						引入最低标准	

资料来源:《监管理事会宣布更高的全球最低资本标准》(Group of Governors and Heads of Supervision Announces Higher Global Minimum Capital Standards)。

《巴塞尔协议Ⅱ》和《巴塞尔协议Ⅲ》在提高风险敏感性和灵活性的同时,复杂性也大大增加。相对而言,《巴塞尔协议Ⅲ》更适于风险计量、管理水平较高、资本雄厚的国际活跃银行,一些中小银行很难落实新协议的要求。就目前情况看,美国仅对十几家大银行实施新协议,而欧盟成员国是对整个银行业实施新协议。许多发展中国家则积极借鉴新协议提出的新的监管理念和风险管理办法,但不准备在近期内或无力在近期内实施新协议。我国依据《巴塞尔协议Ⅱ》和《巴塞尔协议Ⅲ》的最新精神,于 2012 年 6 月出台了《商业银行资本管理办法(试行)》,并要求自 2013 年 1 月 1 日起实行，规定商业银行应在 2018 年年底前达到该办法规定的资本充足率监管要求，鼓励有条件的商业银行提前达标。在达标过渡期内，商业银行应当制定并实施切实可行的资本充足率分步达标规划，并报银监会批准。银监会根据商业银行资本充足率达标规划实施情况，采取相应的监管措施。同时，我国于 2014 年 1 月出台了《商业银行流动性风险管理办法（试行）》，并要求自 2014 年 3 月 1 日起施行。

（三）《巴塞尔协议Ⅱ》和《巴塞尔协议Ⅲ》对我国银行业风险资本监管的意义

《巴塞尔协议Ⅱ》的基本精神和技术方法对我国改革银行业治理结构，提高银行业风险资本监管水平、流动性风险管理水平具有重要而深远的影响。同时，新协议更为严格复杂的监管要求对我国现有的银行业风险监管体系也提出了挑战。

1. 新的最低资本要求使中国银行业资本金不足的问题更加突出

许多发展中国家都存在银行业资本金不足的问题，我国也不例外。我国四大国有银行的资本金不足问题尤其明显，究其源头，银行不良资产的累积是重要原因。银行体系的不良资产是我国经济转轨过程中的产物之一，按照市场安排，解决资本金不足的根本途径还是控制高风险的资产和业务，提高资产质量。虽然实施《巴塞尔协议Ⅲ》的过渡期较长，但在逐渐走向开放的国内金融市场的过程中，资本金不足还是会影响我国银行与外资银行竞争的能力。

2. 内部评级法的提出促使我国着手建立完善的银行内部风险评级体系

内部风险评级体系是《巴塞尔协议Ⅲ》的核心之一，而这也是中国银行业风险管理较为薄弱、发展较为落后的环节。与先进的国际性银行相比，我国许多商业银行在评级方法、评级结果检验和评级制度建设上都存在相当差距，尤其在量化操作方面缺乏成熟、操作性强的模型、程序和专业人员，银行之间也没有统一通畅的风险评估结果共享渠道。新协议的出台可为解决这些问题，更好地管理银行风险资本提供起点和基础。

3. 对银行风险管理范围的扩充引导我们从单一的信用风险管理转向全面风险管理

当前，我国的银行风险管理还是以信用风险管理为主，对市场风险、操作风险和顺周期风险、流动性风险的监管缺乏重视，也缺少经验。但在现实的银行经营活动中，各种风险是相互联系、共同作用的，因而在考察银行资本充足水平时，应综合考虑新协议提出的各类风险，推行全面风险管理的理念，真实反映银行资本的风险状况，为风险管理决策提供更可靠的依据。

四、资本充足率的测度

（一）资本与银行倒闭风险

银行资本具有保护存款人和其他债权人不受损失、维持公众信心的作用，但这并不意味着资本越多越好，因为资本规模与股东利益存在着矛盾。如果某银行的税后资产收益率为 1%，资本与资产比例为 8%，则资本收益率为 12.5%（＝1%÷8%）；如果资本与资产比例降为 5%，则资本收益率为 20%（＝1%÷5%）。

资本的多少实际上应取决于银行倒闭的风险大小，即银行负债总值超过银行资产总值的可能性。

银行在日常经营中通常会发生以下三种情况，可以用一个简化的资产负债表加以说明，见图 2-1。

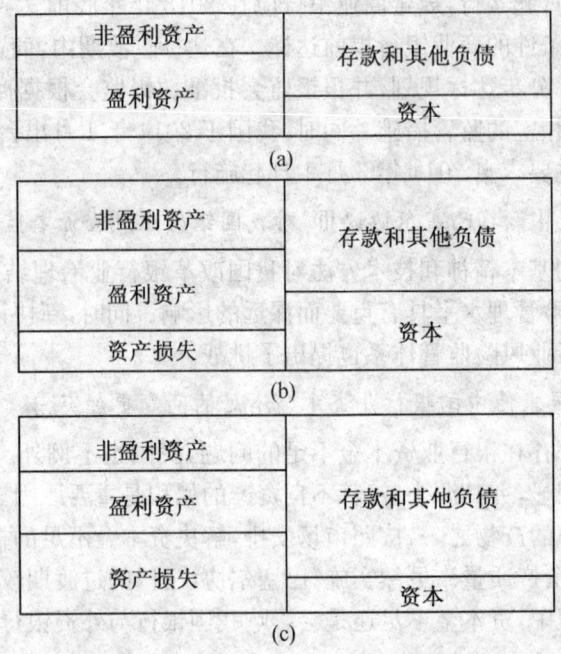

图 2-1 银行资本与其倒闭的风险

在图 2-1(a)中,银行的资产没有发生损失,资本也将完好无缺,银行经营安全;而在图 2-1(b)中,银行发生了资产损失,由于损失规模小于银行资本量,银行还可以继续经营,但已出现了风险;在图 2-1(c)中,银行的资产损失已超过银行的资本总量,此时,如果不采取紧急挽救措施,银行经营将难以进行下去。

(二) 资本充足与银行稳健

首先应该明确的是,所谓资本充足,只是相对于银行的资产负债状况而言,资本充足并不意味着银行没有倒闭的风险。表 2-4 是两家银行的资产负债表,通过对比便会了解它们的实际境况。

表 2-4　　　　　　　　　　　资本充足与银行稳健

A 银行的资产负债表			
资　产		负债和资本	
现金和应付款	40	活期存款	70
短期政府债券	60	储蓄存款	40
长期政府债券	60	定期存款	90
贷款	80	可转让存单	20
		资本	20
合　计	240	合　计	240

续 表

B银行的资产负债表

资产		负债和资本	
现金和应付款	30	活期存款	170
短期政府债券	15	储蓄存款	6
长期政府债券	40	定期存款	6
贷款	155	可转让存单	28
		资本	30
合 计	240	合 计	240

从表2-4中A、B两家银行的资产负债表看,它们的资产规模是相同的,均为240亿元。从资本的状况看,A银行为20亿元,资本与资产的比例为8.3%;B银行为30亿元,资本与资产的比例为12.5%。因此,可以认为B银行要比A银行的资本更为充足。接下来,需要考察一下两家银行的资产和负债结构,我们不能靠简单的资本与资产之间的比例来解释哪家银行在更稳健地经营。

从A银行来看,它的流动性资产(包括现金和应付款、短期政府债券)规模为100亿元(=40+60),负债方活期存款的规模为70亿元;而B银行的流动性资产规模仅为45亿元,贷款却达到155亿元,负债方活期存款为170亿元。因此,从两家银行的资产负债结构可以看出,A银行资本规模虽小,但它的资产流动性强,负债稳定;而B银行虽然资本规模大,但它的资产流动性弱,负债的稳定性差。对于资本来说,B银行的资本可能是不充足的,而A银行可能是充足的。这就说明公众对银行是否稳健经营加以准确判断是很困难的。

为此,美国银行监管当局曾向社会公众建议帮助判别银行资本充足程度的辅助性方法,它包括8个方面的因素:

(1) 管理质量;
(2) 资产的流动性;
(3) 银行的历史收益及收益留存额;
(4) 银行股东的情况;
(5) 营业费用;
(6) 经营活动的效率;
(7) 存款的变化;
(8) 当地市场行情。

银行的资本规模再加上以上因素,会帮助社会公众对银行经营做出较为准确的判断。

(三)《巴塞尔协议》对资本充足的测定

《巴塞尔协议》规定了商业银行的资本构成,而且对资本充足性的测定做了说明。2004年6月修订的《巴塞尔协议Ⅱ》不仅包括原资本充足率8%的最低要求,还提出了监管部门对商业银行资本充足率进行监督检查的新规定。在信用风险和市场风险的基础上,补充了对操作风险计提资本的要求。为计算信用风险和操作风险的资本要求(计提市场风险资本的方法保持不变),该协议采用了由简单到复杂的多种方法,如标准法和内部评级法。与《巴塞尔协议Ⅱ》

相比,《巴塞尔协议Ⅲ》在资本认定上有一些差别,核心一级资本在银行风险加权资产中的最低占比由原来的4%提升到4.5%,一级资本的最低占比由原来的4%提升到6%,但总资本的最低要求仍保持原来的8%不变,而且两者对风险加权资产的计算是一致的。

其中,对于最为重要的信用风险,在标准法中,采用外部评级公司的评级结果确定商业银行各项资产的风险权重,废除以往按是否为经合组织(OECD)成员确定风险权重的不合理做法。在相对复杂的内部评级法中,允许管理水平较高的商业银行采用银行内部对客户和贷款的评级结果来确定风险权重、计提资本。该方法是《巴塞尔协议Ⅲ》的核心内容,有助于商业银行提高风险管理水平。根据初级的内部评级法的要求,银行必须计算出银行客户无力还本付息的可能性以及各类贷款详细的损失率等量化指标。

《巴塞尔协议Ⅲ》的最低资本要求包括以下几个方面:

(1) 核心一级资本与风险加权资产的比率不得低于4.5%,即:

$$核心资本比率 = \frac{核心一级资本}{风险加权资产} \times 100\% \tag{2-3}$$

$$= \frac{核心一级资本}{信用风险加权资产 + 市场风险和操作风险资本要求 \times 12.5} \times 100\%$$

$$\geq 4.5\% \tag{2-4}$$

(2) 一级资本不得低于风险加权资产的6.0%,即:

$$一级资本比率 = \frac{核心一级资本 + 其他一级资本}{风险加权资产} \times 100\% \tag{2-5}$$

$$= \frac{核心一级资本 + 其他一级资本}{信用风险加权资产 + 市场风险和操作风险资本要求 \times 12.5} \times 100\%$$

$$\geq 6\% \tag{2-6}$$

(3) 总资本(一级资本与二级资本之和)与风险加权资产的比率不得低于8%,即:

$$总风险资本比率 = \frac{总资本}{风险加权资产} \times 100\% \tag{2-7}$$

$$= \frac{核心一级资本}{信用风险加权资产 + 市场风险和操作风险资本要求 \times 12.5} \times 100\%$$

$$\geq 8\% \tag{2-8}$$

信用风险加权资产是根据信用风险权重违约概率(PD)、违约损失率(LGD)以及违约风险暴露(EAD)来计算的。计量信用风险资本要求的方法有多种,主要包括以下几个方面:

(1) 标准法(现行方法的修订版本)。使用外部评级机构的评级结果确定风险权重。
(2) 初级的内部评级法。银行只估计PD值,LGD值与EAD值由中央银行指定。
(3) 高级的内部评级法。允许银行自行估计PD值、LGD值与EAD值。
(4) 资产组合信用风险模型法(未来)。

评级法要求银行的评估方式和信息披露都必须符合一系列严格的标准。

从测算公式可以看出,风险权重占据了一个很重要的位置。不同的风险权重可能使银行在资本、资产总额相同条件下的资本比率不同。《巴塞尔协议Ⅱ》和《巴塞尔协议Ⅲ》对信用等级不同的主体的债券,以及银行资产负债表内、表外的不同资产都做了权重的规定。协议中还给出了操作风险的计量方法标准。下面以标准法为例说明银行如何按国际资本标准计算资本水平。

1. 资本充足率的计算

（1）信用风险加权资产的计算。计算一家银行的资本充足率时，就要按照《巴塞尔协议Ⅲ》规定的资产风险加权系数乘以银行资产负债表内项目和表外项目。其中，表外项目中主要包括备用信用证和长期贷款承诺。

（2）操作风险的计算。计算操作风险资本的方法包括基本指标法、标准法和高级计量法（AMA），这三种方法在复杂性和风险敏感度方面逐渐加强。这里以标准法为例，仍以信用风险加权资产计算所举银行为例说明。

（3）市场风险的计算。早期的《巴塞尔协议》只是对信用风险所要求的资本进行了规定，而事实上，现在许多银行都大量持有企业债券、政府债券，甚至公司股票，这些资产的价格会经常变化。同时，由于大多数银行是跨国经营，因而汇率波动也是极其平常的。银行面临的市场风险越来越大，对资本金的要求必须考虑到这一点。

2. 各国银行资本充足率现状

尽管在全球金融危机冲击及《巴塞尔协议Ⅲ》的严格监管下，欧美银行业普遍发展趋缓，但中资银行随着我国经济的快速增长，规模及影响力不断扩大。2016年7月1日，英国《银行家》杂志公布的2016年"全球1 000家大银行"排名榜单中共有119家中资银行入围全球1 000家大银行排行榜，其中17家中资银行跻身前100名，比上年增加1家。中国工商银行以2 744.32亿美元的一级资本连续四年蝉联榜首，见表2-5。

表2-5　　　　　　　　　　　　　2015年部分银行资本充足率表

	一级资本数量（百万美元）	资本资产比（%）	资本充足率（%）
中国工商银行	274 432	9.10	15.22
中国建设银行	220 007	9.15	15.39
摩根大通银行	200 482	9.12	16.00
中国银行	198 068	8.91	14.06
中国农业银行	185 607	8.27	13.40
美国银行	180 778	8.90	15.20
美国花旗集团	176 420	9.00	15.50
美国富国银行	164 584	8.70	15.68
英国汇丰银行	153 303	8.80	15.10
日本三菱金融集团	131 753	8.50	15.15

资料来源：各银行2015年资本充足率报告，国家数据库网站。

近年来，随着我国商业银行纷纷进入国内外资本市场，不断融入全球化竞争，资本充足率大大提高。表2-6是2015年我国5家主要商业银行的资本充足情况。

表 2-6　　　　　　2015 年我国 5 家主要商业银行的资本充足情况(%)

	资本资产比	资本盈利率	资本充足率
中国银行	8.91	11.40	14.06
中国工商银行	9.10	13.80	15.22
中国建设银行	9.15	13.87	15.39
中国农业银行	8.27	12.28	13.40
交通银行	8.77	10.60	13.49

资料来源:各银行 2015 年年报。

第三节　商业银行资本的筹集与管理

商业银行的资本管理是资产负债管理的重要基础。在确定了银行的总体经营目标(如利润目标)后,商业银行的资产负债会随着总目标的变化而相应变化,此时,资本的变化也就必然发生了。银行可筹集资本的途径因各国政府对银行业监管的严厉程度、商业银行的盈利能力、资本筹集的成本等不同而不同。银行必须在法律允许的范围内,综合考虑各种资本供给渠道的可能性及其成本,进而解决资本的供给问题。当然,首要的问题是确定银行资本的需要量。

一、银行资本的规模

衡量银行资本规模的方法有多种,主要包括账面资本(GAAP)、管理资本(RAP)和市场价值资本(MVC)。

(一) 账面资本(GAAP)

账面资本(GAAP)是由账面价值计量的银行资本。大多数银行的资产与负债是银行得到或发行的那天所具有的并在银行账本中登记的价值记录。在较长期限中,随着利率的变动,银行资产与负债的实际价值会与它们的原始账面价值相背离,但许多银行仍把账面价值作为计量基础。

$$资本账面价值(GAAP) = 总资产账面价值 - 总负债账面价值 \qquad (2-9)$$

在银行贷款与证券价值下跌时,账面价值指标就不适宜了,它无法说明银行是否有足够的资本应对目前的风险。

(二) 管理资本(RAP)

管理资本(RAP)是监管会计原理计量的资本量。

$$管理资本(RAP) = 股东股权 + 永久优先股 + 贷款与租赁损失储备 + 可转换次级债务 + 其他 \qquad (2-10)$$

在该资本统计方法中,将可转换次级债务、贷款与租赁损失准备等都列入资本的范畴,看上去会给人一种资本充足的感觉。

(三) 市场价值资本(MVC)

与银行股东和债权人等投资者关系最密切的是银行的市场价值资本,即市场价值资本

(MVC)。

$$市场价值资本 (MVC) = 银行资产的市场价值 (MVC) - 银行负债的市场价值 (MVL) \qquad (2-11)$$

也可以用近似的公式计算每天的 MVC：

$$MVC = 每股股票的现期市场价格 \times 发行但并未偿付的股票数量 \qquad (2-12)$$

这种办法会导致资本数字高度变动，但它能更好地反映银行面临风险时的实际程度。

二、银行资本的需要量

银行所需资本的数量无法完全由主观决定。在银行业务经营活动中，一系列因素影响着银行资本的需要量。

（一）有关的法律规定

各国金融监管部门为了加强控制与管理，一般都以法律的形式对银行资本做出了具体的规定，如新设银行的最低资本额、资本资产比例、自有资本与负债比率等。

（二）宏观经济形势

经济形势对银行的业务经营活动具有直接影响。如果经济周期处于繁荣阶段、经济形势良好，银行存款会稳步增长，挤提的可能性很少，债务人破产倒闭的可能性也相对较小。因此，在该时期，银行资本的持有量可以少于其他时期。此外，银行所处地区的经济形势也对资本需要量有很大影响。一些地区性银行或主要业务相对集中的银行在确定资本持有量时，除考虑整个国家的经济形势外，还要顾及本地区的经济形势。

（三）银行的资产负债结构

从负债来看，不同负债的流动性不同，从而需要保持的资本储备也不同。例如，对活期存款等流动性较高的负债，银行就必须保持较多的资本储备；而对于定期存款等流动性较低的负债，银行持有的资本储备可以相应减少。从资产来看，银行资本受资产质量的制约，银行资产质量是由资产结构及各种资产的期限、收益、风险等多种因素决定的。如果资产质量高，则遭受损失的可能性就小，银行只需保持少量的资本储备；反之，则资本需要量就要增大。

（四）银行的信誉

资本多少是决定一个银行信誉高低的重要因素，同样，信誉的高低也影响银行应该持有的资本数量。如果银行的信誉很高，公众对其比较信任，愿意将自己的资金存入该银行，则该银行就会有较充裕的资金来源。当经济形势发生动荡、金融体系不稳定时，由于银行信誉高，存款人不会大量提取现金，该银行也就不必保持大量的资本来应付资金的外流。

三、银行最佳资本需要量

最佳资本需要量是指银行资本既不能过高，也不能过低。银行资本过高会使财务杠杆比率下降，增加筹集资金的成本，影响银行的利润；资本过低会增加对存款等其他资金来源的需求，使银行的边际收益下降。图2-2反映了银行资本量与资本成本之间的关系。

图2-2中，纵轴表示资本成本，是银行为筹集一定量的资本所要花费的各种开支、费用，如股票和债券的红利、利息、管理费用等，也包括资本量变化带来的其他成本，如资本量过小时

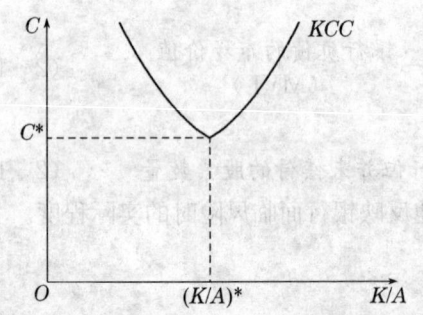

图 2-2 银行资本量与资本成本之间的关系

会增加对存款或其他资金来源的需求,使这些资金来源的边际成本增加。横轴表示资本与总资产比例,即银行的资本需要量。资本成本曲线为 KCC,呈"U"型变化。在曲线上有一资本成本最低点 C^*,与其相对应的资本量为 $(K/A)^*$,为银行最佳资本量。这是因为当银行资本量大于 $(K/A)^*$ 时,银行资本的成本会因财务杠杆比率的降低而增加;反之,如果资本量小于 $(K/A)^*$,银行资本的成本会因其他资金来源边际成本的提高、流动性比率的要求提高而增加。可见,从财务角度看,资本成本曲线的最低点为最佳资本量。

但是,银行的资本成本曲线要受到银行的资产规模、资产负债结构及其面临的市场状况的影响,即不同的资产规模、资产负债结构和所面临的市场状况决定了不同的资本成本曲线。一般来说,小银行由于信誉不高、业务有限、负债缺乏弹性,为应付顾客提存必须保持相当数量的流动资产,从而使资产盈利率降低,同时,小银行还必须拥有相当数量的贷款损失准备金,用于补偿信贷风险带来的损失。这就使小银行的资本成本曲线远离原点,不仅最佳资本需要量很大,而且资本成本很高。而大银行由于信誉较高、业务联系广泛,因此,流动性比率和贷款损失准备金可以相对较低,其资本成本曲线的顶点也更接近原点。图 2-3 反映了这种情况。

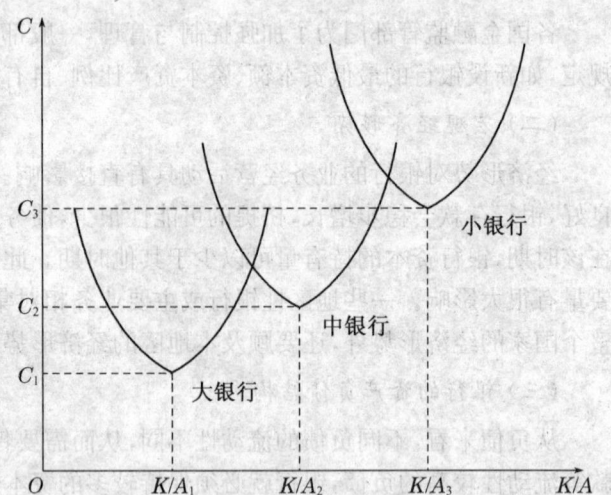

图 2-3 银行最佳资本需要量与银行规模的关系

四、银行的资本计划

商业银行资产扩张是其发展的必然选择,而资产扩张就会使其面临较大的增加资本的压力,因此,商业银行越来越认识到有必要为其资本需要进行计划。银行的资本计划可以分为以下四个阶段:

第一阶段,制定银行的总体财务目标。管理者必须决定他们需要办什么样的银行,主要包括银行的规模、银行的服务范围以及银行需要多高的增长目标和利润目标。在这一阶段,银行还要根据目前财务报表对可能出现的结果进行敏感性分析,提出在银行程序和政策没有变动情况下的资本需要基准线,同时要对未来各种可能出现的情况有所准备。

第二阶段,确定银行的资本需要量。第二阶段是在第一阶段的基础上,确定银行的资本需要量,具体包括对银行资产年度增长目标和利润目标的预测,使之成为确定资本结构的基础。资产与利润增长的预测要求是十分严格的,它的制定依据银行目前的经营状况、未来的发展前景以及整个宏观经济背景的走势等诸多因素,必须是合理而可靠的,并以此为基础确定银行的资本需要量。在此,银行的管理者可能需要注意两个问题:一是监管当局对银行资本数额的规定;二是资本数量不能过大。从银行盈利角度看,资本过大会减少银行负债的杠杆效率,从而降低银行的盈利能力。如果盈利能力下降,银行的信誉就会受到不利影响,筹资将变得困难;如果资本过少,也会引起市场对银行盈利能力的怀疑,银行可能面临客户流失等风险。

第三阶段,确定有多少资本可以通过银行利润留成从内部产生。管理者必须决定其现期收益中多少用于股东的红利分配,多少保留在银行内部用以支持未来业务的发展。必须通过预测未来收益的增长来了解它能否为总的资本需要提供全部或大部分资金。

第四阶段,为实现最低的筹资成本而选择相应的筹资手段。如果银行必须发行股票或债券的话,就要考虑市场条件以及现有股东的权益。图2-4描述了银行筹资计划的四个阶段。从图中可以看出,银行资本的来源有两个,即内部融资和外部融资。

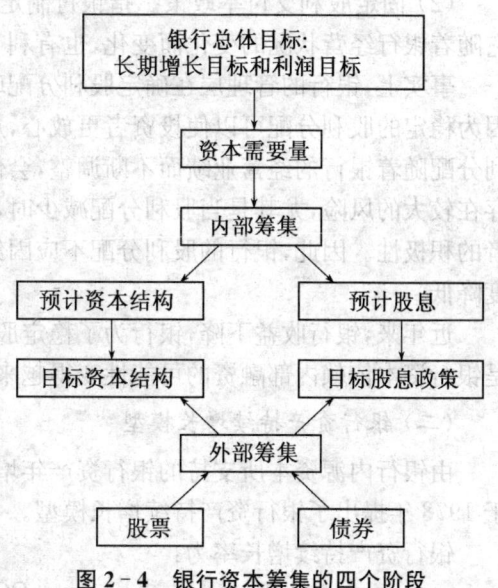

图2-4 银行资本筹集的四个阶段

五、银行资本的内部筹集

(一) 银行资本内部融资的限制性条件

未分配利润是银行资本内部融资的重要来源。银行内部产生的资本有很多优点:不必依靠公开市场筹集资金,可免去发行成本,因而成本较低;不会使股东控制权削弱,避免了股东所有权的稀释和所持股票每股收益的稀释。如果银行出售新股票,新股东将与老股东分享未来收益。

内部资本融资的缺点:其筹集资本的数量在很大程度上受到银行本身的限制。

首先,政府当局对银行适度资本金规模的限制。当资本比率要求降低时,可以用较少的未分配利润支持更多的资产增长;相反,当资本比率要求提高时,同样的未分配利润规模只能支持较小的资产增长。

其次,银行所能获得的净利润规模。当银行的盈利水平提高时,可以提留的未分配利润就会相应增加,从而支持更高的资产增长速度。

最后,银行净收益中多少可用于分配,多少要保留在银行内部,即银行的股利分配政策。银行的管理者必须决定收益保持率,即现期保持的收益与税后净收入的比例。剩余部分为股利支付率,即用于现期股利与现期税后净收入的比例。

银行在股利分配中,常常采用以下几种政策:

(1)剩余股利政策。就是在有良好的投资机会时,根据一定的目标资本结构,测算出投资所需的权益资本,先从盈余中留用,然后将剩余的盈余作为股利分配。这种股利政策规定可以保留较为理想的资本结构,可使综合成本最低。在完全市场条件下,股东对股利和资本收益并无偏好,只要投资收益率高于股票的市场必要报酬率,保持目标资本结构下的投资所需,就可以提高银行的价值。

(2) 固定股利支付率政策。指银行制定一个股利占盈余的比例,长期按此比率支付股利。它随着银行经营状况的变化而变化,也有利于银行的管理者对股本的需要量进行预测。

事实上,银行的管理层在确定股利分配政策时,更应注意保持一个稳定的股利分配方案。因为稳定的股利分配可以使投资者更放心,从而有利于银行吸引更多的投资者。否则,如果股利分配随着银行的经营业绩而不断调整,会使投资者无法预测银行的经营状况,从而感到银行存在较大的风险,尤其是当股利分配减少时,可能导致银行股票价格的大幅度下跌,打击投资者的积极性。因此,银行的股利分配不应因经济繁荣而大幅度上升,也不应因经济萧条而大幅度降低。

近年来,银行收益下降,银行为了稳定股东的投资,开始提高股利分配比例,这样做的结果是银行资本依赖内部融资的可能性变得越来越小了。

(二) 银行资产持续增长模型

由银行内源资本所支持的银行资产年增长率称为持续增长率。美国经济学家戴维·贝勒于1978年提出了银行资产持续增长模型。

银行资产持续增长率为:

$$SG = \frac{ROA \times (1-DR)}{\frac{EC_1}{TA_1} - ROA \times (1-DR)} \qquad (2-13)$$

公式(2-13)表示了银行资产持续增长率与银行资产收益率(ROA)、银行红利分配比例(DR)和资本比率$\left(\frac{EC_1}{TA_1}\right)$之间的数量关系。当其中的三个变量确定后,另一个变量就可由公式获得确切的值。

六、银行资本的外部筹集

当银行的内部融资无法满足它的资本需求时,就要通过外部融资解决资本问题。银行从外部筹集资本的方式有以下几种:① 出售资产与租赁设备;② 发行普通股;③ 发行优先股;④ 发行中长期债券;⑤ 股票与债券互换等。银行选择哪一种方式融资,主要取决于对银行股东收益的影响、外部融资的成本、银行股东对银行控制权的影响、融资风险、当时的市场行情、政府法律规定等。

(一) 出售资产与租赁设备

银行改善资本充足率的一个做法是出售其资产,以降低银行风险资产的增长。例如,把某些资产(如贷款等)向政府或证券公司出售,并将一部分资产向政府债券或其他低风险资产转移,就可以使风险加权资产下降。

银行还可以出售它们的办公设施,然后再向其所有者租回继续使用。这种转换会引起现金的流入,从而增加银行的资本头寸。当通货膨胀与经济增长使银行现有财产的价值增加时,财产出售与租回的交易可以是很成功的。

(二) 发行普通股

普通股代表银行的股东对银行的所有权。在一般情况下,现在大多数新银行刚组建时,都采取发行普通股的方式筹集资本金。当银行资本金不足时,也可以向社会公众增发股票。但是,银行通过发行普通股筹集资本存在一些不利因素:

(1) 普通股发行时其交易费用较高;

(2) 新股的大量发行会使银行原股东的控制能力受到削弱,分散银行的控制权;

(3) 新股票的发行还会使杠杆作用降低,如果不能保证筹集的资金可以带来更高的收益,那么新股的增加会使股票的每股收益减少。

因此,银行是否发行新股,需要考虑以下因素:

首先,银行是否还存在其他外部融资的可能;其次,要对不同外源形式融资的结果进行比较,如资本的杠杆作用、银行原有股东对银行控制权情况、股票的未来收益状况等。

在一般情况下,不同规模的银行可选择的外部融资方式是不一样的。对中小银行而言,由于受信誉和知名度的影响,它们一般不易在股票市场上融资,而且发行新股票后对原股东控制权的削弱程度也要高于大银行。对于大银行而言,它们较容易在金融市场上发行股票融资,但交易成本较高;同时,大银行有更多采取其他外部融资方式的可能性。

(三) 发行优先股

优先股是介于银行债券和普通股票之间的筹资工具,它有固定的红利收入,其红利分配优先于普通股。如果银行倒闭,优先股的股东还有优先清偿权,但优先股的持股者无表决权。

优先股的种类主要有以下几种:

(1) 固定股息率的优先股,即股息率固定不变。

(2) 浮动股息率的优先股。这种优先股的股息率随着市场指标的变化而浮动,浮动的幅度一般参照其他投资品的收益率而定。

(3) 可转换优先股。这种优先股的持有者可在有选择的条件下,根据预先规定的价格将所持有的优先股转换为普通股,股息低于不可转换优先股,而价格高于普通股的市场价格。可转换优先股一般用于银行间的收购与合并。

与发行普通股一样,银行发行优先股也要承担较高的发行费用,而且优先股的股息分配先于普通股,这就有可能减少普通股的股息分配数额。

(四) 发行中长期债券

20世纪70年代以来,西方国家的商业银行通过广泛发行中长期债券的方式为银行融资。这种中长期债券之所以能够成为银行的补充资本,原因在于这种债券的持有者在发行银行倒闭时,其求偿权排在各类存款之后,而且债券的平均期限较长(《巴塞尔协议Ⅲ》中规定必须超过5年)。

银行发行中长期债券筹集资本有以下几方面的优点:

(1) 这类债券的利息支付可以享受税收优惠,从而降低筹资成本。

(2) 如果债券资本的所得收益超过利息成本,可以增加每股股票的收益。

(3) 银行发行的中长期债券实质上具有长期负债性质,因此,不会削弱股东的控制权。

但是,银行中长期债券的还本付息是法定的,过多发行中长期债券会增大银行的还本付息压力。背上沉重的债务负担,会破坏社会公众对银行的信心。同时,由于利率的多变性,银行会面临利率风险,特别是浮动利率债券,当利率水平上升时,银行的利息负担会加重。

银行发行的中长期债券的种类主要有以下几种:

(1) 资本票据。这是一种以固定利率计算的小面额债券，它的原始到期期限一般为7~15年，可以在金融市场上出售，也可直接向银行的客户推销。

(2) 资本证券。资本证券与资本票据的区别：一是面额较大；二是期限为15年以上。

(3) 可转换债券。持有该债券的投资者可以按预先规定的价格在持有一定时间后将其转换为银行的普通股股票。

(4) 浮动利率长期债券。它的计息方法采用浮动利率，往往表现为若干市场利率的加权指数。

(5) 选择性利率指数。这种债券的起初利率为固定利率，但在一定时期后可由持有者选择转换为浮动利率计息。

（五）股票与债券互换

近年来，美国的银行已经采用股票与债券的转换来改变资本的状况。例如，银行资产负债表上有100万元的债券，发行时的利率为8%，银行以面值记账。如果发行后利率上升至10%，这时债券的市场价格为80万元。此时，银行可以发行80万元的股票，再以市场价格购回债券，银行可从资产负债表上消除100万元的债务。这样一来，银行既加强了资本实力，又节约了未来的利息支付。

本章小结

通过本章的学习，我们了解到商业银行的资本构成及常见的资本测定的方法。首先，简单介绍了商业银行面临的基本风险和资本的基本构成，在此基础上，结合巴塞尔协议阐述两类常见的资本，分别为核心资本和附属资本，并分析了银行规模与资本的关系及我国商业银行的资本构成；其次，对巴塞尔协议的主要内容及其发展进行介绍，阐述了资本充足率的测定方法、巴塞尔协议实施的重要意义；最后，介绍了商业银行资本的筹集与管理，银行的规模影响着资本的需求量，常见的资本筹集方式分为内部与外部两种，内部筹资成本较低，外部的融资量较多，商业银行需要结合自身的需要控制资本量及选择恰当的资金筹集方式。

思考题

1. 银行资本对银行的经营有什么意义？
2. 《巴塞尔协议》对银行资本的构成是怎样规定的？
3. 怎样理解资本充足？资本充足是否意味着银行在稳健经营？
4. 银行资本的需要量与哪些因素相关？怎样测定最佳资本规模？
5. 《巴塞尔协议Ⅱ》和《巴塞尔协议Ⅲ》的主要精神是什么？
6. 银行资本筹集的主要渠道有哪些？
7. 我国商业银行资本管理中存在哪些问题？应该如何解决？

微信扫码查看

第三章 商业银行的负债管理

学习目标

- 了解西方商业银行的存款的种类;
- 熟悉我国不同类别商业银行的存款类型;
- 掌握商业银行的存款构成;
- 掌握商业银行存款定价的重要性及存款定价的主要方法;
- 掌握商业银行负债成本的类型与成本管理方法;
- 掌握商业银行非存款性的资金来源与管理;
- 熟悉我国商业银行的负债结构。

学习重点

- 我国不同种类商业银行存款的类型与构成;
- 存款定价的基本方法;
- 商业银行负债成本的类型及各自的管理方法;
- 商业银行的非存款性资金的来源;
- 商业银行非存款性资金的管理方法。

商业银行开始注重资金来源的管理是在20世纪70年代以后。在此之前,商业银行关注的重点是资产的运作。70年代以后,金融业竞争日益加剧,金融创新产品不断出现,迫使商业银行不得不考虑如何面对由金融业同质化所带来的存款减少和银行业地位的下降。对商业银行而言,充足和稳定的资金来源是保证银行生存与发展的关键,但是不同的资金来源有不同的风险,相应的筹资成本也不同,因而最终对商业银行经营业绩的影响也就不同。银行要力图以最低的风险、最小的成本获取最大的资金保障。

商业银行负债的目的主要有两个:一是维持银行资产的增长率;二是保持银行的流动性。银行在管理负债时,一般要考虑如何才能以最低的成本吸收负债,银行需要多大规模的负债才能维持其经营。现在,银行业受到来自非银行金融机构的严峻挑战,这些非银行金融机构在向社会公众提供与银行业相似甚至更新的服务,因此,资金来源的竞争日益激烈。

第一节　商业银行的负债管理概述

从商业银行负债的组成来看,经历了单纯依靠存款到负债多元化的发展过程。即使是存款,银行也在不断创新出新的服务种类,以满足客户的需求并稳定银行的资金来源。

一、存款的种类

（一）西方国家商业银行存款服务的种类

1. 交易账户

所谓交易账户,是指私人和企业为了交易目的而开立的支票账户,客户可以通过支票、汇票、电话转账、自动出纳机等提款或对第三者支付款项。交易账户包括活期存款、可转让支付命令账户、货币市场存款账户、自动转账制度等种类。

（1）活期存款。活期存款是指顾客无须预先通知即可随时提取或支付的存款,也称支票存款。这种存款传统上只能由商业银行经营,是商业银行创造存款货币的基础,但是目前在西方国家,储蓄银行和其他金融机构也能经营。由于活期存款存取自由、便于结算,客户还有可能以此获得银行贷款（如透支）,因此,政府机关、公司企业、家庭以及个人都乐于在银行开立活期存款户头,通过活期存款而流通的支票占了货币流通量的主要部分。活期存款从传统上说是不付息的,有的甚至还要收取一定的手续费,因为活期存款是银行资金来源中最具波动性和最不可预测的部分,客户可以不事先通知银行而将其取走。也正因为不付息,银行在争取活期存款方面存在着竞争。由于现在保留活期存款账户的主要是经营性机构,银行可以通过加快结算速度、降低结算过程的交易费用来提高自身盈利,也可以通过向开户企业提供贷款承诺等方式争取更多的存款。

（2）可转让支付命令账户（NOWs）。可转让支付命令是一种对个人、非营利机构开立的,计算利息的支票账户,也称付息的活期存款。它起源于1970年,是由美国马萨诸塞州的一家互助储蓄银行创造的,并很快得到推广。可转让支付命令账户的特点是：① 转账或付款不是使用一般的支票,而是使用支付命令,这种支付命令在票面上没有支票字样,但实质上与支票无异,可以用来提款,经背书也可以转让。② 可以按其平均余额支付利息。在没有这种账户时,为了获得利息,储户把存款存入储蓄账户;为了能开支票付款,储户又要开立一个活期账户。现在合二为一,给储户带来很大方便,银行也省去了很多手续。

（3）货币市场存款账户（MMDA）。货币市场存款账户也起源于美国,其产生的背景是：在银行活期存款不付利息、有关利率上限规定的"Q条例"尚未取消的情况下,商业银行存款的吸引力受到考验。美国货币市场基金会于20世纪70年代末开办了货币市场存款这种新型的活期存款,其性质介于储蓄存款和活期存款之间,开户时的最低金额为2 500美元,平均余额（每月、每旬或每周的平均余额都由各银行自定）不低于2 500美元;对存款最高利率无限制,如余额低于2 500美元,则改按储蓄存款计息,利率每周按货币市场利息调整,每天复利,于月底打入该账户;对存款不规定最短期限,但银行规定客户提取存款应在7天前通知银行;储户使用该账户进行收付,每月不得超过6次,其中,用支票付款不得超过3次;储户对象不限,个人、非营利机构、工商企业都可开户。

在西方国家,目前货币市场账户和可转让支付命令账户得到非常普遍的应用,似乎有取代储蓄存款账户之势。

(4) 自动转账制度(ATS)。这类账户在1978年以后开始出现,是由早期的电话转账制度演变而来的。其主要内容是:储户同时在银行开立储蓄账户和活期存款账户,活期存款账户的余额始终保持1美元,其余存款存入储蓄账户,并可取得利息收入。当需要签发支票时,储户可用电话通知开户行。该账户与NOWs类似,都属于转账账户,银行需交存款准备金,对于银行提供的转账服务,储户要支付一定的服务费。

2. 非交易账户(储蓄账户)

(1) 储蓄存款。储蓄存款一般是个人为积蓄货币和取得利息收入而开立的存款账户。储蓄存款不使用支票,而是用存折或存单,手续比较简单。储蓄存款有活期和定期两种。活期储蓄存款无一定期限,只凭存折便可提现。存折一般不能转让流通,存户不能透支款项。定期储蓄存款类似于定期存款,必须先约定期限,利率较高。

(2) 定期存款。定期存款是相对于活期存款而言的,是一种由储户预先约定存储期限的存款。定期存款的期限一般为3个月、6个月和1年不等,也有1年以上的,如3年、5年,甚至更长的。定期存款的利率也随期限长短而高低不等,但总是高于活期存款利率。定期存款的存期固定,而且期限较长,从而为商业银行提供了稳定的资金来源,对商业银行长期放款和投资具有重要意义。定期存款要凭银行所签发的定期存单来提取,一般要到期才能提取存款,银行根据到期存单计算应付本息。定期存款存单是储户到期提取存款的凭证,是存款所有权及获取利息的证明,它不能像支票一样转让流通,但可以作为动产抵押品取得银行贷款。1965年2月,纽约花旗银行首先开始发行大额可转让定期存单,它是作为逃避政府最高利率限制与存款准备金规定的一种手段。定期存单的面额通常为10万美元以上,而在二级市场上,定期存单的面额至少要有100万美元。定期的期限应在7天以上。它一般按面额发行,并载明息票利率,定期存单的利率根据实际天数计算。对存款者来说,定期存单可获得高利息收入,而且可以在货币市场出售,还可以加强与银行的业务联系。目前,大额可转让定期存单已成为公司、养老金协会、政府机构以及个人的主要投资对象。

(二) 我国商业银行存款服务的种类

基于业务规模、客户对象特征、市场覆盖率和银行发展规划,选取中国银行、民生银行和南京银行分别对商业银行存款的种类进行分析。

二、存款的构成

(一) 存款的稳定性

银行在争取存款时,通常喜欢稳定性强的存款,即核心存款。核心存款是指对市场利率变动和外部经济因素变化反应不敏感的存款。一般来说,银行的交易存款账户和不流通的定期存款账户属于核心存款类,扩大核心存款的比重会降低银行经营的市场风险。与核心存款相对应的是易变性存款,它是指那些对市场利率变动和外部经济因素变化敏感的存款。银行易变性存款的增加会扩大银行的市场风险。因此,在核心存款与易变性存款之间,商业银行应扩大核心存款的比例。

（二）存款的利率

银行对每一种不同的存款都会支付不同的利率。

第一，存款的利率与存款的期限有关。存款的期限越长，利率也就越高。比如活期存款，由于客户随时可提取，因此，其利率是最低的，而银行对期限较长的定期存单会支付较高的利率。

第二，存款的利率还和银行的经营实力有关。在存款竞争中，大银行由于规模大，相对综合经营成本要低于小银行，存款的安全性也高，因此，可以支付高于小银行的存款利率。20 世纪 90 年代以来，国际银行业的并购浪潮证明了银行规模对降低经营成本的重要性。

第三，存款的利率还取决于银行的经营目标。当银行实行扩张性经营战略时，为扩大存款市场的份额，它们往往不得不以高利率来吸引客户。尤其是新成立的银行，争夺客户的办法之一便是用较高的存款利率。

毫无疑问，银行支付的存款利率与银行对存款的需求有时是相互矛盾的。一方面，从银行对存款的需求看，存款历来是维持银行经营的核心，存款规模的大小反映了银行资金实力是否雄厚，各银行之间的竞争从某种意义上说就是存款的竞争。另一方面，存款又构成银行经营成本的主要部分，降低存款成本对银行具有同样重要的意义。若以高利率的方式吸引存款，虽然此举会使存款规模增加，但经营成本的增大可能导致银行无法盈利。因此，银行就要权衡存款需要量与存款利率之间的关系。

第二节　商业银行的存款负债管理

一、存款的定价

在一个完全竞争的市场上，如果银行要吸收存款，必须支付给储户市场确定的价格。银行支付比市场价格低的价格，就会失去存款，而通过提高利息成本加强市场竞争力，又会降低使用存款的预期收益。因此，银行必须在增长与盈利之间做出选择。

（一）存款定价与银行经营目标

银行的经营目标是追求盈利的增长。利用存款定价可以稳定客户，保证存款规模的增加。但是，存款定价的变化不仅影响银行存贷利率差，而且会影响到顾客对存款余额和存款组合的决定，进而影响到银行利润。因此，存款定价要保护银行的盈利能力，而不能单纯地追求扩大市场份额，靠不合理的存款定价吸引存款，进而导致银行利润下降，这是不可取的。

存款定价与银行经营目标之间的关系，如图 3-1 所示。

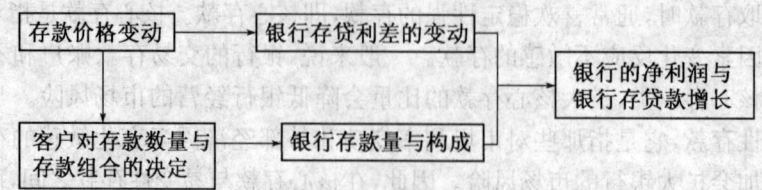

图 3-1　银行存款定价与银行经营目标

(二) 成本加利润存款定价法

为吸收存款,银行向顾客提供更多的服务,使顾客的收益增加,这就是银行提供存款服务的成本与向顾客收取费用之间的差额。这意味着存款服务必须有适当的定价,以弥补提供这种服务引起的成本。因此,存款定价以成本加利润的方式决定,即

$$\text{每单位存款服务的价格} = \text{每单位存款服务的经营支出} + \text{分配到银行存款的总支出} + \text{售出每单位存款的计划利润} \quad (3-1)$$

成本加利润定价法要求精确地计算每种存款服务的成本。一种普遍的方法是以银行资金成本为基础制定价格,要求银行计算:每种资金来源的成本比率;每一成本比率乘以每种资金来源占银行资金的相对比重;加总各项乘积,得出银行资金的加权平均成本。

成本加利润定价法有利于管理者计算银行筹资成本或存款价格变化的影响。银行的管理者可以改变存款的一些项目(如利率等)来计算它们对资金成本的影响。

(三) 存款的边际成本定价法

存款的边际成本定价从某种意义上说可能要优于加权平均成本定价,因为在浮动利率体制下,利率的不断变化使平均成本的定价标准有些不合实际。如果利率下降,筹集新资金的边际成本低于平均成本,某些贷款和投资根据平均成本看起来是不盈利的,但以更低的边际成本计算则是相当盈利的。相反,如果利率上升,筹集新资金的边际成本大于平均成本,那么按照平均成本看应提供贷款,但按更高的边际成本看则可能是完全不盈利的。

(四) 存款的其他定价法

成本加利润存款定价法和边际成本定价法为银行管理者提供了两种较为准确的定价方法。实际上,银行管理者还可以利用一些更为简便的辅助存款定价方法。

1. 为不同的客户制定不同的价格

20世纪70年代以来,银行业对存款的竞争不断加剧。银行为了吸引顾客,按照顾客在银行存款的平均余额以及客户对其存款运用的情况安排不同的价格。也就是说,银行为客户规定一个存款的平均余额最低限,只要客户存款规模保持在最低限以上,客户使用存款就只需付很低的费用或者不付费,但如果平均余额降到规定的最低水平以下时,就要支付较高的费用。

这种存款定价制度实际上是鼓励大额储户和存款使用频率低的客户,也为存款人自由选择存款组成提供了参考。

2. 根据客户与银行的关系定价

现在,银行为客户提供的存款服务种类日益增多,客户可以根据自己的需要选择所需的服务,因此,可能会在多家银行设立存款账户。一家银行为了吸引客户购买其多项存款服务,就要在存款定价上给予一定的优惠。银行会对那些购买其两项以上服务的客户在提供服务时收取较低的费用甚至免费提供服务,这一方面增强了客户对银行的依赖,另一方面提高了银行存款的稳定性。

二、商业银行负债成本的管理

负债的成本对于银行管理人员来说是至关重要的,它一方面关系到银行的整体盈利,另一方面也关系到银行在激烈的负债竞争中能否取胜。

对于管理人员而言,懂得如何计算和分析银行营运资金成本是至关重要的。如果成本核算准确,银行就可以对各种可供选择的资金来源价格进行比较,从而确定合理的资产价格,以弥补资金成本和支付给股东所需的收益率。

(一) 成本的概念

银行在进行负债成本管理时,经常使用的成本概念主要有利息成本、营业成本、资金成本和可用资金成本等。

1. 利息成本

利息成本是商业银行以货币的形式直接支付给存款者或债券持有人、信贷中介人的报酬,利息成本的高低依期限的不同而不同。利息成本的计息方式有两种:一是以不变利率计息;二是按可变利率计息。前者是指在负债发生时规定好利率,以后不再调整。利息额按负债余额乘以既定的利率而得。可变利率计息是指负债发生时不规定具体的利率,而是确定一个基点,如以市场上不断变化的某种利率(如国库券利率)为基点,加上某一具体数额(如 0.5% 或 1%)为该项负债的利率。由于市场利率波动频繁,若以固定利率计息,在市场利率下降时,银行负债成本过高,将会遭受损失;在市场利率上升时,银行则会受益。或者说,利率波动会给银行负债带来风险。以可变利率计息的负债则可降低银行负债的利率风险,但又会给银行成本预测和管理带来困难。

2. 营业成本

营业成本是指花费在吸收负债上的除利息之外的一切开支,包括广告宣传费用、银行职员的工资和薪金、设备折旧应摊提额、办公费用及其他为存款客户提供服务所需的开支等。这些成本,有的有具体的受益者,如为存款提供的转账结算、代收代付以及利用计算机的自动化服务等所需的开支,它实际代表银行为了吸纳存款性负债而支付的除利息之外的报酬;有的则没有具体的受益者,如广告、宣传费用等。近年来,西方商业银行在巨大的竞争压力下,越来越重视利息之外或非利息的报酬形式——服务,因此,尽可能地将服务成本和利息成本区分开来,以便更加灵活地开展竞争。服务成本因负债的种类或形式的不同而有很大区别。活期存款支付的利息少,但这种存款的服务成本高一些;而大额可转让存单和一些短期借款一般不需要提供服务,只需花费一些广告促销费用。

3. 资金成本

资金成本是包括利息在内的花费在吸收负债上的一切开支,即利息成本和营业成本之和,它反映银行为取得负债而付出的代价。资金成本一般用相对数表示,资金成本的计算公式为:

$$资金成本 = \frac{利息成本 + 营业成本}{吸收的资金} \tag{3-2}$$

资金成本可以分为某一类负债或资金来源的资金成本和总资金成本两种。资金成本是一个重要的成本分析指标,既可以用来比较银行不同年份的吸收负债成本,考察其发展趋势,也可以在银行同业,尤其是规模相同、条件相近的银行之间进行比较,从而明确其在目前竞争中的地位。

【例 3-1】 资金成本的计算以表 3-1 数据为例。

第三章 商业银行的负债管理

表 3-1　　　　　　　　　　　　银行资金成本的计算

项目	年平均数（百万元）	预计利息成本（%）	预计营业成本（%）	资金成本（%）	资金成本额（百万元）
活期存款	80	3	1.5	4.5	3.6
存折储蓄存款	20	5	0.8	5.8	1.16
储蓄存单	15	8	0.2	8.2	1.23
货币市场存单	30	10	0.3	10.3	3.09
CD_s	45	12	0.2	12.2	5.49
定期存款	10	11.5	0.2	11.7	1.17
短期借款	20	11	0.2	11.2	2.24
其他负债	8	6	0.2	6.2	0.496
股权资本	12	28	0.2	28.2	3.384
合计	240	总资金成本率		9.11	21.86

说明：股权资本的资金成本可以根据预计的税前股利计算。

由表 3-1 还可以计算出：

$$\text{存款资金的资金成本} = \frac{\text{存款资金成本额}}{\text{存款资金总额}} = \frac{15.74}{200} = 7.87\%$$

4. 可用资金成本

可用资金是指银行可以实际用于贷款和投资的资金，它是银行总的资金来源中扣除应交存的法定存款准备金和必要的储备金后的余额。可用资金成本是指相对于可用资金而言的银行资金成本。将资金成本与可用资金数额相比可得到可用资金成本。可用资金成本既可以用于各种存款之间的对比，分析为得到各种可用资金所要付出的代价，也可在总体上分析银行可用资金成本的历史变化情况及比较本行与其他银行可用资金成本的高低。

$$\frac{\text{可用资金}}{\text{成本}} = \frac{\text{利息成本} + \text{营业成本}}{\text{吸收的总资金} - \text{法定准备金} - \text{必要的超额准备金}} \tag{3-3}$$

【例 3-2】 可用资金成本的计算以表 3-2 数据为例。

表 3-2　　　　　　　　　　　　可用资金成本的计算

项目	年平均数（百万元）	可用资金比率（%）	可用资金额（百万元）	资金成本额（百万元）	可用资金成本（%）
活期存款	80	70	56	3.6	6.43
存折储蓄存款	20	76	15.2	1.16	7.63
储蓄存单	15	91	13.65	1.23	9.01
货币市场存单	30	91	27.30	3.09	11.32
CD_s	45	91	40.95	5.49	13.41
定期存款	10	91	9.1	1.17	12.86
短期借款	20	95	19	2.24	11.79

续表

项 目	年平均数（百万元）	可用资金比率（%）	可用资金额（百万元）	资金成本额（百万元）	可用资金成本(%)
其他负债	8	95	7.6	0.496	6.53
股权资本	12	95	11.4	3.384	29.68
合 计	240		200.2	21.86	10.92

由表3-2还可以计算出：

$$存款可用资金的资金成本 = \frac{存款资金成本额}{可用存款资金总额} = \frac{15.74}{162.2} = 9.70\%$$

为保证流动性和安全性的需要,银行不可能将吸收来的所有资金都用于贷款和投资,必须保留一部分现金准备。但这部分现金是银行花了代价才得来的,又不能运用生利,只能靠用于贷款和投资的那部分资金带来的收益作为补偿。换言之,实际用于贷款和投资的那部分资金的成本不仅应包括这部分资金本身的成本,还应包括与之对应的不能用于贷款和投资的那部分资金的成本,因为它们是为了支持可用资金而必须保持的准备金。显然,这一成本概念对于银行选择盈利资产具有十分重要的意义。

5. 有关成本

有关成本是指与增加负债有关而未包括在上述成本之中的成本,主要有两种：一是风险成本,是指因负债增加引起银行风险增加而必须付出的代价。例如,存款总额的增长会增加银行的资本风险(因为提高了负债对资本的比率)等。二是连锁反应成本,是指银行对新吸收负债增加服务和利息支出而引起对银行原有负债增加的开支。这种成本在银行吸收存款中表现得尤为明显。银行为了争夺更多存款,往往以增加利息和提供服务的方式来吸收顾客,但在对新存款客户支付更多利息和提供更多服务的同时会使原有客户产生"攀比"心理,他们会要求有同样高的利息和同样多的服务,这就会加大银行的成本开支。

（二）成本的分析方法

成本分析是以上述成本概念为基础来计算、比较银行各类成本的实际数额,分析研究其变动情况和变化原因。成本分析主要从平均成本和边际成本两个角度进行。

1. 历史加权平均成本法

当银行使用加权平均成本法时,其计算公式为：

$$\overline{X} = \frac{\sum Xf}{\sum f} \tag{3-4}$$

公式(3-4)中,f为各类存款或资金来源的数量；X为每种存款的单位成本；$\overline{X}$为银行总体资金来源的单位加权平均成本。其中,每种存款的单位成本包括利息成本和其他成本,计算时可将这两种成本加起来再乘以存款数量,也可以分别相乘后加总,即：

$$\overline{X} = \frac{\sum (X_1 + X_2)f}{\sum f} = \frac{\sum (X_1 f + X_2 f)}{\sum f} \text{ 或 } \frac{\sum X_1 f + \sum X_2 f}{\sum f} \tag{3-5}$$

加权平均法主要用于对不同银行的各种负债成本的对比分析和同一银行历年负债成本的

变动分析等。每项资金来源的历史平均成本等于利息费用率与该项现金来源平均余额的乘积。

历史成本法的主要缺陷是没有考虑到未来利息成本的变动。当未来利率上升时,历史平均成本就低于新债务的实际成本,这样以历史成本为基础的固定资产收益率就不能弥补成本,从而实现不了利润目标。当未来利率下降时,情况相反,历史成本高于新债务的实际利息成本,这样固定利率的贷款价格可能被高估而出现资产规模扩张困难。不过,在评价银行过去的经营状况时,历史平均成本是一个很好的工具,而且与同等规模银行的平均借入成本和资产收益率相比较,更容易说明银行的支出和利润为什么不同于其他银行。

在一般情况下,银行加权平均成本的变化主要取决于四个因素:负债利率、其他成本率、负债结构和可用资金比率。负债利率和其他成本率的上升或下降是引起负债成本上升或下降的因素,可用资金比率的上升或下降是引起可用资金成本下降或上升的因素。但这些因素的变化是否最终影响到负债成本,还要看负债结构的情况,如果负债结构发生变化,问题就比较复杂。在利息成本或其他成本率普遍上升时,可能因负债结构中利息成本和其他成本较低的负债比重上升而使银行加权平均成本不变或下降;相反,在利息成本或其他成本率下降时,银行加权平均成本可能会上升。

2. 边际成本法

边际成本是指银行增加一个单位的资金所支付的成本。银行在确定资产价格时,只有使新增资产的边际收益大于新增负债的边际成本,银行才能获得适当的利润。每项负债都有不同的边际成本,其成本随着市场利率、管理费用和该负债用于补充现金资产的比例变化而变化。这些独立的成本加在一起就可以得出新增资金的加权边际成本。在决定资产价格时,边际成本是特别有用的。如果已知边际成本,银行可以使资产收益率目标略高于边际成本,从而保证适当的资产收益率与边际成本之差,以弥补违约风险损失和支付股东应得报酬。边际成本也可反映各种负债的相对成本,以确定新增负债的最低费用目标。当银行资金边际成本一定时,银行只能选择那些边际收益大于或等于边际成本的资产。

某种资金的边际成本计算公式为:

$$MC_1 = \frac{新增利息 + 新增其他开支}{新增资金} \tag{3-6}$$

如果新增资金中有 X 部分用于补充现金资产,不能算作盈利资产,则新增可用资金的边际成本为:

$$MC_2 = \frac{新增利息 + 新增其他开支}{新增资金 - X} \tag{3-7}$$

【例 3-3】 某银行准备以 NOWs 支持资产扩充,这些资金的利息成本为 5%,其他开支为 2%,新增资金的 24%用于非盈利资产。此时,银行的边际成本计算如下:

$$MC_1 = \frac{5\% + 2\%}{1 \times 100\%} = 7\%$$

$$MC_2 = \frac{5\% + 2\%}{1 - 0.24} \times 100\% = 9.21\%$$

利用上述方法计算某类资金的边际成本时较为有效,但银行资金来源不可能只有一种,各项资金来源的风险也不相同,因此采用平均边际成本更能反映银行总体新增资金的成本情况。

【例3-4】 银行平均边际成本的计算以表3-3数据为例。

表3-3 银行平均边际成本的计算 单位：亿元

项目	增加额 (1)	可用资金比率 (2)	可用资金额 (3)=(1)×(2)	成本率 (4)	总成本 (5)=(1)×(4)
活期存款	3	78%	2.34	6%	0.18
货币市场存单	6	94%	5.64	8%	0.48
定期存单	2	94%	1.88	10%	0.20
其他定期存款	4	94%	3.76	7.8%	0.312
资本	1	97%	0.97	25%	0.25
合计	16		14.59		1.422

根据表3-3中的数字可以计算出该银行新增资金的平均边际成本为8.89%（=1.422÷16）；而可用资金的边际成本为9.75%（=1.422÷14.59）。如果银行的新增资产能够获得高于9.75%的收益率，则新增资金的结构是可取的；否则，必须放弃资产的扩张或改变资金的成本结构。

上述银行资金成本的分析方法各有其特点：历史加权平均成本法能够准确评价一个银行的历史经营状况；而单一资金的边际成本分析法可以帮助银行决定选择哪一种资金来源更合适；加权平均边际成本分析法则能够为银行提供盈利资产定价的有用信息。因此，银行资金成本的分析过程不应该是单一的，而是多种成本分析法的综合。

第三节 商业银行的非存款负债管理

一、非存款性的资金来源

虽然存款构成银行主要的资金来源，但仍有可能存款无法满足贷款和投资增长的需求，此时，银行便需要寻求存款以外的其他资金来源。

（一）同业拆借

银行间的同业拆借是银行获取短期资金的简便方法。通常说来，同业拆借要在会员银行之间通过银行间资金拆借系统完成。

银行在日常的经营中有时会有暂时的资金闲置，有时又会发生临时性的资金不足，同业拆借资金市场恰好满足了资金供求双方的需要：临时发生流动性不足的银行通过同业拆借获取资金，而临时有资金闲置的银行通过拆借方式使资金得以运用。在西方国家，由于中央银行对商业银行的存款准备金不支付利息，同时，商业银行对一部分活期存款也不支付利息，这就更加刺激了商业银行将闲置的资金头寸投放到同业拆借市场以获取盈利。我国中央银行对商业银行的准备金支付存款利息，商业银行对各种存款也支付相应的利息，因此，银行间同业拆借的主要目的是补充准备金的不足和保持银行的流动性。只有当拆借资金的投资所得高于中央银行的存款准备金利率时，将拆借资金用于投资才是合算的。

银行间同业拆借的程序如下：

（1）资金拆借双方都在中央银行开有准备金账户，当资金拆借发生时，双方的账户会发生以下变化：

拆出行资产负债表（单位：亿元）

资产		负债和权益
资金拆出	+100	
准备金	-100	

拆入行资产负债表（单位：亿元）

资产		负债和权益	
准备金	+100	资金拆入	+100

如果银行发生同业拆借不是为了补足准备金头寸，而是为了贷款和投资，则拆入资金的银行账户会有如下变化：

拆入行资产负债表（单位：亿元）

资产		负债和权益
准备金	-100	
贷款或投资	+100	

（2）当拆借资金到期时，拆借双方银行的账户如下：

拆出行资产负债表（单位：亿元）

资产		负债和权益
准备金	+100	
资金拆出	-100	

拆入行资产负债表（单位：亿元）

资产		负债和权益	
准备金	-100	资金拆入	-100

同业拆借的利率一般是由拆出行和拆入行共同协商确定的。我国的同业拆借利率已实现了市场化，基本体现了市场对资金的供求关系。参与银行间同业拆借的金融机构也由原来的若干家银行扩展到有非银行金融机构参与的较大范围。近来，保险公司也成为同业拆借市场的一员。

在同业拆借市场上，主要的拆借方式有隔夜拆借和定期拆借两种。前者是指拆借资金必须在次日偿还，一般不需要抵押。后者是指拆借时间较长，可以是几日、几星期或几个月，一般有书面协议。

我国对银行间同业拆借的资金用途有着严格的规定，拆入的资金只能用于解决调度头寸过程中的临时资金困难，而不能把拆借资金用于弥补信贷缺口，长期进行占用，更不能把拆借资金用于固定资产投资。

（二）从中央银行的贴现借款

商业银行为满足资金需求，还可以从中央银行取得贴现借款。此时，商业银行需持中央银行规定的票据向中央银行申请抵押贷款。商业银行获得贴现借款的利率由中央银行规定，而这一利率恰是中央银行调节商业银行准备金的最重要的利率之一。如果中央银行调高它的贴现率，则意味着中央银行将实施紧缩的货币政策，相反，贴现率的降低则意味着货币政策的放松。因此，通过调节中央银行的贴现率，可以起到紧缩或放松银根的作用。

我国商业银行从中央银行申请贴现资金有一部分是通过票据贴现完成的，有一部分则以再贷款方式取得，即信用贷款。

（三）证券回购

近一个时期以来，银行持有政府短期债券的规模越来越大，作为流动性强、安全性高的优质资产，商业银行可以用签订回购协议的方式融资。回购协议的一方暂时出售这些资产，同时约定在未来的某一日以协商的价格购回这些资产。回购协议可以是隔夜回购，也可以是较长时期。商业银行在进行证券回购时的操作流程如下：

（1）商业银行出售债券，银行和债券购买者的账户表现为：

商业银行(单位:亿元)		债券购买者(单位:亿元)	
资产	负债和权益	资产	负债和权益
政府债券 －100		政府债券 ＋100	
准备金 ＋100		准备金 －100	

（2）商业银行购回债券，银行和债券购买者的账户表现为：

商业银行(单位:亿元)		债券购买者(单位:亿元)	
资产	负债和权益	资产	负债和权益
政府债券 ＋100		政府债券 －100	
准备金 －100		准备金 ＋100	

利用回购协议进行资金融通，不仅可以使银行充分利用这些优质资产，而且回购协议利率较低，如果银行以此融资用于收益较高的投资，则会带来更高的盈利。但是，回购协议也不是绝对安全的，有时也会发生违约风险。

（四）国际金融市场融资

商业银行利用国际金融市场也可以获取所需的资金，最典型的是欧洲货币存款市场。当银行所接受的存款货币不是母国货币时，该存款就称为欧洲货币存款，它最早起源于欧洲。目前，欧洲货币市场已经突破欧洲的范围而遍及世界各地。银行从国际金融市场融资既可以通过专门的机构进行，也可以通过自己的海外分支机构完成。

国际金融市场融资利率有固定的，也有浮动的。近年来，浮动利率广泛应用，尤其是中长期融资，参考的是伦敦银行间同业拆借利率。在国际金融市场中融资可以是直接的借贷，也可以采取出售存单的方式，这些存单一般是可以流通转让的。当国际金融市场融资成本低于国内时，可以在国际金融市场借入资金贷放到利率较高的国内；相反，当国内市场筹资成本低于国际金融市场时，就可以在国内市场借入资金贷放到国外，以此获利。

（五）发行中长期债券

发行中长期债券是指商业银行以发行人身份，通过承担债券利息的方式，直接向货币所有者举借债务的融资方式。银行发行中长期债券所承担的利息成本较其他融资方式要高，好处是保证银行资金的稳定。但是，资金成本的提高又促使商业银行不得不去经营风险较高的资产业务，这从总体上增大了银行经营的风险。

对于商业银行发行中长期债券，各国都有自己的法规限制。一般来说，西方国家比较鼓励商业银行发行长期债券，尤其是资本性债券，而我国对此有非常严格的限制。商业银行通过发行中长期债券获得的融资比例很低。

二、非存款性资金来源规模的确定

由于银行的资金来源可以分为存款性资金来源和非存款性资金来源，因此非存款性资金来源的确定实际上就取决于存款性资金来源能否满足银行的贷款和投资需求，差额的部分为非存款性资金来源，可以用资金缺口来衡量：

$$\text{银行的资金缺口} = \text{当前和预计未来的贷款与投资需求} - \text{当前和预计的存款量} \tag{3-8}$$

如果某银行当前和预计未来的贷款与投资需求为2亿元，而当前和预计的存款量只有1.5亿元，那么这家银行的资金缺口为5 000万元。因此，该银行必须寻求存款以外的非存款性资金来源补足这5 000万元的资金缺口。为防止意外的和突然的资金需求，银行还要留出一定的资金使用余地。

由此可见，银行非存款性资金规模取决于存款量和投资与贷款需求量之间的对比关系。尽管如此，银行在筹集非存款性资金来源时，仍要考虑许多问题，如非存款性资金来源的成本、它们的风险程度、政府的法规限制等。在进行了综合权衡比较后，才能做出对非存款性资金来源具体结构的确定。从成本角度看，中央银行的贴现借款成本较低，而发行中长期金融债券的成本则较高；从风险角度来看，采用固定利率的融资方式面临的利率风险较大，而采用浮动利率的融资方式则利率风险较小。

第四节 我国商业银行的负债结构分析

从一家商业银行的负债结构中除了可以清楚地看到资金来源组成，还可以发现其成本构成的特点。

一、我国商业银行存款的构成

商业银行负债经营的核心大都在存款上，我国的商业银行尤其如此，表3-4说明了这一点。

表3-4　　　　　　　　2015年年末我国商业银行的存款构成　　　　　　　　单位：亿元

	存款合计	单位活期存款	单位定期存款	储蓄存款	其他存款
存款(1)	965 361	260 647	202 726	434 412	67 575
比重(%)	100	27	21	45	7
其中：国有商业银行					
存款(2)	530 949	132 737	116 809	254 856	26 547
比重(%)	100	25	22	48	5
(2)/(1)(%)	55	51	57.6	58.7	39.3

说明：① 表中的商业银行包括国有商业银行、其他商业银行、财务公司、城市和农村信用合作社以及中国农业发展银行；② 该表格中的国有商业银行是指中国银行、中国工商银行、中国建设银行和中国农业银行。

资料来源：《中国金融年鉴(2015)》。

从表 3-4 和《中国金融年鉴》的统计数字可以看出：① 我国商业银行的存款构成以储蓄存款为主，商业银行系统的统计和国有商业银行系统的统计相差不大，2003 年储蓄存款占存款总量的 47.3%，2015 年为 45%，总体上较为稳定；国有商业银行储蓄存款占全部储蓄存款的比重 2003 年为 52.6%，2015 年为 58.7%，有所上升，说明我国商业银行的资金来源是比较稳定的。② 占存款比重第二位的是单位活期存款，在 2003 年为 1/3 左右，2015 年为 27%。相应的单位定期存款比重由 2003 年的 10.5%提高到 2015 年 21%，说明商业银行的产品创新带来了单位存款定期化倾向。③ 我国商业银行体系的内部市场结构正在发生变化，股份制商业银行及其他类型的商业银行近年来得到快速发展，导致存款市场结构也在改变。从存款总量看，2003 年大型商业银行控制了存款的 63.6%，2015 年下降到 55%。由此可见，我国商业银行由于竞争的加剧，市场的垄断局面正在逐渐消除。

二、我国商业银行的负债结构

表 3-5 是 2015 年我国商业银行的负债构成。

表 3-5　　　　　　　　　　2015 年年末我国商业银行的负债构成　　　　　　　　单位：亿元

项　目	负债总额	各项存款	对中央银行负债	对特定存款机构负债	对其他金融机构负债	债券	国外负债	其他负债
商业银行系统(1)	1 479 846	969 299	8 572	142 801	22 214	21 300	—	13 360
构成(%)	100	65.5	0.6	0.09	1.5	1.4	—	0.9
其中：								
国有商业银行(2)	889 387	613 566	5 186	87 394	13 795	13 930		8 684
构成(%)	100	69	0.6	10	1.6	1.6		1
(2)/(1)(%)	60.1	63.3	60.5	61.2	62.1	65.4		65

说明：① 表中的商业银行包括国有商业银行、其他商业银行、财务公司、城市和农村信用合作社以及中国农业发展银行；② 该表格中的国有商业银行是指中国银行、中国工商银行、中国建设银行和中国农业银行。
资料来源：《中国金融年鉴(2015)》。

从我国商业银行的负债结构可以看出：① 各项存款依然是支撑我国商业银行资产运作最重要的资金来源，存款占负债总额的比例 2003 年为 84.9%，2015 年为 65.5%。这一方面说明商业银行要扩张资产业务必须依靠存款市场的竞争，另一方面说明存款占负债总额的比重呈下降趋势，表明我国商业银行的负债结构正在发生改变。② 商业银行资金来源渠道的单一和对存款的过度依赖并存，两者互为因果。资金来源渠道单一使商业银行的资金结构无法实现多元化，不利于商业银行提高抗风险能力。一旦存款发生流失，商业银行可能面临较大的流动性风险，同时，商业银行也无法根据资产结构的调整和客户资金需求的改变而主动调整负债结构。③ 近年来，由于我国银行市场竞争的加剧，国有商业银行的业务占比波动较大。2003 年商业银行负债中的 61.1%和存款总额的 63.5%归大型商业银行，这两个比例都曾经下降，2015 年又回升到 60.1%和 63.3%，说明我国非国有银行体系的竞争力有所增强，这对我国银行业效率的提高是有利的，但大型商业银行仍占主导地位。在其他负债市场上，国有银行的优势也比较明显。比如发行债券占比为 65.4%，其他负债占比 65%，说明国有商业银行更有可能尽快实现负债结构多元化。

自20世纪70年代以来,西方国家商业银行的负债结构发生了两个较为明显的变化:一是存款负债的比重在降低,非存款类资金来源的比重逐步上升;二是存款中定期存款的比重上升,而活期存款的比重下降。一方面,这两个变化为银行经营长期信用创造了必要的条件,银行资金来源的稳定也降低了流动性风险;另一方面,负债结构的改变导致成本的提高,迫使商业银行不得不去经营风险更大的投资和贷款。为适应国际商业银行业的共同发展趋势,我国商业银行负债结构单一的局面必须改变,适当增加商业银行发行金融债券的规模,既可以稳定资金来源,也可以协调商业银行资产负债的综合管理。

本章小结

通过本章的学习,我们了解到商业银行的负债管理的相关内容。首先,对西方国家及我国商业银行存款的种类进行介绍,并对存款的构成进行阐述;其次,分析介绍商业银行存款定价与经营目标的关系,阐述商业银行存款定价的常见方法,分析商业银行负债成本类型与各自的管理办法;再次,介绍非存款性资金的来源及重要性,分析非存款性资金的管理;最后,介绍了我国商业银行的负债结构,科学的负债结构有利于商业银行风险的控制,也有利于商业银行的经营与管理。

思考题

1. 存款对银行经营为什么很重要?银行主要有哪些存款服务?它们的特点是什么?
2. 存款定价与银行经营目标是什么关系?实践中主要使用哪些定价方法?
3. 银行负债成本的概念你是否都了解?它们的区别在哪里?
4. 对银行负债成本的分析方法有哪些?
5. 近年来,为什么银行的非存款负债规模在增加?非存款负债的获取方式是什么?
6. 试对我国商业银行的负债结构进行分析和解释。

微信扫码查看

第四章 商业银行的资产管理

学习目标

- 了解商业银行现金管理的目的与原则；
- 掌握存款准备金的管理；
- 熟悉商业银行现金资产与流动性需求的关系；
- 了解贷款原则和贷款政策；
- 掌握贷款质量审查的流程；
- 掌握问题贷款的发现方式和处理流程；
- 掌握商业银行的贷款类型及不同类型的具体内容；
- 了解商业银行证券投资的功能与类型；
- 掌握商业银行证券投资的收益与风险；
- 熟悉银行业与证券业的分离与融合。

学习重点

- 法定存款准备金与超额存款准备金的内容与管理方式；
- 商业银行贷款审查的基本流程；
- 商业银行问题贷款的确定方式；
- 商业银行问题贷款的处理办法；
- 商业银行的贷款类型；
- 商业银行证券投资的收益与风险。

第一节 商业银行的现金资产管理

商业银行的经营对象是货币，其资金来源的性质和业务经营的特点，决定了商业银行必须保持合理的流动性，以应付存款提取及贷款需求。直接满足流动性需求的现金资产管理是商业银行管理的最基本的组成部分。

一、商业银行现金资产管理的目的和原则

(一) 现金资产的构成

狭义的现金资产是指银行库存现金。一般意义上的现金资产是指广义现金资产,即现金和准现金。从构成上看,以下四类资产都属于银行现金资产的范畴:

(1) 库存现金。这一部分现金是银行为了满足日常交易之需而持有的通货。库存现金属于非盈利资产,其所需防护费用和保险费用较高。因此,银行一般只保持必要的最低额度,超出额度的部分存入中央银行或其代理行。

(2) 托收中的现金。托收中的现金是在银行间确认与转账过程中的支票金额。当个人、企业或政府部门将其收到的支票存入银行时,他们不能立即调动该款项,而必须在银行经过一定时间确认之后方可提现使用。在发达国家,这一过程大约需要 1~4 天。托收中的现金是资金占用,其规模取决于托收票据的数量以及票据清算时间。

(3) 在中央银行的存款。在中央银行的存款是指商业银行存放在中央银行的资金,也称存款准备金。商业银行在中央银行开立的存款账户,是用于银行的支票清算、资金转账等的基本存款账户。商业银行由于同业拆借、回购、向中央银行借款等业务而出现的资金划转以及库存现金的增减,均需要通过这个账户进行。

(4) 存放同业存款。存放同业存款是指存放在其他银行的存款。存放同业存款主要为了便于银行之间的票据清算以及代理收付等往来业务。同业存款为活期存款性质,可随时支用,因而通常被视为银行的现金资产,作为其营运资金的一部分。

(二) 现金资产管理的目的及原则

现金资产是商业银行维持其流动性而必须持有的资产,它是银行信誉的基本保证。银行是高负债运营的金融企业,对其存款客户负有完全债务责任。从银行安全性角度讲,其流动性满足得越好,安全性就越有保障。如果银行的现金资产不足以应对客户的提现要求,将会加大银行的流动性风险,引发挤兑风潮,甚至导致银行破产,进而出现货币供给的收缩效应,削弱商业银行创造存款货币的能力,弱化商业银行的社会信用职能,这是商业银行经营过程中极力要避免的情况。现金资产是一种无利或微利的资产,因持有现金资产而失去的利息收入构成持有现金资产的机会成本。现金资产占全部资产的比重越高,银行的盈利性资产就越少。因此,现金资产保留过多,不利于银行盈利水平的提高。尤其是在通货膨胀或利率水平上升的时期,银行保有现金资产的机会成本也会随之上升。银行从盈利性出发,具有以最低的额度保有现金资产的内在动机。现金资产管理的目的就是要在确保满足银行流动性需要的前提下,尽可能降低现金资产占总资产的比重,使现金资产达到最适度的规模。

适度的流动性是银行经营成败的关键环节,同时也是银行盈利性与安全性的平衡杠杆。现金资产管理就是用于流动性需求的预测与满足,解决盈利性与安全性之间的矛盾。进行现金资产管理就是要在保有现金资产机会成本和现金资产不足的成本之间做出权衡选择。在具体操作中,应当坚持如下基本原则:

(1) 适度存量控制原则。按照最优存量管理理论,微观个体应使其非盈利资产保持在最低的水平上,以保证利润最大化目标的实现。就商业银行的现金资产而言,其存量的大小将直接影响盈利能力。存量过大,银行付出的机会成本就会增加,从而影响银行盈利性目标的实

现;存量过小,客户的流动性需求得不到满足,会导致流动性风险增加,直接威胁银行经营的安全。因此,将现金存量控制在适度的规模上是现金资产管理的首要目标。除总量控制外,合理安排现金资产存量结构也具有非常重要的意义。银行现金资产由库存现金、托收中的现金、存放同业存款和在中央银行的存款四类资产组成。这四类资产从功能和作用上看,各自具有不同的特点,其结构合理有利于存量最优。因此,在存量适度控制的同时也要注意其结构的内在合理性。

(2) 适时流量调节原则。商业银行的资金始终处于动态流动过程之中。随着银行各项业务的进行,银行的经营资金不断流进流出,最初的存量适度状态就会被新的不适度状态所替代。银行必须根据业务过程中现金流量的变化情况,适时调节现金资产流量,以确保现金资产的规模适度。具体说来,当一定时期内现金资产流入大于流出时,银行的现金资产存量就会上升,此时需及时调度资金头寸,将多余的资金头寸运用出去;当一定时期内现金资产流入小于流出时,银行的现金资产存量就会减少,银行应及时筹措资金补足头寸。因此,适时灵活地调节现金资产流量是银行管理者必须面对的日常工作,也是银行维持适度现金资产存量的必要保障。

(3) 安全性原则。库存现金是银行现金资产中的重要组成部分,用于银行日常营业支付之用,也是现金资产中唯一以现钞形态存在的资产。因此,对库存现金的管理应强调安全性原则。库存现金的风险主要来自于被盗、被抢或自然灾害的损失。同时,工作人员管理工作中的失误,如清点、包装差错,或者是工作人员恶意挪用、贪污等,都会带来风险。银行在进行库存现金管理过程中,必须健全安全保卫制度,全面提高工作人员职业道德和业务素质,确保资金安全。

二、存款准备金的管理

(一) 存款准备金

各国货币当局均规定商业银行应在中央银行开设账户,作为银行准备金的基本账户,商业银行在中央银行的存款由两部分组成:一是法定准备金;二是超额准备金。存款准备金是商业银行现金资产的重要组成部分。

法定准备金是按照法定比率向中央银行缴存的存款准备金。规定缴存准备金的最初目的是保证银行备有足够的资金,以应付存款人的提取,避免发生挤兑而引起银行倒闭。法定存款准备金具有强制性,商业银行必须按法律规定缴存,一般不得动用,并定期按银行存款额的增减而进行相应调整。法定存款准备金的调整是中央银行进行宏观调控的一般性货币政策工具之一。

超额准备金是指在中央银行存款准备金账户中超出了法定存款准备金的那部分存款。银行可以用来进行日常的各种支付和贷放活动,如支票的清算、电子划拨和其他交易。当银行库存现金不足时,也可随时从该账户上提取现金。超额准备金是商业银行的可用资金,在准备金总量不变的情况下,它与法定存款准备金有此消彼长的关系。当法定存款准备金增加时,超额准备金相应减少,从而商业银行的信贷扩张能力减弱;反之,法定存款准备金减少,银行的信贷扩张能力就会增强。因此,超额准备金是货币政策的近期中介指标,直接影响社会的信用总量。

我国的存款准备金制度经历了历史的演变过程。我国中央银行体制自1984年确立之后，规定商业银行按存款种类不同向中国人民银行缴存不同比例的法定存款准备金：储蓄存款缴存40%，农村存款缴存25%，企业存款缴存20%，财政性存款缴存100%。此后，法定存款准备金缴存比例有所下调。自1988年开始，规定商业银行除向中国人民银行统一缴存13%的法定存款准备金之外，还要缴存5%~7%的备付金，以用于银行间的清算、支付。银行实际准备金率高达18%~20%，而同期美国商业银行的准备金比率不高于10%。从横向国际比较来看，这一比例是比较高的。中国人民银行要求商业银行缴存比例如此高的准备金，原因是便于中国人民银行对商业银行的信贷资金进行管理控制。为了配合金融宏观调控方式的改革，使商业银行有更大的经营自主权，1998年3月，中国人民银行经国务院批准对存款准备金制度进行了改革，将各金融机构的法定准备金账户和备付金存款账户合并为准备金存款账户，法定存款准备金比率由13%下调为8%。1999年11月，为增加金融机构可用资金、抑制通货紧缩趋势，中国人民银行将法定存款准备金率由8%下调到6%。近年来，为配合国家经济周期调整，商业银行的法定存款准备金也进行了多次调整，成为中央银行最有效的货币政策工具之一。

（二）满足法定存款准备金的要求

法定存款准备金制度历史悠久，最早将存款准备金集中到中央银行始于英国。目前，世界各国的中央银行都要求商业银行按照准备金比率的要求缴存法定存款准备金。存款准备金制度是出于防范商业银行流动性危机的需要而建立的，因此商业银行对存款准备金的管理，首先要满足法定准备金的要求。

法定存款准备金的管理是依据对法定准备金的测算进行的。由于存款类型不同，因此计算方法就有所不同。

1. 法定准备金的计算

计算准备金的方法有两种：一种是滞后准备金计算法，主要适用于对非交易性账户存款准备金的计算；另一种是同步准备金计算法，主要适用于对交易性账户存款准备金的计算。

（1）滞后准备金计算法。滞后准备金计算法是根据前期存款负债的余额确定本期准备金需要量的方法。由于非交易性存款账户（如银行的定期存款等）的余额变动幅度相对较小，因此，这种方法主要适用于银行对非交易性账户存款计算存款准备金。

按照这种方法，银行应根据两周前的存款负债余额来确定目前应当持有的准备金数量。因此，银行可将两周前的7天作为基期，以基期的实际存款余额为基础，计算准备金持有周应持有的准备金的平均数。

滞后准备金计算的基本过程如表4-1所示。

表4-1　　　　　　　　　　滞后准备金计算的基本过程

第一周	第二周	第三周
计算基期周		准备金保持周

假设银行在9月2日（星期四）至9月8日（星期三）期间非交易性存款的平均余额为80 000万元，按照7%的存款准备金率，该行在9月16日（星期四）至9月22日（星期三）这一周中应保持的准备金余额为5 600万元。

(2) 同步准备金计算法。同步准备金计算法的基本原理是以本期的存款余额为基础,计算本期的准备金需要量。这种方法主要适用于计算商业银行的交易性账户存款准备金。交易性账户余额的变化幅度较大,商业银行应该根据本期存款余额的实际状况,计算所需上缴的准备金数额。

同步准备金计算法计算存款准备金的基本做法是:确定两周为一个计算期,如从9月2日(星期四)到9月15日(星期三)为一个计算期,计算在这14天中银行交易性账户存款的日平均余额。此时,准备金的保持期从本计算周期的第三天(即9月4日,星期六)算起,到计算周期结束后的第二天(即9月17日,星期五)为止。在这14天的计算周期内,应上缴的存款准备金的平均余额以准备金计算周期内的存款平均余额为基础来计算。

2. 法定准备金头寸的管理

法定存款准备金管理的原则是银行在规定的时间内尽量通过自身的努力满足准备金的限额要求,否则将会面对金融管理当局的惩罚性措施。在大多数国家中,商业银行在中央银行的存款(即存款准备金)一般均为无息存款,因此,商业银行对法定存款准备金管理的基本出发点是在满足中央银行法定要求的前提下,尽量使准备金账户最小化。

银行法定存款准备金的管理需要提前预测在准备金保持期内的各种存款与库存现金的变化状况,据此制定法定存款准备金的具体管理目标。把按照滞后准备金计算方法计算出来的准备金需要量与按照同步准备金计算法计算出来的准备金需要量进行合计,得出的数额就是银行在一定时期需要缴纳的全部存款准备金。

银行将已缴纳的存款准备金余额与实际需要量进行比较,如果余额不足,银行应当及时予以补足;如果已有的准备金余额已经超过了应缴准备金数额,则应及时从中央银行调减准备金,以增加银行的可用头寸和收益水平。

(三) 超额准备金的管理

超额准备金是商业银行在中央银行准备金账户上超过了法定存款准备金的那部分存款。超额准备金是商业银行最重要的可用头寸,是银行用来进行投资、贷款、清偿债务和提取业务周转金的准备资产。

1. 影响超额准备金需要量的因素

预测超额准备金的需要量首先要分析影响超额准备金需要量的因素,然后在此基础上实施对超额准备金账户的调节。

(1) 存款波动。如果银行在经营过程中出现存款大量流出的现象,若无超额准备金,就得采取诸如出售证券、催收贷款、向中央银行借款等行动,这会增大成本或减少收益;如果存款流出规模过大又无法采取措施补充资金,银行还可能面临倒闭的危险。为了避免这些情况的出现,在出现存款流出苗头时,银行必须采取增加超额准备金的做法。这说明,超额准备金保有数量与预期存款流出量为正相关关系。预期总具有不确定性,不过不确定性有大有小。如果在某一特定时期银行感到不确定性增大,就会增加超额准备金的保有数量;反之,会相应减少超额准备金的保有数量。不确定性系数同超额准备金水平也是正相关关系。

(2) 贷款的发放与收回。贷款的发放与收回对超额准备金的影响主要取决于贷款的使用范围。如果贷款的使用对象是在本行开户的企业,本行在中央银行的存款不会发生变化;如果贷款的使用对象是在他行开户的企业,或者在本行开户的企业取得贷款后立即对外支付,就会减少本行在中央银行的存款,从而使本行的超额准备金下降,此时,银行就需要增加超额准备金。贷款的收回对超额准备金的影响也因贷款对象的不同而有所不同。在他行开户的贷款企业归还贷款时,会使本行超额准备金增加,而在本行开户的贷款企业归还贷款则不会影响超额准备金的使用量。

(3) 其他因素。除存贷款变化之外,还有一些其他因素影响超额准备金的需要量。这些因素主要包括:一是向中央银行的借款,当银行向中央银行的借款数大于还款数时,商业银行的超额准备金就会上升;反之,则会下降。二是同业往来情况。当商业银行在分析期中同业往来的科目是应付余额时,其超额准备金数额就会下降;反之,则会上升。三是法定存款准备金的变化。在银行存款准备金总量一定的情况下,法定存款准备金与超额存款准备金之间存在着此消彼长的关系。法定存款准备金的变动对银行进行超额准备金的管理与调整有着重要的影响。

2. 超额准备金的调节

商业银行本着相对成本较低的原则核定必要的超额准备金保有数量。超额准备金不带来利息收入,保有超额准备金等于放弃收入,这就是超额准备金的机会成本。因此,从节省机会成本的角度,商业银行应该较少保有超额准备金。但是,如果超额准备金保有不足,当出现流动性需要时,银行将被迫从货币市场以较高的成本和代价借入资金来满足需求,由此发生的较高的融资成本是低保有超额准备金的损失成本。商业银行需要在这两种成本之间进行权衡,在对超额准备金需要量预测的基础上适当进行头寸调度,以保持超额准备金规模的适度性。商业银行可以通过同业拆借、短期证券回购及商业票据交易、中央银行融资、商业银行系统内的资金调度以及出售其他资产等多种方式来进行超额准备金头寸的调度与补充。

三、商业银行的现金资产与流动性需求

(一) 银行的流动性需求及其种类

商业银行流动性供给与需求的对比状况反映了银行流动性风险的程度。商业银行的管理本质上是解决利润最大化与资产流动性之间的矛盾。银行的流动性需求来自客户对银行提出的必须立即兑现的资金要求。具体说来,银行的流动性需求包括存款客户的提现需求和贷款客户的贷款要求。

商业银行要满足各种不同的流动性需求。一般来说,流动性需求存在着短期、长期、周期以及临时变化,流动性需求由此区分为四种类型。

1. 短期流动性需求

短期流动性需求是一种短期现金需求。季节性因素是影响存款变化和贷款需求波动的主要因素。一般来说,银行的贷款对象多为其存款客户,因此,流动性需求的季节性变动过程也就是存款与贷款相互影响的过程。当存款处于季节性低潮时,贷款却可能出现季节性增长;当存款增加时,贷款需求却可能下降。银行资金来源与资金运用之间存在着季节性不对称的情况,由此造成了银行短期流动性需求的不稳定性。例如,农业地区的银行在春季播种期间,农户存款下降,同时用于购买农用机械以及种子、肥料的贷款需求增加;在秋季农作物收获之后,农户存款上升,而贷款需求却下降。又如,在中国的春节前或者西方的圣诞节前,存款客户往往出现旺盛的消费需求,由此出现较大的提现要求。如果银行的客户比较单一,季节性流动性

需求将表现得尤为明显。

重要客户的短期行为会对银行的流动性状况产生影响,这些客户的影响程度与银行规模密切相关。对于规模较小的银行而言,一笔较大金额的存款或者贷款在短期内就会影响银行的流动性,因此,银行必须稳定重要客户的存款,同时谨慎预测客户的融资需求。

季节性因素对流动性需求的影响具有可测性。银行管理者可以根据历年的经营情况预测出每个月份或者每个星期存款和贷款的波动情况,根据历史资料估计出往来账户的季节性指数,并以此来确定短期流动性管理的策略。

2. 长期流动性需求

长期流动性需求是一种长期现金需求,这种需求主要由银行所服务的社区或者产业的经济发展所决定。如果银行所服务的社区是个新开发的地区,或者银行所服务的产业是新兴产业,其贷款需求一般都会大于存款,在较长的时期内表现为净现金需求。如果银行服务于成熟稳定的地区或产业,贷款需求较少而存款较多,则现金需求较小。总之,要预测银行的长期流动性需求,必须以长期经济预测为基础估计次年乃至今后五年的存款与贷款水平。

银行资产可以划分为流动资产和非流动资产。流动资产是指在短期内可以变现而又没有损失的资产,如短期国库券投资;非流动资产是在短期内不容易变现,或者变现会产生损失的资产,如工商业贷款或房地产贷款等。银行负债也可以分为波动负债和稳定负债两大类。波动负债是那些随着季节或者利率变化而波动较大的存款及短期拆借资金等。稳定负债是指长期存款、定期存款和长期性债务等项目。银行的流动资产与波动负债间的差额就是现金差额,当流动资产大于波动负债时,这一差额为正值,表示银行现金充足;反之,负值的现金差额表示银行长期的现金需求,即流动性需求。图 4-1 显示了这些情况。

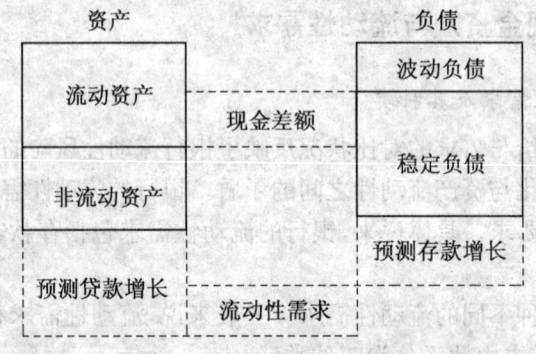

图 4-1 长期流动性需求预测

图 4-1 中虚线表示预测的现金流动性情况。因为贷款是银行资产的主要形式,银行资产的增加主要是贷款的增长,负债的增加则主要是银行存款的增加。如果贷款增长超过存款增长,流动性需求便随之上升。如果存款增长大于贷款增长,则现金充足,银行可以借机改善资产负债结构,把资金投放到高回报的资产中。

3. 周期流动性需求

周期流动性需求是一种长期现金需求,这种需求主要是由于经济周期性波动所引发的。在经济周期中,经济的高涨与衰退、市场利率的变动都会给银行带来巨大的流动性压力。银行在政治压力与法规限制下,又不能随意改变自己的利率,这种现象就更加明显。

由于市场运行的复杂性,经济周期的基本特征很难预测,银行的周期流动性需求也很难预测,这些需求往往不是单个银行所能控制的。为了应对潜在的周期流动性需求,银行可能要持有大量低盈利的流动资产。

为了缓解周期流动性需求的压力,银行可以采取一些方法。首先,银行可以通过比较本期所使用的信贷额度与在经济繁荣时期所用的信贷额度来预测贷款的周期性波动。其次,银行根据存款与利率水平、利率变动与利率上限等指标之间的相关性来预测存款的流入与流出。再次,银行要及时评估存款流出的波动性与贷款者信任度降低的程度,并以此为依据进行流动性估测。最后,银行可以通过特定的统计程序提出存款与贷款账户时间序列中的季节性与长期性影响,预测这些账户存款与贷款所受到的周期流动性需求压力的情况。

4. 临时流动性需求

临时流动性需求是一种临时的现金需求,这种需求是由难以预测的不寻常事件所引发的。例如,由信任危机而引发的银行挤兑,贷款需求的不寻常增长,或者一些资金来源的突然中断等。

临时流动性需求难以预测,银行必须准备部分现金以备急用。银行需要充分认识到银行现金短缺的严重性和出现挤兑的危险性。如果银行信用受到怀疑,就会出现挤兑危机。在这种情况下,如果没有充足的现金储备,银行的生存就会出现问题。每家银行都要认真分析资金来源结构,力求达到资金来源多样化,同时制定保持流动性的计划,旨在应对一些偶发事件;此外,这也是对银行监管者的要求。

(二)现金资产与流动性供给

银行的流动性供给包括:一是在资产负债表中存储流动性;二是从金融市场上"购买"流动性。银行的现金资产作为资金运用的一部分,直接形成了对流动性的供给。在现金资产中,我国商业银行习惯地将可供商业银行直接、自主运用的资金称为资金头寸。商业银行的头寸概念有可用头寸、基础头寸和可贷头寸之分。

所谓可用头寸,也称可用现金,是指扣除了法定准备金以后的所有现金资产,包括库存现金、在中央银行的超额准备金及存放同业存款。法定存款准备金的减少和其他现金资产的增加,表明可用头寸的增加;相反,如法定存款准备金增加和其他现金资产减少,则会使可用头寸相应减少。

所谓基础头寸,是指商业银行库存现金与在中央银行的超额准备金之和。基础头寸是银行最具流动性的资产,商业银行可以随时动用,用于充当银行一切资金结算的最终支付手段。不论是对客户存款的清算还是对同业或中央银行的资金清算,都是通过这部分资金进行的。在基础头寸中,库存现金和超额准备金在数量上可以相互转化,本质上没有区别,即商业银行可以从其在中央银行的存款准备金账户中提取现金,增加库存现金,同时减少超额准备金;相反,商业银行将库存现金存入中央银行准备金账户,就会减少库存现金而增加超额准备金。

所谓可贷头寸,是指商业银行在某一时期内可直接用于贷款发放和投资的资金,它是形成银行盈利性资产的基础。可贷头寸主要来自于商业银行在中央银行的超额准备金和库存现金。但超额准备金并不等同于可贷头寸。因为超额准备金必须首先满足各项资金清算的需要,只有超过银行正常周转需要限额部分的超额准备金才是可贷头寸。银行存款和其他负债的增加,贷款的按期收回是扩大可贷头寸的主要渠道。现金的流入大于流出,清算的收入大于支出,以及法定存款金的减少,也会相应增加可贷头寸;反之,如存款和其他负债减少,贷款不能按期收回,可贷头寸也必然随之大量减少。同时,现金的流出大于流入,清算的支出大于收入和法定存款准备金的增加,也会相应减少银行的可贷头寸。

第二节　商业银行的贷款业务管理

一、贷款政策与程序

(一)贷款政策原则

国际上通行一种评价借款人信誉状况的原则,即"6C"原则,是指品质(Character)、能力(Capacity)、现金(Cash)、抵押(Collateral)、环境(Conditions)和控制(Control)。

1. 品质

品质是指借款人借款有明确的目的,并有能力按时足额偿还贷款。对借款人品质的判断可以通过客户的以往还款记录、其他贷款人与该客户往来的经验以及客户的信用评级。只有确认借款人具有对贷款认真负责的态度,才能考虑发放贷款。

2. 能力

能力是指借款人具有申请借款的资格和行使法律义务的能力。对于没有合法资格的借款人,银行不能与之签署贷款协议。

3. 现金

现金是可以直接用于偿还贷款的,只有充足的现金流才能保证银行贷款的及时偿还。因此,信贷员要用现金流量分析法判断借款人的现金状况,以确定其偿还贷款的能力。

4. 抵押

借款人用于抵押的资产质量如何是银行关心的问题,特别是用于抵押的资产的流动性、价值稳定性等关系到贷款安全的保证程度。

5. 环境

环境是指借款人或行业的近期发展趋势、经济周期的变化对借款人的影响等,这需要银行通过阅读借款者的信息档案获得。

6. 控制

控制主要涉及法律的改变、监管当局的要求和一笔贷款是否符合银行的质量标准等问题。政府法规的变化往往会改变一个行业和一个企业的借款条件,因此,这些改变要引起银行的注意。

(二)贷款政策

贷款政策是指银行指导和规范贷款业务,管理和控制信用风险的各项方针、措施和程序的总称,是银行从事贷款业务的准则。银行的经营规模、经营方式、经营品种、所处的市场环境不同,贷款政策也会有所不同,其基本内容如下:

1. 贷款业务的发展战略

它是银行贷款业务开展的指导思想,银行制定贷款业务发展战略要和自身的能力相符,过高地估计银行的发展能力会导致业务失控,从而增大银行经营风险;过低地估计银行的发展能力又会导致银行增长缓慢。

2. 贷款审批的分级授权

银行对每位有权审批贷款的人员或组织决定他们的贷款品种和最高贷款限额。在一般情况下,贷款的分级授权有三个层次:一般信贷员的审批授权,包括银行的部门经理;贷款委员会或高级管理层的审批授权;董事会的审批授权。贷款审批分级授权确定以后,各级信贷人员不得越权发放贷款。

3. 贷款的期限和品种结构

贷款政策中要明确规定银行可接受贷款的最长期限,并注意贷款期限与融资项目生产周期和资产转换周期的一致性。

4. 贷款发放的规模控制

银行发放贷款的规模要受其资金来源和资产组合状况的制约,而不是无限制的。

5. 关系人贷款政策

关系人贷款是对银行关系人发放的贷款。《中华人民共和国商业银行法》中规定,关系人是指商业银行的董事、监事、管理人员、信贷业务人员及其近亲属,以及上述人员投资或担任高级管理职务的公司、企业和其他经济组织。商业银行不得给关系人发放信用贷款;发放担保贷款的放款条件也不能优于其他借款人同类的贷款条件。

6. 信贷集中风险管理政策

信贷集中是指银行向一个或一组关系密切的借款人发放的、未经特别批准的、金额超过资本金一定比例的贷款,该比例一般为25%。信贷集中可能表现为对某一个人或一组相互关联的借款人贷款金额过大,也可能表现为贷款抵押品单一或贷款集中于某一个行业或集中于某一类贷款(如房地产贷款)等。信贷集中有损于银行经营的安全,一旦借款人发生风险,银行会受到损失。

7. 贷款定价

在银行的贷款政策中要明确贷款的价格形成,保证银行的利益。

8. 贷款的担保政策

在担保政策中要明确担保的方式,规定抵押品的鉴定和评估方法,确定抵押率,以及担保人的资格和还款能力评估等。

9. 贷款档案的管理政策

贷款档案是银行贷款管理过程的详细记载,直接反映贷款的质量。

10. 贷款的审批和管理程序

银行要制定书面的贷款审批和管理程序,对贷款进行指导和管理。

11. 贷款的日常管理和催收政策

银行对贷款的日常管理关系到借款的质量,贷款政策中会规定如何与借款人保持联系、了解借款人的业务情况和财务情况等。有效的贷款回收和催收制度可以帮助银行最大限度地减少损失。

12. 对所有贷款质量评价的标准

按风险程度对贷款加以评价是保证贷款安全的重要措施。

13. 对不良贷款的处理

即使有再好的贷款政策也会出现不良贷款,因此,合理、有效的处理措施是必要的。

一份好的贷款政策文件可以明确有关信贷人员的责任和义务,满足银行监管部门的要求,最大限度地降低银行的风险。同时,贷款政策文件又必须具有一定的灵活性。

(三) 贷款的决策程序

虽然客户的信用分析往往被认为是贷款决策最重要的因素,但构建正确的贷款结构也同等重要。因此,贷款决策不是简单的贷与不贷。一旦贷款项目可以接受,银行将决定贷款的数额、期限、还款安排、价格及其他贷款条件。这一过程可用图 4-2 加以描述。

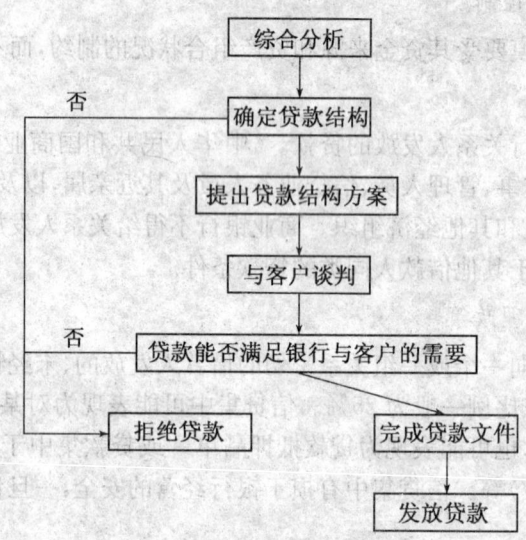

图 4-2 银行贷款决策程序

在综合分析阶段,银行要识别主要的风险,如管理者能否有效地控制风险、风险对借款人的偿还能力有多大影响、银行能否建立一个早期预警系统来识别可能对偿债产生不良影响的变化等。

如果以上问题能够得到满意的回答,则银行可以考虑设计贷款结构,否则将拒绝贷款。在确定贷款结构时,要考虑银行需要何种期限和条件来保护银行的利益且满足客户的要求。就贷款工具而言,哪一类型的贷款比较合适;何时发放;何时偿还。在借款条件方面,作为贷款条件,银行对借款人的要求是什么;对于担保问题,银行提出怎样的条件;贷款定价时应考虑的风险有哪些;对贷款到期日、利息波动、贷款费用等应做怎样的规定;当贷款结构确定以后,就需要与借款人进行谈判。

在与客户进行谈判时,双方要讨论贷款方案的各个组成部分,以在贷款工具、条件、担保和定价方面获得一致,特别是要考虑贷款条件能否满足银行和借款人双方的需求。

如果贷款方案能够满足双方的需要,则可以顺利达成贷款协议,银行可以根据协议发放贷款。

(四)贷款协议

贷款协议是借款者与银行签订的约定双方权利和义务关系的合同。协议的目的是在借款人偿债能力出问题时保护银行的利益。因此,可以说贷款协议是贷款过程中不可缺少的组成部分。

通常说来,贷款协议中包括的主要内容有:
(1) 贷款金额、期限、贷款用途的规定;
(2) 利率与计息;
(3) 提款条件、提款时间及提款手续;
(4) 还款;
(5) 担保;
(6) 保险;
(7) 声明与承诺;
(8) 违约事件及处理;
(9) 扣划;
(10) 税费;
(11) 抵消、转让与权利保留;
(12) 变更与解除;
(13) 法律适用、争议解决及司法管辖;
(14) 附件。

对于不同种类的贷款,其协议是有差别的,主要是为了体现不同类别贷款的特殊性。在一般情况下,与贷款有关的协议主要有短期借款协议、中长期借款协议、转贷协议、授信额度协议、担保协议、抵押协议等。贷款协议是极其复杂的,通常要由银行的法律专家去做。

二、贷款质量审查及问题贷款处理

(一)贷款审查

1. 贷款审查的原因

在借款人与银行签署贷款协议后,银行不能将其束之高阁,而要根据贷款的性质与规模定期对所发放的贷款进行审查,这是银行减少损失、降低贷款风险的重要环节。其原因是,当贷款发放后,会因借款人主客观因素的变化导致借款质量发生变化,如经济周期波动、个人职业变化等都会影响借款人的清偿能力。因此,贷款审查是极有必要的,它可以帮助银行的管理层迅速发现问题贷款、检查信贷政策的执行情况、提供预警信号、及时发现贷款质量变化、防止贷款质量恶化。

2. 贷款审查的原则

在一些大银行里,贷款审查通常由独立的部门去完成,各银行贷款审查的方法不尽相同,但基本原则是一致的,主要包括:

(1) 定期对所有类型的贷款进行审查,大笔贷款的审查周期较短,小笔贷款可以随机抽样审查;
(2) 借款人的财务状况与还款能力;
(3) 贷款文件的完整性和贷款政策的一致性;
(4) 银行对抵押和担保的控制程度;
(5) 增大对问题贷款的审查力度。

通过贷款审查可以帮助银行对贷款风险进行准确评估。

(二) 贷款的质量评价

银行贷出的款项能否按时收回是银行信贷人员最关心的。尽管上面讨论的所有问题都与此有关,但无法准确说出每一笔贷款现在处于何种境地,这就需要不断地对每一笔贷款的质量给予合理的评价,以上对贷款的信用分析为我们对贷款质量进行评价提供了一种方法。世界各国的银行经过长期的实践,总结出了现在较为通用的贷款五级分类法,它是银行信贷风险管理的重要组成部分。

1. 贷款分类

贷款分类是指银行的信贷分析和管理人员,或监管当局的检查人员,综合能获得的全部信息并运用最佳判断,根据贷款的风险程度对贷款质量做出评价。五级分类法就是按照贷款的风险程度,将贷款划分为五类,即正常类、关注类、次级类、可疑、损失类。

(1) 正常类。借款人能够履行合同,有充分把握按时足额偿还本息。

(2) 关注类。尽管借款人目前有能力偿还贷款本息,但是存在一些可能对偿还产生不利影响的因素。

(3) 次级类。借款人的还款能力出现了明显的问题,依靠其正常经营收入已无法保证足额偿还本息。

(4) 可疑类。借款人无法足额偿还本息,即使执行抵押或担保,也肯定要造成一部分损失。

(5) 损失类。在采取所有可能的措施和一切必要的法律程序之后,本息仍然无法收回,或只能收回极少部分。

由此看出,贷款五级分类是根据贷款偿还的可能性确认的。

2. 贷款分类的过程

在对一笔贷款进行分类时,可以借助图 4-3 提供的流程进行。

贷款档案是银行发放、管理、收回贷款这一完整过程的真实记录,是提供贷款分类资料的基础。从贷款档案中可以了解到借款人的基本情况,如贷款申请、审批报告、合同等,还可以了解借款人的财务状况、抵押担保文件、贷款分析报告等信息。

在审查贷款基本情况时,要注意借款人的借款目的是否与真实用途相一致,贷款合同约定的还款来源与真实还款来源是否一致。

确定还款可能性的分析就是对借款人信用状况的分析,它能解释目前借款人的真实偿债能力如何,明确借款人过去的经营业绩、现有和潜在的问题以及未来的经营前景。

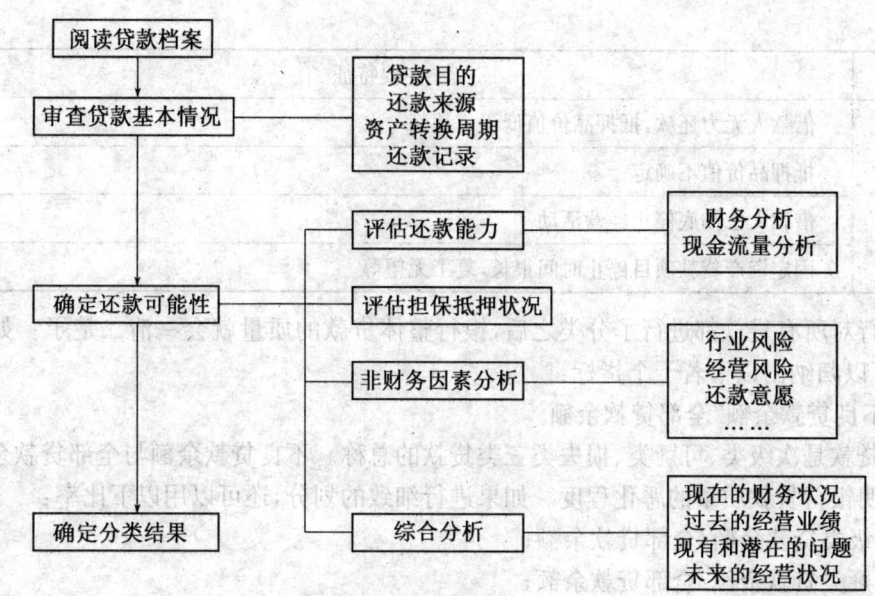

图 4-3 贷款分类程序

3. 贷款分类的结果

上面的分析最终反映出一笔贷款的风险程度,贷款分类可以将这一结果表现出来。中国人民银行制定的贷款五级分类法可以帮助信贷人员准确判断贷款的类别,具体见表 4-2。

表 4-2 贷款五级分类的主要特征

贷款分类	主要特征
正常类	借款人有能力履行承诺,并对贷款的本金和利息进行全额偿还,没有问题贷款
关注类	净现金流量减少
	借款人销售收入、经营利润在下降,或净值开始减少,或出现流动性不足的征兆
	借款人的一些关键财务指标低于行业平均水平或有较大下降
	借款人的还款意愿差,不与银行积极合作
	贷款的抵押品、质押品价值下降
	银行对抵押品失去控制
	银行对贷款缺乏有效的监督等
次级类	借款人支付出现困难,并难以按市场条件获得新资金
	借款人不能偿还对其他债权人的债务
	借款人内部管理问题未解决,妨碍债务的及时足额偿还
	借款人采取隐瞒事实等不正当手段套取贷款
可疑类	借款人处于停产、半停产状态
	固定资产贷款项目处于停缓状态
	借款人已资不抵债
	银行已诉诸法律来收回贷款
	贷款经过重组仍然逾期,或仍然不能正常归还本息,还款状况没有得到明显改善等

续表

贷款分类	主要特征
损失类	借款人无力还款,抵押品价值低于贷款额
	抵押品价值不确定
	借款人已彻底停止经营活动
	固定资产贷款项目停止时间很长,复工无望等

当银行对所有贷款都进行了分类之后,银行整体贷款的质量就会一清二楚了。如果把它们量化,可以归纳出以下若干个指标:

(1) 不良贷款余额/全部贷款余额。

不良贷款是次级类、可疑类、损失类三类贷款的总称。不良贷款余额与全部贷款余额的比例可以说明银行贷款质量的恶化程度。如果进行细致的划分,还可以用以下比率:

① 次级类贷款余额/全部贷款余额;

② 可疑类贷款余额/全部贷款余额;

③ 损失类贷款余额/全部贷款余额。

通过以上比率的计算,可以更清楚地反映银行不良贷款的分布,以便找到问题的集中点。

(2) (正常类贷款余额+关注类贷款余额)/全部贷款余额。

这一比率反映的是贷款的总体安全程度。当然,也可以分别反映:

① 正常类贷款余额/全部贷款余额;

② 关注类贷款余额/全部贷款余额。

正常类贷款比例和关注类贷款比例还能够反映贷款的变化趋势。如果关注类贷款比例在增长,则说明银行贷款安全程度在降低。

(3) 加权不良贷款余额/(核心资本+准备金)。

加权不良贷款余额的计算首先要确定不同种类贷款的风险权重,中国人民银行提供的参考权重指标是:正常类1%,关注类3%~5%,次级类15%~25%,可疑类50~75%,损失类100%。用加权不良贷款余额与核心资本和准备金之和进行比较,能够反映银行资本可能遭受侵蚀的程度和银行消化这些损失的能力。

(4) 其他比率。

下列指标能更直接地反映贷款的质量:

① 逾期贷款余额/全部贷款余额;

② 重组贷款余额/全部贷款余额;

③ 停止计息贷款余额/全部贷款余额。

这些曾是我国长期用来监测银行贷款质量的指标。

评价银行贷款质量的指标不仅能使银行对贷款的风险管理状况有清楚的了解,更重要的是,银行根据评价结果可以找出问题所在,进一步提高贷款的风险管理水平。此外,银行使用连续的评价指标可以进行历史比较,发现银行贷款管理的趋势;同时,也可以进行同业比较,明确自己的竞争地位。

长期以来,我国一直使用"一逾两呆"的评价方法,简单地根据贷款是否逾期和逾期时间的长短来判断贷款是否安全。这种评价方法不仅无法准确反映贷款的真实风险程度,也不利于健全银行的信贷风险管理体系。因此,我国从 1999 年起广泛使用贷款的五级分类法。

(三) 问题贷款的发现和处理

一笔贷款发放以后,可能会发生三种情况:第一种情况也是最常见的情况就是借款人按约定偿还贷款;第二种情况是按照银行和借款人都能接受的方式重新调整贷款协议;第三种情况是某些贷款不能按约定的方式偿还,这时,一笔问题贷款便产生了。问题贷款是指借款人不能在约定的期限内偿还贷款,或者对于该贷款,银行存在潜在的部分损失或全部损失。

1. 问题贷款的产生和发现

任何一笔问题贷款都是由以下三个因素之一或三个因素结合而导致的:① 借款人自身的因素,如不适当的财务结构对市场和行业变化缺乏适应、管理部门薄弱、有欺诈活动等;② 借款人外界的因素,经济环境的变化、政府约束、自然灾害和工艺过时等都会改变借款人的处境,从而影响其还款能力;③ 银行自身的错误,银行在对贷款发放进行分析时可能发生错误的判断,也可能拖延协议的执行或对协议不严格执行,这都会影响借款的按期偿还。

对问题贷款的有效管理取决于两个方面:一是问题的早期发现;二是立即采取有效的措施。银行在发现问题贷款方面,可以有三条防线:信贷员、贷款的复核和外部检查。

信贷员是发现问题贷款的第一道防线,因为他们比任何人更了解借款人,而且信贷员通常是第一个检查借款人财务和其他相关信息的。因此,信贷员负有向银行有关部门报告贷款出现问题的责任。

贷款复核是发现问题贷款的第二道防线,但贷款复核并不经常进行,对一笔贷款的检查可能每年只有一次。因此,尽管这种方法可能很有效,但往往不够及时。

第三道防线是外部检查。如果外部检查时查出了问题贷款,通常就太晚了。此时,借款人已无力还款,以至于银行的种种约束力都失效。因此,及早并快速地发现问题贷款是至关重要的。

一笔贷款在变成银行的真实损失之前会有一段时间,银行要善于从早期信号中尽早发现问题,特别是那些财务信号。早期的财务信号主要有:

(1) 杠杆作用。负债权益比率是最容易发现问题的指标,当这一比率超过行业平均值时,就应引起银行的注意。

(2) 获利能力。企业经营的目的是获利,当借款人没有足够的获利能力时,银行就要对该借款人的生存能力表示怀疑了。衡量企业获利能力的指标有很多,但总资产收益率指标也许是最好的。

(3) 流动性。有许多关键性指标可以用来测试企业的流动性,如流动比率、速动比率、应收账款周转率、存货周转率等,但必须综合使用。

以上财务信号的获得会有一个滞后时间,因此,银行接收财务报表的频率是至关重要的。如果银行不能获得足够的财务信号,那么发现问题贷款就要依靠非财务信息。非财务信息的早期信号也很多,主要有:

(1) 企业管理风格的改变。这涉及企业的管理能力,如有无充分的计划、有无管理发展的能力、重要的人事变动等。

(2) 行业、市场或产品的变化。企业管理层的一项主要责任是预期和计划未来的变化。银行要确信借款人的管理层能够清楚地认识到自己所处的环境变化并去预测这些变化。

(3) 信息获取的变化。银行应从借款人那里获得的财务数据发生拖延或不充分以及银行只能勉强获得这些信息就是不好的征兆。

银行对非财务信号指标也要做到时时警觉,尽管这些征兆是无形的,但它们常常是问题的最初警报。

当一笔贷款出现了问题贷款的早期征兆时,是否就意味着银行一定能认识到并采取相应措施呢?答案是否定的。因为即使贷款已出现早期不良征兆,银行也可能无法获知,种种原因都会导致这一结果的出现。比如因信贷人员自身能力有限使其未能发现问题;银行信贷人员工作负荷过重也不利于其及早发现问题;有时,银行也会抱一种希望问题自己消失的态度等待不良征兆的自动消失;还有一些错误的观念也会拖延问题的及早发现,如害怕心理、担心公众的不良反应等。

如果贷款显示了早期的不良征兆,加上银行的错误反应,就会使一笔贷款的问题日益严重,最终有可能导致银行的损失。实际上,许多贷款都会出现早期的不良征兆,只要银行和借款人双方采取恰当的措施,完全可以将该贷款变成正常的贷款。因此,及早发现问题贷款是管理问题贷款的关键。

2. 问题贷款的处理程序

当一笔贷款被确认为是问题贷款时,银行和借款人就要相应采取有效措施防止问题贷款变成真实的损失。对于问题贷款,银行首先会与借款人会面,商讨合作的可能性。如果可能的话,银行会继续向借款人注入新的资金。当然,新注入的资金必须保证非常安全,即使发生损失,追加的资金也能够收回来。同时,银行追加资金必须要确认此举可以挽救一个企业,否则这一举动就是不明智的。

当不能选择追加资金方案时,银行和企业还可以协商制定一个双方同意的政策。该政策包括以下几个方面:

(1) 减债程序和时间限制。此举的目的是确定还款金额和还款时间。此时,借款人必须制订财力计划,尤其是现金预算。银行要给借款人一定压力,迫使其做出还款计划。

(2) 增加抵押品、担保人、第二抵押。当发现问题贷款后,银行要检查所有的文档以进行修正。如果抵押品不足,应商议额外的安全措施,如延长期限或追加额外资金。

(3) 索取财务报告。在问题贷款发生时,精确和及时的财务报告是必不可少的,这些报告包括月报,应收、应付账龄,存货报告等。如果财务报告发生延期现象,就意味着问题的进一步恶化,应引起银行的注意。

(4) 立即监控抵押品和借款人。银行要定期和经常对抵押品及借款人进行检查,这有助于确保抵押品的安全和加强与借款人的联系。

(5) 建立损失—安全点。这是指银行对问题贷款的处理建立起应急计划,一旦企业不能完成还款计划,立即就企业将损失多少资本金、如何进行清算等建立双方一致的协议,达成一致同意的损失—安全点。如果到达贷款损失的地步,借款人会自动清算企业,银行要能控制这一局面。

当银行与企业无法实现上述目标时,则只有清算最后一种选择了。在清算过程中,包括对借款人提供的抵押品的处置、担保人需完成的担保责任等,可能都要在法庭上解决,因此律师的作用是很关键的。如果抵押品的处置和担保人都无法完成还款义务,企业破产清算就成为必然的选择。破产在各国有不同的法律规定,通过破产清偿银行债务并不能保证银行不受损失;有时,破产也是债务人逃避债务的一种方式,很难肯定破产就一定对银行有利。因此,这一选择只有在万不得已时才会被使用。

即使借款人破产清算,银行仍可能遭受贷款损失,这部分损失的贷款就成为银行的呆账。但在银行账上被注销的贷款并不意味着现实中已经完全无法收回,其中有一部分贷款仍是有希望收回的。对于这一部分贷款,银行还是要定期对它们进行审核,以期待收回的可能。其实,任何已冲销的贷款都有收回的可能性,它们的收回对银行的利润有直接影响。如果在定期检查中发现了一点收回的希望,银行就要马上制订收回计划,并付诸实施。

当一笔贷款成为银行的呆账时,银行用什么方式进行账务处理呢?在此,呆账准备金的概念是很重要的。

3. 呆账准备金

任何一笔贷款在发放后,就已存在损失的可能。贷款呆账准备金是从银行收入中提取的,用于弥补贷款损失的一种价值准备。银行提取呆账准备金的唯一目的就是弥补评估日贷款和租赁组合中的固有损失。

银行提取呆账准备金要符合两项原则:一是及时性原则,二是充足性原则。前者是指银行呆账准备金的提取应在估计到贷款可能存在内在损失、贷款的实际价值可能减少时进行,而不应在损失实际发生或需要冲销贷款时进行;后者是指银行应当随时保持足以弥补贷款内在损失的准备金。

由于损失的不可避免性,及时、足额提取呆账准备金就成为帮助银行保持经营稳健的有效工具。

呆账准备金有三种类型:一是按贷款组合余额的一定比例提取的普通呆账准备金;二是根据贷款分类结果,对各类贷款按不同比例提取的专项准备金;三是按贷款组合的不同类别,如国家、行业、地区等提取的特别准备金。银行经营贷款总会有一定的损失,因此必然需要呆账准备金。普通呆账准备金正是在这个意义上提取的,用于弥补贷款组合的不确定损失,这就使普通呆账准备金具有了资本的性质,可以计入资本基础。但是,普通呆账准备金无法反映贷款的真实损失程度,它只与贷款的总量有关,而与贷款的实际质量无关。真正的呆账准备金是用来弥补损失的,这要求呆账准备金的数量与贷款的真实质量相一致。贷款质量高,呆账准备金就少;相反,则必须增加呆账准备金的数量。专项准备金由于是按贷款的内在损失程度计提的,反映了评估日贷款的真实质量,因此专项准备金不计入资本基础,它的变动直接与贷款的质量相关,而与数量无关。比如一笔100万元的贷款,其中有30万元为损失类贷款,按普通呆账准备金提取比例为1‰来计算,应提普通呆账准备金1万元。显然,这1万元的普通呆账准备金根本无法弥补已有的30万元贷款损失。如果按专项准备金提取,则应增提准备金30万元,尽管这减少了普通呆账准备金的数量,但总体准备金的数量增加了。银行应提准备金总量为30.7万元[=(100−30)×1‰+30]。银行建立的普通呆账准备金制度、专项准备金制度和特别准备金制度共同构成了银行的呆账准备金体系,保证了银行经营的安全性。

在普通呆账准备金和专项呆账准备金体系下,准备金的计算步骤如下:

(1) 计算所需的专项呆账准备金。专项呆账准备金要按照贷款的分类结果进行计算,不同的贷款分类应按不同的比例计提,可参考的比例为:损失类贷款为100%;可疑类贷款为50%;次级类贷款为20%;关注类贷款为5%。

(2) 计算普通呆账准备金。贷款即使属于正常类,仍存在损失的可能,因此,同样需要计提普通呆账准备金。其方法为:

$$普通呆账准备金=(贷款总额-专项呆账准备金)\times 规定的比例$$
$$呆账准备金=专项呆账准备金+普通呆账准备金$$

三、贷款类型

(一)企业贷款

企业贷款是银行发放给企业的各种贷款,占银行贷款总额的绝大部分比重。

1. 短期贷款

银行对企业发放的短期贷款通常是指企业临时性、季节性贷款,也可称为流动资金贷款。短期贷款的运行过程如图4-4所示:

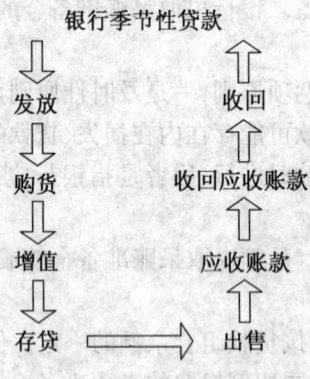

图4-4 短期贷款的运行过程

银行对企业发放的短期流动资金贷款具有自动清偿的性质。企业用借入的现金购买原材料、半成品或产成品等,然后进行生产和销售,再用收取的现金偿还银行贷款。这样,银行贷款的期限就是从企业购买存货到产品销售的完成,通常会持续几个星期或几个月。

目前,无论是西方国家的商业银行还是我国的商业银行,对企业发放的短期流动资金都是贷款的主要种类。银行发放此类贷款可以有抵押品,也可以没有抵押品。

在允许银行业与证券业混业经营的国家,银行还可以对证券交易商进行短期融资,银行以未到期的证券作为抵押发放贷款,可以作为抵押的证券往往是质量较高的政府债券。一般来说,银行和证券交易商都欢迎这类贷款,它一方面满足了交易商购买新证券的资金需求;另一方面,银行可以从中获得收益。

近年来,银行还开展了资产担保贷款,就是以企业的短期资产作为抵押,这些资产主要是应收账款和存货,银行以其面值的一定百分比(如50%或70%)发放贷款,待这些资产转化为现金时用于偿还银行贷款。这里的关键问题是资产的流动性及资产的质量,如账款是根本无法收回的或用于抵押的存货无法在市场上出售,则此类贷款的发放会存在很大的风险。

2. 定期贷款

定期贷款是指贷款期限在1年以上的贷款。由于企业定期贷款不具有自动清偿性质,或借新债来偿还,因此贷款风险较大。银行在发放这类贷款时,要进行详细的信用分析。

目前,在西方国家较受欢迎的定期贷款发放方式是循环信贷额度方式,也称循环信贷。这种方式的具体做法是:银行给借款人规定一个借款最高限额,在一定期限内(通常不超过1~5

年),只要不超过限额,借款人可以随时获得贷款和偿还贷款。这个信贷额度相当于一个资金池,企业可以根据自己的资金松紧程度来确定取款或者还款,在使用期内,企业可以以多次使用贷款限额,这给企业带来了极大的方便。但是,商业银行要根据贷款限额的大小收取承诺费,而贷款利息则按实际借款额和时间来计算。如果企业没有真正借款,就只需支付承诺费。

银行通常只给那些信用等级高的企业发放循环信贷限额,一般不需要抵押担保。在循环信贷限额到期后,可以转为定期贷款。

银行在发放定期贷款时,风险最大的是项目贷款。这种贷款数额巨大,常用于基础设施的贷款项目,如矿山建设、港口设施、卫星发射等。由于银行在发放这类贷款时要承受较大的风险,因此,银行会要求借款者提供担保,并规定了较高的利率。目前,对大型项目的贷款多由银行组成银团,然后用银团贷款的方式进行,以分散风险。

3. 小企业贷款

对于小企业而言,给小企业发放贷款是其主要的服务内容。与大企业相比,小企业的经营风险较大,因此,获取贷款的可能性较小。但是,由于小企业是支撑各国经济增长的重要力量,解决小企业的融资问题普遍被各国所关注。各种担保公司的出现为小企业获得贷款提供了很大帮助,如美国成立了小型企业管理局,为小企业提供担保。

表4-3反映了我国商业银行的贷款结构。

表4-3　　　　　　　　　　2006—2015年年末我国商业银行贷款结构

		各项贷款	大型企业贷款	中型企业贷款	小企业贷款
2006	余额(亿元)	225 347	70 827	51 979	36 639
	占比(%)	100	31	23	16
	增速(%)	—	—	—	—
2007	余额(亿元)	261 691	83 504	60 198	41 622
	占比(%)	100	32	23	16
	增速(%)	16	18	16	14
2008	余额(亿元)	303 395	101 189	69 468	39 697
	占比(%)	100	33	23	13
	增速(%)	16	21	15	−5
2009	余额(亿元)	399 684	113 233	81 854	54 310
	占比(%)	100	28	20	14
	增速(%)	32	12	18	37
2010	余额(亿元)	479 196	131 525	98 657	72 732
	占比(%)	100	27	21	15
	增速(%)	20	16	21	34
2011	余额(亿元)	547 947	138 494	107 524	104 151
	占比(%)	100	25	20	19
	增速(%)	14	5	9	43

续表

		各项贷款	大型企业贷款	中型企业贷款	小企业贷款
2012	余额(亿元)	629 907	139 275	141 826	101 597
	占比(%)	100	22	23	16
	增速(%)	15	1	32	−2
2013	余额(亿元)	718 807	155 650	151 198	114 258
	占比(%)	100	22	21	17
	增速(%)	14	12	7	12
2014	余额(亿元)	816 787	169 769	182 511	154 623
	占比(%)	100	21	22	19
	增速(%)	12	9	21	35
2015	余额(亿元)	981 387	197 808	197 490	184 068
	占比(%)	100	20	20	19
	增速(%)	20	17	8	19

资料来源:《中国金融年鉴》。

近年来,我国的小企业发展迅速,但贷款难问题没有得到根本解决。表4-3中的数字显示:从小企业贷款占全部贷款的比重看,2006年为16%,2015年为19%,小幅增长,虽然其间有高有低,但总体稳定。特别是2008年,金融机构对小企业的贷款绝对规模也在减少,而这一年恰好是全球金融危机爆发初期,小企业抵抗风险能力低可能是贷款占比下降的原因。

4. 农业贷款

在经济发达国家,农业贷款并不占银行业务的主要份额,但银行是农业贷款的主要提供者。我国是个农业大国,对农业发放贷款的主体目前主要是农村信用合作社和中国农业发展银行。

表4-4反映了近年来我国商业银行对农业贷款的发放情况。

表4-4　　　　　　2006—2015年年末我国商业银行发放的农业贷款

	2006	2007	2008	2009	2010	2011	2012	2013	2014	2015
规模(亿元)	13 208.2	15 428.2	17 628.8	19 488	23 044	24 436	27 261	30 669	34 687	40 376
增速(%)	14.6	16.8	14.3	10.5	18.2	6.0	11.6	12.5	13.1	16.4

资料来源:《中国财政年鉴》和《中国金融年鉴》。

(二) 个人贷款

1. 个人贷款的产生对商业银行的意义

从商业银行的角度看,个人贷款是实现资产多元化、降低不良资产比率、提高竞争能力的有效手段。

(1) 个人贷款可以改善银行资产结构,降低经营风险。

20世纪80年代的金融证券化,使得资信好的大公司进一步从银行脱媒,客观上增加了银行公司信贷的风险。为了适应金融环境的巨大变化,银行必须调整资产结构,从以前提供企业贷款为主转变为企业贷款和个人贷款并重,大力发展与公司信贷相关性较小、受宏观经济政策影响较小的个人贷款,通过贷款结构多元化来降低经营风险。目前,个人贷款已成为商业银行信贷业务的一个重要组成部分,个人贷款的业务量一般占银行总贷款的20%～40%,特别是一些发达国家的大银行,该比例甚至超过了50%。

(2) 个人贷款是商业银行主要的利润源泉。

随着居民收入以及居民对住房、汽车、旅游、养老保障等生活质量要求的不断提高,个人贷款规模迅速增长,个人贷款逐渐成为商业银行主要的利润源泉之一。中国银行、中国工商银行等主要商业银行超过30%的利润来自于个人金融业务,占银行利润70%的信贷总量中有1/3是由个人贷款贡献的。在股票、债券市场迅速发展,企业融资渠道多样化背景下,以满足个人消费与投资需求为主的个人贷款已成为商业银行的主要利润增长点。

(3) 个人贷款是提高商业银行竞争力的重要途径。

随着金融全球化、银行电子化的推进,商业银行整合不同服务渠道的能力大大增强。以个人贷款业务为纽带,商业银行可将个人贷款与部分理财产品相互组合,能够有效扩展营销渠道、扩大市场规模、赢得优质客户,达到保持良好的市场竞争力的目的。

2. 个人贷款的种类

个人贷款种类繁多,按照不同的分类标准,可以分为不同的类型。通常说来,按照资金的用途,个人贷款可以分为个人住房贷款、个人汽车贷款、个人综合消费贷款、国家助学贷款、个人经营贷款等。按照贷款方式,个人贷款可以分为个人抵押贷款、个人质押贷款、个人信用贷款(包含信用卡贷款)等。按照还款方式,个人贷款还可以分为分期还款和到期一次性还款两种类型。

3. 个人贷款的特点

鉴于个人贷款的主体——个人——的收入稳定性受到自身健康、家庭关系、职业稳定性、经济周期、行业盛衰等多种因素的影响,在遭遇危机时抵御风险的能力比较薄弱,偿债能力波动性较大,因此,与公司信贷相比,个人贷款具有高风险性、高收益性、周期性、利率不敏感性等特点。

(1) 高风险性。

① 个人贷款的还款来源不稳定,波动性较大。个人贷款的还款来源主要是个人的人力资源收入和财产性收入,它受到国内外经济形势变化、企业经营状况、资产市场价格、个人身体健康状况、家庭及意外情况的制约。个人贷款容易发生到期不能偿债的违约风险。例如,2008年的国际金融危机中,美国的失业率超过10%,个人住房抵押贷款的违约率创下60年来的最高水平,数百万家庭因不能按期还款而失去住房,致使银行受到重创,政府不得不拿出8 700亿美元来救助金融机构。

② 信息不对称风险比较严重。为了获得贷款,借款人往往趋向于隐瞒与贷款清偿力有关的重要信息。与企业法人相比,个人贷款的信息不对称情况更严重,个人信息的私密性更高,收集信息的难度以及相应的成本更大。如果社会征信体系不健全,银行很难核实借款人提供信息的真伪,特别是难以把握那些不能量化的软信息,个人贷款客观上要承受更高的逆向选择风险和道德风险。

③ 个人贷款的贷款结构内含较高的利率风险和违约风险。鉴于绝大多数个人都是风险规避者,偏好固定的收入与支出,表现在住房贷款、汽车贷款和综合消费信贷中,人们喜欢采用固定利率。固定利率的个人贷款锁定了银行的收益,意味着在贷款期间,一旦中央银行调整利率政策,出现银行的筹资成本上升并超过个人贷款的利率,银行发放的个人贷款就会出现收支倒挂,不得不承受利率风险及其带来的损失。为了减轻银行潜在的利率风险损失,银行经常在个人贷款定价中加入足够多的风险补偿,即提高贷款利率。然而,银行这一降低利率风险的定价措施,容易导致违约风险或提前偿付风险,给银行造成损失。一方面,在收入不变或者收入下降时,过高的利息开支降低了借款人的偿债能力,容易导致到期不还本付息的现象发生;另一方面,遇到市场利率低于贷款利率时,为了节省利息成本,借款人大规模地提前偿还贷款,从而给银行的资产负债管理造成了不利的影响,致使银行承担再投资风险。

(2) 高收益性。

个人贷款的收益主要来自于利息收入与其他相关手续费。个人贷款的高风险性决定了它具有高收益性。由于个人贷款的信用风险比公司贷款高,银行在确定个人贷款利率时必然收取更高的风险溢价。除了利息收入外,银行还能通过个人贷款获得大量的非利息收入,包括各种消费回佣收入(如信用卡特约商户向银行返还的占消费额一定比例的佣金)、手续费收入和年费收入。

(3) 周期性。

个人贷款的周期性体现为较高的经济周期敏感性。在经济扩张时期,居民对未来的收入预期比较乐观,导致个人的消费和投资需求上升,个人贷款规模急剧膨胀;相反,在经济衰退时期,随着失业率上升,很多个人和家庭对未来的收入预期变得比较悲观,个人贷款以及投资规模会明显收缩。个人贷款规模的这种顺周期变化给银行带来了较高的系统性周期风险,为了防范这一风险,个人贷款的利率中必须包含周期风险溢价。

(4) 利率不敏感性。

除了个人经营贷款,在其他个人贷款产品中,借款人对利率不敏感。个人收入以工资收入为主,住房、汽车以及耐用消费品贷款更多地取决于借款人的受教育程度、收入水平、社会地位和生活质量要求,利率水平以及利率变动通常不是借款人考虑的主要因素。

4. 个人贷款的风险控制

随着个人贷款规模及其在银行贷款中的占比不断提高,如何管理个人贷款的高风险,对银行的生存和竞争力具有重大意义。

(1) 使用个人信用系统。

为了获得个人信用信息,世界各国都建立了自己的个人征信系统。我国也已建成了全国联网的个人和企业征信系统。截至 2011 年年底,个人征信系统收录自然人数约 8 亿人,全年累计查询次数为 2.4 亿次,涵盖了我国银行业全部个人客户的信用信息。银行在发放个人信贷时,可以选择查询中国人民银行的个人信用信息基础数据库,将信用等级不符合贷款要求的借款人排除在外,减轻因信息不对称导致的风险。

(2) 选择合适的合作机构。

个人贷款合作机构是指与商业银行建立个人贷款业务合作关系的房地产开发企业、汽车经销商、房地产经纪公司、房地产评估机构、担保公司、保险公司等机构。个人贷款如果采用抵押方式,以住房、汽车作为抵押品,银行必须弄清楚住房和汽车是否真实存在;它们的质量如何;它们在市场上值多少钱;如果是第三方担保方式贷款,银行需要知道该担保人是否具有资格;是否有能力在借款人违约时代位清偿。要回答这些问题,银行需要合作机构的帮助。为了控制合作机构可能带来的信用风险,商业银行通常实行名单准入制度。商业银行根据过去3年的合作经历,选择没有出现过不良贷款、不良行为的机构作为合作者。

(3) 实行五级分类管理。

个人贷款种类多、客户差异大,而且住房贷款期限长,贷款期间借款人的偿债能力具有较大的不确定性,因此个人贷款的信用风险随时间在不断发生着变化。为了准确、全面、动态地反映个人贷款的质量,与企业贷款风险分类相同,商业银行对个人贷款也实行五级分类管理。

(4) 贷后监测与检查。

贷后监测与检查的目的在于及时发现个人贷款中的风险项目和风险客户,进行贷后检查是为制定风险控制措施提供科学依据。

风险项目是指存在假按揭现象、项目烂尾、违规违章建筑、建筑质量不合格、拖欠工程款、受到有关机构处置、有不良信用记录、客户投诉较多等情况的项目或合作机构;风险客户是指上述风险项目的法人代表、主要股东和高管以及个人贷款的不良客户。贷后监测就是要收集银行特别关注的客户信息,一旦发现某类个人贷款品种或合作机构的违约率大幅上升,信贷部门将进行有针对性的现场或非现场检查。个人贷款监测是提高贷后检查效率的基础。

贷后检查分为日常检查、定期或不定期信贷检查。

(5) 通过二级市场出售贷款。

为了避免某类个人贷款的借款人或者项目所在地过分集中,以及个人贷款期限错配造成的信用风险和利率风险,银行往往根据自身资产负债管理的需要,将已经发放的个人贷款直接出售给其他机构,或者进行资产证券化处理后出售给资产支持证券的投资者,将个人贷款风险转移、分散给其他投资者,避免风险过度集中于银行。银行通过二级市场将部分个人贷款证券化,除了转移、分散信用和流动性风险外,还可以获得其他好处,如降低风险资本金、增加中间业务收入以及获得资本市场溢价收入。

(三) 个人住房贷款

1. 个人住房贷款业务

(1) 个人住房贷款的基本要求。

为了确保借款人能够如期偿还住房贷款,以及在借款人违约时确保银行的权益不受损失,银行通常要求借款人必须具备一些条件。我国商业银行要求住房贷款的借款人是具有完全民事能力、65周岁以下的自然人,而且还要具备以下条件:① 在贷款人所在地有常驻户口或有效居住证明;② 有稳定的职业和收入;③ 信用良好,有按期偿还贷款本息的能力;④ 有贷款人认可的资产作为抵押或质押;⑤ 有购买住房的合同;⑥ 缴纳了贷款人要求的首付款;⑦ 在同一家银行的贷款购房不超过三套。

(2) 个人住房贷款结构。

个人住房贷款结构是指贷款额度、期限、利率和还款方式的设定。

(3) 个人住房贷款的业务流程。

个人住房贷款的业务流程如下:

借款人提出申请→贷款申请受理→贷款调查→贷款审查审批→贷款签批→办理贷款手续→

贷款收回。

2. 个人住房贷款风险

(1) 个人住房贷款的特征。

个人住房贷款具有以下特征：① 单笔贷款规模不大。住房贷款的借款人为自然人，相对于商业银行的公司贷款而言，单笔贷款规模比较小。② 相对于一个家庭而言，住房贷款数额很大，相当于一个家庭很多年的储蓄。③ 贷款周期长。住房贷款的期限一般很长，最长可达30年。④ 贷款的抵押性。商业银行一般都要求以住房为贷款的抵押品。

(2) 住房贷款的风险。

住房贷款主要的风险包括信用风险、利率风险、提前偿付风险和抵押物风险。除此以外，银行工作人员的道德风险、政策风险等也是重要的风险源。

(四) 信用卡风险管理

(1) 信用卡的特殊风险。

信用卡具有特殊的性质，它属于无担保或额度授信类贷款，而且是以塑胶卡为载体，受此影响，信用卡风险有一定的特殊性。

① 信用风险，是指持卡人违反银行卡章程，恶意透支或恶意套现造成的风险。例如，持卡人以极高的频率，在信用卡营业网点反复支取现金，而且每次支取的金额数都在信用卡章程允许的范围内，然后不还款。

② 伪冒风险，是指诈骗所产生的风险。

③ 作业风险，是指因特约商户作业流程上的不当产生的风险。特约商户的财会人员或前台服务人员没有严格遵照信用卡业务操作规程办理或由于一时疏忽而造成的风险。

④ 内部风险，是指银行内部人员利用信用卡业务操作程序中的漏洞，给银行带来的风险。

(2) 信用卡风险管理手段。

① 强化业务流程风险管理。第一，银行要根据外部市场状况及自身风险管理水平选择客户，将资信低、套现动机强的申请人挡在信用卡门槛外。第二，从授信标准和征信审核两方面完善客户授信制度，运用信用评分系统核准客户的信用额度，对征信审核建立监控机制，防止内部人的道德风险。第三，进行动态的客户账户管理，包括：授权管理，要在方便客户使用和控制风险之间权衡并当机立断；信用额度调整，根据客户资信的变化，信用卡使用记录和需求，做出临时调整或永久调整；伪冒交易的侦测和调查，一旦发现伪冒交易，及时与持卡人和有关组织联系，能够在最短的时间内发现、跟踪、处理，使损失降到最低点。第四，建立债务催收机制。对于早期或非恶意未缴最低应付款的客户，进行"账务提醒"；对于恶意未还款者，采用强制催收方法。第五，进行坏账处理，制定拨备政策和撤账政策，建立回收资产处理、撤账后追收等制度。

② 运用芯片卡来降低伪冒风险。科技含量更高的芯片卡被国际上普遍认为是防范信用卡伪冒风险的有效手段。银行应该制定优惠政策，鼓励特约商户和持卡人使用芯片卡，推广芯片卡的使用范围，降低芯片卡的成本，利用技术进步来降低信用卡伪冒风险。

③ 加强特约商户风险管理。根据不同种类信用卡的属性、业务程序和风险特点，制定相应的规章制度，从制度上明确发卡行和特约商户之间的权利和义务。重视对特约商户的培训，及时让特约商户了解信用卡风险的最新动态，提高特约商户的风险防范意识和操作规范程度。

加强与保险机构的联系,建立良好的风险分摊机制,要求特约商户投保责任保险。

④ 建设与完善内部控制体系。常见的信用卡内部风险管理措施包括:进行严格的流程管理,开户、制卡、发卡、收卡、授权、挂失、止付、重要凭证及止付信息传递等都要严格按规章制度办理;实行"三分离"制度,制卡人员与电脑程序员分离、会计复核员与授权人员相分离、记账员与发卡员相分离,形成一种相互制约相互协调相互监督的机制;加强员工职业培训和道德教育,通过案例分析等形式,不断提高员工的业务水平,增强员工的责任感和风险意识,提高员工的素质。

⑤ 加强外部合作。信用卡犯罪活动往往不在银行系统内发生,银行加强管理并不能有效防止信用卡犯罪,需要金融监管部门、公安部、工商管理总局等部门通力合作,共同营造一个良好的信用卡外部环境。例如,在银监会、银联牵头下建立可疑特约商户、可疑交易预警系统和报告制度,在维护客户正当权益的前提下,健全银行卡风险信息共享机制;在持卡人、特约商户、信息披露、广告等环节加强控制,打击各种信用卡犯罪活动。

第三节 商业银行的证券投资管理

银行的主要功能是创造并提供公众所需要的金融服务,其中很重要的一项服务是贷款,尤其是支持当地的商业投资贷款和消费贷款。但是,并非银行的所有资金都能用于贷款,这是因为:

(1) 大多数贷款的流动性低,如果银行急需现金,贷款不易在到期前收回或售出。

(2) 贷款是银行最大的风险资产之一,在各种形式的银行信用中,贷款的违约率最高。

(3) 对于中小银行,特别是城市商业银行、城乡信用社来说,大部分贷款主要用在当地,因此风险的集中度高。如果当地经济活动发生任何重大衰退,就会削弱大部分贷款的质量。

近年来,银行把其资产组合中的一部分投资于证券,因为,证券投资组合为银行提供了管理利率风险、管理资产流动性、创造收益、管理风险资本、分散风险、是银行部分收入避税的手段。目前,我国上市的股份制商业银行的证券投资余额占其总资产的比例在 8%~13%,工、农、中、建四大国有商业银行为 5%~8%,美国商业银行一般为 15%~26%。

证券投资的风险大,管理技术水平要求高。如何通过管理证券投资组合实现上述功能,取得收益、成本和风险之间的最佳平衡,是商业银行证券投资管理的目标。

一、商业银行证券投资概述

(一) 商业银行证券投资的功能

商业银行进行证券投资可以实现许多重要的功能。

1. 获取收益

由于银行间的激烈竞争、贷款的高风险性等因素,银行可能无法找到合适的贷款对象,使部分资金暂时搁置,而这些资金都要支付利息,因此,银行必须找到新的资金出路来获取收入。银行从事证券投资,使闲置资金得到利用,增加了收入,而且有效的证券投资组合管理可使银行收入在经济周期各阶段保持稳定,当贷款收入下降时,证券收入可能会上升。

银行证券投资组合的收入有两种形式,即利息收入和资本利得(损失)。购买并且持有至到期日的债券仅会获得利息收入;在到期日之前卖出的债券,如果此时的利率比购买时低,此时债券的价格高于购买时的价格,从而可以获得资本利得,反之则有资本损失。

利息收入是指银行购买一定量的有价证券后,依证券发行时确定的利率从发行者那里取得的收益。利息收入的取得一般有两种形式:

(1) 按证券上标明的利率,按期(一般以年为单位)向发行者索取利息。例如,某银行购买了某企业发行的面值100元的证券40 000张,票面利率为10%,期限为5年,则银行每年可以取得利息收入400 000元(=100×40 000×10%),5年共获得利息收入2 000 000元。

(2) 以贴现方式取得利息收入。例如,某银行购买政府一年期国债50 000元,贴现率为8%,购进时的总价为46 800元,到期收回本息50 000元,其中3 200元即为利息收入。

资本利得是指银行购入证券后,在出售时或偿还时收到的本金高于购进价格的余额。例如,某银行以每股30元的价格购进某种证券1 000股,一个月后该行以每股40元的价格全部出售,其中每股差价10元,资本利得为10 000元(=10×1 000)。目前,由于银行投资的证券种类、比例和范围受到许多限制,因而获取收益是我国银行管理证券投资组合的主要目的。

2. 管理风险

证券投资组合是银行重要的利率风险管理工具,由于大部分证券的流动性比较高,银行通过持有证券组合可以及时调整利率敏感性。同时,以证券投资来分散风险比贷款更便利。证券投资的选择面广,它不像贷款一样受地域限制,银行可以购买全国甚至全世界的证券,因而证券投资分散风险的范围也随之扩大。另外,证券投资比贷款更容易转移,银行的贷款只能在企业偿还时收回,一般也很难转售,而证券可以在短期内转卖出去。银行只要发现某一证券风险上升,就可以随时出售证券变现,而贷款很难做到这一点。因此,银行可以对不同发行者、不同期限、不同收益率的证券采取分散化投资策略,将银行经营风险与投资损失降到尽可能小的程度,实现收入多元化、风险分散化。

管理风险是美国等西方发达国家银行管理证券投资组合的首要目的。在我国,随着利率市场化步伐的加快、银行经营业务范围的扩大,证券投资组合也逐渐成为银行重要的风险管理工具。

3. 增强流动性

商业银行保持一定比例的高流动性资产是保证其资产业务安全性的重要前提,通常商业银行把现金存放中央银行、存放同业以及托收未达款作为应付提存的第一准备金。但是,这些资产不是盈利资产,如果其所占比重过大,商业银行的资产收益率势必受到影响。即使是适度的准备,在信用紧缩或某些特殊时期也未必能满足客户提现和贷款的需求。因此,在将现金作为第一储备后,银行仍然需要有二级储备作为补充。所谓二级储备,就是银行的短期证券投资。由于短期证券可以迅速变现,而且在变现时的损失较少,一旦银行遇到大量客户提现或有大量贷款需求时,如果现金储备不足以应付,就可以通过变卖短期证券来满足需求。在美国,大部分银行将证券组合作为流动性的主要来源,银行一般要保持相当部分的短期投资证券,银行短期证券一般要占到银行购入证券的25%左右。此外,银行购入的中长期证券在一定意义上也可满足流动性要求,只是相对而言,短期证券的流动性更强一些而已。证券组合还可以作为财政借款、贴现借款、回购协议的担保品,满足银行的流动性需要。目前,我国商业银行也在构建证券组合,将其作为提供流动性备用资金的重要来源。

4. 管理风险资本

银行持有的大部分证券的风险权重比较低,有些甚至为0。银行为了避免较高的资本规定,将多余资金投向证券而非贷款,还可降低资金成本。

5. 税收庇护

我国税法规定购买国债的利息收入,不计入应纳税所得额。银行直接向国家(一级市场)认购的国债利息收入,可用于抵补以前年度的亏损,抵补以前年度亏损有结余的部分也可免征企业所得税。

(二)商业银行证券投资的种类

我们可以将投资工具分为两大类:货币市场工具,其特点是一年内到期,预期收益不高,风险低,易变现;资本市场工具,其特点是到期日超过一年,预期收益较高,但风险大,不易变现。

货币市场工具主要包括短期国库券、到期日在一年以内的中长期政府债券、公司债券、央行票据、回购协议、银行承兑票据、商业票据。

资本市场工具包括到期日在一年以上的中长期政府债券、公司债券、股票。

近年来,随着金融市场上不断出现新的投资工具和银行业经营范围的扩大,可供银行选择的证券投资种类越来越多。金融衍生工具、资产证券化债券、抵押支持债券等金融创新品种已成为银行证券投资组合的新选择。

1. 政府债券

政府债券有三种类型:中央政府债券、政府机构债券和地方政府债券。

(1)中央政府债券。

中央政府债券又称国家债券,是指由中央政府的财政部发行的借款凭证。

按其发行对象可以分为公开销售债券和指定销售债券。公开销售债券向社会公众发行销售,可以自由交易;指定销售债券只向指定机构销售,不能自由交易和转移。商业银行投资的政府债券一般是公开销售债券。国家债券是银行证券投资的主要种类,主要原因是:一是安全性高。国家债券是所有证券中风险最低的,因而被投资者誉为"金边债券"。国家债券的发行者是中央政府,而中央政府在一般情况下是不会破产的,所以国家债券拒付的可能性几乎是不存在的。银行购买国家债券后,按期收回本息的可靠程度很高。二是流动性强。国家债券的风险小,安全性高,转手比较容易;同时,它的供给需求弹性较稳定,不存在大起大落的价格变化,银行在出售国家债券时,不会遭受太大的损失。三是抵押代用率高。商业银行持有的国家债券,可以作为向中央银行再贷款的抵押品。

国家债券按期限长短可以分为短期国家债券和中长期国家债券,短期国家债券通常称为国库券,中长期国家债券通常称为公债。

国库券是以贴息方式发行的短期政府债券。所谓贴息方式发行,是指债券票面不标明收益率,而是按低于票面面值的价格出售给投资者,到期由财政部按面值收回债券,销售和收回的价格差异就是投资者收益。国库券的期限在一年以下,一般有1、3、6、9、12个月等不同期限。国库券的期限短、风险小、流动性高,是商业银行热衷的投资对象,也是商业银行证券投资组合中最主要的组成部分。

商业银行持有的国库券一部分是在发行市场上直接从财政部或中央银行购买,另一部分

则是从二级市场上转购。国库券在发行市场上通常采用以下两种形式拍卖:

第一,竞价拍卖,即在发行开始之前,由财政部和中央银行向社会公布国库券发行数量,购买者提出自己愿意购买的数量和价格,然后政府按购买者出价的高低由高到低依次分配,直到售完为止。

第二,非竞价拍卖,即投资者在既不愿意冒竞价成本风险,又不愿意丧失投资机会时,直接向政府提出自己的购买数量,按最高价与最低价的平均价格购买国库券。

在二级市场购买的国库券多数是以前发行,由其证券持有者转让的。由于二级市场的国库券已经发行了一段时期,因此,其价格低于票面价格,但高于发行时的价格。例如,某银行购买的国库券面值为 500 元,发行时的价格为 480 元,该银行的购买价格为 490 元,债券到期时财政部按 500 元面额兑付,该银行获得的收益为 10 元。一般来说,二级市场上债券的价格与其到期日有着密切的关系,离到期日越近,债券价格越高;离到期日越远,债券价格越低。

中期债券和长期债券的性质基本一致,它们都是由财政部发行,只是期限不同,中期债券的期限通常为 1~10 年,长期债券则为 10 年以上。中长期债券一般在票面标明价格和收益率,购买时按票面价格支付款项,财政部定期付息,到期归还本金。中长期债券由于期限长,收益率比国库券高。

中长期债券的销售方式有两种:一种是拍卖,其基本方式与国库券拍卖类似,但不同的是,竞价者不是按债券面额出价,而是按债券的最后收益率。收益率越低,债券的实际发行价和售价就越高,政府按照收益率由低到高依次拍卖,直至卖完。另一种方式是在债券发行之前,由财政部公布债券的收益率、期限和销售数量,投资者自愿认购。

(2) 政府机构债券。

政府机构债券是指除中央政府以外,其他政府部门和有关机构发行的借款凭证。政府机构主要包括两类部门:一类是政府部门,它的预算纳入政府预算范围内,如美国的联邦存款保险公司;另一类部门最初由政府建立,但后来由私人控制,其预算并不纳入政府预算范围内,如美国的联邦住宅信贷银行。尽管这类部门的预算不在政府预算范围内,但它们与政府有千丝万缕的关系,它们发行的债券在一定程度上有政府做担保,因此风险不大。

政府机构债券通常以中长期债券为主,流动性不如国库券,但它的收益率比较高。虽然政府机构债券不是政府的直接债务,但通常也受到政府担保,因此,证券信誉比较高、风险比较低。政府机构债券通常要缴纳国家所得税,无须缴纳地方政府所得税,因此税后收益率比较高。

(3) 地方政府债券。

地方政府债券是中央政府以下的各级地方政府发行的债务凭证。地方政府债券又称市政债券,有两种基本类型:普通债券和收益债券。普通债券一般用于提供基本的政府服务(如教育等),由地方政府的税收做担保,债券本息全部从税收收入中支付,因此安全性高。收益债券是由政府所属的企业或公益事业单位为特定公用事业项目(如水利工程等)进行融资而发行的债券,这种债券的本息完全依赖融资项目的收益状况,组织发行单位并不保证还本付息。在一般情况下,工程项目和企事业单位的收益不如税收有保障,因此,收益债券的安全性不如普通债券。

地方政府债券的发行和流通不如国家债券活跃。除了一些信用较高的地方政府发行的债券可以在全国范围内发行并流通外,大部分都集中在本地,流动性不强。地方政府债券通常按面值出售,由于投资地方政府债券可以免缴投资收益的国家所得税和地方政府所得税,因此,地方政府债券的税后收益率比较高。在西方国家,商业银行成为地方政府债券的最大买主。

2. 公司债券

公司债券是公司为筹措资金而发行的债务凭证,发行债券的公司向债券持有者做出承诺,在指定的时间,按票面金额还本付息。公司债券可分为两类:一类是抵押债券,是指公司以不动产或动产做抵押而发行的债券,如果债券到期而公司不能还本付息,债务人就可以依法请求拍卖抵押品,将所得收入偿还债务人。另一类是信用债券,是指公司仅凭其信用发行的债券。一般来说,只有那些信誉卓著的大公司才有资格发行这种债券。因为大公司实力雄厚、信用度高,容易被投资者所接受,而那些中小型公司,由于不具备大公司的优势,只能发行抵押债券。

商业银行对公司债券的投资一般比较有限,主要原因是:

(1) 公司债券的收益一般要缴纳中央和地方所得税;
(2) 公司作为私人企业,其破产倒闭的可能性大,因此,公司债券的风险很大;
(3) 公司债券在二级市场上的流动性不如政府债券。

3. 股票

由于工商企业股票的风险比较大,因而大多数西方国家在法律上都禁止商业银行投资工商企业股票,只有德国、奥地利、瑞士等少数国家允许。但是,随着政府管制的放松和商业银行业务的综合化发展,股票作为商业银行的投资对象已成为可能。

4. 商业票据

如果是由一些信誉卓著的大公司发行的商业票据,它们的安全性可能要比企业贷款高,而且由于期限短、流动性强,适合银行提高资产流动性的需要。目前,较为发达的商业票据市场是欧洲票据市场和美国票据市场。

5. 银行承兑票据

银行承兑票据是银行对从事进出口等业务的客户提供的一种信用担保,银行承诺在任何条件下都会偿付其客户的债务,银行从中收取费用。由银行承兑的票据是一种安全的投资工具,有较大的市场规模。信誉好的银行承兑票据还可以申请获得中央银行的贴现。银行承兑票据的交易可以增加银行资产的流动性并能获得投资收益。

6. 回购协议

回购协议是对一种证券现实的购买或出售及日后做一笔相反交易的组合,即证券销售者承诺在未来某一时刻按某一固定价格再购回这些销售的证券,证券持有者的收入为买卖差价。

7. 中央银行票据

中央银行票据是中央银行为调节商业银行超额准备金而向商业银行发行的短期债务凭证,其实质是中央银行债券。从已发行的中央银行票据来看,期限最短的3个月,最长的也只有1年。

8. 创新的金融工具

20世纪70年代以来,由于金融创新的加快,金融衍生工具的交易也成为银行投资的新选择,典型的包括金融期货与期权、资产证券化债券等。这些金融衍生工具的交易量在有些西方发达国家的银行里,已超过原生金融工具的交易规模,它们为银行开辟了新的投资渠道,也为银行增加了新的投资风险。在以后的章节里,我们将对此进行详细介绍。

9. 我国商业银行证券投资的种类

许多国家的法律法规和监管当局都对商业银行投资证券的类型、比例和范围进行了规定。根据《中华人民共和国商业银行法》第四十三条规定,商业银行在中华人民共和国境内不得从事信托投资和股票业务,不得投资于非自用不动产,不得向非银行金融机构和企业投资。目前,我国商业银行可供选择的证券投资有:国库券、国家建设债券、国家投资债券、国家特种债券、金融债券、企业债券、央行票据、回购协议和银行承兑票据。随着国际金融业务综合化发展的趋势以及我国金融业的发展,我国商业银行证券投资业务将会得到进一步发展。

(三)证券组合的管理

不同的商业银行在资产规模、经营状况、贷款需求及证券投资管理能力方面存在很大差别,因而其证券投资组合的管理方式会有所不同,但一般都包括以下几个基本程序。

1. 确定管理标准与目标

证券投资组合管理的政策实际上是银行资产负债管理政策的一部分。银行管理人员要了解证券组合所要实现的目标及组合中每种证券所要达到的目的,它应当与银行总体计划保持一致,并考虑到资产负债状况、资产集中度、利率风险、市场状况变动风险、管理能力与目标收益率。

2. 对宏观经济与利率走势进行预测

经济增长率、利率、通货膨胀率与失业率等经济中的关键变量很难预测。在证券组合中,经济指标变动的一般趋势预测非常重要,因为,几乎每个证券投资决策都包含了对外部经济环境的观测。

3. 证券组合所要考虑的因素

银行一般从以下几个方面来考虑其证券管理政策:

(1)控制利率敏感的证券投资需要。银行通过评估其资产负债的利率敏感性,包括缺口管理工具、期限管理与市场价值模型来确定证券投资组合,对利率风险进行套期保值。

变动不定的利率为银行带来了风险。利率不断上升,降低了以前所发行的债券和票据的市值,通常期限越长,银行遭受的损失越大。此外,利率上升期间贷款需要常常上涨。此时,银行需要出售证券以满足贷款所需的现金,这往往导致大量的资本损失。银行可以通过证券投资组合实现对利率风险的管理。

(2)投资与流动性计划的协调。由于流动性风险,银行常常要在证券到期前售出证券,因此,管理人员在为投资目的而选择证券时就面临证券转售市场的宽度和深度问题。通常短期国库券的流动性最强,并有最活跃的转售市场,其次是中长期国债、企业债、金融债、央行票据、银行承兑票据等。但是,大量购买流动性强、易变现的证券会降低银行盈利资产的收益率,因此,银行管理人员应协调投资收益需要与流动性需要,并随市场利率和银行流动性风险敞口的变化,对盈利性和流动性进行重新评估。

(3)担保要求的评估。有些政府仅承认国债是合格担保品,有些政府的国债、政府机构证券、央行票据、银行承兑票据都可作为担保品。因此,银行需要明确向政府机构或央行借款所要求的担保品——证券的种类。

(4) 风险头寸的评估。银行需要确定为管理利率风险所需要的证券交易。假定银行的资产主要由住宅抵押等长期贷款构成，而资金来源主要是短期不稳定的资金。要克服借短贷长所造成的利率缺口，银行应当着重投资于短期证券，从而与短期资金的利率敏感性相搭配。同时，银行要根据资本来确定组合政策。如果银行资本过多，就应增加证券组合的规模。如果筹集新资本的成本超过了高风险组合所带来的收益，则银行在投资组合中应当降低风险；反之，若高风险组合的税后收益超过了新资本的成本，则银行应当考虑筹集新的资本。

(5) 预期收益率。投资主管需要决定各种证券的预期收益率，包括证券发行所承诺的利息支付和可能的资本利得及资本损失。如果证券持有到期，银行管理人员需要计算出到期收益率或计算出在购买点至售出点之间的持有期收益率。但银行常常需要提前卖出证券，以便为新的贷款融通资金或弥补存款提取，银行管理人员需要知道证券的持有期收益率。

(6) 确定税收状况。银行应当估计其应税收入净额，计算免税收入的增额，以便确定证券投资组合各证券的类型、数量和比例。

4. 银行管理层确定证券组合管理的基本政策与战略

银行需要确定证券组合的规模、投资工具与质量、证券期限政策与战略。

(1) 证券组合的规模。银行应当根据以下几点来确定证券组合的规模：① 扣除了满足贷款需要等流动性要求后的资金额；② 银行必须满足的担保要求；③ 比较证券与贷款等其他用途资金的盈利性。

(2) 投资工具与质量。影响投资工具的第一个因素是担保所要求的证券规模与形式。银行需要持有足够的国库券等流动性高的证券以满足借款的要求。当几种证券都可以满足担保要求时，具体的选择要根据银行的风险与税收状况来确定。

贷款风险大或没有专业投资专家的银行应当考虑购买国债、政府机构债券、央行票据、BBB级以上的企业债和金融债及由政府做担保的建设债、投资债等。这种政策可以在没有投资专家的情况下，降低投资组合的风险，因而对小银行尤其适用。对管理水平高的银行，可以适当放宽对证券质量的要求，可以购买级别较低但收益较高的证券。

如果分散化所带来的收益大于新证券所产生的风险，银行投资政策需要明确证券投资的行业与地域分布。

(3) 证券期限政策与战略。证券投资到期期限的要求表现为两个方面：证券的最长期限以及证券投资组合中不同期限的配合。投资主管在安排证券期限时应能充分估计利润与损失的可能性。

银行限制证券投资的最长期限是因为：① 证券中许多债券（如企业债、金融债）的质量会随着时间推移而发生变化，银行如果没有专门的管理人员来评估组合中这类证券质量变化趋势，可以通过限制证券最长到期日来降低这类风险；② 如果市场利率持续上升，长期证券的价格会下降很多，将导致更多的资本损失。

匹配证券投资组合中的不同到期日是组合管理中最困难的一项工作。到期日最重要的决定因素是利率敏感性与非证券组合中资产和负债的有效持续期，但又不完全取决于这两个因素。这是因为，其他资产与负债不能进行完全的管理控制以及金融期货、期权与利率套期等表外避险工具的存在。在既定的利率敏感性与有效持续期的限制下，调整组合中证券的不同到期日有三种方法：循环投资组合、等距离到期投资组合和杠铃式到期投资组合。

5. 选出证券投资组合的管理机构

选出证券投资组合的管理机构与保持控制权是证券组合管理中必不可少的部分。在这个部门中,董事会负最终责任,银行高层管理者也有一定权限,银行投资主管负责日常管理,向董事会与高层管理者提出有关投资策略的建议。一般银行都设定证券投资组合管理机构的交易限额,在限额内,投资管理机构可自主做出决策。

二、商业银行证券投资的收益与风险

商业银行进行证券投资首先要保证能获取收益,但收益和风险是并存的,如何处理好收益和风险的关系是商业银行证券投资的关键。

(一) 商业银行证券投资的收益

银行证券投资组合的收益体现为利息收入、再投资收入、资本利得、提供证券服务的手续费及作为证券经销商和做市商而获得的投标差价等形式。此处所讲的证券投资收益主要是利息收入和资本利得。债券的利息收益率一般是固定的,债券到期时还本付息,不发生资本利得或损失,但如果在二级市场上转手债券,就会遇到资本利得或损失。股票是没有到期日的证券,不存在偿还本金的问题,只有通过在二级市场上转让股票,才能收回投资。股票的收益是不固定的,除了股利外,还存在着资本利得和损失。证券的收益率一般可以用以下三种方法表示。

1. 票面收益率

票面收益率也可以分为三种类型。

第一种是在证券票面上标明的收益率。例如,一张面值100元的债券,票面上标明年利率为10%,这10%就是该债券的票面收益率,它表明债券持有人凭此债券可以每年获得10元利息。

第二种是票面规定的收益额与票面面额之间的比率。这种证券的票面上并未标明收益,但附有息票,载明每期支付利息的数额,每期剪下息票兑取利息。例如,一张面值100元债券,息票上载明每期利息为5元,分3期支付,则:

$$该债券的票面收益率 = 5 \times \frac{3}{100} \times 100\% = 15\%$$

第三种是预扣利息额与票面金额的比率,这种证券的票面上并未标明收益率或利息额,而是通过贴现发行预先扣除应付的利息。例如,一张面值为100元的债券,发行价为80元,1年后兑现100元,其利息收入为20元。

$$票面收益率 = \frac{100-80}{100} \times 100\% = 20\%$$

2. 当期收益率

当期收益率是指证券票面收益额与证券现行市场价格的比率。有价证券的价格并不总与其票面价格相一致,它随着市场行情的变化而变化,这时如果仍然使用票面收益率就不能真实反映证券的收益状况。例如,某银行以96元买进一张面值为100元的债券,票面收益率为10%,到期后,银行获得10元的债券利息收入,其当期收益率为 $10.4\% \left(= \frac{10}{96} \times 100\% \right)$,高于票面收益率。当期收益率考虑了证券市场的价格变化,比票面收益率更接近实际。

3. 到期收益率

到期收益率包括当期收益率与资本收益率之和。票面收益率和当期收益率实际上都只考虑了证券的利息收入,而未考虑证券的资本利得(或损失)。到期收益率则是考虑了票面收益、票面价格、购买价格及到期期限等因素后得出的,更为精确和全面。到期收益率可用公式(4-1)表示:

$$到期收益率 = \frac{每期利息 + \dfrac{到期还本(售出价格) - 购入价格}{持券期间}}{\dfrac{购入价格 + 到期还本(售出价格)}{2}} \times 100\% \quad (4-1)$$

公式(4-1)中的持券期间是指银行实际持有证券的时间,既不是证券的发行日至到期日的期间,也不是银行购入日至到期日的时间。

【例4-1】 某银行持有票面价值为100元的证券,票面收益率为10%,偿还期为3年,银行购入该证券的价格为88元,银行一直持有至到期日,当期收益率和到期收益率分别为:

$$当期收益率 = \frac{100 \times 10\%}{88} \times 100\% = 11.4\%$$

$$到期收益率 = \frac{100 \times 10\% + \dfrac{100 - 88}{3}}{\dfrac{88 + 100}{2}} \times 100\% = 14.9\%$$

(二) 商业银行证券投资的风险

商业银行证券投资的风险是指商业银行在进行证券投资中存在的本金或收益损失的可能性,证券投资遭受损失的可能性越大,风险就越大。银行投资的目的主要是为了获得收益、增加流动性、保证安全性,因此,银行证券投资既要考虑期望收益率,也要考虑承受风险的大小,而不能只追求高盈利率,不考虑风险。银行应在风险尽可能小的前提下获得尽可能大的收益率,以实现收益和风险的最佳投资组合,这是银行证券投资风险管理的基本思路。

1. 系统性风险和非系统性风险

根据风险能否通过证券组合加以消除,证券投资的风险可以分为系统性风险和非系统性风险。

(1) 系统性风险又称不可分散风险,是指对整个证券市场产生影响的风险,其来源可能是战争、通货膨胀、经济衰退等多种外部因素。系统性风险波及市场上的所有证券,所以无法采用投资组合法加以分散。但是,系统性风险对各种不同证券的影响程度是不一样的,因此,银行可以通过对各种证券的分析,评估选择系统性风险最小的证券投资,以降低银行投资的系统性风险。

(2) 非系统性风险又称可分散风险,是指存在于个别投资证券或个别类别的投资证券的风险,主要来源于个别证券本身的独立因素,如财产风险、信用风险等。非系统性风险与整个证券市场的状况不发生系统性的必然联系,某种投资证券存在某种风险时,市场上的其他证券并不一定存在这种风险,因此,非系统性风险可以通过多元化的投资组合来消除。

2. 内部经营风险和外部风险

根据风险的来源,可以将证券投资风险分为证券发行企业的内部经营风险和外部风险。

内部经营风险是由企业经营状况、管理水平等多种因素引起的,主要包括个人风险、财产风险、经营风险和责任风险。

(1) 个人风险。企业的个人风险是指企业因主要负责人的原因而遭受损失的可能性,包括两个方面的因素:主要负责人的才干高低和健康状况。企业主要负责人能力低下或身体状况不佳极有可能导致企业到期不能还本付息,产生证券投资损失的可能性。

(2) 财产风险。财产风险是指企业财产遭受损失的可能性。造成企业财产损失的主要原因有自然原因、社会原因和经济原因等。自然原因是指自然灾害,如水灾、火灾、地震等。社会原因是指社会上某些人的行为造成的损失,如盗窃、放火、罢工等。经济原因是指经济波动、市场变化、政府经济政策变化、国际经济关系变化等原因造成的损失。自然原因、社会原因和经济原因都有可能造成企业财产的损失,导致企业到期不能还本付息,从而形成银行证券投资的风险。

(3) 经营风险。经营风险是指企业因经营不善而引起的风险,主要原因有可行性研究的失败、资产运用不合理、负债过多。可行性研究的失败是指企业对投资项目没有进行可靠的可行性研究,使投资项目竣工后难以达到预期的收益。资产运用不合理是指企业的流动资产太少,难以及时调剂和清偿债务。负债过多是指企业发行的债券、股票过多,导致到期无力还本付息以及支付红利等。

(4) 责任风险。企业的责任风险是指企业在一定情况下对于他人的身体损害或财产损害所负的赔偿责任而使企业遭受损失的可能性。责任风险主要产生于企业的生产销售活动,如企业在生产中排放的污染物、运输事故、产品不合格产生的事故等。企业一旦承担了上述责任,其赔偿往往很大,企业偿债能力会受到极大的削弱,造成银行证券投资的风险。

外部风险是指由于社会投资环境的变化,引起证券持有人受损失的可能性,主要包括信用风险、市场风险、利率风险、购买力风险和流动性风险。

(1) 信用风险。信用风险是指证券发行人在证券到期时没有能力向证券持有人偿还本金或者有意不履行偿还义务而给证券持有人造成损失的可能性。信用风险主要受证券发行人的经营能力、资金实力、事业稳定性和事业前景等因素的影响。一般政府证券的信用风险较小,中央政府证券的信用风险更小,几乎可以视为不存在,政府机构和地方政府证券次之,公司证券的信用风险最大。但这也不能一概而论,有些国际知名的大公司资本雄厚、信誉高,其信用风险也很低。在美国,有专门的证券评级公司对证券进行信用评级,向证券投资人提供各种证券的信用级别,并且根据证券信用级别的高低,将证券分为投资级证券和投机级证券。投资级证券信用风险低,是银行投资的主要对象,而投机级证券则有很高的信用风险,银行一般不投资于此级别的证券。

(2) 市场风险。市场风险是指由于证券市场和经济形势的变化给证券投资人带来损失的可能性。例如,由于经济衰退,证券市场的需求量减少,证券价格下跌,这时如果投资人不得不出售证券,就会遭受损失。市场风险对于投资者来说是难以预测的,避免市场风险的主要方法是实行资产分散化,即银行将投资资产分散在多种类型的证券上。因为当证券市场需求量减少时,各种证券需求量的变化是不一样的。有的证券需求量大幅度减少,有的证券需求量只有小幅下降,有的证券需求量保持不变,还有的证券需求量反而上升。因此,通过分散化的证券投资,银行可以减少市场风险。

(3) 利率风险。利率风险是指由于市场利率的变化而给证券投资者带来损失的可能性。

一般来说,证券价格与市场利率是呈反比例变化的。市场利率下降,投资者就会把银行存款投入证券,导致证券需求量增加、价格上升;市场利率上升,投资者就会把资金从证券市场上抽出,投入到其他收益率较高的资产上,如银行存款等,导致证券的需求下降、价格下跌,此时,若证券持有人不得不出售证券,就会遭受损失。另外,在证券信用等级、价格等其他条件相同的情况下,利率风险与证券的偿还期长短呈正比例变化,长期证券到偿还期跨越的时间越长,市场利率受到不可预测因素的影响越大,越容易出现较大幅度的波动或较长时期的升降,而且长期证券不容易流通转让,所以偿还期越长,利率风险就越大。而短期证券的利率波动幅度越小,流动性越好,偿还期越短,利率风险就越小。

(4) 购买力风险。购买力风险又称通货膨胀风险,是指由于通货膨胀使投资收益所代表的实际购买力下降而给投资者带来损失的可能性。受通货膨胀的影响,证券投资的实际收益率并不等于其名义收益率。证券投资的收益主要有利息(股利)和资本收入,在没有资本收入的情况下,如果证券的票面收益率大于通货膨胀率,则投资的本金未受损失,只是投资的实际收益率小于票面收益率;如果证券的票面收益率等于通货膨胀率,则投资刚刚保本,实际收益率为零;如果通货膨胀率大于证券的票面收益率,则投资不但没有收益,反而亏本。通货膨胀的程度越大,证券投资的实际收益就越低;证券的期限越长,通货膨胀的风险就越大。

(5) 流动性风险。银行投资的流动性风险是指银行把投资资产转化为现金而遭受损失的可能性。银行投资的流动性风险取决于银行投资证券的流动性,如果银行投资的证券能迅速变现而不发生损失或损失很小,那么银行投资的流动性风险就比较小;如果银行投资的证券在短期内不易变现,或变现时容易受价格波动的影响,或变现时的交易成本很大,导致较大损失,那么银行投资的流动性风险就比较大。

(三) 商业银行证券投资风险的测度

一般采用标准差法和 β 系数法来衡量商业银行证券投资的风险。

1. 风险测度的标准差法

标准差法的计算如公式(4-2)所示:

$$\sigma_i = \sqrt{\sum_{i=1}^{n}(R_{it} - R)^2 \times P_i} \tag{4-2}$$

式中:σ_i——银行证券投资组合中第 i 种证券的风险度;

R_{it}——第 i 种证券在各期可能的收益率;

P_i——R_{it} 发生的概率;

n——收益率可能值的数目;

R——期望收益率。

期望收益率的计算如公式(4-3)所示:

$$R = \sum_{i=1}^{n}(R_i \times P_i) \tag{4-3}$$

式中:R_i——第 i 种证券的可能收益率。

标准差反映了不同证券风险的大小,既包括系统性风险,也包括非系统性风险。标准差越大,所对应的概率分布的离散程度就越大,投资组合的可能收益就越偏离期望收益,预期收益实现的可能性就越小,投资损失的可能性就越大;标准差越小,所对应的概率分布的离散程度就越小,投资组合的可能收益就越接近于期望收益,预期收益实现的可能性越大,投资损失的可能性就越小。

2. β系数法

β系数法主要是衡量证券的系统性风险,它衡量的是某种证券相对于整个证券市场收益水平的收益变化情况。整个证券市场收益的β值为1,如果某种证券的β值大于1,则表明该证券收益的波动幅度要比证券市场的收益波动幅度大,因而风险也较大。如果某种证券的β值小于1,则表明该证券收益的波动幅度比证券市场收益的波动幅度要小,因而风险也较小。β系数法的计算如公式(4-4)所示:

$$\beta = \frac{某证券预期收益 - 该期收益中非风险部分}{整个证券市场证券组合的预期收益 - 该期收益中非风险部分} \quad (4-4)$$

(四)商业银行证券投资风险与收益的关系

证券投资的风险与收益有着密切的关系,证券风险越大,投资收益损失的可能性就越大,与此同时,投资者要求证券发行人给付的收益也就越多;证券风险越小,投资损失的可能性就越小,与此同时,证券发行人付给投资者的收益也就越少。一般来说,证券投资的收益与其风险之间存在着正比例关系。

证券投资的风险与收益是不断变化的,其变动基本表现为六种情况:

第一,风险不变,收益变动。由于收益可以增加,也可以减少,所以,银行应当尽可能地增加收益。

第二,收益不变,风险变动。由于风险可以上升,也可以下降,所以,银行应当尽可能地降低风险。

第三,风险上升,收益增加。银行应当使收益的增长超过风险上升的幅度,以实现盈利。

第四,风险降低,收益减少。收益的减少固然不可取,但由于风险也在下降,因此,只要风险的降低比收益的减少更快,银行的投资就仍然是可取的。

第五,收益增加,风险降低。商业银行应当积极寻求这种最佳的情况。

第六,收益减少,风险上升。银行应当避免在这种情况下进行投资。

总之,银行应当在既定的风险条件下,取得尽可能高的收益,或者在取得一定收益的情况下,尽可能少地承担风险,这实际上就是进行证券投资组合的基本原则。

三、银行业与证券业的分离与融合

最近二十年来,世界银行业与证券业正在实现越来越高程度的融合,就连早期严格实行银行业与证券业分业经营的美国,现在也发生了巨大的改变。银行业与证券业的综合化经营似乎成为国际银行业发展的趋势。

(一)银行业和证券业分离与融合的发展历史

从起源来看,银行业与证券业有着共同的经济基础——国际贸易和共同的组织基础——欧洲中世纪的大商人,但纯粹意义上的银行业和证券业的出现,则是在分离—融合—再分离—再融合的动态过程中形成的,这一过程可以分为四个阶段。

1. 第一阶段:早期的自然分离阶段

1694年成立的英格兰银行是当时商业银行的典型代表。继英格兰银行成立之后,西方国家的商业银行纷纷成立并获得发展。19世纪前后,在英国以发行证券和票据承销为业务的商人银行建立,它从诞生之日起就是与商业银行相分离的。在美国,证券业在早期有的是与商业银行相融合,但更多的是以独立形态产生的。日本的证券公司基本上是20世纪20年代才开始建立起来,但它在建立之初与商业银行也是基本分离的。在这一阶段,银行业和证券业是处于分离状态,这种分离并不是依靠法律规定的,而是一种由历史自发形成的自然状态。这一时期它们各自的业务明确,商业银行经营的业务是较典型的资金存贷和其他信用业务,而证券公司则主要经营发行证券和票据承销业务。

2. 第二阶段:20世纪初期的融合阶段

随着英国工业革命的发展,英国的商人银行以及欧洲各国的证券市场规模空前扩大,各种银行、非银行金融机构的建立以及金融市场的形成,标志着金融体系的基本格局已经建立。在20世纪初期,美国金融市场的主体商业银行,同时也在经营证券业务。1929年以前,证券市场日益繁荣和膨胀,证券市场上的投机、投资、包销、经纪活动空前活跃。商业银行向投资银行业务大力扩展,并直接担任证券承销商;商业银行从信贷和股权参与部门中分离出来设立的"证券附属公司"遍地林立。此时,证券业与银行业之间已没有了业务界限。这一阶段的银行业务"综合化""自由化",银行业务从存款、贷款、汇兑到信托无所不包,银行经营活动自由,政府很少给予限制。商业银行通过对企业的贷款和股权投资,参与竞争企业债权、股票发行的主承销权,并从银行的信贷和股权参与部门中划出证券推销部门来专门从事证券业务。

3. 第三阶段:1929—1933年经济危机后的分离阶段

1929—1933年,西方世界发生了一次严重的经济危机,这次由于证券市场大崩溃引起的经济危机,严重地打击了整个西方的资本主义经济,使得银行业与证券业合业经营的弊端暴露出来。美国国会经过调查后认为,这次经济危机是以大量银行倒闭为特征的金融危机,而银行倒闭的重要原因则是因为银行从事高风险的证券业务。因此,1933年美国国会通过了《格拉斯—斯蒂格尔法案》,规定任何以吸收存款为主要资金来源的商业银行,除了可以进行投资或代理,经营指定的政府债券,用自有资本有限地买卖股票、债券外,不能同时经营证券投资等长期性投资业务;同样,证券公司也不能从事吸收存款等商业银行业务。这就把证券业与银行业从法律上严格区分开来,成为美国证券业和银行业分业经营正式形成的重要标志。美国许多间接经营证券业务的商业银行(如花旗银行、大通银行等),不得不甩掉其证券附属公司而退回到商业银行领域。一些直接经营证券业务和银行业务的公司也不得不分成各自独立的部分,如摩根公司把证券业务独立出去,专门由摩根士丹利公司经营,而商业银行业务则专门由JP摩根公司自身来经营。在世界各地,继美国20世纪30年代制定了一系列金融法规之后,日本在1948年5月颁布了其历史上第一部《证券交易法》,该法第六十五条明确规定日本商业银行与证券公司业务的分业经营,奠定了日本证券公司与商业银行分业经营的法律基础。第二次世界大战之后,许多国家也纷纷走上了商业银行与证券公司业务分离的格局。

4. 第四阶段:20世纪70年代以来的现代融合阶段

20世纪70年代以来,新技术革命和金融创新浪潮风起云涌,国际资本流动日趋活跃,金融市场的全球联系日益增强,各国金融管理当局在内外压力的推动下,纷纷对本国金融体制实行了重大改革,其中的一个重要内容就是打破商业银行与证券业之间的分离界限,出现了银行业与证券业融合的趋势。在美国,从70年代后期起,一些主要的商业银行就开始自行或者通过其下属机构提供某些证券服务。为了适应这些变化,美联储开始逐步放松对银行从事证券业的限制,1977年5月首先批准了银行证券代理的业务。1989年1月,美联储允许一些银行的持股公司通过子公司经营证券业务,销售和投资公司信用债券。1990年9月,美联储批准了 JP 摩根公司经营企业股票。1991年2月5日,美国财政部提出的《金融体制现代化:使银行更安全,更具竞争力的建议》的银行改革方案中,已建议允许银行与证券公司合并,允许银行成为工商控股公司的子公司,允许银行跨州经营,以消除美国银行业在地理、业务、所有权方面的全部障碍,使其成为类似欧洲模式的全能银行。

在英国,1986年10月的《金融大改革法案》(Big Bang)改变了几百年来保守的政策,允许本国和外国银行、投资基金申请成为交易所会员,允许交易所以外的银行或投资基金甚至外国公司可以百分之百地购买交易所会员的股份。该法案通过后,英国清算银行、商业银行甚至美国等国的一些金融机构开始积极开拓证券业务领域。

在日本,1981年的《新银行法》和修改后的《证券交易法》也规定银行可以经营证券业务。根据新法规,银行可以经营与公债包销有关的认购活动以及公债买卖;同时,允许证券公司从事大额可转让定期存单的交易,允许其设立中期债券基金,并利用这些基金开设现金管理账户,而且证券公司还获准对其客户发放以公债为抵押品的贷款。

在欧洲大陆,法国于1988年进行证券业改革,许多大银行也有了自己的证券公司。这一时期对商业银行和证券公司的分业管理虽然在法律上没有发生根本性变革,但立法、司法和中央银行在现行法律条款上的解释更加自由、随意。

在这一阶段,西方各国金融改革的基本特征是放松管理,业务更趋"自由化"和"国际化",这一阶段是银行业与证券业的高级融合阶段。它与早期的合业阶段有着本质的区别,不再是分散的、小额经营的方式,而是由若干实力雄厚,掌握现代通信工具、信用手段和经营方式的大金融公司综合经办各类金融业务,自由从事金融交易。此时的金融体制是发达生产力的金融体制,具体表现为高度社会化、电子化、大型化以及业务综合化。

纵观上述演变历史,证券业与银行业是在分离—融合—再分离—再融合的循环往复中向前发展的。

(二)银行业与证券业的运行模式及其利弊分析

在金融运行中,银行业与证券业之间呈现出十分复杂的互动关系。如何促进银行业与证券业的协调运行,从宏观上看直接影响到资源配置效率和宏观金融体系的稳定,从微观上看则决定着银行业和证券业的发展方向。各国的金融当局,依据各自不同的国情,立足于促进银行业和证券业的协调运行,分别采取了不同的运行模式。纵观各国情况,银行业与证券业之间的关系可以分为两种不同的模式。

1. 分业经营模式

分业经营是指银行业与证券业相互分离,分别由不同的金融机构进行经营。其特点是两种业务严格分开,证券公司不得经营零售性存贷款业务,只能从事证券的承购、包销、分销、自营、新产品开发以及充当企业兼并与收购的财务顾问、基金管理等业务。20世纪70年代前,分业经营的典型代表有美国、日本和英国。

美国在20世纪30年代以前的证券业务很少,银行业与证券业是合二为一的。进入30年代后,美国铁路、钢铁、汽车、石油等大工业的兴起,使直接融资业务获得了空前的发展,银行等间接融资机构积极介入股票、公司债券等有价证券的发展和交易活动中,银行在高利润动机的驱动下,过度介入证券业,金融当局调节金融市场的能力大大降低,进而直接导致了大危机的发生。从宏观金融运行的角度看,美国银行业和证券业过度融合,降低了金融当局的调控能力,并促成这次危机的发生,主要表现在以下几方面:

(1) 美国银行业大规模介入证券市场,动用储蓄资金、短期资金购买证券。当客户资金需求突然增大,需要提款时,银行只能抛售证券以变现,这就容易造成证券市场价格的大幅波动,增大金融体系的不稳定性。

(2) 美国证券业在缺乏必要的风险管理措施的前提下,就积极参与银行业务,证券机构通过向客户提供证券抵押贷款,方便客户进行融资交易。这种交易的广泛存在,一方面使证券业承受了过大的市场风险,另一方面也在客观上增大了证券市场运行的不稳定性。在证券市场上扬阶段,融资交易放大了市场的泡沫成分;而在证券市场下跌阶段,如果客户无力清偿贷款,就可能因信用链条断裂而产生支付困难,导致金融危机的爆发。

(3) 在当时的背景下,美国金融监管体系不健全,金融法规不完善,未能及时防范和化解金融风险。鉴于此,美国金融当局对于证券业和金融业互动关系得出的判断是:在当时的经济条件下,银行业与证券业的融合不能形成两者之间的协调运行。尽管目前美国金融当局对业务分离的限制有所缓和,但此种缓和的程度仍较小,有关法律和金融机构仍然维持着传统金融业务的界限。

日本也是实行分离型模式的典型国家,它在第二次世界大战之后将银行业与证券业明确分开,该模式开始于 1948 年《证券交易法》的实施。1981 年《新银行法》和修改后的《证券交易法》使日本的银行界限趋于模糊,但是这些法律仍然相当明确地规定了商业银行的主要业务是存款业务以及相关业务。

英国在进行金融管理时历来注重市场参与者的自我管理和自我约束,较少依靠立法进行限制。英国专业化的证券业和银行业一开始就是分离发展起来的,业务交叉并不多。20 世纪 30 年代大危机后,虽然英国实行了证券公司与商业银行分业经营、分业管理的体制,但没有像美国和日本那样严格、明确地划分业务范围。与其说英国金融业的这种职能分离是法律和规范造成的,还不如说是历史惯例的结果。

分业经营的优点在于:

(1) 有利于培养两种业务的专业技术人员和提高专业管理水平,一般证券业务要根据客户的不同要求,不断提高其专业技能和服务,而商业银行业务则更注重与客户保持长期稳定的关系。

(2) 分业经营为两种业务发展创造了一个稳定而封闭的环境,避免了竞争摩擦和合业经营可能出现的综合性银行集团内的竞争和内部协调困难问题。

(3) 分业经营有利于保证商业银行自身及客户的安全,防止商业银行将过多的资金用在高风险的活动上。

(4) 分业经营有利于抑制金融危机的产生,为国家和世界经济的稳定发展创造条件。

分业经营也存在着不足之处:以法律形式所构造的两种业务相分离的运行系统,使得两类业务难以开展必要的业务竞争,具有明显的竞争抑制性;分业经营使商业银行和证券公司缺乏优势互补,证券业难以利用、依托商业银行的资金优势和网络优势,商业银行也不能借助证券公司的业务来推动其本源业务的发展;另外,分业经营也不利于银行进行公平的国际竞争,尤其是面对规模宏大、业务齐全的欧洲大型全能银行,单一型商业银行很难在国际竞争中占据有利地位。

2. 混业经营模式

混业经营是证券业和银行业相互结合、相互渗透的一种经营方式,混业经营以德国、瑞士、法国等欧洲大陆国家为典型代表。这种混业经营模式又称"全能银行制度",它与美、日、英的分离型模式完全不同。在此种模式下,没有银行业务之间的界限划分,各种银行都可以经营存贷款、证券买卖等业务。每家银行具体选择何种业务经营则由企业根据自身优势、各种主客观条件及发展目标等自行考虑,国家对其不做过多干预。

在实行混业经营的国家中,以德国模式最为典型。在德国,银行业和证券业始终是融为一体的,银行业以"全能银行"的身份出现,与证券商共同担当证券市场主导性市场主体的角色。德国法律对银行从事多种业务很少加以限制。具体说来,德国银行业的证券业务主要有证券的保值与管理;证券的成交与上市;代理证券买卖兼自营;促进金融创新,从事国际证券业务;开展证券业务等。

欧洲大陆国家推行混业经营的原因是:

(1) 银行与企业之间的关系密切是混业经营的客观基础。欧洲大陆国家银行与企业之间历来关系密切,尤其是德国和瑞士。在德国,20世纪70年代后随着垄断集团兼并与收购的发展,银行的地位与作用不断上升,银行不仅控制着巨额货币资金,而且直接掌握了生产资金;工商企业也通过资本参与渗透到银行业中,形成了以大银行为中心的垄断财团,如德意志银行财团、德累斯顿银行、德国商业银行等。它们包揽了包括企业融资、投资贷款、代理发行证券、买卖证券等在内的证券公司和商业银行业务。在瑞士,其大银行建立之初便与企业关系密切,如瑞士信贷银行就是以企业银行的身份出现,为铁路和工业发展筹措资金;瑞士银行公司创办伊始就同赛尔化学工业公司建立了联系。这些银行经营包括股票、债券和票据发行与经销、投资咨询、证券交易等证券业务在内的金融服务。

(2) 商业银行扩展业务范围是混业经营形成的内在要求。随着全球一体化和金融管制的不断放松,银行间的竞争日趋激烈,传统商业银行业务收入日益下降。商业银行不得不在保持原有业务的同时,不断开拓新的业务领域,如证券代理发行、公司融资等,以提高盈利水平、分散业务风险、增强竞争能力。同时,来自美国、日本证券业的竞争,也使欧洲大陆国家的银行在面对技术精湛、经验丰富的竞争对手时,不得不以商业银行为基础发展证券业务,并以此作为一种有效的竞争战略。

(3) 欧洲大陆国家的金融法规是混业经营的前提条件。德国、瑞士等欧洲大陆国家的金融法规未曾对银行从事证券业进行过限制。在这样的法律环境下,商业银行凭借其强大的经济实力和较高的市场占有率,在经济发展需要证券业务时,便会很快占领资本市场。

就混业经营的模式而言,它具有以下优势:

第一,全能银行同时经营商业银行业务和证券业务,可以使两种业务相互促进、相互支持,做到优势互补。证券业务可以利用商业银行业务的资金优势和网络优势为自己的发展提供便利条件。而全能银行也可以通过证券业务进一步密切同企业的关系,争取更多的客户,促进其商业银行业务的开展。

第二,混业经营有利于降低银行自身的风险。由于利率与证券行情呈反比,当利率下降、银行贷款收益减少时,可以由证券行情的看好来弥补;而当证券行情走低时,通常借贷利率上升,贷款收益将增加,在一定程度上弥补了银行在证券市场上的损失。

第三,混业经营可使全能银行充分掌握企业的经营状况,降低贷款和证券承销的风险。商业银行在贷款时,证券公司在承销时都希望尽量了解和掌握企业的经营和财务状况,但由于业务限制,它们只能了解有关企业的某一方面信息,因此,如果将两者结合起来,有助于银行加强对企业经营状况的了解,减少贷款投资风险。

第四,实行混业经营,任何一家银行都可以兼营商业银行与证券公司的业务,这样便加强了银行业的竞争,有利于优胜劣汰、提高效益、促进社会总效用的上升。

混业经营模式的缺点在于:容易形成金融市场的垄断,产生不公平竞争;过大的综合性银行集团会产生集团内竞争和内部协调困难的问题;可能会招致新的更大的金融风险。因此,实行这一体制需要建立严格的监管和风险控制机制。

20世纪70年代以来,实行分业经营的美国和日本等国家的银行纷纷参与证券业的经营,打破了传统两业分离的局面,近年来大规模的银行间并购更加快了这一进程。

(三)我国商业银行运营模式的变化

我国商业银行正在经历由严格的分业经营向混业经营模式的转变。改革开放初期,中国人民银行将其自身的各相关业务分离出来,成立了工、农、中、建四大国有专业银行,从而专门从事货币政策的制定和执行,银行业务因此逐步实现专业化。同时,成立了体制之外的金融机构,各类非银行金融机构蓬勃发展,实行混业经营。20世纪80年代末90年代初,混业经营模式在全国全面展开。在利益机制的驱动下,国有专业银行突破了专业分工限制,纷纷组建各自的信托投资公司,开办大量证券机构经营证券业务,并且向投资、房地产、保险等其他业务领域渗透。在这种情况下,由于监管水平并没有跟上这种全面混业的局面,同时由于各金融机构内控机制不完善、抗风险能力差等原因,一时出现风险增大、金融秩序混乱的局面,也导致了严格分业时代的到来。

1993年年底,国务院发布了《关于金融体制改革的决定》,初步提出了分业经营:"国有商业银行不得对金融企业投资""要明确规定各类非银行金融机构的资本金数额、管理人员素质及业务范围,并严格审批,加强管理""对保险业、证券业、信托业和银行业实行分业经营"。1995年,颁布实施《中华人民共和国中国人民银行法》《中华人民共和国商业银行法》《中华人民共和国保险法》,从法律上确立了我国分业经营体制的基本格局。《中华人民共和国商业银行法》第四十三条规定:"商业银行在中华人民共和国境内不得从事信托投资和证券经营业务,不得向非自用不动产投资或者向非银行金融机构和企业投资,但国家另有规定的除外。"《中华人民共和国保险法》第八条规定:"保险业和银行业、证券业、信托业实行分业经营、分业管理,保险公司与银行、证券、信托业务机构分别设立。国家另有规定的除外。"1998年年底颁布实施的《中华人民共和国证券法》第六条规定:"证券业和银行业、信托业、保险业分业经营、分业管理,证券公司与银行、信托、保险业务机构分别设立。国家另有规定的除外。"进一步明确了我国金融业分业经营、分业管理的原则。至此,中国银行业分业经营体制得以进一步巩固。

随着我国商业银行融入国际化进程的加快,严格的分业经营带来了竞争的不平等。我国商业银行开始探索在现有法律框架下混业经营的组织形式,致使金融控股公司大量出现。

2007年的次贷危机对全球混业经营提出了挑战,如果没有科学有效的监管,混业经营带来的可能只是风险,而无收益。但是,危机并不会改变混业经营的趋势。2010年7月,美国通过的新金融监管法案旨在加强对金融机构混业经营的监管,堵塞监管漏洞,而不是禁止混业经营。我国商业银行的混业经营也会在谨慎监管中稳步推进。

本章小结

通过本章的学习,我们了解了商业银行资金的类型与方法。首先,对商业银行的资金管理进行简单介绍,分析资金管理的重要意义,指出商业银行的三种资金管理方式,分别为现金资产管理、贷款管理和证券投资管理;其次,介绍商业银行的现金管理,包括现金管理的目的与原则、存款准备金的内容与管理、商业银行资金管理与流动性需求的关系;再次,分析商业银行的贷款管理,包含贷款的政策与原则、贷款的种类、问题贷款的发现和问题贷款的处理;最后,介绍了商业银行证券投资管理,包含证券投资管理的重要性、证券投资管理的收益和风险、银行业和证券业的分离与融合。资金管理是商业银行重要的管理内容,也是商业银行实现价值提升的保障,需要科学管理。

思考题

1. 现金资产包括哪些形式?银行保留各种形式现金资产的目的是什么?
2. 法定存款准备金的计算方法有哪些?银行应该如何进行法定存款准备金的管理?
3. 影响超额准备金的因素是什么?银行应该如何进行超额准备金的管理?
4. 什么是贷款政策?主要包括哪些内容?
5. 贷款发放程序是怎样的?
6. 为什么要对贷款进行审查?审查的原则是什么?
7. 如何评价贷款的质量?什么是贷款的五级分类?
8. 中国住房贷款发展有哪些特征?
9. 个人住房贷款业务包含哪些环节?有哪些主要风险?
10. 住房贷款证券化的原理是什么?
11. 信用卡有哪些特殊风险?如何进行管理?
12. 商业银行为什么要开展证券投资业务?它们选择的投资对象与银行经营特点是否有关?
13. 商业银行证券管理的基本程序包括哪些?
14. 怎样衡量银行证券投资的收益?证券投资收益曲线对银行证券投资决策有什么意义?
15. 银行进行证券投资面临哪些风险?如何评价这些风险?
16. 从经济发展和金融创新的角度解释银行业与证券业的分离与融合。

微信扫码查看

第二篇
风险管理篇

第二篇

风险音题篇

第五章 商业银行风险管理概述

学习目标

- 了解金融风险的概念与特征;
- 了解金融风险管理的内涵与目的;
- 熟悉金融风险管理的基本流程;
- 熟悉商业银行风险的特征与种类;
- 掌握金融风险管理的常见方式与方法;
- 掌握商业银行金融风险管理组织架构的基本原则和常见模式。

学习重点

- 了解金融风险的概念与特征;
- 熟悉金融风险管理的目的与基本流程;
- 掌握金融风险管理的定性与定量方法;
- 掌握商业银行金融风险管理组织架构的常见模式。

第一节 金融风险与金融风险管理概述

风险是一个宽泛且常用的术语,通常是指未来结果出现收益或损失的不确定性。具体来说,如果某个事件的收益或损失是固定的并已经被事先确定下来,就不存在风险;若该事件的收益或损失存在变化的可能,且这种变化过程事先无法确定,则存在风险。现实生活中,风险无处不在,尤其对金融行业而言,金融风险更是以其显著的集中性、潜在的破坏性和深远的传播性闻名。

一、金融风险的概念与特征

(一) 金融风险的概念

金融是现代经济的核心,金融风险与金融活动相伴而生,它是风险中最常见、最普通、影响最大的一类风险,金融风险是风险管理的主要对象。金融风险既具有风险的共性,又有特殊的个性。一般认为,金融风险是指经济主体在金融活动中遭受损失的不确定性或可能性。金融风险与一般风险的概念有显著区别。它特别强调结果的双重性,金融风险既可以带来经济损失,也可以获得超额收益;既有消极影响,也有积极影响。它的内涵比一般风险要丰富得多。金融风险的产生与金融制度、金融参数(利率、汇率、商品价格等)、市场参与者有着密切的关系,金融市场中各个组成部分的波动都会造成金融活动结果的不确定性。

表 5-1 列举了自 20 世纪 80 年代以来,世界范围内发生的主要的金融风险事件。

表 5-1　　　　　　　20 世纪 80 年代以来全球主要的金融风险事件

时　间	金融风险事件
1982-08-12	墨西哥因外汇储备下降至危险线以下,无法偿还到期的公共外债信息,不得不宣布无限期关闭期汇市场,暂停偿付外债,并把国内金融机构中的外汇存款一律转换为本国货币
1987-10-19	由于经济发展前景的不断恶化以及中东局势的不断紧张,华尔街股市出现崩盘,这就是所谓的"黑色星期一"。标准普尔指数狂泻 20%,全世界股市出现暴跌
1995-02-27	历史显赫的英国老牌银行——巴林银行——因操作风险宣告倒闭
1997-07-02	亚洲金融风暴席卷泰国,泰铢贬值。不久,这场风暴横扫了马来西亚、新加坡、日本和韩国等地,打破了亚洲经济急速发展的景象。亚洲一些国家的经济开始萧条,甚至引发政局动荡
1998-08-17	俄罗斯政府宣布卢布贬值,推迟所有外债偿还期,大量债权难以收回,引发俄罗斯债务危机
2000	互联网经济泡沫破灭,美国有 210 家互联网公司倒闭,千百亿美元资产灰飞烟灭
2001	阿根廷银行系统出现崩溃,阿根廷一夜之间从经济中心跌入贫穷的深渊
2004	1 月中国南方证券因资不抵债被政府接管;12 月中航油集团出现巨额亏损,申请破产保护
2008	次贷危机爆发,美国储蓄贷款协会宣布倒闭;9 月 15 日投行雷曼兄弟申请破产保护;9 月 25 日美国互惠银行倒闭;10 月 3 日美国众议院通过了 7 000 亿美元救市计划;10 月 10 日次贷危机波及日本,日本大和生命保险宣告破产
2009	次贷危机影响波及欧洲,1 月 26 日荷兰政府宣布承担 ING 公司 277 亿欧元坏账,同期 ING 公司宣布裁员 7 000 人;2 月 7 日德国慕尼黑再保险公司净利润下降 62%,亏损 10 亿元瑞士法郎;2 月 26 日欧洲最大的保险集团——安联集团——第四季度亏损 39 亿美元
2009	12 月,全球三大信用评级机构相继下调希腊主权信用评级,希腊债务危机爆发
2011-08-05	美国主权债务危机爆发,债券资信评级下降,债券公司等机构损失惨重
2012-07-20	西班牙债务危机爆发,地方政府融资困难,资金链断裂,资金难以偿还
2013-08-16	中国光大证券策略投资部门在使用其独立的套利系统时出现问题,致使 A 股市场震荡,光大总裁徐浩明引咎辞职
2014	俄罗斯原油出口下降,卢布急速贬值,经济增长放缓,金融危机由此产生
2015	2 月,欧洲央行宣布推动 QE 计划,欧元重挫,下跌幅度创 12 年新低
2015	6 月,中国股市经历刺激过山车,沪指从 5 178.19 点下跌至 2 850 点,数百亿资产瞬间蒸发
2016	中国商业银行票据大案频频发生,1 月中国农业银行曝出 39 亿票据诈骗案;中信银行兰州分行发生票据无法兑付风险事件,涉案金额为 10 亿元;4 月初,天津银行上海分行发生票据风险事件,涉及风险金额为 7.86 亿元;7 月 7 日,宁波银行发布公告,员工违规办理票据业务,金额合计为 32 亿元;8 月 6 日,广发银行发生票据风险,涉及金额为 9.3 亿元

资料来源:根据国际与国内的相关金融报道整理而成。

（二）金融风险的特征

认清金融风险的特征，可以更好地管理金融风险，减少风险损失，更好地获得利润。金融风险的特征包括以下几点。

1. 普遍性

金融风险普遍存在于金融业务之中。从严格意义上讲，所有的金融业务都存在金融风险，无风险的金融业务是不存在的。金融风险普遍存在的原因如下：

（1）金融在很大程度上以信用为基础。金融机构作为融资中介，实质上是一个由多边信用共同建立的客体，信用的原始借贷关系通过这一中介机构互相交织、互相联动。任何一端都可以通过这一"综合器"传递给其他信用关系。

（2）信用发生对象具有复杂性。借款人的理论对象包括全社会成员，社会成员的复杂性就导致授信对象不可能永远、绝对无风险。因此，金融风险的控制与防范就不可避免地成为金融业务经营与管理中的重要议题，防范金融风险是金融业务中贯穿始终的主题。

2. 传导性和渗透性

金融风险的发生很容易造成公众的信任危机，而在高度商业化的经济体系中，单一的信用机构不可能孤立于整个信用体系而单独存在，因而对单一信用机构的信用危机很快就会直接或间接地传导到其他信用机构乃至整个信用体系。同时，单一信用风险发生时，其作用往往不只局限于这笔业务本身的失败，它可能会影响这一类业务，乃至整个金融体系。因此，金融风险的作用力可以同时影响多个层次。所以说，除了对单一风险要直接采取措施外，还要考虑它的影响是否已渗透到其他层次和范围。针对这两种情况都要采取措施，才能真正做到有效地控制和防范金融风险。

3. 隐蔽性

金融风险具有很强的隐蔽性。隐蔽性是指由于金融机构具有一定的创造信用能力，并且其经营活动不完全透明，在不爆发金融危机或存款支付危机时，可能因信用特点维护、掩盖或补救已经失败的信用关系或者已经发生的损失。这种对风险和损失的隐蔽还可能因为政府或其他有影响力的外部力量的干预而加强或延长。同时，金融风险的隐蔽性还可以给金融机构提供一些缓冲和弥补的机会，如果银行能够及时有效地采取措施，对已经发生的风险加以控制，它就可以利用其隐蔽性特点创造信用，进而提高生存和发展的能力，并对发生的那部分损失进行弥补。

4. 潜伏性和突发性

金融风险既可能表现为突发性，也可能表现为潜伏性。一般情况下，传统的金融风险表现为潜伏性，新兴的金融风险表现为突发性。例如，传统贷款中的信用风险，对一个有问题的客户的贷款，可能一开始这笔贷款就是有风险的，由于贷款期长，需要3～5年的时间这笔贷款才被提取完毕；或者还款期长，需要5～10年甚至更长时间才能发生还款困难的问题，这都会使这笔贷款的风险潜伏很长一段时间。但是，现代金融产品风险，如外汇交易头寸风险可能因为一笔极度的外汇敞口使一个银行在一夜之间由巨额盈利变为亏损，或者由于电脑等现代技术直接参与交易，发生技术故障使一家银行在几秒内崩溃。

5. 双重性

在对风险进行管理时，人们更多地强调它的损失，但实际上，风险的存在提供了获得额外收益的可能性。这种正的效应也是经济主体所渴求的,它会激励人民去承担风险,获得收益,在竞争中不断创新,深化企业的发展。这种风险的双重性会对经济主体产生一种约束和激励并存的机制,使经济主体运用风险管理技术更好地配置资源,创造利润。

6. 扩散性

金融风险具有一定的扩散性。扩散性是指随着现代银行业的发展,金融体系内部各主体的联系日益密切,金融机构之间时刻发生着复杂的债权债务关系,金融机构之间也存在着一家机构出现支付危机而导致多家机构倒闭的效应。金融风险的扩散性因创造信用的机制而被不断放大。

7. 可管理性

金融风险虽然有很大危害,且频繁发生,但它是可以管理的。可管理性是指通过金融理论的发展、金融市场的规范、管理技术的不断发展,金融风险可以得到有效的预测和控制,从而降低风险,把风险控制在可以承受的范围之内,并通过风险的降低提高收益水平。金融机构可以通过增加资本金、调整风险资产来增强抵御风险的能力;通过加强外部监管、行业自律逐步规范金融风险管理体系。

8. 周期性

金融风险的产生与经济循环周期有密切关系。周期性是指金融风险受经济循环周期和货币政策变化的影响,呈现规律性、周期性的特点。一般而言,在经济上升期和繁荣期,货币政策宽松,社会化资金流动规模大,货币供需的矛盾容易被掩盖,金融风险不易发生;而经济处于衰退期、低谷期时,货币政策紧缩,社会各种矛盾激化,货币供需缺口明显,金融风险容易发生。

二、金融风险管理的内涵和目的

(一) 金融风险管理的内涵

金融风险管理是金融管理的核心内容。风险管理(Risk Management)起源于20世纪30年代的美国,是指对企业的人员、财产和自然资源、财务资源进行适当保护的管理科学。

1. 金融风险管理的概念

风险管理从狭义角度讲是风险计量,即对风险存在及发生的可能性、风险损失的范围和程度进行估计和衡量;从广义角度讲是指风险控制,包括监测及制定风险管理规章制度等。总体来讲,金融风险管理是指人们通过实施一系列的政策和措施来控制金融风险以消除或减轻其不利影响的行为。金融风险管理的内涵是多重的,对金融风险管理的含义应从不同角度、不同层面加以理解。

2. 金融风险管理的分类

(1) 金融风险管理根据管理主体不同,可以分为内部管理和外部管理。金融风险内部管理是指作为风险直接承担者的经济主体对其自身面临的各种风险进行管理。金融风险内部管理的主体是金融机构、企业、个人等金融活动的参与者,以金融机构为代表。金融风险外部管理主要包括行业自律管理和政府监管,其管理主体不参与金融市场的交易,因而不是受险主体对自身的风险进行管理,而是对金融市场的参与者的风险进行约束。行业自律管理是指金融行业组织对其成员的风险进行管理;政府监管是官方监管机构以国家权力为后盾,对金融机构乃至金融体系的风险进行监控和管理,具有全面性、强制性、权威性。

(2) 金融风险管理根据管理对象不同,可以分为微观金融风险管理和宏观金融风险管理。微观金融风险只是对个别金融机构、企业或部分个人产生不同程度的影响,对整个金融市场和经济体系的影响程度较小。有效的微观金融风险管理可以使经济主体以较低的成本避免或减少金融风险可能造成的损失,可以稳定经济活动的现金流量,保证生产经营活动免受风险因素的干扰,并提高资金使用效率,为经济主体做出合理决策奠定基础,有利于金融机构和企业实现可持续发展。宏观金融风险则可能引发金融危机,对经济、政治、社会的稳定可能造成重大影响,因此,宏观金融风险管理有助于维护金融秩序、保障金融市场安全运行,有助于保持宏观经济稳定、健康发展,因此,有效的宏观金融风险管理有助于防患于未然,为经济运行创造良好的环境,促使社会供需总量与结构趋于平衡,并以此促进经济健康发展。

(二) 金融风险管理的目的

金融风险管理通过消除和尽量减轻金融风险的不利影响,改善微观经济主体的经营管理,从而对整个宏观经济的稳定和发展起到促进作用,具体表现在以下几个方面。

1. 创造持续稳定的生存环境

通过金融风险管理,金融机构能够制定和实施各种防范措施和对策,在各种经济变量发生变化的情况下,保持相对稳定的收入和支出;在损失发生后,能在一段合理时间内恢复经营。同时,金融风险管理可以避免经济主体行为短期化,通过对长期项目和新兴项目进行风险研究,制定控制措施,达到优化资源的目的。

2. 以最经济的方法减少损失

金融风险管理能在损失发生后及时、合理地提供预先准备的补偿基金,从而直接或间接地降低费用开支,并以最经济的方法预防潜在损失,这就要求对安全计划及防损技术进行财务分析。

3. 保护社会公众利益

银行存款人、证券市场普通投资者及其他金融机构的公众客户作为风险的承受者,在信息拥有、资金规模等方面不占据优势。而这个庞大的群体同时也是市场的支撑者,金融监管机构对其合法权益应加以保护。金融风险管理的总体目标是在一定的约束条件下追求最优的效果,在稳定、公平、效率三者间寻求平衡。

4. 维护金融体系的稳定和安全

货币资金的筹集和经营不仅涉及生产领域和分配领域,还涉及流通领域和消费领域,以及社会再生产的各个环节,因此,金融风险管理可以保证市场参与者的行为合理化、规范化,规范各类交易的交易规则和秩序,建立和维护金融交易秩序。防范金融风险,监督金融机构稳健经营,维护公众对金融体系的信心、防止系统危机和市场崩溃具有重要意义。

【案例 5-1】 光大证券乌龙指事件

2013 年 8 月 16 日,光大证券的策略投资部门判断上海证券交易所挂牌的 180ETF 多只成分股存在套利交易的空间,便采取自动套利交易策略。至当天上午 11 点,已进行三次套利交易委托,分别产生 177 笔、102 笔、177 笔委托,且金额都未超过 200 万元。由于套利交易策略有 24 个成分股交易申报不成功,交易员便在程序员的指导下,执行未通过实盘验证的"重下"功能。交易员和程序员都认为重下是买入24个成分股,但套利策略系统的程序却是写成买入24组180ETF成分股,因此生成巨额订单。

该套利策略系统包含订单生成系统与订单执行系统,生成系统存在的缺陷会导致生成预期外的订单。例如,这次事件,在11点05分08秒后的2秒内,瞬间重复生成26 082笔外预期外的市价委托订单。而订单执行系统的问题则是无法针对市价委托的高额交易,进行可用资金额度的有效校验控制,因此便将上述预期外的巨额市价委托订单直接发送至交易所。

因为光大证券的巨额委托,一方面,沪指在11点05分56秒,自2 075点的低档徘徊瞬间飙涨5%以上,最高达到2 198.58点,且有71只权重蓝筹股拉到涨停。另一方面,交易员通过系统监控模块发现成交金额异常,且收到来自上海证券交易所的问询电话,便开始批量撤单,并终止套利策略订单生成系统的运行,同时报告部门领导后反手卖出股指期货IF1309的空头合约,企图通过期货以对冲减少错买头寸的损失。当11点30分上午收盘后,经统计股票成交金额共72.7亿元,而用于对冲的股指期货空头合约择优2 535张。下午开盘后,光大证券在下午2时,正式公告策略投资部门自营业务在使用其独立的套利系统时出现问题,同一时间则持续卖出股指期货空头合约,并将买入的股票申购成ETF后再于二级市场卖出,累计共卖出股票18.9亿元,且新增股指期货空头合约7 130张。

中国证监会认定光大证券的异常交易,不仅影响光大证券经营的财务风险,也直接影响证券市场的正常交易程序,ETF成分股的股票价格产生大幅波动,影响了投资人对权值股、ETF成分股以及股票指数期货的投资决策,违反了《中华人民共和国证券法》和《期货交易管理条例》中对于证券期货内部信息的规定。因此,证监会决议没收光大证券违法内幕交易所赚取8 721万元非法所得,并处以5倍罚款,没收非法所得与罚款金额总计达5.23亿元。对于光大证券的策略管理部门的高级管理层则处以终身的证券市场与期货市场的禁入措施,同时禁止光大证券从事证券自营业务,暂停审批光大证券新业务,并责令光大证券惩处相关失职人员。

光大证券事件,是策略管理部门由于系统程序设计错误引起的操作风险事件,但是光大证券的高级管理层在处理风险事件时,却错误地通过内幕交易、信息误导、违反《证券公司内部控制指引》等相关规定,最终引发合规风险。由于光大证券异常交易事件,操作风险可能导致合规风险,而合规风险的源头就是操作风险。

第二节 金融风险管理的流程与方法

金融风险管理是应对金融风险的重要环节,也是降低损失程度的关键步骤。科学的风险管理流程与恰当的风险管理方法可以有效地提高金融风险管理效率,同时可以最大限度地提高金融风险管理的综合效益,真正实现金融风险管理的各项目标。

一、金融风险管理的流程

金融风险管理的流程较复杂,一般包括金融风险的识别、金融风险的计量、金融风险的监测、金融风险的管理策略和风险报告五个阶段。

(一)金融风险的识别

风险识别是指在风险事故发生之前,运用各种方法系统、连续地识别所面临的各种风险并分析风险事故发生的潜在原因。

1. 明确风险的业务类别

明确风险的业务类别,有利于识别各项业务中的特定风险,避免将属于不同类别的风险确认为同一风险,或者在不同时间将同一种风险确认为不同的风险,或者将不同的风险确认为同类风险,在各类业务中界定风险的内涵、特征和种类。

2. 识别关键风险诱因

在确定风险事件时,要考虑引发风险的原因,但每一种风险的诱因都很复杂,每一个诱因又会引发几种不同的风险。如果对所有业务的所有类型的风险相关性进行分析,几乎是不可能做到的。现实的方法是识别重要影响因素,即关键风险诱因,将关键风险诱因与风险的相关性相结合,分析不同的诱因给不同类型风险带来的影响。如果相同的风险诱因使几类风险发生同方向变化,则认为这几类风险具有相关性。由此,可以建立风险诱因与风险事件之间清晰的对应关系。

3. 确定风险事件

在识别关键风险诱因的基础上,确定金融机构业务活动中各业务种类及业务环节的易发风险事件。在不同的时间和空间,金融机构风险事件的集中程度和特征也有所区别,对风险事件的确认是建立关键风险指标体系的基础。

4. 建立关键风险指标体系

风险事件表现形式多样,将风险科学地进行分类有利于加深对不同类型风险特性的认识,从而有利于对风险的准确识别。在确定风险诱因和风险事件的基础上,构建关键风险指标体系,描述风险事件的特征。通过定期(或连续)采集指标值并对指标值的异常变化进行分析,可以发现潜在的重大风险诱因和新的风险事件表现形式。通过实施该步骤,可以提供一个风险识别的通用标准。

5. 确定风险敞口

风险敞口(Risk Exposure)是指在金融活动中存在风险的部位以及受金融风险影响的程度。风险敞口较具体,也容易计量,是金融风险管理的重要范畴。但风险敞口不同于风险损失,对于已经发生的风险事件,根据风险指标体系确认具体的风险类别,分析风险事件产生的影响和冲击,描述风险损失,确定是直接损失还是间接损失以及事件发生的深层次原因。风险敞口主要涉及承担法律责任、资产损失、核销、监管和税务处罚以及偿还、赔偿等财务影响以及非财务方面的潜在影响。风险敞口的损失程度是采取风险管理措施的基础。

(二) 金融风险的计量

金融风险的计量是对金融风险水平的分析和估量,包括衡量各种风险导致损失的可能性的大小以及损失发生的范围和程度。风险计量是风险识别的延续。准确评估金融风险的大小对最大限度地减少损失和获取利润都十分重要。

1. 风险计量的目的

风险计量是一个复杂的过程,需要使用标准框架、依赖量化管理技术来定期进行评估,主要包括发生特定风险的可能性、风险损失可能给业务目标带来的影响。由于风险自身的特性,选择量化模型存在较多困难,但金融机构和监管层面越来越认识到风险计量的重要作用,在风险计量中运用各种评估方法和模型技术，达到风险计量的目的。

（1）进行风险排序。对不同部门和业务的风险进行比较，对风险进行时间序列分析，有助于了解整个金融机构的风险状态；通过将风险量化，可以给出各部门和业务的风险状况排序，便于商业银行有效分配有限的风险管理资源，采取适当的风险管理技术。

（2）计算风险损失。对风险进行准确的量化，计算风险的预期损失、非预期损失，有利于商业银行合理计算成本、持有资本，应对风险损失。

（3）合理配置风险资本。运用风险计量模型评估风险损失的状态，开发将风险测度结果转换为风险资本需求金额的技术，为管理风险配置资本，保持风险资本充足。

（4）加强内部控制。对风险准确评估，建立针对不同业务类别和风险类型组合的客观且具有可比性的计量标准，进一步完善银行的内部控制体系，达到风险管理的效果。

（5）提供风险管理的绩效考核标准。较好的风险管理效果可以相应减少风险经济资本（Economic Capital，EC），提高银行经营绩效；激励员工进一步控制风险，在财务核算中降低计入各部门或业务成本的风险损失，并将风险控制效果作为绩效考核的一部分，促使各部门和业务负责人提高风险管理水平。

（6）做出风险管理决策。风险计量结果是管理部门制定风险控制技术政策和决策部门制定风险管理政策的基础。准确的计量能够在风险—收益比较基础上对风险管理做出科学的决策。

2. 风险计量的方法

由于金融风险来自未来的不确定性，涉及多种因素，因而金融风险的测度相当复杂，技术含量很高。各种风险的计量技术一直处于不断发展完善之中。

（1）风险发生的概率评估。从理论上讲，风险发生的概率评估主要有以下四种方法：

① 主观概率法。对于没有确定性规律和统计规律的风险，需要通过专家和管理者利用有限的历史资料，根据个人经验进行主观判断来分析和估计概率，这种方法的系统误差较大。

② 客观概率法。在估计某种经济损失发生的概率时，如果能够获得足够的历史资料，用以反映当时的经济条件和经济损失发生的情况，可以用统计方法计算损失发生的客观概率。在使用时，会遇到历史资料收集困难、假定前提不成立等问题。

③ 时间序列预测法。这种方法是利用风险环境变动的规律和趋势来估计未来风险因素最可能的范围和相应的概率，包括移动平均法和回归法等。

④ 累计频率分析法。利用大数法则，通过对原始资料的分析，依次画出风险发生的直方图，由直方图来估计累计频率概率分布。

（2）预测风险结果的评估。在风险管理实务中，预测风险结果通常采用以下三种评估方法：

① 在险价值(Value at Risk，VaR)。VaR 也可译为"受险价值"或"风险价值"。传统的风险计量方法只适用于特定的金融工具或特定的风险，而 VaR 能够全面衡量各种风险。VaR 是指在正常的市场条件、给定的置信水平和给定的时间间隔内，某项资产或某一资产组合预期可能发生的最大损失。VaR 也可以理解为，在给定的条件和时段里，该资产或资产组合发生 VaR 值损失的概率为给定的概率水平。在险价值是现代风险管理的核心内容，但它也存在缺陷，某些极端的、会导致巨额损失的事件，可能不会出现在历史数据集合中，这会使在险价值所反映的数值不够充分。

②极限测试。风险管理人员选择一系列主要的市场变动因素,然后模拟目前的产品组合在这些市场因素变动时所发生的价值变化。极限测试关注的是风险的损失金额。

③情景分析。情景分析不仅关注特定市场因素的波动所造成的直接影响,而且关注在特定情况下、特定时间段内发生的一系列事件对收入的直接和间接影响。

极限测试和情景分析都属于前瞻性分析技术,目的在于把某些未必会发生的事件可能导致的潜在损失定量化。

(三) 金融风险的监测

风险监测是风险管理流程的重要环节,对风险的日常控制、动态管理具有重要作用。风险监测是指通过对各类风险指标的日常监控,对风险状况及控制技术措施的效果进行动态、持续的管理。实施有效的风险监测需要注意两个问题:一是高级管理层必须确保本机构的风险有统一的内涵,同时,设计的监测、设计和报告风险的工作机制应被严格执行;二是这个工作机制应与本机构的业务活动规模和风险承担规模相匹配。

金融风险的监测有垂直系统和横向系统两种方式。垂直系统由宏观(中央银行、各商业银行的总行等)、中观(省级银行、商行等)、微观(地级、县级及合作银行)三个子系统构成,其监测的组织形式及风险情况的传递一般有自上而下或自下而上两种。横向系统由各金融机构内部开发的风险监测系统构成,通过量化和建模方法,甄别出风险因素,对其进行早期预防和管理,从源头扼制风险的发生,将损失降低到最低限度。

(四) 金融风险的管理策略

在完成风险计量后,要确定所采用的风险管理策略。不同的风险可以采取不同的风险管理策略。风险管理策略一般分为控制法和财务法。控制法是指在损失发生前,运用各种控制技术,力求消除各种隐患,减少风险诱因,降低损失。控制法主要包括风险规避、风险分散、风险对冲等。财务法是指在风险发生并已造成损失后,运用财务工具,如损失准备金、存款保险金、风险资本等对损失的后果及时补偿。财务法主要包括风险转移、风险补偿等。

(五) 风险报告

风险报告是对风险的识别、计量、监测及管理策略效果的综合反映。在金融风险管理中,要建立全面、严格、及时的风险报告制度及反馈制度,对银行面临的各类风险进行研究、分析,并按照相应的报告制度及时、全面、真实地向业务负责人、风险总监(风险主管)、高级管理层、董事会提供风险管理的整体情况,为合理配置资本和制定风险效益战略提供决策支持。各分支机构要确保金融风险管理各环节的记录真实、完整,按时报送风险报告。风险报告至少包括以下信息:

(1) 风险的整体状况。这包括风险的主要分布状况、损失情况、重要风险事件及其风险诱因描述。

(2) 风险计量和控制的结果。这包括风险指标的敏感程度、识别出的重大风险、揭示机构面临或潜在的关键风险,风险的严重程度和采取控制措施及执行效果。

(3) 资本金水平。在风险报告中,要根据风险计量结果及其变动情况评估风险资本水平,说明资本充足性。

(4) 加强风险管理的建议。要针对风险结果指出加强风险管理的对策,提出风险计量及控制方法的修正意见。

风险报告要有反馈机制。各级风险管理机构要建立通畅的监测信息反馈机制。各级管理层要高度重视监测过程中的问题,及时整改、主动纠错,防止同样错误反复发生。相关部门要对被查部位进行复查,保证问题整改到位。对发现的同一类型问题屡查屡犯的人员及机构,要对其违规行为进行处理。

二、金融风险管理的方法

金融风险管理的方法多种多样,常见的方法主要有定性方法与定量方法两大类。

(一) 金融风险管理的定性方法

金融风险管理的定性方法常见的有金融风险的预防、金融风险的规避、风险自留和内部风险抑制四种。

1. 金融风险的预防

金融风险的预防是指在风险尚未导致损失之前,经济主体采用一定的防范措施,防止损失实际发生或将损失控制在可承受的范围之内。金融风险的预防是一种传统的风险管理方法,具有安全可靠、成本低廉、社会效果好的特点,可以实现防患于未然,对信用风险、流动性风险、操作风险等十分重要。它通常用于银行和其他金融机构的信用风险和流动性风险的管理中。

2. 金融风险的规避

金融风险的规避是指经济主体根据一定原则,采取一定措施避开金融风险,以减少或避免由于风险引起的损失。风险规避策略的实施成本主要在于风险分析和经济资本配置方面的支出。此外,风险规避策略的局限性在于它是一种消极的风险管理策略。金融风险的规避与预防有类似之处,二者都可使经济主体事先减少或避免风险可能引起的损失。不过,金融风险的预防较为主动,在积极进取的同时争取预先控制风险;而金融风险的规避则较为消极、保守,在避开风险的同时,或许也放弃了获取较多收益的可能性。例如,经济主体在选择投资项目时,尽可能选择风险低的项目,放弃风险高的项目,而风险高的项目往往也可能有较高的预期收益。银行在发放贷款时,倾向于发放短期的、以商品买卖为基础的自偿性流动资金贷款,而对固定资产贷款则采取十分谨慎的态度。金融风险的规避可以应用于信用风险、汇率风险和利率风险管理。

3. 风险自留

风险自留是指银行自我承担风险。假如由于某些金融因素的改变会产生损失,银行将以此时可获得的所有资金偿付,以使损失减小或消失。在通常情况下,风险自留可以是有计划的,也可以是非计划的,且可以预先为可能发生的损失留存资金或不留存资金。计划自留是指有意识地对预计风险的自我承担。采取计划自留策略一般是因为它比较便利,有时也是在比较了各种方法之后结合企业自身能力而做出的决策。非计划自留是因为人们没有预计到风险会产生而形成的对风险的自我承担。有时即使预计到风险会发生,而风险造成的最大可能损失被低估,也仍然会发生非计划自留。

在许多情况下,风险自留的目的是当损失发生的时候对其进行偿付,而不是在损失发生之前安排资金。

4. 内部风险抑制

从国际金融发展的进程来看,随着经济的全球化和金融的全球化、跨国公司的蓬勃发展、金融业务的规模逐步扩大、竞争的激烈程度增加,银行所面临的金融风险也越来越大。通过进行联合重组,建立股份制银团,不仅可以满足市场需求的增加,更重要的是可以将原来单个银行所面临的巨大风险合理分摊,使每一家按照合同协议规定承担有限的风险,从而有利于从银团内部结构上抑制风险损失的严重性。此外,进行信息投资也是另一种主要的内部风险抑制形式。市场信息具有不对称性、滞后性。不能及时掌握信息会导致市场预测的失效。信息投资时对市场未来趋势进行更加精准的估计或预测,目的是使预测的风险和损失程度更准确,使风险承担者可以更及时、准确地实施有效的风险管理措施。

(二)金融风险管理的定量方法

金融风险管理的定量方法常见的有损失控制、风险分散、风险转移和风险对冲四种。

1. 损失控制

当金融风险不能规避时,应采取措施以减少其相关的损失,这种处理金融风险的方法是损失控制。控制风险与规避风险不同,风险承担者仍然进行有关活动。损失控制不是放弃这种活动,而是在开展活动的过程中,通过采取一系列措施,减少和避免最后的风险损失,或是降低损失发生时的成本。

风险承担者是否进行损失控制依赖于采用这种方法所花的成本是否能够由所获的预期收益所抵补。若成本远远超出收益,则这种损失控制的投资就是不值得的。此外,损失控制的收益应能够被合理量化。

2. 风险分散

风险分散是指通过多样化的投资来分散和降低风险的方法。风险分散是一个常用的策略。根据马柯维茨的资产组合管理理论,如果各资产彼此间的关系系数小于1,资产组合的标准差就会小于单个资产标准差的加权平均数,因此,有效的资产组合就是要寻找彼此之间相关关系较弱的资产加以组合,在不影响收益的前提下尽可能地降低风险。当资产组合中资产的数目趋于无穷大时,组合的非系统性风险将趋于零。

银行在信贷管理中,可以利用分散策略减少信用风险。银行的贷款对象不应过度集中于单一客户,而应分布于各行业、各地区、各国家。为此,银行一般都设立了对单一客户贷款的最高限额或限制性比率。若某客户贷款需求量十分巨大,多家银行将组成银团为其提供贷款,以分散信贷风险。分散策略还可以用于管理证券价格风险和汇率风险。

3. 风险转移

风险转移是指通过购买某种金融产品或采取其他合法的经济措施将风险转移给其他经济主体的一种风险管理方法。风险转移可分为保险转移和非保险转移。其转移的风险通常是通过别的风险管理方法无法减少或消除的系统风险,人们只得借用适当的途径将它转移出去。这种策略的重要特征是风险的转移必须以被转移者同意承担为条件。从宏观角度看,风险的程度保持不变,只是从转移者到被转移者,改变了风险的承担者。

4. 风险对冲

对冲又称套期保值。风险对冲是指通过投资或购买与标的资产收益波动负相关的某种资产或衍生产品,来冲销标的资产潜在的风险损失的一种风险管理方法。风险对冲可以管理系统性风险和非系统性风险,还可以根据投资者的风险承受能力和偏好,通过对对冲比率的调节将风险降低到预期水平。经济主体所从事的不同金融交易的收益彼此之间负相关,当其中一种交易亏损时,另一种交易将获得盈利,从而实现盈亏相抵。风险对冲的工具主要是金融衍生品,包括掉期交易、期货合约、远期合约和期权合约。

套期保值者通过在远期、期货市场上建立与现货市场相反的头寸,将未来的价格固定下来,使未来价格变动的结果保持中性化,以冲抵现货市场价格波动的风险,达到保值的目的。远期利率协议、远期外汇交易、外汇期货、利率期货、指数期货、股票期货等品种可用于对冲汇率、利率以及证券价格未来波动的风险。金融期权交易不仅可以用于套期保值,还可以使期权卖方获得可能出现的意外收益。

第三节 商业银行风险管理

在商业银行的发展过程中,必定面临由传统管理模式向现代管理模式的转变,在这个过程中,风险管理将成为商业银行经营管理的核心。

一、商业银行风险的含义、特征与种类

商业银行风险是金融机构常见的风险之一,其与其他金融机构风险有很多类似之处,但同样有着自身特色。

(一)商业银行风险的含义

商业银行风险就是指商业银行在经营过程中由于受到诸多不确定因素影响,从而使商业银行遭受损失的可能性。

(二)商业银行风险的特征

商业银行资金来源构成的特殊性,使其风险具有不同于一般企业的特征,具体表现在以下几个方面:

(1)银行风险的主体是货币资金,而不是有形资产。因为商业银行经营的是货币资金,所以其风险的主体是特殊的货币资金。

(2)银行风险与其客户的风险紧密相连。商业银行的主要风险来源于银行客户和交易对手的违约,因而与其客户的风险紧密相联。

(3)银行的各项业务都面临风险。一般认为商业银行的资产和负债业务面临较大风险,实际上其中间业务也具有操作风险。日益发展的表外业务更是蕴含巨大风险。

(4)银行的风险不能消失。银行所有的业务都面临风险,任何关联办法都不能完全消除风险。同时,风险与收益紧密相联,银行进行风险管理的过程,就是获取收益的过程,如果风险没有了,也就表示业务不存在了。

(5)银行的风险是全员的、全过程的。银行的所有业务条线、所有工作环境都充满风险。同时,银行的风险又是全员的,每一个业务人员及管理人员的失误和错误都会给银行经营带来影响。

(6)银行风险具有很强的传染性。由于银行的特殊地位和功能,当一家银行出现危机时,人们会对所有的银行产生恐慌心理,纷纷退出银行业务,给银行带来流动性危机。正是因为这

样,各个国家的监管部门对银行的经营安全都有很高的要求。

(7) 银行危险具有很强的外部负效应。由于银行与社会各界联系密切,一旦发生危机,就会很快影响其他经济体,进而拖累整个经济体。

(三) 商业银行风险的种类

商业银行面临的风险非常多,因为不同的标准会有不同的风险种类,所以本书按照风险的表现形式将商业银行风险分为以下六种。

1. 信用风险

信用风险主要是指商业银行的债务人不能或不愿履行债务而给债权银行造成损失的可能性,或是由于交易双方违约或不履行义务而给作为交易一方的银行带来的不利影响。由于各国商业银行资产业务很大一部分是信贷业务,因而信用风险也就成为商业银行最为重要的风险之一。信用风险虽然是商业银行面临的最重要的风险之一,但其在很大程度上由个案因素决定,与其他风险相比,信用风险观察数据少且不易获取,因此,具有明显的非系统性风险的特征。

2. 流动性风险

流动性风险主要是指商业银行没有足够资金、无法满足支付需要,从而丧失清偿能力的情况。当流动性不足时,商业银行无法以合理的成本迅速增加负债或变现资产获得足够的资金,从而影响其盈利水平。从历史上发生的多次银行危机来看,大多数是由存款者的挤兑引起的流动性风险所致,从这个意义上讲,流动性风险是威胁银行生存的最直接风险,必须高度重视对其的管理。

3. 市场风险

市场风险是指金融资产价格和商品价格的波动给商业银行表内头寸、表外头寸造成损失的风险。市场风险包括利率风险、汇率风险(包括黄金)、股票价格风险和商品价格风险四种,其中利率风险尤为重要。由于商业银行的资产主要是金融资产,利率波动会直接导致其资产价值的变化,从而影响银行资产的安全性、流动性和效益性。因此,随着我国利率市场化逐步深入,利率风险管理已经成为我国商业银行市场风险管理的重要内容。相对信用风险而言,市场风险具有数据充分和易于计量的特点,更适于采用量化技术加以控制。由于市场风险主要来自所属经济体系,因此,具有明显的系统性风险特征,难以通过分散化投资完全消除。国际金融机构通常采取分散投资于多国金融市场的方式来降低市场风险。

4. 操作风险

巴塞尔银行监管委员会给操作风险下的定义是由于不健全或失效的内部控制过程、人员和系统或是外部事件而导致的损失风险。该定义包括了法律风险,但不包括战略风险、声誉风险。操作风险主要源于内部控制及公司治理机制的失效,包含的范围非常广泛,是商业银行最古老的风险之一。操作风险广泛存在于商业银行业务和管理的各个领域,具有普遍性和非营利性,不能给商业银行带来盈利。商业银行之所以承担操作风险是因为其不可避免,对其进行有效管理通常需要较大规模的投入,应当控制好合理的成本收益率。

5. 声誉风险

银行的稳定运营需要依靠信誉和公众的信心。声誉风险是指由于银行经营管理不善、违反法规等原因,导致存款人、投资者和银行监管机构对其失去信心而影响银行正常经营的风险。声誉风险对银行的损害极大。商业银行所面临的声誉风险具有很大的不确定性,不论是正面的还是负面的,都有可能对商业银行产生很大的影响。因此,商业银行需要注重声誉风险管理,通过内外部相互结合的方式优化管理,提高管理的综合绩效。

6. 战略风险

战略风险是指商业银行在追求短期商业目的和长期发展目标的过程中,因不适当的发展规划和战略决策给商业银行造成损失或不利影响的风险。同声誉风险相似,战略风险也与其他主要风险密切联系且相互作用,如果缺乏结构化和系统化的风险识别与分析方法,深入理解并有效控制战略分析是相当困难的。伴随着经济的发展和业务领域的拓展,商业银行应当在有效管理单一风险的基础上,重视和加强跨境和跨风险种类的风险管理,以全面推动各项战略的实施和综合的战略风险管理。

二、商业银行风险管理的组织框架

科学合理的组织框架有助于商业银行恰当地应对风险,同时也是商业银行自身健康发展的重要保障,因此,构建合理有序的组织框架是商业银行组织建设的重要内容。

(一)商业银行风险管理组织架构遵循的基本原则

一个有效的风险管理组织架构应当遵循以下六个原则。

1. 一致性原则

一致性原则是指银行在制定风险管理框架时,首先应确保其风险管理目标与业务发展目标相一致,与商业银行的综合发展需要和业务拓展需要相一致。

2. 全面性原则

全面性原则可以归纳为两个确保,即银行应确保其风险管理框架能够涵盖所有业务和所有环节中的一切风险,确保该职责框架能够识别银行面临的一切风险。

3. 独立性原则

独立性原则包括三个方面的内容,即董事会与高级管理层之间风险管理职责的独立性、独立的风险管理部门、独立的风险管理评估机构。

4. 权威性原则

权威性原则是指在银行的风险框架中应确保风险管理部门和风险管理评估机构具有高度权威性,尽可能不受外部因素的干扰,以保持其客观性、公正性。

5. 互通性原则

互通性原则要求银行建立一个完整的信息系统,进而在银行内部形成一个有效的信息沟通渠道。

6. 分散与集中相统一原则

风险的分散管理要求不同类型的金融风险由不同的部门负责,而不同的风险管理部门最终都应直接向高层的首席风险官负责,由首席风险官统筹规划,即实现风险的集中管理。

(二) 我国商业银行风险管理组织模式的选择

1. 我国商业银行风险管理组织模式的选择标准

国外运用的各种风险管理组织模式各有优缺点,我国商业银行在确定各自风险管理模式时遵循以下标准:

(1) 与银行的发展战略相适应。银行在选择设置哪种风险管理组织模式时,应考虑到自身的业务特点和发展战略,制定适宜的管理组织架构。

(2) 目前的资源足以支撑。风险管理是一项系统工程,需要各类的资源支撑,包括人力资源、科技资源、设备资源及资金等,在设置风险管理组织机构时应充分考虑资源状况。

(3) 进行成本效益分析。风险管理是有成本的,需要大量的资金投入,在设置风险管理组织模式时要进行投入产出的成本—效益分析,选择经济合理的组织模式。

(4) 有可操作性和便捷性。国际上最先进的风险管理组织模式不一定适应我国的现实需要,要根据银行的规模、技术水平和管理能力选择操作性强、实施效果显著的组织模式。

2. 我国商业银行风险管理组织模式

(1) 董事会设风险管理专业委员会。风险管理专业委员会设在董事会之下,独立于高级管理层。董事会风险管理专业委员会可以由集团董事会的主席来担任主席,也可以由独立董事来担任主席。风险管理专业委员会的成员一般都是独立董事,将风险控制的主体和风险控制的对象进行了明确的区分。

(2) 总部设风险管理部。总部设置的风险管理部是在风险管理专业委员会领导下具体实施风险管理的牵头部门。根据风险管理专业委员会的风险管理要求,负责传导、落实和执行各项具体风险管理目标,监督、指导和评价各级风险管理部门和"风险管理窗口"的工作,保障风险管理战略的实现,在银行风险管理体系中发挥核心作用。

(3) 各种风险的独立管理体系。商业银行的信用风险、市场风险、操作风险管理各自成为独立的风险管理体系。信用风险管理体系包括垂直管理体系、风险管理窗口管理体系和其他特殊的管理体系;市场风险管理体系包括前台营销体系、中台风险控制体系和后台资金交易清算体系;操作风险管理体系包括整个银行的各个业务单位,最后归总到总部的操作风险牵头管理部门;流动性风险和利率风险管理主要是在司库。

本章小结

本章阐述了金融风险的概念与特征、金融风险管理的内涵与目的,提出金融风险管理是各大金融机构,特别是商业银行优化管理、提升绩效的重要内容之一。在此基础上,介绍了金融风险管理的流程与方法,金融风险管理的流程为风险识别、风险计量、风险监测、风险管理策略制定和风险评估报告;常见的金融风险的管理方法主要有定性分析与定量分析两类,实际操作中,需要将两者结合起来综合运用。最后,本章介绍了商业银行的风险管理,主要对商业银行风险的特点与种类、商业银行风险管理的组织架构和我国商业银行风险管理的组织模式选择进行分析,为商业银行各类风险的识别与管理奠定基础。

思考题

1. 什么是金融风险？它有哪些特征？
2. 金融风险管理的内涵是什么？进行金融风险管理的目的是什么？
3. 金融风险管理的流程主要包括哪些？
4. 金融风险管理的常见方法有哪些？请举例说明。
5. 商业银行面临的风险主要有哪些？请举例说明。
6. 商业银行常见的风险管理组织模式有哪些？请结合我国商业银行的实际举例说明。

第六章 信用风险管理

学习目标

- 了解信用风险的内涵和信用风险的基本内容；
- 熟悉信用风险管理的特征及变化趋势；
- 掌握信用风险的定性分析方法；
- 掌握信用风险的定量分析方法；
- 掌握贷款定价策略的方法及影响因素；
- 掌握资产分散化政策和贷款证券化政策。

学习重点

- 熟悉信用风险管理的基本特征和主要内容；
- 熟悉我国商业银行的信用评级方法；
- 掌握专家制度、评级方法、Z评分模型和θ评分模型的基本内容；
- 掌握在险价值法、信用计量模型和信用风险监测模型的主要内容；
- 掌握贷款定价策略、资产分散法和贷款证券化的方式及影响因素。

第一节 信用风险概述

信用风险是金融市场中最古老，也是最重要的金融风险之一。它随着借贷的发生而产生，直到这笔贷款的本金和利息完全归还或者发生违约冲销损失准备而结束。随着金融市场的迅猛发展，金融机构有必要对信用风险进行更加灵活、积极和主动的管理，通过各种金融技术将信用风险层层剥离，选择更完善的风险管理办法，将风险降低或转移。

一、信用风险的内涵

伴随着经济的发展，信用风险包含的内容与体系也在不断发生着变化，本节将从传统和现代两个角度对信用风险的内涵进行分析。

（一）传统的信用风险的内涵

关于信用风险的概念，有许多不同的观点。传统观点认为，信用风险是指交易对象无力履约的风险,即债务人未能如期偿还到期债务造成的违约,而给经济主体经营带来的风险。

信用风险有广义与狭义之分。广义上的信用风险是指所有因客户违约(不守信)所引起的风险。例如,资产业务中借款人不按时还本付息引起的资产质量严重恶化;负债业务人大量提前取款形成挤兑,加剧支付困难;表外业务中交易对手违约引致或有负债转化为表内负债等。从狭义上来讲,信用风险通常是指信贷风险。

(二)现代的信用风险的内涵

从组合投资的角度出发,信用资产组合不仅因为交易对手(包括贷款借款人、债券发行人等)的直接违约而发生损失,而且交易对手履约可能性的变动也会给组合带来风险。一方面,一些影响交易对手信用状况的事件的发生,如信用等级降低、盈利水平下降,造成所发行的债券跌价,从而给银行带来风险;另一方面,在信用基础上发展起来的交易市场使贷款等流动性差的资产价值能得到更恰当和及时的反映,如在西方的信用衍生品市场上,信用产品的市场价格是随着借款人的还款能力的变化而不断变动的,这样借款人信用状况的变动也会随着影响银行资产的价值,而不仅仅是在违约发生时才有影响。从这两个方面来看,现代意义上的信用风险不仅包括违约风险,还包括由于交易对手(债务人)信用状况和履约能力的变化导致债权人资产价值发生变动遭受损失的风险。与传统的信用风险定义相比,这种对信用风险的解释更切合信用风险的本质。不同的信用风险的定义,作为信用风险计量模型的基本要素将会直接影响信用模型的建立。

(三)信用风险包含的内容

1. 违约风险

在现代市场经济条件下,无论是企业还是个人,在其经济活动中一旦与他人或企业签订合约,就面临合同双方当事人不履约的风险,如不支付钱款、不运送货物、不提供服务、不偿还借款等。此外,在信用保险、不同的贸易支付方式(赊账、货到付款、预约货款、交货付款)、国际贸易、托收、汇票、合同保证书、第三方担保、对出口商的中长期融资等业务中均存在对方当事人违约的可能。

2. 主权风险

主权风险是指债务人所在国采取某种政策,如外汇管制,致使债务人不能履行债务时造成的损失。这种风险的主要特点是针对国家,在国家之间的债务中比较常见,而不像其他违约风险那样针对的是企业和个人。

3. 结算前风险和结算风险

结算前风险一般是指风险在正式结算前就已经发生;结算风险则是指在结算过程中发生不可预料的情况,即当一方已经支付了合同资金但另一方发生违约的可能性。这种情况在外汇交易中较为常见,如交易的一方早晨在欧洲支付资金而后在美国进行交割,在这个时间差中,结算银行的倒闭可能导致交易对手不能履行合同。

信用风险对衍生金融产品和基础金融产品的影响不同。对于衍生金融产品而言,违约代理的潜在损失小于产品的名义价值损失,实际上它只是头寸价值的变化;对于基础金融产品(如公司债券或银行贷款)而言,信用风险所带来的损失就是债务的全面名义价值。

(四)信用风险与信贷风险的辨析

信用风险与信贷风险是两个既有联系又有区别的概念。信贷风险是指在信贷过程中,由于各种不确定性,借款人不能按时偿还贷款,造成银行贷款本金、利息损失的可能性。对于商业银行来说,信贷风险与信用风险的主体是一致的,即均是由于债务人信用状况发生变动给银行经营带来风险。二者的不同点在于其所包含的金融资产的范围不同。信用风险不仅包括贷款风险,还包括存在于其他表内、表外业务,如贷款承诺、证券投资、金融衍生工具中的风险。因为贷款业务是商业银行的主要资产业务,所以信贷风险是商业银行信用风险管理的主要对象。

二、信用风险管理的特征及变化

信用风险管理表现出于其他风险管理不同的特征。此外,随着金融管理领域的迅速发展,信用风险管理也在不断深化,呈现出与传统管理不同的特点。

(一)信用风险管理的特征

1. 信用文化及对风险的态度对风险管理至关重要

金融机构管理层,特别是商业银行的高管层对风险的态度非常关键,它决定金融机构到底愿意承受多大的风险。在确定了可以承受的风险区域后,管理层应该让每一位员工对此有所了解并给予支持,然后确定配套的系统、政策和程序来使所有员工严格执行。

2. 随时监测企业所面临的风险并采取相应对策

建设支持性的信用管理风险框架,明确风险管理的程序和环节。第一,完全暴露企业的各个经营环境及其风险状况,以便随时能监测问题所在;第二,明确企业各层级在风险管理方面的职能并建立相应的约束激励机制;第三,在贷款管理的各个环节进行一系列分析工作,积极控制信用风险的生成和恶化,利用技术手段控制风险。

3. 从流量和存量层面设置机构,强化风险控制

在机构设置上更有利于风险管理,即在流量与存量两个方面解决问题。在流量方面,将客户管理与信贷风险管理分开,独立进行信贷风险评估,排除潜在利益冲突引起的道德风险,也避免对客户管理的负面影响。在存量方面,派专人对"问题账户"进行管理,定期编制"问题账户"报告。

(二)信用风险管理特征的变化

随着整个风险管理领域的迅速发展,信用风险管理也在不断发生变化,主要体现为以下几个方面。

1. 信用风险的量化和模型管理更加困难

信用风险管理存在难以量化和衡量的问题,主要原因如下:

(1)数据匮乏。由于信息不对称、不采用盯市原则计量每日损益,持有期限长、违约事件发生少等原因导致数据匮乏。

(2)难以检验模型的有效性。模型有效性检验的困难很大程度上是由信用产品持有期限长、数据有限等原因造成的。近年来,在市场风险量化模型技术和信用衍生品市场发展的推动下,信用风险量化与模型管理的研究和应用获得了相当大的发展,这已成为现代信用风险管理的重要特征之一。

2. 管理技术不断发展,信用风险对冲手段出现

在市场力量的推动下,以信用衍生品为代表的新的信用风险对冲管理技术开始出现,并推动整个信用风险管理体系不断向前发展。

3. 信用风险管理实践中存在悖论现象

悖论是指理论上要求银行在管理信用风险时应遵循投资分散化、多样化原则,防止授信集中化;但在实践中,银行信贷业务往往显示该原则很难得到贯彻执行,银行信贷资产分散化程度不高。

4. 信用风险管理由静态转向动态

在现代信用风险管理中,信用风险更多地运用动态管理手段。信用风险计量模型的发展使得组合管理者可以每天根据市场和交易对手的信用状况动态地衡量信用风险水平,盯市的方法也被引入信用产品的估价和衡量中;信用衍生品的发展使得组合管理者拥有了可以更加灵活、有效地管理信用风险的工具,可以根据风险偏好,动态地进行调整。

5. 信用评级机构有重要作用

独立的信用评级机构在信用风险管理中具有重要作用。对企业的信用状况及时、全面地了解是防范信用风险的基本前提。信用评级机构可以保护投资者利益、提高信息搜集与分析规模效益,现代信用风险管理的理论与方法对信用评级的依赖更加明显。巴塞尔银行监管委员会在《巴塞尔新资本协议》中强化了信用评级机构在金融监管中的作用。

第二节 信用风险的计量

信用风险的计量方法有多种,常见的方法有定性分析方法与定量分析方法两种。

一、信用风险的定性分析方法

传统的信用风险管理方法主要运用定性方法,常见的方法主要有专家制度、评级方法和信用评分法三种。

(一)专家制度

专家制度是一种最古老的信用风险分析方法,它是商业银行在长期的信贷活动中形成的一种有效的信用风险分析和管理制度。这种方法的最大特征是银行信贷的决策权是由该机构那些经过长期训练、具有丰富经验的贷款人员所掌握的,他们做出是否贷款的决定。因此,在信贷决策过程中,信贷人员的专业知识、主观判断及某些关键要素的权重均为最重要的决定因素。

1. "5C"分析

在专家制度下,各商业银行自身条件不同,对贷款申请人进行信用分析的内容也不尽相同。绝大多数银行都将重点集中在借款人的"5C"上,即品德与声望(Character)、资格与能力(Capacity)、资金实力(Capital or Cash)、担保(Collateral)、经营条件和商业周期(Cycle and Condition)。

(1) 品德与声望。品德与声望主要是指借款人偿债的意愿及诚意。信贷人员必须确定贷款申请人对贷款资金的使用是否有明确的、符合银行贷款政策的目的,是否具有负责人的态度和真诚的还款意愿。

(2) 资格与能力。首先,信贷人员必须确定借款人是否具有贷款申请及签署贷款协议的资格及合法权利。其次,应分析借款人的还款能力。这可以通过借款人的收益变动状况来考察,即使在一段时间里借款人还款很稳定,但若借款人自身收益状况变化很大(较高的标准差),也表明该借款人的还款能力可能受到影响。

(3) 资金实力。资金实力主要是指借款人资产的价值、性质、变现能力。借贷人员在分析借款人的资金实力时,特别要注意借款人在还本付息期间,是否有足够的现金流量来偿还贷款。另外,信贷人员还要考察借款人股东的股权分布状况以及财务杠杆状况,因为这些状况可以作为反映借款人是否倒闭的重要预警指标。

(4) 担保。担保主要是指抵押品以及保证人。对于借款人能够提供的用作还款担保的抵押品,应特别关注该抵押品的价值、已使用年限、专业化程度、市场流动性(易售性)和是否担保。

(5) 经营条件和商业周期。这是指企业自身的经营状况和外部的经营环境。前者包括企业的经营特点、经营方式、技术情况、竞争地位、市场份额、劳资关系等;后者的范围涉及面很广,大至政局变动、社会环境、商业周期、通货膨胀、国民收入水平、产业结构调整等,小至本行业的发展趋势、同业竞争状况、原材料价格变动、市场需求转换等。

2. 信用分析中常见的财务指标

专家进行信用分析离不开企业的财务指标。根据财务指标进行综合分析,可以对借款人的信用状况有一个全面的了解。信用分析中常见的财务指标见表 6-1。

表 6-1 银行在信用分析中常用的财务指标

类 型	比 率
经营业绩	净收入/销售收入
	实际有效税率
	净收入/净值
	净收入/总资产价值
	销售收入/固定资产
偿债保障程度	EBITDA/利息支付
	(活动现金流量−资本支出)/利息支付
	(活动现金流量−资本支出−股息)/利息支付
财务杠杆情况	长期债务量/资本总额
	长期债务量/有形净值
	总负债额/有形净值
	(总负债−长期资本)/长期资本 (长期资本=总净值+优先股+次级债务)
	流动负债/有形净值

续 表

类 型	比 率
流动性 (变现速度)	流动比率
	速动比率
	存货占净销售收入比率
	存货占净流动资本比率
	流动负债占存款比率
	原材料、半成品、产成品占存款总量比率
应收款状况	应收款的期限:30天、60天、90天、90天以上
	应收款的平均收回期限

资料来源:Caoutte, Altman, Narayanan. Managing Credit Risk [M]. New York: John Wiley&Sons, Inc. 1998.

由此可见,在专家制度下,信贷决策依靠的是银行高级信贷人员的经营和主观判断。在银行这种典型的等级制度企业中,信贷人员经验越丰富、资格越老,其分析能力也越强。同时,信用分析是一个相当烦琐的过程,需要耗费较大的人力、物力和财力。实践证明,它存在许多难以克服的缺点和不足。

(二) 评级方法

信用风险评级是常用的信用风险评级方法。大多数评级体系都是既考虑质量方面的因素,也考虑数量方面的因素,最后的评级结果取决于很多因素,通常都不是利用正规模型计算的结构。本质上,评级体系依靠的是对所有因素的全面考虑以及分析人员的经验,而不是数学建模。很显然,评级结果在一定程度上依赖评级人员的主观判断。本节介绍常见的几种评级方法。

1. OCC 的评级方法

最早的评级方法之一是美国货币监理署(OCC)开发的。OCC 的评级方法将现有的贷款组合归入五类:四类低质量级别的、一类高质量级别的。多年来,银行家已经扩展了OCC 的评级方法,开发出内部评级法(IRB)。目前,美国银行持股公司的内部评级法包括1~10个级别。其中1~6级为合格级别,7~10级对应4种低质量贷款。这种评级方法也应用于债券评级。

使用时,贷款评级方法一般评估个别贷款,而债券评级更倾向于对债务人整体进行评估。

2. 标准普尔公司的信用评级体系

标准普尔公司是世界著名的评级公司之一,其业务范围覆盖50个以上国家。对于工业类公司,标准普尔公司和穆迪公司在美国和欧洲都有较高的市场覆盖率;在拉丁美洲,标准普尔公司的市场覆盖率更高。表6-2、表6-3列出了标准普尔公司对长期债务和短期债务的评级体系。

表 6-2　　　　　　　　　　　标准普尔公司的长期债务评级体系

级　别	含　义
AAA	债券质量最高,债务人偿还债务的能力最强
AA	和最高级别相差不大,债务人偿付债务的能力也很强
A	在市场环境和经济条件出现问题时,偿付可能会存在问题
BBB	保险系数较高,但在经济情况或市场环境出现不利变化时,会削弱债务人的偿付能力
BB	违约风险比其他投机级别要低一些,但商业环境、财务状况或经济情况的变化很可能导致债务人无力承担责任
B	比 BB 的风险要高。从目前情况看,仍有能力承担债务。商业环境、财务状况或经济状况的变化会削弱债务人偿债能力和愿望
CCC	目前偿付能力较低,只能依赖商业环境、财务状况或经济状况的有利变化,债务人才有可能偿付债务
CC	违约可能性很大
C	适用情形:债务人已经提交了破产申请或从事其他类似的活动,不过债务偿付仍未停止
D	评级 D 级不是对未来的预期,只有在违约实际发生后,才使用这个级别
+或-	从 AA 到 CCC 的每个级别都要用附加的"+"或"-"来进行调整,表明同一级别的相对质量
R	这个符号主要用于那些含有很高非信用风险的工具。它强调的是信用评级时未关注本金风险或收益率波动的风险

资料来源:温红梅,姚凤阁,林岩松. 金融风险管理[M]. 大连:东北财经大学出版社,2015。

表 6-3　　　　　　　　　　　标准普尔公司的短期债务评级体系

级　别	含　义
A-1	债务人承担义务的能力很强;如果有一个"+"号。表明能力非常强
A-2	在经济环境恶化时,偿付可靠性稍低,但还是令人满意
A-3	能表现出一定的偿付保障,不过经济情况不利变化或环境的改变可能会削弱债务人的偿付能力
B	具有一定的投机性。当前具有偿付能力,但面临一些重要的不确定性因素,可能会导致债务人无力承担偿付义务
C	在当前看就有违约的可能,只有在财务状况和经济情况出现有利变化时,债务人才有可能偿付债务
D	在违约已经发生的情况下给予评级

资料来源:温红梅,姚凤阁,林岩松. 金融风险管理[M]. 大连:东北财经大学出版社,2015。

通过评级体系可以看出,不同的信用级别是根据违约风险和债务人偿付债务的可能性来分类的,被评为最高级别的通常被评为是投资级债券。有些金融机构出于特殊目的或受许可的投资计划制约,只能持有投资级别债券和其他债务工具。

3. 穆迪公司的信用评级体系

穆迪公司的主要业务在美国,但也有很多国际分支机构。在亚洲,穆迪公司有最高的市场覆盖率。穆迪公司对长期债务和短期债务的评级体系与标准普尔公司的很相近,虽然两者可能在某项具体债务评级上存在分歧。

4. 评级体系结果的级别及影响

在实践中,虽然各个评级机构在对债权评级时所采用的方法基本相同,但有时会对同一种债务工具做出不同的评级。研究发现,某一年度,在标准普尔公司和穆迪公司进行评级的1 000多家企业中,只有53%的企业同时被评为AAA级或AA级;其他投资级别,两家公司给予相同评级的情况只占36%;而低于投资级别的评级中,两家公司做出相同判断的情况占41%。

对相同对象做出不同评级是一个值得关注的问题。它会导致两个问题:第一,在评级时应在多大程度上基于实际数据,又应在多大程度上基于分析人员的判断;第二,关于评级机构的独立性,评级机构收取费用进行评级,这可能对评级产生影响。

(三) 信用评分方法——Z评分模型和θ评分模型

在信用分析评级中,如何选择财务指标构筑多变量的信用风险预测法,解决关键的破产指标确定、指标权重确定等问题尤为重要。在前人研究的基础上,爱德华·阿尔特曼在1966年提出了著名的Z评分模型;1977年他又对该模型进行了修正与扩展,建立了θ模型。其基本思路是:事先确定某些决定违约概率的关键因素,然后将它们加以联合考虑或加权计算得出一个数量化的分数。Z评分模型一经推出,便引起各界的关注,许多金融机构纷纷采用它来预测信用风险,并取得了一定的成效。目前,它已经成为西方国家信用风险计量的重要模型之一。

1. Z评分模型的主要内容和准确性分析

阿尔特曼的Z评分模型是一个多变量的分辨模型。他选择一部分最能够反映借款人的财务状况、对贷款质量影响最大、最具预测或分析价值的比率,设计出一个最大限度区分贷款风险度的数学模型(也称为判断函数),对贷款申请人进行信用风险及资信评估。

Z评分模型主要是依据以下步骤建立起来的:

(1) 选取一组最能反映借款人财务状况、还本付息能力的财务比率,如资产收益率、偿债能力等。

(2) 从银行过去的贷款资料中分类收集样本。样本基本分为两大类:一类是能正常还本付息的案例;另一类是呆滞、呆账案例。每大类还可按行业或贷款性质、贷款方式再细分。

(3) 根据各行业的实际情况,科学地确定每一比例的权重。权重主要是根据该比率对借款还本付息的影响程度确定的。

(4) 将每一比率乘以相应权重,然后相加,便可得到一个Z_0。

(5) 对一系列所选样本的Z进行分析,可得到一个衡量贷款风险度的Z值或值域。

信用分析人员在运用该模型时,只要将贷款申请人的有关财务数据填入,便可计算出Z的得分。阿尔特曼确立的分辨函数为:

$$Z = 0.012(X_1) + 0.014(X_2) + 0.033(X_3) + 0.006(X_4) + 0.099(X_5) \quad (6-1)$$

其中,X表示变量指标,一共五个:X_1表示营运资本/总资产;X_2表示留存盈余/总资产;

X_3 表示息税前利润/总资产；X_4 表示股权的市场价值/总负债的账面价值；X_5 表示销售额/总资产。

若该得分高于或大于某一预先确定的 Z 值或值域，就可以判定这家公司的财务状况良好或其风险水平可被银行接受；若该得分小于或低于某一预先确定的 Z 值或值域，则意味着该公司可能无法按时还本付息，甚至可能破产。Z 值越大，资信状况就越好；Z 值越小，风险就越大。

2. θ 评分模型的主要内容

θ 评分模型包含七个变量指标，即资产收益率、收益稳定性指标、债务偿付能力指标、累计盈利能力指标、流动性指标、资本化程度指标、规模指标。改进后的模型适用范围更宽，对不良借款人的辨认精度也大大提高了。

为了凸显新模型的有效性，阿尔特曼等人对 θ 评分模型和 Z 评分模型在分辨的准确性方面进行了认真比较。由于新模型无论在变量的选择、变量的稳定性方面，还是在样本开发和统计技术方面都比以前有了很大的改进，所以 θ 评分模型要比 Z 评分模型更加准确、有效，特别是在破产前预测的年限越长，其预测的准确性也越高。

θ 评分模型和 Z 评分模型均为一种以会计资料为基础的多变量信用评分模型。由于这两个模型所计算出 Z 值较为准确地反映借款人（企业或公司）在一定时期内信用状况（违约或不违约、破产或不破产），因此，它可以作为借款人经营前景好坏的早期预警系统。由于 θ 评分模型和 Z 评分模型具有较强的操作性、适应性以及预测能力，所以它们一经推出，便在许多国家和地区得到了推广使用并取得显著效果，成为当代预测企业违约和破产的核心分析方法。然而，在实践中，人们发现，无论是 θ 评分模型还是 Z 评分模型都存在着很多先天不足，这使模型的预测能力大打折扣，限制了模型功效的发挥。

二、信用风险的定量分析方法

近年来，经济全球化、金融一体化趋势进一步加强，特别是金融市场发生了巨变，现代信用风险量化管理模型在国际金融界得到了普遍重视和长足发展。J. P. 摩根银行继 1994 年推出著名的以 VaR 为基础的市场风险计量制后，随后瑞士信贷银行也推出了另一类型的信用风险量化模型，两者都在银行业引起很大的反应。同样为银行业所重视的其他一些信用风险模型，还有 KMV 公司的以 EDF 为核心的 KMV 模型、麦肯锡公司的信用风险组合模型等。信用风险管理模型在金融领域的发展也引起了监管当局的高度重视，1994 年 4 月，巴塞尔银行监管委员会发布《信用风险模型化：当前的实践与应用》研究报告，研究这些风险管理模型的应用对国际金融领域风险管理的影响，以及这些模型在金融监管，尤其是在风险资本监管方面的可靠性。

（一）在险价值方法

在险价值是为了计量一项给定的资产或负债在一定时间里，在一定置信度下其价值最大的损失额而设置的。

自 1993 年国际清算银行（BIS）宣布引入对市场风险的资本充足要求以来，人们对在险价值方法产生了极大兴趣，并在对它的开发和试验方面取得了很大进展。在险价值作为一个概念，最先起源于 20 世纪 80 年代末交易商对金融资产风险测量的需要；作为一种市场风险测量和管理的新工具,则是由 J.P. 摩根银行最早在 1994 年提出的,其标志性产品为风险计量制模型。

由于 VaR 方法能够简单清晰地表示市场风险的大小,又有严谨系统的概率统计理论作为依托,因而得到了国际金融界的广泛支持和认可。国际性研究机构 30 人小组和国际掉期交易协会等团体一致推荐,将 VaR 方法作为市场风险测量的最佳方法。目前,越来越多的金融机构采用 VaR 方法来测量、控制其市场风险,尤其是在衍生工具投资领域,VaR 方法的应用更加广泛。

VaR 方法特别适用于对可交易的金融资产的在险价值的计量,因为人们可以很容易地从资本市场获取这类资产的价值和它们的标准差。若将这种方法直接用于计量非交易性金融资产,如贷款的在险价值,则会遇到许多问题。

(二) 信用计量制模型(Credit Metrics)

信用计量制模型是由 J.P. 摩根银行在 1997 年与其他合作者在已有的风险计量制方法的基础上,创立的一种专门用于对非交易性金融资产,如贷款和私募债券的价值和风险进行计量的模型。信用计量制模型的基础是:在一个既定的期限内(通常是 1 年)估计一项贷款或者债券资产组成未来价值变动的分布。资产组合价值的变化与信用等级转移、降级、升级、债务人信用质量及违约事件有关。信用计量制模型要解决的问题是:"如果下一年度是一个坏年头的话,我们的贷款及贷款组合价值将会损失多少?"

信用计量制模型主要用于对债券和贷款的处理。由于贷款时不能公开进行交易,所以我们既无法观察到贷款的市值,也不能获得贷款市值的变动率。但是人们仍然可以通过掌握借款企业的一些资料来解决这个问题。这些资料包括借款人的信用等级、在下一个年度里该信用等级水平转化为其他信用级别的概率、违约贷款的收付率。一旦人们获得了这些资料,便可以利用在险价值方法对单笔贷款或贷款组合的在险价值进行计量。

(三) 信用风险量化模型(Credit Risk$^+$)

该模型由瑞士信贷银行金融产品部开发。其基本思想来源于保险业,即保险的来源自被保事件的发生概率或事件发生后损失的价值。将这些观念用于贷款,即形成贷款违约及违约严重性的联合分布,它运用了一种实用的科学框架来推导债务/贷款组合的损失分布。信用风险量化模型假定,任何时期的违约企业数量的概率分布服从泊松分布。在这个假设下,该模型认为:每笔贷款违约的概率是随机事件,两两贷款之间的相关性为零,即各贷款违约的概率是相互独立的。该模型适合由小笔贷款组成的贷款组合。

(四) 信用监测模型(Credit Monitor Model,即 KMV,又称 EDF 模型)

利用期权定价理论对贷款和风险债券进行估计,以及对它们的信用风险进行计量是现代信用风险管理模型的重要特征。其中,美国的 KMV 公司就利用期权定价理论创立了违约预警模型——信用监测模型,用来对上市公司和上市银行的信用风险(特别是违约状况)预测。信用监测模型利用了两个关系:其一,股权市值与它的资产价值之间的结构性关系;其二,企业资产市值波动程度和企业股权价值变动程度之间的关系。通过这个模型,可以求出企业资产市值及其波动度。一旦所有的变量值被算出,信用监测模型便可以测算出借款企业预期违约频率(EDF)。KMV 模型是建立在现代公司财务理论和期权理论基础上的一种信用监测模型,具有很好的前瞻性;但其使用范围有一定的局限性,只适用于评估上市公司的风险,不能对长期债务和不同类型加以分辨,也是一种静态的模型。

(五)信用风险组合模型(Credit Portfolio View)

信用风险组合模型对促进银行进行资产分散化从而降低信用风险有重要意义,可以在以下几个方面帮助银行进行决策:通过信用在险价值的分析权衡决定是否增加信贷;通过识别信用风险基于交易对手、行业、国家或工具的集中度来有效管理信用风险;通过准确计量信用风险来降低资本持有额,提高资本收益率。其中,使用较广泛的是两种简单测度贷款组合信用风险模型,即信用等级转移分析和贷款集中度限制。

信用等级转移分析:该方法运用的前提是由外部的评级机构(如标准普尔或穆迪公司等)或者银行内部对各行业、各部门的企业进行信用评级。贷款组合的管理者跟踪分析这些贷款企业的信用变化情况,根据历史数据建立起贷款组合中贷款企业的信用等级转移矩阵。一旦某企业信用等级下降的速度超过了标准,银行就会减少对该企业的贷款。

贷款集中度限制:金融机构在管理一个贷款组合的时候,往往还要对贷款组合中的单个借款人设立最大贷款规模或者最大贷款比例限制,以控制其在贷款组合中的风险集中程度。

三、我国《商业银行资本管理办法(试行)》中信用风险加权资产计算方法

(一)权重法

在权重法下,信用风险加权资产为银行账户表内资产信用风险加权资产与表外项目信用风险加权资产之和。商业银行计量各类表内资产信用风险加权资产,应首先从资产账面价值中扣除相应的减值准备,然后乘以风险权重。商业银行计量各类表外项目信用风险加权资产,应将表外项目名义金额乘以信用转换系数得到等值的表内资产,再按表内资产的处理方式计量风险加权资产。商业银行应当按照《商业银行资本管理办法(试行)》的规定,对因证券、商品、外汇清算形成的风险暴露计量信用风险加权资产。按照《商业银行资本管理办法(试行)》的规定考虑合格质物质押或合格保证主体提供保证的风险缓释作用,但质物或保证的担保期限短于被担保债权期限的,不具有风险缓释作用。

(二)内部评级法

信用风险是商业银行面临的最重要的风险,允许商业银行采用内部评级体系计量信用风险监督资本要求是《巴塞尔新资本协议》最重要的制度创新。商业银行内部评级体系是指用于信用风险评估、风险等级确定和信用风险参数量化的各种方法、过程、控制措施和IT系统总称。内部评级体系应能够有效识别信用风险,具备稳健的风险区分和排序能力,并准确量化风险。

我国商业银行采用内部评级法计量信用风险资本要求,应符合《商业银行资本管理办法(试行)》的规定,并经中国银监会核准。商业银行内部评级体系包括对主权、金融机构和公司风险暴露的内部评级体系以及零售风险暴露的风险分池体系。内部评级体系的基本要素为以下几个方面:

(1)内部评级体系的治理结构,保证内部评级结果的客观性和可靠性。

(2)非零售风险暴露内部评级和零售风险暴露风险分池技术标准,确保非零售风险暴露每个债务人和债项划入相应的风险级别,确保每笔零售风险暴露划入相应的资产池。

(3)内部评级的流程,保证内部评级的独立性和公正性。

(4) 风险参数的量化,将债务人和债项的风险特征转化为违约概率、违约损失率、违约风险暴露和期限等风险参数。

(5) IT和数据管理系统,收集和处理内部评级的相关信息,为风险评估和风险参数量化提供支持。

商业银行采用内部评级法,应按照规定对银行账户信用风险暴露进行分类,分别计量未违约和已违约风险暴露的风险加权资产;审慎考虑信用风险缓释工具的风险抵补作用,采用监管映射法计量专业贷款信用风险加权资产;计量银行账户和交易账户的交易对手信用风险加权资产,计量资产证券化风险暴露的信用风险加权资产。

【案例6-1】 忽视偿绩能力分析,埋下风险隐患

××传动轴制造有限公司,主要生产汽车零部件,为某分行2013年3月以来纯新增贷款客户,2014年4月某分行为其授信3 500万元,品种为流动资金贷款,2015年4月某分行为其续贷一年,但2016年4月贷款到期后,由于该客户订单萎缩、应收账款回收不及时等原因,资金链断裂。该笔贷款责任认定报告显示:经营机构未重视财务风险管理,企业财务报表显示:企业2013年年末实现销售2.5亿元,短期贷款3 000万元,而2014年年末销售0.8亿元,短期贷款7 000万元,企业销售大幅下降近三分之二,银行融资却成倍增长,而其应收账款只增加了3 000万元,存货也只增加了1 500万元,企业偿绩能力明显下降。针对上述风险隐患,经营机构未采取风险控制措施,以致错失处置良机。

第三节 信用风险的控制

一、贷款定价策略

贷款定价就是确定贷款的合同利率,在利率市场化条件下,利率的高低和种类是各种客观经济变量综合作用的结果。

我国银行正处于市场化进程中,健全有效的市场融资机制的核心是要以价格机制为基础分配金融资源。因此,彻底改变银行单一的贷款定价模式,使收益与风险相匹配,是银行经营体制改革的必经之路。

(一) 收益与风险的关系

一般情况下,收益与风险是对等的。这里的收益是指贷款经营过程中因规避风险成功而可能带来的收益。它实质上是一种机会收益,这种机会收益取决于贷款的风险度。当贷款的风险度较小时,风险收益也较小;随着贷款风险度的增大,风险收益也在增大;当贷款风险度达到最大时,风险收益也达到最大。

银行不同于一般的企业,它必须在承担风险中创造收益。即使银行再努力,它也不可能实现无风险贷款。西方商业银行认为,金融机构在市场竞争中的核心技能是确定风险与报酬的对应关系,并进行相应定价与营销的能力。因此,对客户授信并承担相应的风险是银行创造效益的一个重要途径。只有正确认识贷款风险与收益的关系、打破贷款僵化的单一单价模式、实行收益与风险对等的积极定价策略,银行才能防范信用风险,增强竞争力。

(二)影响贷款定价的因素

银行作为金融交易的主体之一,必须综合考虑多个因素,决定交易的价格水平。银行在进行贷款定价时需要考虑的因素包括以下几个方面。

1. 中央银行利率

以再贴现率和再贷款利率为主的中央银行利率反映了货币政策的要求,影响商业银行从中央银行取得资金的成本。一般商业银行贷款利率以中央银行利率为基准,略高于中央银行利率。

2. 银行负债的平均利率

银行负债主要是存款和主动负债,其利息是银行借入资金的主要成本,其中存款利率的影响最大。存款利差收入形成银行利润,银行为保持一定的利润必须使贷款利率高于存款利率。

3. 营业费用

银行的正常运转需要支付各种营业费用,这些成本由贷款、投资及服务收入来补偿,而且补偿后要有一定的盈余。营业费用提高,会促使银行从贷款、投资等业务中获取更多的收入,因此,贷款利率倾向于提高。

4. 贷款的风险

借款人的信用、贷款的期限和种类、预期的通货膨胀等因素都使银行贷款具有一定的风险。为补偿风险可能带来的损失,贷款人在确定每笔贷款的利率时都要考虑风险因素,风险越大,贷款利率越高。因此,贷款风险导致差别利率,如信用差别、行业差别、用途差别、按期和逾期差别等。

5. 借贷资金的供求状况

借贷资金的供求状况是影响当前利率的主要因素。一般来说,当经济景气时,贷款需求大,可能会出现资金供不应求,利率水平随之提高。

(三)贷款定价方法

贷款定价涉及诸多因素,在实际操作中,西方商业银行的贷款定价常常由银行收益、筹资成本以及借贷风险等多个因素设定。贷款合同利率由公式(6-2)决定:

$$\text{贷款合同利率} = \text{贷款的目标利润率} + \text{贷款成本率} + \text{风险贴水} \quad (6-2)$$

贷款的目标利润率根据事先确定的权益报酬率,通过净资产报酬率(ROE)计算出来:

$$M = \frac{ROE \times L}{1-t} - L \times C \quad (6-3)$$

其中:M 为贷款的目标利润率;L 为银行的资本对资产比率;t 为税率;C 为该笔贷款的筹资成本。

贷款的成本包括贷款的筹资成本、间接费用或管理费用等。贷款的筹资成本应能反映银行用作贷款的各种资金的边际成本;贷款的管理费用一般用管理费用总额和贷款资产总额之比来计算。除了考虑违约风险之外,风险贴水还要考虑贷款期限和抵押品价值大小。风险贴水通过资信评估模型来决定。贷款的期限越长,贷款的风险以及借款人信用可靠性恶化的可能性越大,因此,风险贴水也越高。抵押品价值风险是指抵押品的价格相当于担保贷款的金额出现下降的可能性,银行可根据经验和经济环境的状况来决定这一风险贴水的大小。

二、资产分散化策略

投资的多样化和分散化是金融风险管理中的重要策略,也是投资者普遍运用的投资概念,它可以有效地防范或降低多种金融风险。对于银行来说,信贷资产分散化是降低银行信用风险的一个重要策略,当今许多信贷专家确信最有效的信贷管理就是合理安排贷款组合。

(一)贷款组合管理概述

20 世纪 50 年代,马柯维茨提出的现代证券组合理论是金融风险分散化的经典理论。该理论不仅运用于证券投资,也阐明了金融风险分散化的基本原理。按照这一理论,金融风险分散化的通俗表达是"不要将全部鸡蛋放在一个篮子里",即商业银行通过持有不同种类、不同币种的信贷资产来分散每种资产价值损失的可能性,使总资产得到保值或减少价值损失。贷款组合管理的重要原则是贷款之间应尽量减少相关性,最大限度地降低贷款风险的传染效应。因为,不同贷款间的负相关关系可以减少风险在贷款之间的传播,起到相互抵消风险的作用,它是银行防范信贷风险、稳定收入的保证。这就要求银行实行组合管理,根据市场、产品、客户、信用和经营条件来预测、分散和控制整体风险。

商业银行确定资产组合时,必须根据其发展战略、经营计划和承受的风险程度,确定目标市场和客户群,贷款的种类、币种,授信方式的搭配,贷款展期的可能性和贷款组合集中程度等,运用数学分析方法和组合管理理论,寻找有效边界,建立有效组合,以求在既定风险下收益最大或在既定收益下风险最小。贷款组合确定以后,并不意味着这个组合就一成不变。这是因为,当外部环境以及银行自身发展战略、风险承受能力等内部条件发生变化时,贷款组合的有效边界会同时发生移动,原有的组合就不是现有条件下的最优组合了。这时,银行应该在认真评估贷款组合风险的前提下,对贷款组合进行调整,使其符合银行的战略目标、风险承受能力和外部环境的变化。

(二)贷款组合管理的类型

根据国际银行业资产组合管理的发展历史,商业银行对信用风险的组合管理一般分为以下两种类型。

1. 传统的随机组合管理

在传统的随机组合管理中,组合管理者对组合的信用风险只能进行定性管理,根据自己的需要确定分类方式并从中进行选择,这种选择通常是随机性的。银行为组合中的每一种资产主观地设置一个信用风险暴露限额,以避免单一资产过度扩张、风险集中度超过银行可承受的水平。这种手段简单易行,技术要求不高,但显然不足以分析风险与收益的关系。20 世纪 80 年代以来,许多大银行的经验证明,关键是要有分散风险的观念和行动,而不在于是否进行十分详细和有效的分析、计算,因而,这种随机组合管理在银行的实际风险管理中受到普遍欢迎。

2. 科学的量化组合管理

20 世纪 90 年代以来,随着新型融资工具在全球的风行以及新兴金融市场的不断发展,国际金融机构信用风险的暴露量激增,市场迫切需要一种较为成熟的信用风险计量和管理手段。科学的量化组合管理是运用资产组合理论和有关的定量模型对各种资产的选择方式进行分析,根据它们各自的风险—收益特征和相互之间的相关性,组成在一定风险水平下期望收益最高或在一定期望收益水平上风险最小的有效组合。这一手段需要专门人员通过系统的资产分析和历史数据进行统计,技术要求高,计算复杂,成本费用较高,但可以有效分散风险。

就我国目前的条件来看,传统的随机组合管理更为适宜,但科学的量化组合管理是一种发展方向。

三、贷款证券化

贷款证券化在20世纪80年代中期以后迅速发展起来,成为金融资产证券化最主要的推动力量。贷款证券化是运用各种结构化交易技术,将贷款组合组成贷款池,并对贷款池未来预期现金流进行分割,转换为资本市场可交易的、具有不同风险—收益特征的证券。

1. 贷款证券化的含义

规范的资产证券化(Asset Securitization)是指发起人将同质的、缺乏流动性但可产生稳定现金流的资产(如贷款、租赁、应收账款等)形成一个资产池,通过一个特殊目的载体(Special Purpose Vehicle,SPV)以一定的结构安排和信用增级,分离与重组资产的收益和风险,并转化成以资产产生的现金流担保的证券(ABS),发售给投资者。

贷款证券化是将银行资产负债表内信贷资产出售给投资者的一种结构性交易,这种批发性金融中介过程将已有的金融产品的未来现金流重新安排,通过出售贷款产生的现金流支付投资者到期债务,用新的证券代表对原有贷款的收益索取权,贷款证券化发行的"结构化票据"成为银行贷款再融资方式,投资者持有票据获得相应收益索取权并承担贷款信用风险。

通过贷款证券化方式,传统上对立的两个融资渠道——银行金融中介和资本市场,产生了一种互补性关系。第一,对于银行金融中介而言,贷款证券化将银行引入证券化安排,提供了买卖贷款实际利益的有效方式,以票据分割贷款组合的总体收益,交易手续简便,贷款交易的成本降低,成为交易贷款权益和改变银行信贷资产组合的重要途径。第二,对于资本市场而言,贷款证券化提供以贷款未来收益现金流支持的投资产品,增加了传统资本市场的投资产品类型,成为增加投资品种、扩大交易规模和促进市场结构调整的重要因素。

2. 贷款证券化的约束条件

从市场发展的角度看,贷款证券化在贷款组合管理方面的制约因素有两个:第一,贷款交易过程转移贷款的法定权益,银行需要在维持贷款客户关系与处理表内信贷资产之间进行权衡。第二,将信贷资产移出资产负债表的交易过程依赖资本市场的效率,资本市场本身的完备性和有效性是吸纳银行信贷资产的重要保证,而大多数急需管理庞大信贷资产的银行金融体系普遍存在资本市场发展滞后的环境局限性。

因此,通过贷款交易或贷款证券化交易管理贷款信用风险的过程与银行发放贷款、维持客户关系存在潜在的冲突,而且这种运行机制的有效性受限于经济体资本市场的成熟程度。

3. 贷款证券化的主要工具

贷款证券化的工具较多,主要有以下几种:

(1)过手结构证券。这是一种权益类证券,它的发行是以组合资产池为支撑的,代表对具有相似的到期日、利率和特点的资产组合的直接所有权。典型种类有住宅抵押贷款、消费者应收款(汽车贷款、信用卡应收款),是基础资产池中的典型资产。其收益为:

$$现金流 - 相关费用 = 余额 \qquad (6-4)$$

(2) 资产支持证券。这是发行人以贷款组合或过手证券为抵押而发行的债券。发行人要将一部分组合资产作为发行债券的担保抵押给托管人。

(3) 转付结构债券。这是过手债券和资产支持债券的结合。它是根据投资者的偏好,对证券化资产产生的现金流重新安排而发行的债券。这种债券是发行人的债务,保留在资产负债表中(与资产支持债券相同),但基础资产的现金流用来支付给债券持有人(与过手债券相似)。

四、风险资本比率约束机制

风险资本比率是国际上公认的用于计量银行信用风险和稳健程度的指标。它与银行经营管理、银行信贷风险、金融危机都有密切联系。因此,应该以风险资本比率为依据,控制银行信贷资产的扩张规模,控制银行资产组合风险,将风险资本比率作为银行信用风险控制体系的重要组成部分。

我国商业银行呈现出"数量—扩张—风险"的经营模式,导致了信用风险因素在银行内部逐步积累,随着银行业资产的日益多样化和资本金比例的不断缩小,在银行内部建立规模适度扩张约束与资本充足率约束并重的二重约束,对于控制银行信用风险非常重要。

【案例6-2】 70亿贷款存风险

受宜昌市政府相邀,河北唐山商人梁士臣于2009年在宜昌猇亭工业园区注册成立宜昌三峡全通涂镀板有限公司(下称三峡全通)。该企业注册资金52.37亿元,主要从事涂镀板加工。计划投资200亿元,并于2013年实现年产值700亿元。在企业成立最初的两年多时间里,三峡全通一直因其规模大、发展速度快,被树立为湖北招商引资的典范。

但2011年下半年,三峡全通开始出现资金短缺问题,困扰至今,并且企业生产陷入停顿状态,该厂上游没有进原料,下游欠客户的订单,原料和产成品基本零库存。

可查资料显示,三峡全通贷款涉及建设银行、汉口银行、中信银行、国家开发银行等多家银行,欠多家银行贷款总额共计70亿元,其中放贷规模颇大的建设银行为11亿元。而中信信托2011年12月发行的期限为18个月、总计4期,募集资金规模达13.4亿元的"三峡全通贷款集合资金信托计划"也面临兑付风险。

另据媒体披露,民生银行宜昌分行在三峡全通项目上投入的资金规模不大。然而,因为梁士臣此前所在的河北唐山恒通以及恒通2009年由梁士臣转让后民生银行都为其提供了贷款,因此,梁士臣通过以前的关系借由民生银行广州分行为三峡全通项目发放的贷款。由于三峡全通所欠贷款两年多未付息,民生银行曾于2012年9月派驻20多人进入三峡全通,将其产成品封押。

本章小结

本章描述了信用风险及信用风险管理的基本概念,信用风险包含的内容、信用风险产生的原因、信用风险管理方法及其变化。信用风险的定性分析方法,主要包括专家制度、评级方法、信用评分方法;信用风险的定量分析方法主要包括在险价值方法、信用计量制模型、信用风险量化模型、信用监测模型、信用风险组合模型,在此基础上,介绍我国采用的《商业银行资本管理办法(试行)》中规定的权重法和内部评级法。在信用风险界定和计量的基础上进行信用风险控制,常见的控制方式有贷款定价策略、资产分散化策略、贷款证券化策略和风险资本比率约束机制。

 **思考题**

1. 信用风险的含义是什么?其包含的主要内容有哪些?
2. 信用风险产生的原因有哪些?
3. 信用风险管理的特征有哪些?其变化趋势如何?
4. 信用风险的定性分析方法有哪些?请举例说明。
5. 信用风险的定量分析方法有哪些?请举例说明。
6. 信用风险的控制策略有哪些?请举例说明。

微信扫码查看

第七章　流动性风险管理

学习目标

- 了解流动性风险的内涵与表现形式；
- 了解流动性风险的成因及其与其他风险的关系；
- 熟悉流动性风险管理体系的构成要素和治理结构；
- 掌握流动性风险的监管与监测指标；
- 掌握流动性风险管理的主要方法。

学习重点

- 掌握流动性风险各项监管指标的计算公式与内涵；
- 掌握流动性风险各项监测指标的计算公式与具体应用；
- 掌握资产负债流动性管理与现金流量管理；
- 掌握流动性预警、限额管理与应急计划的基本方法。

第一节　流动性风险管理概述

流动性风险是商业银行面临的主要风险之一。流动性原则要求经济主体拥有的资金、资产具有即时变现能力，或者能够及时从外部获得资金。当商业银行不能及时提供充足的现金来满足客户提取存款的要求和支付到期债务时，商业银行就面临流动性危机，这种流动性危机很容易导致银行破产。保证提供充足的流动性是资产负债管理的目标之一，为达到这一目标，必须进行全面、准确的流动性分析，并根据流动性分析结果制定有效的流动性管理策略。

一、流动性风险的概念

（一）流动性的内涵

1. 流动性的定义

流动性是指银行能够在一定时间内以合理的成本筹集一定数量的资金来满足客户当前或未来的资金需求。

2. 流动性包含的要素

(1) 资金数量。一家银行若能在一定时间内以合理成本筹集到较大数量的资金,该银行便具有较好的流动性。

(2) 资金成本。银行以合理成本,较快地取得一定数量的资金,即具有较好的流动性。

(3) 时间。银行在一定时间内以较低成本取得一定数量的资金,即具有较好的流动性。

(二) 流动性风险的内涵

1. 流动性风险的定义

流动性风险是指商业银行无法以合理成本及时获得充足资金,用于偿付到期债务、履行其他支付义务和满足正常业务开展的其他资金需求的风险。在极端情况下,流动性不足会造成银行的清偿问题。

流动性风险可以分为融资流动性风险和市场流动性风险。融资流动性风险是指商业银行在不影响日常经营或财务状况的情况之下,无法有效满足资金需求的风险;市场流动性风险是指由于市场深度不足或市场动荡,商业银行无法以合理的市场价格出售资产以获得资金的风险。

2. 流动性风险的表现形式

(1) 银行的一切经营活动正常。信贷资金市场正常运转,银行本身并无严重问题发生。

(2) 银行本身出现短期危机。例如,银行出现坏账。

(3) 银行业整体出现短期危机。这种情况往往是由国际金融危机导致的。

(4) 银行陷于长期危机。例如,银行不断出现营业亏损,从而存在倒闭的风险。

对银行流动性风险管理的研究重点在第一种情况,后三种情况属于流动性风险的极端表现,往往伴有其他风险的存在。

3. 银行保持适当流动性的重要意义

(1) 银行保持适当流动性,可以保证其债权人的债权得到偿付。银行的债权人,无论是小额储蓄者还是大额存单持有者或者是其他金融机构,均属于风险厌恶者(Risk-Averse),他(它)们将资金贷给银行,其主要目的是收回本金,然后才是选择不同的利率。银行保持适当的流动性,才会使本金偿付得到保证。

(2) 银行保持适当流动性,才有能力兑现对客户的贷款承诺。一家银行发出的贷款承诺往往是其贷款余额的数倍。当银行的某个高质量客户提出新的贷款需求时,银行会尽量满足其需求。银行保持适当流动性,才可以在任何时候都兑现它的贷款承诺。

(3) 银行保持适当流动性,可以使银行及时把握有利可图的机会。银行既可以在需要时扩大其资产规模,又可以在不利的市场环境下出售其流动资产,避免资本亏损。

(三) 流动性风险与其他各类风险的关系

虽然流动性风险通常被认为是商业银行破产的直接原因,但实质上,流动性风险是信用风险、市场风险、操作风险、声誉风险及战略风险长期积累恶化的综合作用结果,流动性风险与各类风险之间的关系如表7-1所示。如果这些与流动性密切相关的风险不能及时得到有效控制,最终将以流动性危机的形式爆发出来。

表 7-1　　　　　　　　　　　流动性风险与各类风险的关系

名称	具体关系
流动性风险与信用风险	承担过高的信用风险可能导致不良贷款及违约损失大幅上升,贷款收益显著下降,从而增加流动性风险,如越来越多的贷款发放给高危险人群
流动性风险与市场风险	承担过高的市场风险(投机行为)可能因错误判断市场发展趋势,导致投资组合价值严重受损,从而增加流动性风险;如超限额持有/投机次级金融产品
流动性风险与操作风险	操作风险可能造成重大经济损失,从而对流动性状况产生严重影响,如法国兴业银行由于交易员违规交易衍生金融产品造成巨额损失,不得不接受政府救助
流动性风险与声誉风险	任何涉及商业银行负面消息可能影响声誉,进而削弱存款人和社会公众的信心并造成存款资金大量流失,最终使商业银行被动陷入流动性危机
流动性风险与战略风险	制定/实施新战略(如开发/推广新产品/业务)之前,应合理评估并预测其可能对商业银行经营状况/资产价值造成的不利影响,避免战略决策错误可能造成的重大经济损失,从而对流动性状况产生严重影响

资料来源:中国银行业从业人员资格认证办公室.风险管理[M].北京:中国金融出版社,2013。

二、流动性风险的成因

对于正常经营的银行来说,资产和负债期限的不匹配、利率水平的波动均可能导致流动性风险;而经营不善的银行,除上述原因外,信贷风险也会成为其流动性风险的重要诱因。此外,宏观政策也会导致流动性风险的产生。

【案例 7-1】　北岩银行流动性危机

北岩银行为英国经营不动产贷款业务的前五大银行之一,根据其资产负债表,北岩的资金只有 300 亿英镑来自吸收存款,剩下的 810 亿英镑完全依赖资本市场筹措。不同于其他银行的资本结构,并不违背 FSA 对银行流动性的要求。但是非预期的长时间信用扩大危机,却对北岩银行造成严重的伤害。

2007 年 8 月,北岩银行借新偿旧、循环信用的运作模式遇到困难,超高的资本必要回报率,让北岩银行股价像自由落体一样下跌,但主管机构依旧相信北岩银行不会有财务危机。9 月 13 日英格兰银行宣布紧急救援北岩银行,消息曝光后马上引发挤兑,逼得英国政府在 9 月 17 日宣布,所有存款百分之百由政府担保,以平息全面性挤兑风潮。到 2007 年年底,北岩银行仍有 80 亿英镑负债无法偿还,同时也流失了 150 亿英镑存款。最终在拍卖北岩银行连续流标两次后,英国政府于 2008 年 2 月 22 日将北岩银行国有化。若北岩银行以长期稳定的资本取代短期负债循环信用,或许就不会落到被迫国有化的下场。

第二节　流动性风险的监管与监测

中国银监会引入第三版巴塞尔协议的流动性风险监管内容,对商业银行流动性风险监管提出具有要求,重点包括合规性监管指标和用于分析、评估流动性风险的监测工具。

一、流动性风险监管指标

流动性风险监管指标包括流动性覆盖率、存贷比和流动性比率、净稳定资金比例等。商业银行应当持续达到规定的流动性风险监管指标最低监管比率。

(一) 流动性覆盖率

流动性覆盖率旨在确保商业银行具有充足的合格优质流动性资产,能够在中国银监会规定的流动性压力情景下,通过变现这些资产满足未来至少30天的流动性需求。流动性覆盖率的计算公式为:

$$\text{流动性覆盖率} = \frac{\text{合格优质流动性资产}}{\text{未来30天现金净流出量}} \times 100\% \qquad (7-1)$$

商业银行流动性覆盖率不低于100%。公式(7-1)中涉及的压力情景、合格优质流动性资产、现金净流出量的具体含义如下。

1. 压力情景

流动性覆盖率所设定的压力情景包括影响商业银行自身的特定冲击以及影响整个市场的系统性冲击,主要包括以下几个方面:

(1) 一定比例的零售存款流失;
(2) 无抵(质)押批发融资能力下降;
(3) 以特定抵(质)押品或特定交易对手进行短期抵(质)押融资能力下降;
(4) 银行信用评级下调1~3个档次,导致额外契约性现金流出或被要求追加额外抵(质)押品;
(5) 市场波动造成抵(质)押品质量下降、衍生产品的潜在远期风险暴露增加,导致抵(质)押品扣减比例上升、追加抵(质)押品等流动性需求;
(6) 银行向客户承诺的信用便利和流动性便利在计划外被提取;
(7) 为防范声誉风险,银行可能需要回购债务或履行非契约性义务。

2. 合格优质流动性资产

合格优质流动性资产是指在流动性覆盖率所设的压力情景下,能够通过出售或抵(质)押方式,在无损失或极小损失的情况下在金融市场快速变现的各类资产。

3. 现金净流出量

现金净流出量是指在流动性覆盖率所设定的压力情景下,未来30天的预期现金流出总量与预期现金流入总量的差额。预期现金流出总量是在流动性覆盖率所设定的压力情景下,相关负债和表外项目余额与其预计流失率或提取率的乘积之和。预期现金流入总量是在流动性覆盖率所设定的压力情景下,表内相关契约性应收项余额与其预计流入率的乘积之和。可计入的预期现金流入总量不得超过预期现金流出总量的75%。

(二) 存贷比

存贷比的计算公式为:

$$\text{非风险标杆率} = \frac{\text{一级资本}}{\text{资产} + \text{表外风险暴露}} \times 100\% \qquad (7-2)$$

$$存贷比 = \frac{贷款余额}{存款余额} \times 100\% \qquad (7-3)$$

商业银行的存贷比应当不低于75%。商业银行存贷比计算口径如下。

1. 计算存贷比分子（贷款）时，要扣除6项

（1）支农再贷款、支小再贷款所对应的贷款；

（2）"三农"专项金融债所对应的涉农贷款；

（3）小微企业专项金融债所对应的小微企业贷款；

（4）商业银行发行的剩余期限不少于1年，且债权人无权要求银行提前偿付的各类银行债券所对应的贷款；

（5）商业银行使用国际金融组织或外国政府转贷资金发放的贷款；

（6）村镇银行使用主发起行存放资金发放的农户和小微企业贷款。

2. 计算存贷比分母（存款）时，要增加2项

（1）银行对企业或个人发行的大额可转让存单；

（2）外资法人银行吸收的境外母行1年期以上存放净额。

（三）流动性比率

流动性比率的计算公式为：

$$流动性比率 = \frac{流动性资产余额}{流动性负债余额} \times 100\% \qquad (7-4)$$

商业银行的流动性比率应当不低于25%。

（四）净稳定资金比例

净稳定资金比例的计算公式为：

$$净稳定资金比例 = \frac{可用的稳定资金}{所需的稳定资金} \times 100\% \qquad (7-5)$$

商业银行的净稳定资金比例应当不低于100%。该指标可用引导商业银行减少资金运用和资金来源的期限错配，增加长期稳定资金来源，满足各类表内外业务对稳定资金的需求。可用的稳定资金是指在持续压力情景下，能确保在1年内都可作为稳定资金来源的权益类和负债类资金。所需的稳定资金等于商业银行各类资产和表外风险暴露项目与相应的稳定资金需求系数乘积之和，稳定资金需求系数是指各类资产或表外风险暴露项目需要由稳定资金支持的价值占比，净稳定资金比例主要关注长期流动性风险。

二、流动性风险监测指标

中国银监会应当从商业银行资产负债期限错配情况、融资来源的多元化和稳定程度、无变现障碍资产、重要比重流动性风险状况以及市场流动性方面，定期对商业银行和银行体系的流动性风险进行分析和监测。中国银监会应充分考虑单一的流动性分析监管指标和监测工具在反映商业银行流动性方面的局限性，综合运用多种方法和工具对流动性进行分析与监测。

（一）合同期限错配指标

中国银监会应当定期监测商业银行的所有表内外项目在不同时间段的合同期限错配情况，并分析其对流动性风险的影响。合同期限错配情况的分析和监测可以涵盖隔夜、7天、14

天、1个月、2个月、3个月、6个月、9个月、1年、2年、3年、5年和5年以上等多个时间段。监测指标包括但不限于各个时间段的流动性缺口和流动性缺口率。

1. 流动性缺口

流动性缺口是指以合同到期日为基础,按特定方法测算未来各个时间段到期的表内外资产和负债,并将到期资产与到期负债相减获得的差额。流动性缺口的计算公式为:

$$未来各个时间段的流动性缺口 = 未来各个时间段到期的表内外资产 - 未来各个时间段的表内外负债 \qquad (7-6)$$

2. 流动性缺口率

流动性缺口率是指未来各个时间段的流动性缺口与相应时间段到期的表内外资产的比例。流动性缺口率的计算公式为:

$$流动性缺口率 = \frac{未来各个时间段的流动性缺口}{相应时间段到期的表内外资产} \times 100\% \qquad (7-7)$$

(二) 商业银行融资来源多元化和稳定性程度指标

中国银监会应当定期监测商业银行融资来源的多元化和稳定程度,分析其对流动性风险的影响;按照重要性原则,分析商业银行的表内外负债在融资工具、交易对手和币种等多方面的集中度;对负债集中度的分析应当涵盖多个时间段。相关参考指标包括但不限于核心负债比例、同业市场负债比例、最大十户存款比例和最大十家同业融入比例。

1. 核心负债比例

核心负债比例是中长期较为稳定的负债占总负债的比例。核心负债比例计算公式为:

$$核心负债比例 = \frac{核心负债}{总负债} \times 100\% \qquad (7-8)$$

其中,核心负债包括距到期日三个月以上(含)的定期存款和发行债券,以及活期存款中的稳定部分;总负债是资产负债中负债总计的余额;活期存款中稳定部分按规定方法进行审慎估算。

2. 同业市场负债比例

同业市场负债比例是指商业银行从同业机构交易对手获得的资金占总负债比例。同业市场负债比例的计算公式为:

$$同业市场负债比例 = \frac{同业拆借 + 同业存放 + 卖出回购款项}{总负债} \times 100\% \qquad (7-9)$$

3. 最大十户存款比例

最大十户存款比例是指前十大存款客户存款合计占各项存款的比例。最大十户存款比例的计算公式为:

$$最大十户存款比例 = \frac{最大十户存款客户存款合计}{各项存款} \times 100\% \qquad (7-10)$$

4. 最大十家同业融入比例

最大十家同业融入比例是指商业银行通过同业拆借、同业存款和卖出回购款项从最大十家同业机构交易对手获得的资金占总负债的比例。最大十家同业融入比例的计算公式为:

$$\text{最大十家同业融入比例} = \frac{\text{最大十家同业机构交易对手同业拆借}+\text{同业存放}+\text{卖出回购款项}}{\text{总负债}} \times 100\% \tag{7-11}$$

(三) 商业银行无变现障碍资产指标

中国银监会应当定期监测商业银行无变现障碍资产的种类、金额和所在地。相关参考指标包括但不限于超额备付金率、优质流动性资产以及向中央银行或市场融资时可以用作抵(质)押品的其他资产。

1. 超额备付金率

超额备付金率是指商业银行的超额备付金与各项存款的比例。超额备付金率的计算公式为：

$$\text{超额备付金率} = \text{商业银行在中央银行的超额准备金存款} + \text{库存现金} \tag{7-12}$$

$$\text{超额备付金率} = \frac{\text{超额备付金}}{\text{存款总额}} \times 100\% \tag{7-13}$$

2. 优质流动性资产

优质流动性资产应当为无变现障碍资产,可以包括在压力情景下能够通过出售抵(质)押方式获取资金的流动性资产。

(四) 重要币种的流动性风险监测指标

中国银监会应当根据商业银行的外汇业务规模、货币错配情况和市场影响力等因素决定是否对其重要币种的流动性风险进行单独监测。相关参考指标包括但不限于重要币种的流动性覆盖率。重要币种的流动性覆盖率是指某种重要币种单独计算的流动性覆盖率,中国重要币种的流动性覆盖率的计算公式同流动性覆盖率。

(五) 金融市场的整体流动性风险监测指标

中国银监会应当密切跟踪研究宏观经济形势和金融市场变化对银行体系流动性的影响,分析、监测金融市场的整体流动性情况。中国银监会发现市场流动性紧张、融资成本高、优质流动性资产变现能力降低或丧失、流动性转移受限等情况时,应当及时分析其对商业银行融资能力的影响。中国银监会用于分析、监测市场流动性的相关参考指标包括但不限于银行间市场相关利率及成交量、国库定期存款招标利率、票据转贴现利率及证券市场相关指数。

第三节 流动性风险管理的方法

从表面上看,银行的流动性风险是一个比较简单的概念,但对它进行衡量不是一件易事。银行流动性风险的计量方法基本反映了在一定历史背景下,银行对流动性风险管理的认识过程。流动性风险总是伴随其他风险而产生,是一种间接风险,VaR方法不适用于流动性风险。流动性风险应在不同的银行和市场系统情景下进行分析。

一、现金流量管理

现金流量管理是识别、计量和监测流动性风险的重要工具,商业银行应当建立现金流测算和分析框架，有效计量、监测和控制正常压力情景下未来不同时间段的现金流缺口。现金流测算和分析应当涵盖资产和负债未来现金流以及或有资产和或有负债的潜在现金流，并充分考虑支付结算、代理和托管等业务对现金流的影响。

（一）现金流测算分析的基本方法

（1）商业银行应当在涵盖表内外各项业务的基础上，按照本外币合计和重要币种，区分正常和压力情景，并考虑资产负债未来增长，分别测算未来不同时间段的现金流入和流出，并形成现金流量报告。

（2）未来现金流可分为确定到期日现金流和不确定到期日现金流。确定到期日现金流是指有明确到期日的表内外业务形成的现金流。不确定到期日现金流是指没有明确到期日的表内外业务（如活期存款）形成的现金流。商业银行应当按照审慎性原则测算不确定到期日现金流。

（3）商业银行应当合理评估未提取的贷款承诺、信用证、保函、银行承兑汇票、衍生产品交易、因其他履约事项可能发生的垫款、为防范声誉风险而超出合同义务进行支付等所带来的潜在流动性需求，将其纳入现金流测算和分析，并关注相关客户的信用状况、偿债能力和财务状况变化对潜在流动性需求的影响。

（4）商业银行在测算未来现金流时，可以按照审慎性原则进行交易客户的行为调整。商业银行所使用的行为调整假设应当以相关历史数据为基础，经充分论证和适当程序审核批准，并进行事后检验，以确保其合理性。

（5）商业银行各个时间段的现金流缺口为该时间段的现金流入与现金流出的差额。根据重要性原则，商业银行可以选定部分现金少、发生频率低的业务不纳入现金流缺口的计算，但应当经内部适当程序审核批准。

（二）现金缺口的设定原则

商业银行应当按照以下原则设定未来特定时间段的现金流缺口限额：

（1）商业银行应当预测其未来特定时间段内的融资能力，尤其是来自银行或非银行机构的批发融资能力，并依据压力情景下的预测进行适当调整；

（2）商业银行应当按照合理审慎的方法计算优质流动性资产变现所能产生的现金流入；

（3）商业银行设定现金流缺口限额时应当充分考虑支付结算、代理和托管等业务对现金流的影响。

二、流动性预警与限额管理

（一）流动性预警

商业银行要根据业务规模、性质、复杂程度及风险状况，监测可能引发流动性风险的特定情景或事件，采用适当的预警指标，前瞻性地分析其对流动性风险的影响。可能引发流动性风险的情景或事件包括以下几个方面：

（1）资产快速增长，负债波动性显著增加；

（2）资产或负债集中度上升；

（3）负债平均期限下降；

（4）批发或零售存款大量流失；

(5) 批发或零售融资成本上升；
(6) 难以继续获得长期或短期融资；
(7) 期限或货币错配程度增加；
(8) 多次接近内部限额或监管标准；
(9) 表外业务、复杂产品和交易对流动性的需求增加；
(10) 银行资产质量、盈利水平和总体财务状况恶化；
(11) 信用评级下降，股票价格下跌等。

(二) 限额管理

商业银行应当对流动性风险实施限额管理，根据其业务规模、性质、复杂程度、流动性风险偏好和外部市场发展变化情况，设定流动性风险限额。

(1) 限额管理的内容。流动性风险限额包括但不限于现金流缺口限额、负债集中度限额、集团内部交易和融资限额。

(2) 限额管理的方法。商业银行应当制定流动性风险限额管理的政策和程序，建立流动性风险限额设定、调整的授权制度、审批流程和超限额审批程序，至少每年对流动性风险限额进行一次评估，必要时进行调整。

三、压力测试与应急计划

(一) 压力测试

商业银行流动性管理应通过压力测试来分析银行承受压力事件的能力，考虑并预防未来可能的流动性危机，提高流动性压力情景下履行支付义务的能力。商业银行应当建立流动性压力测试制度，分析其承受短期和中长期压力情景的能力。商业银行流动性风险压力测试的参考压力情景为：

(1) 流动性资产变现能力大幅下降；
(2) 批发和零售存款大量流失；
(3) 批发和零售资产的可获得性下降；
(4) 融资期限缩短或融资成本提高；
(5) 表外业务、复杂产品和交易对流动性造成损耗；
(6) 交易对手要求追加抵(质)押品或减少融资金额；
(7) 主要交易对手违约或破产；
(8) 信用评级下调或声誉危险上升；
(9) 母公司或集团内部其他机构出现流动性危机；
(10) 市场流动性状况出现重大不利变化；
(11) 跨境或跨机构流动性转移受到限制；
(12) 中央银行融资渠道发生重大变化或银行支付清算系统突然中断运行。

(二) 应急计划

商业银行应当根据其业务规模、性质、复杂程度、风险水平、组织架构及市场影响力，充分考虑压力测试结果，制订有效的流动性风险应急计划，确保其可以应对紧急情况下的流动性需求。商业银行每年对应急计划进行一次测试和评估，必要时进行修订。

1. 触发应急计划的情景

(1) 流动性临时中断,如电子支付系统突然出现运作故障或者其他紧急情况;

(2) 信用评级大幅下调或出现重大声誉风险;

(3) 交易对手大幅减少融资金额或主要交易对手违约或破产;

(4) 特定的流动性风险内部监测指标达到触发值;

(5) 本机构发生挤兑事件;

(6) 母公司或集团内部其他机构出现流动性危机并可能导致流动性分析传染;

(7) 市场大幅震荡,流动性枯竭。

2. 商业银行的应急措施

(1) 资产方应急措施包括但不限于变现货币市场资产,出售原定持有至到期的证券,出售长期资产、固定资产或某些业务条线(机构)等;

(2) 负债方应急措施包括但不限于从货币市场融资、寻求中央银行融资便利;

(3) 应当在考虑法律、监管、操作和时差限制等因素的影响下评估集团内跨境机构和跨境流动性转移的可能性。

3. 危机期间内外部信息沟通和报告

(1) 危机处理小组的构成、职责分工和联系方式;

(2) 相应的制度和系统支持,明确董事会、高级管理层及时收到相关报告、了解银行流动性风险的严重程度;

(3) 银行高级管理层、负责流动性风险管理的部门、其他相关部门以及员工之间的信息沟通;

(4) 危机处理小组与外界,包括政府部门、监管机构、分析师、投资者、中介机构、媒体、主要客户和其他利益相关者的沟通。

【案例7-2】 中国式"钱荒"

"钱荒"是由于流通领域内货币相对不足而引发的一种金融现象。在中国,则因为货币政策相对紧缩,银行体系内萌生资金紧缺现象,并在资本市场上放大。银行体系呈现资金缺乏,但民间却游资过剩,这种不对称的货币现象,折射出金融领域和实体经济发展的不平衡与不匹配。

2011年年初,长三角和珠三角的民营企业普遍反映融资困难,然而这些企业运营健全,丝毫没有会破产的危险。这使得当地的民间金融变得异常活跃,引来私募股权基金募资的热潮,吸引那些不堪银行负利率的客户将所拥有的大额资金投入民间借贷。当私募股权投资基金实现了高额回报,就会迫使遭遇"钱荒"的银行也不得不开始发行各种高回报率的理财产品来争夺被民间金融市场夺走的客户。因此每逢关键时点,银行就会来一场抢钱风暴。

2013年5月份开始,金融市场的资金利率全线攀升,大型银行也无法置身事外,终于在2013年6月19日也加入抢钱大军的行列,让银行间隔夜头寸拆借利率一下子飙升578个基点,达到13.44%,创下历史纪录。2014年年初,银行体系再度拉起资金吃紧的警报,1月21日中国人民银行向一级交易商购买有价证券,开展共计2 550亿元的逆回购,其中750亿元为7天的逆回购,1 800亿元为21天的逆回购,另外再通过常备借贷便利,向大型商业银行提供短期流动性资金1 200亿元人民币。2014年6月人民银行已连续六周向市场注资,以缓解年中资金紧缩潮,缓和"钱荒"压力。

一般认为造成"钱荒"的原因有下列四点:

(1) 经济权力错配。国企在经济发展基础要素方面的支配地位,使得中国实体经济发展的成本越来越大,加上较高的税负侵蚀实体企业的盈利能力,因此刺激资本进入财务操作的投资行业,从而导致经济发展空洞化。随着实体经济的空虚,政府的企业税征收范围缩小,税收总量减少,但政府国防、保障房和其他社会保障等刚性财政开支却逐步增加,所以政府的财政收支缺口越来越大。

(2) 资金错配。虽然银行缺钱、股市缺钱、中小企业缺钱,但货币的供应量充裕,大型企业依然大力购买银行理财产品,民间借贷依旧风风火火。这种资金错配不仅发生在金融货币面,也发生在消费面,大众追逐房地产,严重挤压消费市场总量,也妨碍了实体经济发展。因此,中国式"钱荒"不是没有钱,而是钱没有出现在正确的地方,是一场资金错配导致的结构性资金紧张。

(3) 资金套利。美联储量化宽松政策将随着美国经济回稳复苏而逐渐退出,使得资金外流的速度开始加快。同时在利率尚未市场化的情况下,国有企业较容易以较低的成本获得资金,并通过委托贷款等方式进行套利。除此之外,金融机构也通过杠杆投资和期限错配套取利差。所以不是没有钱的问题,而是钱如何利用、用在何处的问题。

(4) 监管要求。银监会针对国家外汇管理局2013年5月5日发布的《关于加强外汇资金流入管理有关问题的通知》的落实情况展开检查,迫使银行将表外非标资产转移至表内同业资产,直接挤压同业拆借额度。另外随着杠杆率的不断放大,银行体系的人民币超额备付金逐渐下降,代表流动性的边际承受力将严重不足。《商业银行法》规定存贷比不得低于75%,但监管机构只在季末、年中和年末进行考核,造成商业银行为了满足定点式的监管要求,总是在期限将到前急忙拉存和揽储,并压缩贷款和推迟贷款,如此自然形成周期性循环的"钱荒"现象。

而目前中国人民银行向市场注资的模式,并无法彻底解决"钱荒"问题。具体的方法包括:首先,必须从商业银行改变自身业务结构开始,将扩大贷款规模赚取最大收益的运营模式,转向发展中间业务和表外业务,提高以服务中介为主的收入比重,这样商业银行就不需要周期性的加入抢钱大军行列。其次,引导大量的社会闲散资金,在具备条件下依法发起设立中小型银行等金融机构,一方面扩大民间资本投资渠道,另一方面也有效解决小微企业融资困难的问题。再次,在已有存款准备金和超额存款准备金的基础上,又规定了存贷比,严重压缩商业银行可贷资金的规模,并打压了商业银行的盈利空间。监管机构应该将监管重心放在存款准备金和超额存款准备以及资本充足率和核心资本充足率的考核上,并使监管日常化、常态化,避免时点突击考核造成周期性波动。最后,政府应该给所有的生产性企业一个公平的竞争环境,降低民营企业和中小企业的税负、物流成本,才能彻底阻止产业资本流动金融系统空转。以上,多管齐下才可以从根本上解决中国式的"钱荒"问题。

本章小结

流动性风险是商业银行日常经营过程中随时都会面临的一种风险,也是我国目前对商业银行进行风险控制的重要内容之一。本章首先对流动性风险进行了界定,分析了流动性风险的成因,对比了流动性风险与其他各类风险的区别与联系,阐述了流动性风险管理体系的构成。其次,对流动性风险的监管与监测指标进行介绍,监管指标主要包括流动性覆盖率、存贷比、流动性比率、净稳定资金比例,监测指标主要包括合同期限错配指标、商业银行融资来源多元化和稳定程度指标、商业银行无变现障碍资产指标、重要币种流动性监测指标和金融市场整体流动性风险监测指标。最后,介绍了流动性风险的管理办法,主要包括资产和负债的流动性资产管理、现金流量管理、流动性预警、限额管理、压力测试和应急计划等。

思考题

1. 什么是流动性?其包括哪些构成要素?
2. 什么是流动性风险?其表现形式有哪些?
3. 流动性风险的形成原因有哪些?请举例说明。
4. 什么是流动性风险管理体系?包括哪些基本要素?
5. 流动性风险的监管指标有哪些?请举例说明。
6. 流动性风险的监测指标有哪些?请举例说明。
7. 流动性风险的管理办法有哪些?请举例说明。

第八章　市场风险管理

学 习 目 标

- 了解市场风险的概念与种类；
- 掌握标准计量法的各项资本要求；
- 掌握缺口分析、久期分析、外汇敞口分析和情景分析的基本内容；
- 熟悉市场风险的管理体系、政策与程序；
- 掌握市场风险限额管理与内部控制的基本方法。

学 习 重 点

- 掌握利率风险、股票价格风险与外汇风险的内涵与要求；
- 掌握缺口分析、久期分析的内容与操作方法；
- 掌握外汇敞口分析与情景分析的基本内容；
- 掌握市场风险限额管理的种类与要求；
- 掌握市场风险管理内部控制的内容与基本做法。

第一节　市场风险概述

一、市场风险的概念和种类

市场风险是指因市场价格（利率、汇率、股票价格和商品价格）的不利变动而使商业银行表内和表外业务发生损失的风险。市场风险可以分为利率风险、汇率风险（包括黄金）、股票价格风险和商品价格风险，分别是指由于利率、汇率、股票价格和商品价格的不利变动所带来的风险。商业银行实际业务中面临的最为主要的风险是利率风险。

（一）利率风险的概念与种类

1. 利率风险的概念

利率是连接货币因素与实际经济因素的中介变量，它的波动与金融资产的价值和收益直接相关，任何意外的利率波动都可能给金融参与者（包括银行、企业和个人）带来严重的后果。利率风险是由利率水平变动的不确定性所导致的行为人遭受损失的可能性。对于利润一般来自资产收益率与负债成本率之间差额的金融机构来说,一旦其资产与负债的到期日匹配不当,就有可能把自己暴露于利率风险之中。自20世纪70年代金融自由化浪潮开始之后,西方各国纷纷放弃了严格的利率管制政策,先后推出了浮动利率资产和浮动利率负债,这就导致了利率敏感性缺口(利率风险敞口)的形成,人们对利率风险管理的重要性也有了更为深刻的认识。利率风险管理就是采取各种措施,监测、控制和化解利率风险,将其所带来的损失降低到最低程度。

2. 利率风险的种类

根据中国银监会颁布的《商业银行市场风险管理指引》(2004年12月),利率风险按照来源不同,可以分为重新定价风险、收益率曲线风险、基准风险和期权性风险。

(1) 重新定价风险(Repricing Risk),也称为期限错配风险,是最主要和最常见的利率风险形式,来源于银行资产、负债和表外业务到期期限(就固定利率而言)或重新定价期限(就浮动利率而言)所存在的差异。这种重新定价的不对称性使银行的收益或内在经济价值会随着利率的变动而变化。例如,如果银行以短期存款作为长期固定利率贷款的融资来源,当利率上升时,贷款的利息收入是固定的,但存款的利息支出会随着利率的上升而增加,从而使银行的未来收益减少,经济价值降低。

(2) 收益率曲线风险(Yield Curve Risk)。重新定价的不对称性也会使收益率曲线的斜率、形态发生变化,即收益率曲线的非平行移动,对银行的收益或内在经济价值产生不利影响,从而形成收益率曲线风险,也称为利率期限结构变化风险。例如,若以5年期政府债券的空头头寸为10年期政府债券的多头头寸进行保值,当收益率曲线变陡的时候,虽然上述安排已经对收益率曲线的平行移动进行了保值,但该10年期债券多头头寸的经济价值还是会下降。

(3) 基准风险(Basis Risk),也称为利率定价基础风险,是另一种重要的利率风险来源。在利息收入和利息支出所依据的基准利率变动不一致的情况下,虽然资产、负债和表外业务的重新定价特征相似,但因其现金流和收益的利差发生了变化,也会对银行的收益或内在经济价值产生不利影响。例如,一家银行可能用1年期存款作为1年期贷款支撑融资来源,贷款按照美国国库券利率每月重新定价一次,而存款则按照伦敦同业拆借市场利率每月重新定价一次。虽然以1年期的存款为来源发放1年期的贷款,由于利率敏感性负债与利率敏感性资产的重新定价期限完全相同而不存在重新定价风险,但因为其基准利率的变化可能不完全相关、变化不同步,仍然会使该银行面临因基准利率的利差发生变化而带来基准风险。

(4) 期权性风险(Optionality Risk),是一种越来越重要的利率风险,来源于银行资产、负债和表外业务中所隐含的期权。一般而言,期权赋予其持有者买入、卖出或以某种方式改变某一金融工具或金融合同的现金流量的权利,而非义务。期权可以是单独的金融工具,如场内(交易所)交易期权和场外期权合同,也可以隐含于其他的标准化金融工具之中,如债券或存款的提前兑付、贷款的提前偿还等选择性条款。一般而言,期权和期权性条款都是在对买方有利而对卖方不利时执行,因此,此类期权性工具因具有不对称的支付特征而会给卖方带来风险。比如,若利率变动对存款人或借款人有利,存款人就可能选择重新安排存款,借款人可能选择重新安排贷款,从而对银行产生不利影响。如今,越来越多的期权品种因具有较高的杠杆效应,还会进一步增大期权头寸可能对银行财务状况产生的不利影响。

(二) 汇率风险

汇率风险是指由于汇率的不利变动而导致银行业务发生损失的风险。汇率波动取决于外汇市场的供求状况，主要包括国际收支、通货膨胀率、利率政策、汇率政策、市场预期、投机冲击等，以及各国国内的政治、经济等多方面因素。汇率风险通常源于以下业务活动：商业银行为客户提供外汇交易服务或进行自营外汇交易，不仅包括外汇即期交易，还包括外汇远期、期货、互换和期权等交易；银行账户中的外币业务，如外币存款、贷款、债券投资、跨境投资等。

目前国际货币体系里汇率自由浮动是最主要的特征，其波动给银行经营外汇业务带来汇率风险。自从2005年7月人民币汇率形成机制改革实施以来，人民币汇率风险明显上升。当商业银行经营外汇业务时，外汇汇率的不利变动可能导致银行相关资产贬值或者负债规模增大，从而使银行形成亏损。对外贸易、国际投/融资和国际资本流动量的增大，商业银行的汇率风险管理的重要性也在日益上升。汇率风险管理主要是对汇率风险的特性及其影响因素进行识别，通过某些金融工具加以管理，使之控制在银行所能承受的范围内。

（三）股票价格风险

股票价格风险是指由于股票价格发生不利变动而给商业银行带来损失的风险。每个股票市场至少应包含一个用于反映股价变动的综合市场风险因素（如股指）。投资于个股或行业股指的头寸可表述为与该综合市场风险因素相对应的"贝塔"（Beta）等值。股票价格的波动既有宏观经济的因素，也有许多行业中观和企业微观等因素掺杂在一起造成的。相对于汇率和利率的波动来说，股票等有价证券的价格波动更难寻找规律，也不易被商业银行管理者所察觉。

（四）商品价格风险

商品价格风险是指商业银行所持有的各类商品及其衍生头寸由于商品价格发生不利变动而给商业银行造成经济损失的风险。这里所述的商品主要是指可以在场内自由交易的农产品、矿产品（包括石油）和贵金属等，尤其以商品期货形式为主。商品价格波动取决于国家的经济形势、商品市场的供求状况和国际炒家的投机行为等。

值得注意的是，商品价格风险中所述的商品不包括黄金这种贵金属。原因是黄金曾长时间在国际结算体系中发挥国际货币职能（充当外汇资产）。尽管在布雷顿森林体系崩溃后，黄金不再法定地充当国际货币，但在实践中，黄金仍然是各国外汇储备资产的一种重要组成形式。为了保持各国外汇统计口径的一致性，黄金价格波动被纳入商业银行汇率风险的范畴。

二、市场风险管理的目标与流程

市场风险管理的目标是通过将市场风险控制在商业银行可以承受的合理范围内，实现经风险调整的收益率的最大化。

市场风险管理是识别、计量、监测和控制市场风险的全过程。商业银行应当充分识别、准确计量、持续监测和适当控制所有交易和非交易业务中的市场风险，确保在合理的市场风险水平之下安全、稳健经营。商业银行所承担的市场风险水平应当与其市场风险管理能力和资本实力相匹配。为了确保有效进行市场风险管理，商业银行应当将市场风险的识别、计量、监测和控制与全行的战略规划、业务决策和财务预算等经营管理活动进行有机结合。

【案例8-1】 汇率风险不容忽视

XH玩具有限公司，主要生产制造玩具、拖鞋等，产品以出口为主，主要客户为国外大型超市等。2015年7月,某分行与XH玩具有限公司首次发生业务往来,给予该客户1 500万元流贷,由××机械制造有限公司保证。2015年下半年以来,由于人民币进入贬值通道,受汇率变动影响,XH玩具有限公司未能核算好给客户的定价,造成生产成本的上升,最终导致现金流恶化,无法偿还到期贷款。

【案例8-2】 质押股票市场波动风险

2016年年初以来,股票市场大幅波动,A分行授信质押的股票价格持续下降,质押率不断上升,其中××科技有限公司、××投资控股有限公司质押给该分行的股票(分别对应授信1.3亿元和1亿元)已低于或接近平仓线。为落实审批条件,切实防范第二还款来源不足风险,分行及时通知上述两家借款人,通过追加质押股票方式将质押率恢复至安全范围内。

第二节 市场风险的计量

一、标准法计量市场风险

市场风险的计量应覆盖商业银行交易账户中的利率风险和股票价格风险,以及全部汇率风险和商品价格风险。交易账户包括为交易目的或对冲交易账户其他项目的风险而持有的金融工具和商品头寸。根据《商业银行资本管理办法(试行)》的规定,商业银行市场风险加权资产为市场风险资本要求的12.5倍。商业银行采用标准法计量市场风险资本要求,应当分别计量利率风险、汇率风险、商品价格风险和股票价格风险的资本要求,并单独计量以各类风险为基础的期权风险的资本要求。

(一)利率风险资本要求

利率风险包括交易账户中的债券(固定利率和浮动利率债券、央行票据、可转让存单、不可转换优先股及按照债券交易规则进行交易的可转换债券)、利率及债券衍生工具头寸的风险。利率风险资本要求包括特定市场风险资本要求和一般市场风险资本要求两部分。

1. 特定市场风险资本要求

特定市场风险资本计提比率见表8-1。

表8-1 特定市场风险资本计提比例

类 别	发行主体外部评级	特定市场风险资本计提比率
政府债券	AA-以上(含AA-)	0
	A+至BBB-(含BBB-)	0.25%(剩余期限不超过6个月)
		1.00%(剩余期限为6至24个月)
		1.60%(剩余期限为24个月以上)
	BB+至B-(含B-)	8.00%
	B-以下	12.00
	未评级	8%

续 表

类 别	发行主体外部评级	特定市场风险资本计提比率
合格债券	BB+以上(不含 BB+)	0.25%(剩余期限不超过 6 个月) 1.00%(剩余期限为 6 至 24 个月) 1.60%(剩余期限为 24 个月以上)
其他	外部评级为 BB+以下(含)的证券以及未评级债券的资本计提比率为证券主体所适用的信用风险权重除以 12.5	

资料来源:温红梅,姚凤阁,林岩松.金融风险管理[M].大连:东北财经大学出版社,2015.

2. 一般市场风险资本要求

一般市场风险资本要求包含三个部分:第一,每时段内加权多头和空头头寸可相互对冲的部分所对应的垂直资本要求。第二,不同时段加权多头和空头头寸可相互对冲的部分所对应的横向资本要求。第三,整个交易账户的加权净多头和净空头所对应的资本要求。

商业银行可采用到期日法或久期法计算利率风险的一般是市场风险资本要求。

(1) 到期日法。商业银行采用到期日法计算一般市场风险资本要求,应先对各头寸划分时段和时区。时段的划分和匹配的风险权重由中国证监会规定,时区的划分和匹配的风险权重也由中国证监会规定。

(2) 久期法。经中国银监会审核,商业银行可以使用久期法计量一般市场风险资本要求。一旦选择使用久期法,应持续使用该方法,如变更方法需经中国银监会认可。

3. 利率及债券衍生工具

利率衍生工具包括受利率变化影响的衍生金融工具,如利率期货、远期利率协议、利率互换及交叉货币互换合约、利率期权及远期外汇头寸。债券衍生工具包括债券的远期、期货和债券期权。衍生工具应转换为基础工具,并按基础工具的特定市场风险和一般市场风险的方法计算资本要求。利率和货币互换、远期利率协议、远期外汇合约、利率期货以及利率股指期货不必计算特定市场风险资本要求;如果期货合约的基础工具是债券或代表债券组合的指数,则应根据发行主体的信用风险计算特定市场风险资本要求。

(二) 股票价格风险资本要求

股票价格风险是指交易账户中股票及股票衍生金融工具头寸风险。其中,股票是指按照股票交易规则进行交易的所有金融工具,包括普通股(不考虑是否具有投票权)、可转换债券和买卖股票的承诺。

1. 特定市场风险和一般市场风险

特定市场风险资本要求等于不同市场中各类股票多头头寸绝对值及空头头寸绝对值之和乘以 8%后所得各项数值之和。一般市场风险对应的资本要求等于各不同市场中各类多头及空头头寸抵消后股票净头寸的绝对值乘以 8%的所得各项数值之和。

2. 股票衍生工具

股票衍生工具包括股票和股票指数的远期、期货和互换合约。衍生工具应转化为基础工具,并按基础工具的特定市场风险和一般市场风险的方法计算资本要求。

（三）外汇风险资本要求

外汇风险是指外汇（包括黄金）及外汇衍生金融工具头寸的风险。

1. 结构性外汇风险暴露

结构性外汇风险暴露是指结构性资产或负债形成的非交易性的外汇风险暴露。结构性资产或负债指经营上难以避免的策略性外币资产或负债，包括经扣除折旧后的固定资产和物业；与记账本位币所属货币不同的资本（营运资金）和法定储备；对海外附属公司和关联公司的投资；为维持资本充足率稳定而持有的头寸。

2. 外汇风险的资本要求

外汇风险的资本要求等于净风险暴露头寸总额乘以8%。净风险暴露头寸总额等于以下两项之和：一是外币资产组合（不包括黄金）的净多头头寸之和（净头寸为多头的所有币种的净头寸之和）与净空头头寸之和（净头寸为空头的所有币种的净头寸之和的绝对值）中的较大者；二是黄金的净头寸。

3. 外汇衍生工具

外汇衍生工具应转化为基础工具，并按基础工具的方法计算市场风险资本要求。

（四）商品价格风险资本要求

商品价格风险资本要求适用于商品、商品远期、商品期货、商品互换。本书的商品是指可以在二级市场买卖的实物产品，如贵金属（不包括黄金）、农产品和矿物（包括石油）等。

（1）商品价格风险对应的资本要求等于以下两项之和：一是各类商品净头寸的绝对值之和乘以15%；二是各类商品总头寸（多头头寸加上空头头寸的绝对值）之和乘以3%。

（2）商品衍生工具应转换为名义商品，并按上述方法计算资本要求。

（五）期权风险资本要求

期权风险资本计提有两种方法：一种是简易法，另一种是高级法（德尔塔＋，Delta-Plus）。简易法适合只存在期权多头的金融机构，德尔塔＋法适合同时存在期权空头的金融机构。

1. 简易法

（1）银行如持有现货多头和看跌期权多头，或持有现货空头和看涨期权多头，资本要求等于期权合约对应的基础工具的市场价值乘以特定市场风险和一般市场风险资本要求比率之和，再减去期权溢价。资本要求最低为零。

（2）银行如持有看涨期权多头或看跌期权多头，资本要求等于基础工具的市场价值乘以该基础工具特定市场风险和一般市场风险资本要求比率之和与期权市场价值两者中的较小者。

2. 德尔塔＋法

期权基础工具的市值乘以该期权的德尔塔值得到德尔塔加权期权头寸，然后将德尔塔加权头寸加入到基础工具的头寸中计算资本要求。

二、缺口分析

缺口分析用来衡量利率变动对银行当期收益的影响。具体而言，就是将银行所有生息资产和付息负债按照重新定价的期限划分到不同的时间段(如1个月以内、1至3个月、3个月至1年、1至5年、5年以上等)。在每个时间段内,将利率敏感性资产减去利率敏感性负债,再加上表外业务头寸,就得到该时间段内的重新定价"缺口"。以该缺口乘以假定的利率变动,即得出这一利率变动对净利息收入变动的大致影响。

当与某一时段内的资产(包括表外业务头寸)大于负债时,就产生了正缺口,即资产敏感性缺口,此时,市场利率下降会导致银行的净利息收入下降。相反,当某一时段内的负债大于资产(包括表外业务头寸)时,就产生了负缺口,即负债敏感性缺口,此时,市场利率上升会导致银行的净利息收入下降。缺口分析中的假定利率变动可以通过多种方式来确定,如根据历史经验、银行管理层的判断以及模拟可能的未来利率变动等。资金缺口、利率敏感比率、利率变动与银行净利息收入变动之间的关系,如表8-2所示。

表8-2 资金缺口、利率敏感比率、利率变动与银行净利息收入变动之间的关系

资金缺口	利率敏感比率	利率变动	利息收入变动	变动幅度	利息支出变动	净利息收入变动
正值	>1	上升	增加	>	增加	增加
正值	>1	下降	减少	>	减少	减少
负值	<1	上升	增加	<	增加	减少
负值	<1	下降	减少	<	减少	增加
零	=1	上升	增加	=	增加	不变
零	=1	下降	减少	=	减少	不变

资料来源:庄毓敏.商业银行业务与经营[M].北京:中国人民大学出版社,2014.

缺口分析是对银行资产负债利率敏感度进行分析的重要方法之一,是银行业较早采用的利率风险计量方法。因其计算简便,清晰易懂,目前仍广泛应用于利率风险管理领域。但缺口分析也存在一定的局限性:

(1) 缺口分析假定同一时间段内的所有头寸的到期时间或重新定价时间相同,因此,忽略了同一时段内不同头寸的到期时间或利率重新定价期限的差异。时间段划分越粗略且在同一时间段内的加总程度越高,对计量结果精确性的影响越大。

(2) 缺口分析只考虑了由于重新定价期限的不同而带来的利率风险(即重新定价风险),而未考虑当利率水平变化时,各种金融产品因基准利率的调整幅度不同产生的利率风险(即基准风险)。同时,缺口分析也未考虑因利率环境改变而引起的支付时间的变化,如忽略了具有期权性风险的头寸在收入方面的变化。

(3) 非利息收入日益成为银行当期收益的重要来源,但大多数缺口分析未能反映利率变动对非利息收入的影响。

(4) 缺口分析主要衡量利率变动对银行当期收益的影响,未考虑利率变动对银行整体经济价值的影响,所以只能反映利率变动的短期影响。因此,缺口分析只是一种相对初级并且粗略的利率风险计量方法。

三、久期分析

久期分析也称为持续期分析或期限弹性分析,也是对银行资产负债利率敏感度进行分析

的重要方法,主要用于衡量利率变动对银行整体经济价值的影响。具体而言,就是对各时段的缺口赋予相应的敏感性权重,得到加权缺口,然后对所有时段的加权缺口进行汇总,以此估算某一给定的小幅(通常小于1%)利率变动可能会对银行经济价值产生的影响。各时段的敏感性权重通常是由假定的利率变动乘以该时段的假定平均久期来确定。一般而言,金融工具到期日距下一次重新定价日的时间越长,并且在到期日之前支付的金额越小,则久期的绝对值越高,表明利率变动对银行的经济价值产生较大的影响。利率变动、久期缺口与银行净值变动额之间的关系,如表8-3所示。

表8-3　　　　　　　　银行净值变动额、久期缺口与市场利率变动之间的关系

久期	利率变动	资产现值变动	变动幅度	负债现值变动	股权市场价值变动
正值	上升	减少	>	减少	减少
正值	下降	增加	>	增加	增加
负值	上升	减少	<	减少	增加
负值	下降	增加	<	增加	减少
零	上升	减少	=	减少	不变
零	下降	增加	=	增加	不变

资料来源:庄毓敏.商业银行业务与经营[M].北京:中国人民大学出版社,2014.

银行可以对以上的标准久期进行演变。例如,可以不采用对每一时段头寸使用平均久期的做法,而是通过计算每项资产、负债和表外头寸的精确久期来计量市场利率变化所产生的影响,从而消除加总头寸/现金流量时可能产生的误差。另外,银行还可以采用有效久期分析法,即对不同的时段运用不同权重,在特定的利率变化情况下,假想金融工具市场价值的实际百分比变动,来设计各时段的风险权重,从而更好地反映市场利率的显著变动所导致的价格的非线性变化。

久期分析是一种更为先进的利率风险计量方法,能计量利率风险对银行整体经济价值的影响,即估算利率变动对所有头寸的未来现金流现值的影响,从而对利率变动的长期影响进行评估,并且更为准确地计量利率风险敞口。但久期分析同样存在一定的局限性:

(1)如果在计算敏感性权重时对每一时段使用平均久期,即采用标准久期分析法,久期分析仍然只能反映重新定价风险,不能反映基准风险及因利率和支付时间的不同而导致的头寸的实际利率敏感性差异,也不能很好地反映期权性风险。

(2)对于利率的大幅变动(大于1%),由于头寸价格的变化与利率的变动无法近似为线性关系,久期分析的结果就不再准确,需要进行更为复杂的技术调整。

四、外汇敞口分析

外汇敞口分析是衡量汇率变动对银行当期收益影响的一种方法。外汇敞口主要来源于银行表内外业务中的货币金额和期限错配。例如,在某一个时段内,银行某一币种的多头头寸与空头头寸不一致时,其差额就形成了外汇敞口。在存在外汇敞口的情况下,汇率变动可能会给银行的当期收益或经济价值造成损失,从而形成汇率风险。

在进行外汇敞口分析时,银行应当分析单一币种的外汇敞口,以及各币种敞口折算成报告货币并加总轧差后形成的外汇总敞口。对单一币种的外汇敞口,银行应当分析即期外汇敞口、远期外汇敞口和即期、远期加总轧差后的外汇敞口。银行还应当对银行账户和交易账户形成的外汇敞口加以区分。对因外汇敞口而产生的汇率风险,银行通常采用套期保值和限额管理等方式进行控制。外汇敞口限额包括对单一币种的外汇敞口限额和外汇总敞口限额。

外汇敞口分析是银行业较早采用的汇率风险计量方法,具有计算简便、清晰易懂的优点。但外汇敞口分析也存在一定的局限性,主要是忽略了各币种汇率变动的相关性,难以揭示由各币种汇率变动的相关性所带来的汇率风险。

五、情景分析

情景分析是一种多因素分析方法,结合设定的各种可能情景的发生概率,研究多种因素同时作用时可能产生的影响。在情景分析中,要注意各种头寸的相关关系和相互作用。情景分析所用的情景通常包括基础情景、最好的情景和最坏的情景。情景可以人为设定(如直接使用历史上发生过的情景),也可以从对市场风险要素历史数据的变动统计分析中得到,或通过运行描述在特定情况下市场风险要素变动的随机过程得到。例如,银行可以分析利率、汇率同时发生变化时可能对市场风险水平产生的影响,也可以分析在发生历史上出现过的政治、经济事件或金融危机以及一些假设事件时,其市场风险状况可能的变化。

第三节 市场风险管理

商业银行应当建立与本行的业务性质、规模和复杂程度相适应的、完善的、可靠的市场风险管理体系。市场风险管理体系的基本要素包括:董事会和高级管理层的有效监控,完善的市场风险管理政策和程序,完善的市场风险识别、计量、监测和控制程序,完善的内部控制和独立的外部审计,适当的市场风险资本分配机制。

一、市场风险的管理体系

市场风险的管理体系主要涉及的部门有董事会、高级管理层、监事会、市场风险管理部门和业务经营部门等。

二、市场风险管理政策和程序

商业银行应当制定适用于整个银行机构的、正式的书面市场风险管理政策和程序。市场风险管理政策和程序应当与银行的业务性质、规模、复杂程度和风险特征相适应,与其总体业务发展战略、管理能力、资本实力和能够承担的总体风险水平相一致,并符合中国银监会关于市场风险管理的有关要求。

三、市场风险的限额管理

商业银行进行市场风险管理,应当确保将所承担的市场风险控制在可以承受的合理范围内,使市场风险水平与其风险管理能力和资本实力相匹配,限额管理正是对市场风险进行控制的一项重要手段。银行应当根据所采用的市场风险计量方法设定市场风险限额,制定对各类和各级限额的内部审批程序和操作规程,根据业务性质、规模、复杂程度和风险承受能力设定、定期审查和更新限额。

(一)市场风险限额的种类

市场风险限额包括交易限额、风险限额、止损限额等,并可按地区、业务经营部门、资产组合、金融工具和风险类别进行分解。商业银行应当根据不同限额控制风险的影响,建立不同类型和不同层次的限额相互补充的合理限额体系,有效控制市场风险。商业银行的限额管理以及限额的种类、结构应当由董事会批准。

1. 交易限额

交易限额(Limits on Net and Gross Positions)是指对总交易头寸和净交易头寸设定的限额。总交易头寸限额对特定交易工具的多头头寸或空头头寸给予限制,净交易头寸限额对多头头寸和空头头寸相抵后的净额加以限制。在实践中,银行通常将这两种交易限额结合使用。

2. 风险限额

风险限额是指对按照一定的计量方法所计量的市场风险设定限额,如对内部模型计量的风险价值设定的限额和对期权性头寸设定的期权性头寸限额等。期权性头寸限额是指对反映期权价值的敏感性参数设定的限额,通常包括衡量期权价值对基准资产价格变动率的德尔塔(Delta)、衡量德尔塔对基准资产价格变动率的维加(Vega)、衡量期权价值对市场预期的基准资产价格波动性的敏感度的维加、衡量期权临近到期日时价值变化的 Theta,以及衡量期权价值对短期利率变动率的 Rho 设定的限额。

3. 止损限额

止损限额(Stop-Loss Limits),即允许的最大损失额。通常情况下,当某项头寸的累计损失达到或接近止损限额时,就必须对该头寸进行对冲交易或将其变现。典型的止损限额具有追溯力,即止损限额适用于1日、1周或1个月等一段时间内的累计损失。

(二)商业银行在设计限额体系时考虑的因素

商业银行在设计限额体系时考虑的因素有如下几个方面:业务性质、规模和复杂程度;商业银行能够承担的市场风险水平;业务经营部门的既往业绩;工作人员的专业水平和经验;定价、估值和市场风险计量系统;压力测试结果;内部控制水平;资本实力;外部市场的发展变化情况。

(三)市场风险的超限额管理

商业银行应当对超限额情况制定监控和处理程序。超限额情况应当及时向相应级别的管理层报告。该级别的管理层应当根据限额管理的政策和程序决定是否批准以及此超限额情况可以保持多长时间,未经批准的超限额情况应当按照限额管理的政策程序进行处理。管理层应当根据超限额情况决定是否对限额管理体系进行调整。商业银行应当确保不同市场风险限额之间的一致性,并协调市场风险限额管理与流动性风险限额等其他风险类别的限额管理。

四、市场风险的内部控制

商业银行应按照中国银监会关于商业银行内部控制的有关要求,建立完善的市场风险管理内部控制体系,作为银行整体内部控制体系的有机组成部分。市场风险管理内部控制应当有利于促进有效的业务运作,提供可靠的财务和监管报告,促使银行严格遵守相关法律、行政法规、部门规章和内部的制度、程序,确保市场风险管理体系有效运行。

(一) 市场风险管理内容控制的基本做法

商业银行为避免潜在的利益冲突,应当确保各职能部门具有明确的职责分工,以及相关职能适当分离。商业银行的市场风险管理职能与业务经营职能应当保持相对独立。交易部门应当将前台、后台严格分离,前台交易人员不得参与交易的正式确认、对账、重新估值、交易结算和款项收付,必要时可设置中台监控机制。

商业银行应当避免其薪酬制度和激励机制与市场风险管理目标产生利益冲突。董事会和高级管理层应当避免薪酬制度具有鼓励过度冒险投资的负面效应,防止绩效考核过于注重短期投资的收益表现,而不考虑长期投资的风险。负责市场风险管理工作的人员的薪酬不应当与直接投资收益挂钩。

商业银行的内部审计部门应当定期(至少每年一次)对市场风险管理体系各个组成部分和环节的准确性、可靠性、充分性和有效性进行独立审查和评价。应当既对业务经营部门也对负责市场风险管理的部门进行内部审计。内部审计报告应当直接提交董事会。董事会应当督促高级管理层对内部审计所发现的问题提出改进方案并采取改进措施。内部审计部门应当跟踪检查改进措施的实施情况,并向董事会提交有关报告。

(二) 内部审计的内容

商业银行在对市场风险进行控制时,内部审计的主要内容如下:

(1) 市场风险头寸和风险水平;

(2) 市场风险管理体系文档的完备性;

(3) 市场风险管理的组织结构,市场风险管理职能的独立性、风险管理人员的充足性、专业性和履职情况;

(4) 市场风险管理所涵盖的风险类别及范围;

(5) 市场风险管理信息系统的完备性、可靠性,市场风险头寸数据的准确性、完整性,数据来源的一致性、时效性、可靠性和独立性;

(6) 市场风险管理系统所用参数和假设前提的合理性、稳定性;

(7) 市场风险计量方法的恰当性和计量结果的准确性;

(8) 对市场风险管理政策和程序的遵守情况;

(9) 市场风险限额管理的有效性;

(10) 事后检验和压力测试系统的有效性;

(11) 市场风险资本的计算和内部配置情况;

(12) 对重大超限额交易、未授权交易和账目不匹配情况的调查。

商业银行在引入对市场风险水平有重大影响的新产品和新业务,市场风险管理体系出现重大变动或者存在严重缺陷的情况下,应当扩大市场风险内部审计的范围,增加内部审计的频率。

【案例 8-3】 中国银行由于利率变动净息差下降

2009 年,中国银行集团净息差为 2.04%,较上年下降 0.59 个百分点,但下半年以来呈现出较为明显的企稳回升态势。其中,中国内地人民币业务净息差为2.21%,较上年下降0.49个百分点,但自年中以来持续上升,较上半年提高0.03个百分点;中国内地外币业务净息差为1.44%,较上年下降1.45个百分点,但与上半年相比降幅明显收窄。净息差下降的主要因素包括:

人民币基准利率和市场利率大幅下降。2008年9—12月,中国人民银行连续降息,一年期存贷款基准利率累计分别下降了1.89和2.16个百分点,贷款利率下调幅度大于存款利率,存贷款利差收窄。基准利率下调对生息资产和付息负债利率水平的影响在2009年充分体现。与此同时,市场利率大幅下行。2009年,人民币七天SHIBOR利率平均值为1.24%,较上年下降1.68个百分点。一年期央票收益率平均值为1.50%,较上年下降2.17个百分点。

外币市场利率大幅下降。为应对国际金融危机,全球主要经济体利率维持在历史低位,市场利率震荡走低。2009年,美联储联邦基金利率维持在0~0.25%的目标区间,欧洲中央银行基准利率维持在1%的水平,英国中央银行基准利率维持在0.5%的水平。截至2009年年末,六个月美元LIBOR为0.43%,较上年末下降1.32个百分点。

境内小额外币存款利率基本维持年初水平,全年外币付息负债平均利率降幅低于外币生息资产平均收益率降幅,利差收窄。2009年,境内机构外币生息资产平均收益率同比下降2.10个百分点,外币付息负债平均利率同比下降1.30个百分点。外币业务净利差为1.22%,同比下降0.80个百分点。

本章小结

市场风险是指因市场价格(利率、汇率、股票价格和商品价格)的不利变动而使商业银行表内和表外业务发生损失的可能性。市场风险可以分为利率风险、汇率风险(包括黄金)、股票价格风险和商品价格风险。本章首先阐述了市场风险的概念与种类、市场风险管理的目标与流程;其次,介绍了市场风险的基本计量方法,分别为标准法计量、缺口分析、久期分析、外汇敞口分析和情景分析,最后介绍了市场风险的管理体系、管理的政策与程序、限额管理和内部管理。本章对市场风险进行了全面阐释,分析了市场风险的特点及其对商业银行的影响,实际业务中,商业银行需要结合自身实际科学合理地应对市场风险。

思考题

1. 什么是市场风险?常见的市场风险包括哪些内容?
2. 市场风险管理的目标和流程是什么?
3. 如何运用标准法对市场风险进行计量?请举例说明。
4. 如何运用缺口分析与久期分析探究利率风险?请结合实际进行分析。
5. 市场风险管理的体系是什么?其基本的政策与程序包含哪些内容?
6. 如何对市场风险进行限额管理?如何对市场风险进行内部控制?

微信扫码查看

第九章 其他风险管理

学习目标

- 了解操作风险的种类与成因；
- 掌握操作风险的定性与定量分析；
- 掌握操作风险的管理流程；
- 了解合规风险的种类与特征；
- 熟悉合规风险管理的定义与基本原则；
- 掌握合规风险计量的技术与方法；
- 掌握合规风险管理的流程和海外合规风险管理；
- 了解声誉风险的特征与管理原则；
- 掌握声誉风险的管理流程与方法；
- 掌握战略风险管理的流程与方法；
- 掌握跨市场金融创新的风险表现形式与管理方法。

学习重点

- 操作风险的定性分析与定量分析；
- 操作风险的管理流程；
- 合规风险的计量方法与管理流程；
- 海外合规风险管理的方法；
- 声誉风险管理的流程与方法；
- 战略风险管理的流程与方法；
- 跨市场金融创新相关风险的管理方法。

第一节 操作风险管理

随着全球银行业的发展，银行规模不断膨胀，经营复杂程度急剧提高。交易金额迅速增加，新经济模式（如网络银行、电子贸易等）出现，交易工具和金融技术日益复杂，清算和结算系统扩展，信息技术广泛深入，外包业务不断增加，银行采用风险缓释技术带来新形式的风险等，这些都增大了金融机构面临的操作风险，促使操作风险管理在理论和实践中被更深入地研究。

《巴塞尔新资本协议》明确提出将操作风险纳入资本监管的范畴。我国金融监管机构近几年也在加速制定操作管理的规章制度,对金融机构的操作风险管理提出具体要求。

一、操作风险概述

(一)操作风险的概念与特征

1. 操作风险的概念

目前国际上公认的定义是巴塞尔协议中的描述:"操作风险是由不完善或有问题的内部程序、人员及系统或外部事件所造成损失的风险,其中包括法律风险,但不包括策略风险和声誉风险。"巴塞尔银行监管委员会的定义基于因果关系,将引发操作风险的原因类型(内部程序、人员、系统以及外部事件)罗列出来,同时加以"包括法律风险,但不包括策略风险和声誉风险"的补充,旨在将操作风险与信用风险、国家风险、市场风险、利率风险、流动性风险、声誉风险以及策略风险区分开来。这一定义的侧重点在于操作风险的形成原因,从银行内部原因和外部因素两个方面进行了界定,涵盖了银行所面临的大多数操作风险。

中国银监会对操作风险的定义出现在2007年发布的《商业银行操作风险管理指引》中,该指引将操作风险定义为:"操作风险是由不完善或有问题的内部程序、员工和信息科技系统,以及外部事件所造成损失的风险,其中包括法律风险,但不包括策略风险和声誉风险。"该定义基本上沿用了巴塞尔银行管理委员会的定义,有利于中国银行业与国际管理的接轨。本书的操作风险的范畴参照银监会对于操作风险的定义。

2. 操作风险的特征

操作风险大部分内生于商业银行的业务活动,覆盖面大,不易区分和界定,与其他风险有所不同,有以下几个方面的特征。

(1)内生性。

操作风险的内生性是指多数操作风险存在于商业银行业务管理活动中,可以说是一种内部各层次的"系统性风险",且大多与银行独特的内部风险管理环境有关。操作风险的内生性是其作为一种独立风险形态的最主要的特征。同时,操作风险的内生性决定了风险来源或种类的多样性,操作风险在实践中可以转化为市场风险和信用风险,这增加了识别的难度。

(2)灾难风险多为外生风险。

自然灾害、恐怖袭击等外部事件引起的外生操作风险具有低频高损的特点,操作风险在分布上呈现后尾的非对称特征。

(3)风险诱因与风险损失相关性复杂。

风险诱因复杂,其引发的操作风险事件及由其可能导致的损失规模、频率之间的相关关系复杂,所以在管理过程中非常小的疏忽就会把操作风险遗漏在管理框架之外,这增加了管理难度。

(4)风险与收益的对应关系不明显。

银行因承担操作风险而获得的额外收益不明显或不能在短期内显现,风险控制技术的使用受到成本支出和资本金的约束,管理中应注重降低操作风险和增加管理成本之间的平衡。

(5)风险不易分散。

操作风险很难通过自身机构来对冲和分散,因为操作风险一般不直接与特定产品相联系,而是产生于服务和经营过程之中,与不同的区域文化、素质不同的员工队伍、特定的经营机构等因素有关。操作风险往往具有很强的隐蔽性,信息的有限披露也使操作风险很难运用市场化的风险解决方案,所以操作风险的控制宜采用内部控制、资本配置、风险缓释等综合控制方法。

(6) 具体性。

不同类型的操作风险具有各自具体的特性,难以用一种方法对各类操作风险进行精确的识别和计量,原因在于操作风险中的风险因素主要存在于银行的业务操作中,几乎涵盖了银行的所有业务,操作风险事件前后之间有关联,但是单个操作风险因素与操作性损失之间并不存在可以定量界定的数量关系,个体性较强。

3. 操作风险与其他风险的关系

在商业银行经营活动中,操作风险与其他风险交织互动,影响因素复杂。在信贷风险领域,由于信贷管理人员贷中管理不利会引发产品及业务操作风险,或因信贷业务担保品管理失败导致损失;在系统及设备领域,由于网络病毒、电脑黑客的威胁,银行在采取多种防护技术提高系统安全性的同时(会使操作风险中的系统失败风险降低),会因为系统界面的友好性降低,使银行失去一定的市场份额,使市场风险提高;在金融衍生品交易领域,由于交易员未经授权或越权行为引发典型的内部欺诈风险,巨额的损失赔付会涉及市场风险、欺诈、声誉下降及由此引发的流动性风险。这些都体现了诸风险之间复杂的交互关系。

(二) 操作风险的种类与成因

1. 操作风险的种类

(1) 操作风险的基本分类。

中国银监会颁布的《商业银行资本管理办法(试行)》将操作风险损失事件分为内部欺诈事件,外部欺诈事件,就业制度和工作场所安全事件,客户、产品和业务活动事件,实物资产的损坏,信息科技系统事件,执行、交割和流程管理事件七种类型,与《巴塞尔新资本协议》的分类基本一致。

① 内部欺诈事件,是指故意骗取、盗用财产或违反监管规章、法律或公司政策导致的损失事件,此类事件至少涉及内部一方,但不包括歧视及差别待遇事件。

② 外部欺诈事件,是指第三方故意骗取、盗用、抢劫财产、伪造要件、攻击商业银行信息科技系统或逃避法律监管导致的损失事件。

③ 就业制度和工作场所安全事件,是指违反就业、健康或安全方面的法律或协议,个人工伤赔付或者因歧视及差别待遇导致的损失事件。

④ 客户、产品和业务活动事件,是指因未按有关规定造成未对特定客户履行分内义务(如诚信责任和适当性要求)或产品性质或设计缺陷导致的损失事件。

⑤ 实物资产的损坏,是指因自然灾害或其他事件(如恐怖袭击)导致实物资产丢失或毁坏的损失事件。

⑥ 信息科技系统事件,是指因信息科技系统生产运行、应用开发、安全管理以及由于软件产品、硬件设备、服务提供商等第三方因素,造成系统无法正常办理业务或系统速度异常所导致的损失事件。

⑦ 执行、交割和流程管理事件,是指因交易处理或流程管理失败,以及与交易对手、外部

供应商及销售商发生纠纷导致的损失事件。

(2) 操作风险的损失形态。

① 法律成本,是指因商业银行发生操作风险事件引发法律诉讼或仲裁,在诉讼或仲裁过程中依法支出的诉讼费用、仲裁费用及其他法律成本。例如,违反知识产权保护法的规定等导致的诉讼费、外聘律师代理费、评估费、鉴定费等。

② 监管罚没,是指因操作风险事件所遭受的监管部门或有权机关罚没及其他处罚,如违反产业政策、监管法规等所遭受的罚款、吊销执照等。

③ 资产损失,是指由于疏忽、事故或自然灾害等事件造成实物资产的直接毁坏和价值的减少,如火灾、洪水、地震等自然灾害所导致的账面价值减少等。

④ 对外赔偿,是指由于内部操作风险事件导致商业银行未能履行应承担的责任造成对外的赔偿,如因银行自身业务中断、交割延误、内部案件造成客户资金或资产等损失的赔偿金额。

⑤ 追索失败,是指由于工作失误、失职或内部事件使原本能够追偿,但最终无法追偿所导致的损失,或因有关方不履行相应义务导致追索失败所造成的损失,如资金划转错误、相关文件要素缺失、跟踪监测不及时所带来的损失等。

⑥ 账面减值,是指由于偷盗、欺诈、未经授权活动等操作风险事件所导致的资产账面价值直接减少,如内部欺诈导致的销账、外部欺诈和偷盗导致的账面资产或收入损失,以及未经授权或超授权交易导致的损失等。

⑦ 其他损失,是指由于操作风险事件引起的其他损失。

2. 操作风险的成因

(1) 风险管理文化缺失。

风险管理文化决定商业银行经营管理过程的风险管理观念和行为方式。部分商业银行高级管理者在业务经营管理中,以人情代替制度,重信任轻原则,导致授权过大或越权行为发生,引发大量操作风险损失。由于历史和体制的原因,中国商业银行风险管理意识薄弱,操作风险管理带有外部驱动的特点,操作风险管理不能适应业务发展、风险日益变化的需要。

(2) 管理制度失衡。

商业银行操作风险增大也有制度失衡的原因,传统的管理理念影响了风险管理制度的执行。商业银行内部管理制度存在的问题多见于管理制度缺乏整体规划和系统性、管理方法落后、内部控制制度建设缺乏前瞻性、监管制度不完善等。

(3) 人力资源状况欠佳。

我国银行业体制改革不断深化,重组、减员、改制、分流使员工安全感降低,忠诚与信任度下降,员工在长期较大环境压力下,表现出普遍的心理焦虑问题,这就潜藏着操作失误的风险隐患。具体表现为以下几方面:

① 道德缺失,表现为恐惧下岗心理、前途无望心理、疲劳厌倦心理、安于现状心理、大胆冒险心理导致的道德缺失。

② 职业舞弊,这方面的三角理论认为,基层业务机构压力、对基层疏于控制产生机会、为欺诈行为找到借口导致职业舞弊频发。

③ 人力资源管理不到位,表现为用人失察、凝聚力不强、放松思想、价值观扭曲等人力资源管理欠缺导致缺乏整体约束能力。

同时,中国商业银行,尤其是国有商业银行体现出的员工整体学历层次较低,也是引发操作风险的原因之一。

（4）操作风险信息不对称。

信息不对称是客观存在的,操作风险中的信息不对称主要表现业务流程方面。具体而言,业务流程设计不当、控制措施不足或过度是形成商业银行操作风险的主要因素。商业银行各管理层级业务流程的各个环节都广泛存在授权意义上的委托代理关系。而委托代理产生信息不对称,导致内部人控制,内部可能运用自己扩张的权利使银行经营目标发生偏差,由追求利润最大化转变为追求个人利润最大化。解决信息不对称引发的道德风险的主要措施是实施科学的内部控制。在内部机制建设上,要充分考虑集权和分权的尺度,经营者通过合理授权和合理集权将所有者的利益在经营中贯彻执行,并通过内控机制加以传导,这是防范内部操作风险的有效方式。

（5）技术与设备相对落后。

技术和设备相对落后主要表现为信息系统部门割据、流程中断,阻碍了银行内部和银行之间的信息共享,弱化了风险识别和控制功能。此外,部分商业银行的硬件和软件设备落后、高标准系统和低标准系统之间的不协调也是引发操作风险的重要诱因。

（三）操作风险的影响

操作风险的影响是指操作风险损失事件发生后对银行造成的负面影响,包括可用经济指标衡量的财务风险及无法用经济指标量化的非财务风险,具体如表9-1所示。其中,财务影响指由操作风险损失事件引起的实际财务损失,表现为发生了实际或潜在的核销或财务账户项下费用。客户/服务、声誉、员工及法律/监管影响指由操作风险损失事件引起的对组织直接造成的不利影响的非财务结果。在开展操作风险与控制评估工作时需要评估风险在不同影响类别的影响程度,在开展操作风险数据收集相关工作时,需要对存在的非财务风险进行评估。

表9-1　　　　　　　　　　商业银行操作风险影响分类示例

影响类别	影响子类别	定　义
财务影响	法律责任	诉讼、仲裁、调解和其他法律成本
	监管处罚	罚款或直接支付的其他经济处罚,如执照吊销和有关法律费用支付
	实际或其他资产损失或损毁	实际资产或其他资产(如数据)损失、损毁或减值以及相关的挽回成本
	赔偿	因承担法律责任而引起的对第三方操作风险损失赔偿
	追索权引起的损失	由于第三方未履行对银行的义务(不包括偿还贷款义务)而引起的损失
非财务影响	客户/服务影响	对向银行客户提供的服务造成的不利影响,经营损失风险提高
	声誉影响	在公众和相关利益方中的银行声誉影响
	员工影响	给银行员工带来的影响
	法律/监管影响	在法律或监管方面给银行带来的负面影响

资料来源:中国银行业从业人员资格认证办公室.风险管理[M].北京:中国金融出版社,2013:247.

二、操作风险的度量方法与管理流程

（一）操作风险的度量方法

目前,各种定量分析操作风险的模型已经在各国商业银行中得到了运用,对提高商业银行操作风险管理水平起到了积极的作用。但经验表明,单纯利用定量方法度量操作风险对商业银行而言并不是很好的选择。对于某些操作风险,尤其是低频率/高损失的操作风险,其可获得的数据是有限的。而大多数的计量模型都是建立在大量损失数据和历史数据基础之上的。如果数据缺乏,可能会使模型计量的准确性受到影响。一般来说,定量的方法通常过于严格,而定性的方法又过于模糊。所以,对操作风险的度量总的趋势是由以定性分析为主的传统操作风险度量方式向以定量方式为基础的定量与定性相结合的现代操作风险度量模式过渡。

1. 定性分析

定性分析常采用的方法有自我评估法和关键风险指标法。

（1）自我评估法。

自我评估是商业银行识别和评估潜在操作风险以及自身业务活动的控制措施、适当程度及有效性的操作风险管理工具。操作风险自我评估法涵盖了商业银行所有业务部门,在产品线层次展开,包括每个产品线的每个流程中的固有风险、控制风险和剩余风险。其中,固有风险是指在没有任何管理控制措施的情况下,经营管理过程本身所具有的风险;控制风险是指对操作风险没有良好的内部控制或内部控制无效,致使经营活动中的操作风险不能被及时发现而造成损失;剩余风险是指在实施了旨在改变风险可能性和影响强度的管理控制活动后仍然保留的风险。自我评估通常的做法是通过调查问卷、系统性检查或公开讨论的方式,利用银行内部人员以及外部专业人员的专业知识和从业经验识别和评估操作风险事件,具体方法包括：调查问卷法,即将事先设计好的问卷分发到各业务部门,由相关人员对业务和产品控制点进行回答,帮助其确认风险水平和相应的控制措施;叙述法,即从业务部门的目标和风险出发,由各部门管理人员对采取的控制措施进行答辩,检查对预期控制的执行效果;专家预测法,即采取匿名方式由专家对风险控制点进行考核、分析,提出意见,经修改、论证、汇集完成控制点的优化。

（2）关键风险指标法。

根据银监会发布的《商业银行操作风险管理指引》,关键指标是指代表单一风险领域变化情况并可定期监控的统计指标。关键风险指标可以告诉我们当前的风险是什么,将会有什么损失,可以为操作风险管理者提供当前特点业务部门中风险水平的相关数据,高级管理层可据此迅速对症下药,采取有效措施,及时控制存在的潜在风险。所以,关键风险指标可用于监测可能造成损失事件的各项风险及控制措施,并反映风险变化情况的早期预警指标。关键风险指标就是通过对关键指标进行分析来反映银行的风险水平,监督风险水平,对风险状况及早期预警。

2. 定量分析

现阶段,操作风险独立模型大致可以分为自上而下法和自下而上法两种类型。

（1）自上而下法。

自上而下法是从宏观入手,着眼于整体损失,而不必分别考虑各种风险事件和损失因素的影响。自上而下的优点在于不需要花费很多的时间和精力来收集各种资料、数据,进行计算。

这一类模型主要包括操作杠杆模型、收入模型、开支模型等。操作杠杆模型主要是用来衡量操作性杠杆风险，主要是指由外部因素引起的操作风险，如因为外部冲击导致金融机构收益的减少。与之相对应的操作性失误风险，即由金融机构的内部因素引起的操作风险，这些内部因素主要包括处理流程、信息系统、人事方面的失误。收入模型着眼在企业的收入，它将企业历史收入作为目标变量，将市场风险、信用风险以及其他风险作为解释变量，将这些变量不能解释的历史收入的方差值作为企业的操作风险。开支模型则是将企业的开支历史和操作风险联系起来，一般银行利用历史支出数据的波动率作为操作风险值。

(2) 自下而上法。

自下而上法则是从微观入手，在识别风险事件和损失因素的基础上，将各种潜在损失纳入总资本要求。自下而上法的主要模型包括精算模型、随机模型和可靠性模型。精算模型是根据操作风险损失数据对损失事件的发生概率和损失程度进行估计，并利用估计出来的结果计算一年总损失的在险价值用以衡量操作风险资本。随机模型是把操作风险历史损失数据和主观对损失事件的因果关系假设结合起来估计某一存在潜在损失的事件发生的条件概率。可靠性模型是以操作风险损失事件的频率分布和间隔时间为基础，用以测量某一特定事件在某个时间点或某个时间段发生的可能性。

(二) 操作风险的管理流程

操作风险管理指商业银行在日常工作中开展操作风险管理的业务程序和环节。最基本的操作风险管理流程包括风险识别、操作风险计量与评估、操作风险控制以及提交操作风险报告。在此基础上，可以根据不同的实际情况和侧重点进行改变，进而更加适用于商业银行操作风险的管理。

1. 风险识别

风险识别工作主要包含两个方面的内容：一是操作风险的确定，二是操作风险的定位。其中的工作既包括损失事件的辨识，也包括对引发损失事件的原因追溯和对损失事件所造成影响的预测。但是，由于操作风险与银行的整个体系有关，其产生的原因往往不是线性因果关系，而是由内部因素和外部因素、硬件因素和软件因素等交织所形成的，具体的因果分析如表9-2所示。目前操作风险的识别方法通常是利用损失原因—产品线矩阵法，该方法是一种根据损失事件原因及其所属产品线的不同种分类的二维分类方法。

表9-2　　　　　　　　　　　　操作风险损失的因果分析示例

损失事件	风险成因	风险类别
前台业务人员招聘、培训投入大幅增加，但营业收入/利润水平同比显著下降	市场竞争加剧导致熟练员工/核心雇员流失	人员因素
理财业务规模快速增长，但客户投诉/法律诉讼超比例增加	产品设计/目标客户不合理	内部流程
电子银行业务规模快速增长，但客户资金被盗/交易故障次数异常增多	软硬件/系统处理能力有限或存在安全漏洞	系统缺陷

资料来源：中国银行业从业人员资格认证办公室.风险管理[M].北京：中国金融出版社，2013：247.

2. 风险计量与评估

操作风险被识别之后,接下来应该对风险加以计量和评估。进行操作风险的计量和评估时,不仅需要考察操作风险产生的原因及其发生的概率,还需要评估操作风险损失事件发生时可能产生的影响。根据操作风险计量和评估提供的信息,银行可以确定已经存在的风险和潜在风险的发展趋势,判断风险产生的损失是否在银行可接受的范围之内,为银行选择合适的控制方法并对需要控制的操作风险尽优化排序。操作风险计量与评估中需要三项基本业务原则,分别为业务流程所有人负第一评估责任原则、动态管理原则和重要性原则。

3. 风险控制

风险控制的过程就是商业银行根据已有的信息,选择合适的风险管理策略和工具对冲风险暴露,以达到减少操作风险发生的概率和损失程度的目的。商业银行常采用的风险控制方法有风险规避、损失控制、风险承担、风向转移等。在具体操作时,商业银行应该根据操作风险的发生概率、损失程度等特征选择不同的工具。具体而言有四种方式:对于低频率/低损失的操作风险,银行可以采用风险承担的方式进行控制风险,即依靠银行本身的财务能力承担操作风险所造成的损失;对于低频率/高损失的风险,银行应重点考虑采用风险转移的方法进行控制,常用的转移方法有保险和业务外包两种;对于高频率/高损失的风险,银行应采用风险规避的方式进行控制,可以降低具体风险业务的业务量或者干脆撤离相关的风险业务;对于高频率/低损失的操作风险,银行应采取损失控制的方式。通过各种措施进行风险控制之后,银行也可能没有完全地避免损失,所以,银行还必须配置相应地资本来吸收非预期操作风险的损失。操作风险的控制涉及方方面面,实际业务中,商业银行需要从柜台业务、法人信贷业务、个人信贷业务、资金交易业务和代理业务等层面入手,全面控制操作风险,降低操作风险发生的可能性。

4. 提交风险报告

操作风险报告是向操作风险管理层反馈操作风险管理信息的工具,其内容应该包括风险状况、损失事件、诱因与对策、关键风险指标、资本金水平等。国际先进银行普遍采用的操作风险报告的路径是,各业务部门负责收集分析与操作分析相关的内部数据和信息,并报告至操作风险管理部门。操作风险管理部门集中处理、评估后,形成操作风险评估报告递交管理层。而有些商业银行的业务单位、内部职能部门、操作风险部门和内部审计部门均可单独向高级管理层汇报。不论采取哪种方式,通过操作风险报告,操作风险管理者可以掌握操作风险来源、整体风险状况、操作风险发展趋势和其他重要信息,并以此为依据对已存在的管理体系进行改进,以提高操作风险的管理水平,适应不断变化的外部环境和内部环境。

【案例9-1】 从业经验不足,伪造合同被蒙混过关

Z公司是一家成立于2007年9月主要经营太阳能组件、硅棒、硅碇及相关太阳能产品制造、加工、安装的企业,该企业在本省及外省分别拥有一家关联企业,同样从事太阳能方面的经营。某支行在2010年5月与该企业首次建立授信关系,从首次合作到贷款出险授信品种均为贸易融资。2011年A银行否决Z公司的新增申请,维持存量综合授信额度敞口6 000万元,批复要求由B公司和Y公司共同提供连带责任保证。贷款发放前,B公司不同意再次给Z公司提供担保而未与分行签署担保合同。本案中经营机构业务主办人员没有职业底线,存在道德风险,在无法取得B公司保证担保的情况下,伪造虚假担保合同,并在信管系统中虚假建立

B公司作为保证人的最高额保证担保合同,并瞄准放款中心一位新上岗、业务不太熟悉的人员,将伪造的虚假担保合同提交其审核,该人员未能识别出虚假担保。2012年6月,Z公司因经营失败导致在A银行的贷款出险。A银行在要求B公司履行保证责任时,发现担保合同实际为虚假担保合同,以致第二还款来源落空。该笔贷款的主办客户经理已被立案处理,其他存在履职和管理不到位的员工也已分别被该行实施警告或记过处理。

该案例警示我们:金融风险无处不在,必须时时防、事事防、人人防。同时各级授信管理人员要加强学习,向制度学、向同事学、向案例学,切实提高自身识别和抵御风险的能力。

第二节 合规风险管理

一、合规风险概述

(一) 商业银行合规风险

1. 合规风险的定义

商业银行合规风险是指商业银行由于没有遵循适用的法律、规则和准则而可能遭受法律制裁和监管处罚、声誉损失、财务损失的风险。

(1) 法律制裁和监管处罚,主要是指监管当局对违规银行实施的各类监管惩罚,包括行政处罚(如对商业银行或个人的行政罚款、业务市场强制退出、从业资格取消等)和刑事处罚(主要是针对责任人的刑事处罚)等。

(2) 声誉损失,主要是指市场对违规银行的负面评价、市场声誉贬损以及信用评级下降所导致的银行股票市值下降、客户群的退出以及行业协会自律性惩戒措施等。

(3) 财务损失,主要是指商业银行违规经营造成业务损失,比如违规放款造成的呆坏账损失、违规投资造成的损失,违规进行金融衍生产品交易造成的损失等。

2. 商业银行合规风险的种类

(1) 根据与商业银行经营管理流程的关系,合规风险可分为:① 非流程风险,即因监管政策、管理模式等系统性原因产生的、非经营管理流程所固有的并且是可以控制的合规风险。② 流程环节风险,即贯穿于经营管理流程始终、流程环节所固有的合规风险,如内外勾结等。③ 控制派生风险,即针对流程中控制派生的合规风险,如增加人工授权控制环节后派生的外部欺诈风险等。

(2) 根据违规行为是否知情,合规风险可分为:① 主动违规,即行为人明知自己行为违规,仍然实施这种行为。② 无知违规,即行为人因对规章制度不了解,在不知情的情况下,实施了违规行为。

3. 商业银行合规特征

商业银行合规具有强制性、劝解性和内部约束性。

(1) 强制性。对商业银行而言,无论认识与否、接受与否,都必须实施合规风险管理,其内部各个机构、员工都必须履行各自的合规风险管理职责。强制合规的主要原因是合规风险管理的成效比较慢，主动实施的积极性不高；同时，遵纪守法、依法行为的意识不深，商业银行违规的现象屡有发生。

（2）劝诫性。在管理上，从来都是禁止与疏导并存、处罚与奖励并重。对合规风险管理而言，也必须使用一些劝诫的方式，引导、激励员工的合规意识和合规行为。因此，劝诫与强制并不矛盾，虚虚实实，亦柔亦刚。

（3）内部约束性。合规的目的是促进商业银行内部管理水平、管理质量的提升，而不是向外宣扬，合规的对象是商业银行的内部经营管理行为和员工，合规的要求、措施、奖励、惩罚等仅在商业银行内部有效。

（二）商业银行合规风险管理

1. 商业银行合规风险管理的定义

商业银行合规风险管理是指商业银行为预防、控制、化解合规风险，实现合规经营目标，通过特定的组织机构，制定和实施一系列制度、标准和程序，促使自身的经营管理行为合规的动态过程。有效的合规风险管理是商业银行构建全面风险管理体系的基础，也是构建有效内部控制机制的核心。商业银行是典型的风险管理企业，正是由于商业银行的管理特性，决定了其经营的内容和对象绝不仅仅是货币或者信用，商业银行合规风险管理应成商业银行一项风险管理活动。

2. 商业银行合规风险管理的基本原则

（1）合规从高层做起的原则。

在《合规与银行内部合规部门》的高级文件中，巴塞尔银行监管委员会明确指出：合规应从高层做起，应成为银行文化的一部分，商业银行的高层应建立良好的公司治理机制作支撑，使商业银行拥有一个良好的风险经营决策、执行和监督环境，建立起一套有效识别、监测和控制风险的制衡机制，以及良好的商业银行合规文化和正确的风险管理理念，其合规风险的管理才可能有效。要通过完善公司治理和培育良好的合规文化来加强合规风险管理，以实现自上而下和自下而上两种风险管理方法的有机结合，银行董事会应在全行推行诚信与正直的价值观念，并由银行高层做出表率，设定鼓励合规的基调。

（2）合规人人有责的原则。

合规是银行内部一项核心的风险管理活动，合规风险管理涉及商业银行所有业务领域和业务线，因此，合规管理不仅仅是合规风险管理部门或合规风险管理人员的职责，而是商业银行所有员工的共同职责。只有合规成为每一位商业银行员工的行为准则，成为各级各岗位员工每日的自觉行动，才能共同保证合规法律、规则和准则得到遵循和贯彻落实。由于合规文化体现在每一个商业银行员工对合规理念的认知及其日常的行为规范和准则之中，因此，需要制定和执行清晰的员工行为准则和规范。只有当商业银行的员工恪守高标准的职业道德规范，人人都能有效履行自身合规风险管理职责，商业银行合规风险管理才会有效。

（3）合规创造价值的原则。

合规风险管理本身并不能直接为银行增加利润，但却能通过系列的合规活动增加盈利空间和机会，避免业务活动受到限制，能为银行创造价值。一是通过密切关注和跟踪合规法律、规则和准则的最新发展，利用自身的行业影响，提出代表本行利益的意见和建议，积极争取有利于银行未来发展和业务创新的外部政策环境；二是有利于形成鼓励合规的诚信文化与合规意识,让银行员工更自信、更踏实地从事岗位工作;三是有利于形成一整套具有较强执行力的、程序化的内部制度,并通过对其持续修订和完善,积累和沉淀各种良好做法,清晰界定各项业务的尽职、问责和免责标准;四是合规活动有利于银行的成本与风险控制,提高资本回报。

二、合规风险计量

合规风险计量是指对商业银行合规风险的概率、损失、资本占用、管理资本和管理成效等计算与度量。合规风险的计算,既是合规风险管理的关键环节,又是合规风险管理的困难所在。部分商业银行通过大胆尝试,在合规风险管理的部分领域,已迈出风险计量的脚步。

(一) 合规风险计量的方法

精准计量合规风险还有待对合规风险数据的全面收集和深入研究,需要实务界和理论界的长期共同努力。目前,部分商业银行通过定性和定量相结合的方法,如问卷调查法、计分卡法、设立标准、情景测试、建立模型等,计量部分合规风险。例如,汇丰银行,每个年度的 6 月末,根据合规风险对各项法规、文件、惯例的影响和发生概率,评估合规风险措施,从而给出每一项合规风险的净值。但由于汇丰银行在 76 个国家和地区开展业务,风险净值的具体确定并不是完全一致的,而是有着一定的梯度。DBS 集团采用了热度图建立其法律与合规风险框架,通过对每一个业务线和营业区域内的风险状况与控制措施建立状况,对获得的答复进行评估,在坐标系中绘图,坐标系的两轴分别度量风险状况和控制状况;风险轴衡量监管体制和具体业务的规模与复杂程度,控制轴衡量管理层对风险的态度、培训水平和控制流程的质量。

(二) 合规风险计量技术

与信用风险、市场风险、操作风险一样,计量合规风险需要通过一定的计量工具。有效的合规计量技术还处于试验阶段。在实务中,一些商业银行所运用的合规风险计量工具,主要包括风险评估与控制的自评估、关键合规风险指标、风险数据库、风险地图、因果模型法以及其他的计量技术。

1. 风险评估与控制的自评估

风险评估与控制的自评估是商业银行合规风险管理的常用技术,包括合规风险的自我评估和合规风险控制的自我评估两个部分。其作用主要有:一是业务流程识别出商业银行的经营活动中是否有相应的措施;二是结合损失金额和发生概率评估合规风险程度的大小,以及控制措施的实施效果;三是提出控制合规风险的优化方案,包括对因控制过度而导致效率低下的予以修正,对因控制不足而存在风险隐患的予以完善。在风险与控制自评估时,可使用计分卡,把定性评估转换为定量评估,实现对风险合规的精确计量,在此基础上,可以较为客观、准确地评估各机构合规风险管理的成效,也可以实现合规风险的资本管理。

2. 关键合规风险指标

关键合规风险指标是用于统计分析商业银行合规风险状况的数据或指标。科学的关键合规风险指标,可以对合规分析进行恰当分类,客观比较分析合规风险状况;可以提前发出准确的合规风险预警信息,以便及时采取风险控制措施,可以提高合规风险管理质量,降低合规风险的不良影响。由于合规风险涉及面广,业务流程和管理流程复杂,而专业性合规风险管理起步晚,关键合规风险指标还处于摸索中。

3. 风险数据库

合规风险的识别评估、合规风险的计量和资本管理等，都离不开合规风险数据库的支持，因此，商业银行有必要突破合规风险计量数据缺乏的限制，建立合规风险数据库。根据巴塞尔资本协议，合规风险数据库的建设和使用，既要建立内部数据，也要建立外部数据。内部数据是对内部风险损失的跟踪记录、合规风险资本计量等，是历史数据。外部数据包括损失金额数、发生损失事件的业务范畴、损失的起因和情况以及其他有助于评估其他银行损失事件的相关信息。

4. 风险地图

风险地图是一种用图形技术表示识别出的合规风险信息，直观地展现风险的分布和发展趋势，方便合规风险管理者考虑采取怎样的风险控制措施的管理工具。真实的风险合规地图，可以简洁明了地反映合规风险状况，目前部分商业银行都致力于合规风险地图的绘制，即纵轴表示合规风险发生的频率（极少、较少、中等、很可能、肯定等），横轴表示合规风险的严重程度（包括可忽略、较小、中等、严重、灾难等），再辅以红、黄、绿三种色彩来表示风险控制状况。这样绘制的图可基本反映合规风险的状况，但属于定性性质的地图，只能做宏观上的描述，精确度不高。

5. 因果模型法

因果模型法是一种在观察和推理的基础上，通过因果关系分析，推定不确定事件影响的分析方法。对合规风险管理而言，因果模型法有助于计量与业务流程相关联的合规风险发生的可能程度大小，并能推断合规风险管理的可能效果。因果模型源于贝叶斯网络理论，一般采用以下步骤：① 梳理经营管理流程，标示因果关系节点；② 建立一个因果模型，反映流程、行为和风险因素之间的关系；③ 收集因果模型节点数据；④ 验证合规数据的真实性；⑤ 运用验证数据，通过因果模型生成合规风险的分布状况；⑥ 根据合规风险分布状况推断合规风险损失情况；⑦ 根据因果模型、数据识别重要的合规风险。

三、合规风险管理

（一）合规风险管理体系

合规风险管理体系是指商业银行为有效实施合规风险而建立的管理体系。根据银行的风险管理指导思想，将其合规文化、合规政策、合规制度、合规组织、合规资源、合规流程等要素组成一个有机整体。

根据《商业银行合规风险管理指引》第八条规定，商业银行应建立与其经营范围、组织结构与业务规模相适应的合规风险管理体系。在全面风险管理体系下，完整的合规风险管理体系应该包括合规风险管理环境、合规风险管理目标与政策制定、合规风险监测与识别、合规风险评估、合规风险应对、内部控制管理、合规风险信息处理与报告、后评价与持续改进等八个相互联系的要素。

（二）合规风险管理流程

在全面风险管理体系下，合规风险管理的主要内容包括合规风险监测、合规风险识别与评估、合规风险计量、合规风险报告、合规风险控制/缓解和合规风险处置/补偿六个环节。

1. 合规风险监测

商业银行所面临的合规风险状况是不断变化的,管理合规风险首先需要掌握合规风险,因此,有必要持续监测合规风险,以便及时采取恰当的风险控制措施。合规风险监测的重点主要有五个:一是已被识别的合规风险的变化情况;二是可能存在合规风险的情况;三是合规风险控制措施的效果;四是关键合规风险指标和环节;五是合规风险预警机制的效果。

2. 合规风险识别与评估

合规风险识别是在合规风险发生前的一种分析,是对潜在合规风险的发生可能性、已发生合规风险的后果做出的分析。合规风险识别与评估是合规风险管理的基础,贯穿于经营管理的各个环节。

3. 合规风险计量

合规风险计量是在合规风险识别与评估的基础上,运用计量方法来评估和测定合规风险事件的概率以及合规事件发生以后损失程度的大小,精确的合规风险计量是合规风险管理走向科学化的重要标志。合规风险的计量方法还处于探索阶段,可以借鉴使用的主要有风险与控制自评法、记分卡法、情景分析法。

4. 合规风险报告

合规风险报告是合规风险管理的媒介,高质量的合规风险报告可以为管理层提供全面、及时、准确的信息,不仅有助于管理决策,也为日常经营活动和合理绩效考评提供有效支持。

5. 合规风险控制/缓解

合规风险控制/缓解是在上述各个环节的基础上,对合规风险采取控制、化解或转移等管理措施,合规风险控制/缓解的主要手段有风险规避、风险整改、风险转移等。目前操作类的合规风险可以通过购买保险的方式转移给保险公司。

6. 合规风险处置/补偿

合规风险处置是在合规风险发生形成损失后进行的事后处置和补偿。其中,合规风险处置主要是由合规风险导致的剩余价值,合规风险补偿要通过资本补偿非预期损失。

(三)合规风险管理办法

1. 政策确立合规基调

主动合规,树立主动合规意识,克服被动合规心理。合规是全体员工主动、自觉的意识,而不是应付检查、表面合规的权宜之计,主动合规不仅是银行经营管理的需要,更是员工保护自己的一种手段。每一项业务行为都应该想想什么是正确的,规定和要求是什么。合规抑制风险,创造价值。通过对合规风险的有效管理,避免处罚和损失,从另一个方面看它就是创造了价值;对新产品、新业务论证揭示风险,提出控制措施和方案,保证银行各项金融创新的合法、合规也可创造价值。

2. 合规文化

一家好银行必然有良好的合规文化作支撑,否则,想确立恰当的战略目标很困难,而要实施这些战略难度就更大了。文化决定着企业、团队和员工的具体行为,管理者和员工如果对机构内部有章不循的现象视而不见,非但不予以制止,甚至还同流合污,这家机构管理一定不会好,很容易导致重大违规事件甚至违法案件。这样的机构如果它的账面上还有很好的业绩表现,可能会更加糟糕,以后要付出的代价可能会更大。

3. 识别、评估、报告合规风险

(1) 合规风险识别:通过内外部检查和监督活动,发现本行合规管理缺陷和已发生的违规问题,包括检查监督、原因分析、整改纠正等内容。

(2) 合规风险评估:收集、整理已识别的合规风险并加以分析,估计和测定未来合规风险可能导致财务和声誉损失等风险损失的概率和损失大小,以及可能产生影响的程度。

(3) 合规风险报告:有两个层面,一是本行各部门、各分支机构或人员按照规定的合规报告路线,将已识别的合规风险向管理层或合规部门报告;二是合规部门在汇总、分析的基础上,向管理层和董事会提交的合规风险管理情况报告。

4. 合规风险预警与整改

合规风险预警是指合规部门针对外部法律、法规、监管政策和行业行为标准的变化给商业银行经营管理带来的影响,或商业银行内部特定机构、员工或产品潜在的合规风险,对管理层或相关机构所做的预警性分析、判断和管理建议。

5. 合规考核与问责

考核手段:建立违规情况登记,结合定性分析与定量分析,对各单位打分,结果纳入绩效考核。考核目标:岗位与人员、制度执行、监督检查、整改纠正、违规问责、信息沟通及发案情况指标等6大项15小项。考核方法:总行合规部统一设计评价指标、评分标准;各部门细化评分标准并为该标准评级打分。合规风险问责要坚持违规必究,奖罚分析,以事实为依据,教育与惩戒相结合等原则。实际考核中,将合规风险的类别以及合规风险管理体系的效率性合并在一起,则可形成合规分析控制效果矩阵,借此进行全面的考核与问责。合规风险效果控制矩阵如表9-3所示。

表9-3　　　　　　　　　　　　合规风险控制效果矩阵

风险等级	风险控制效果			
	有效	基本有效	不足	过度
高	高风险,需要有效检讨	高风险,需要适度检讨	高风险,需要全面检讨	高风险,需要适度检讨
中	中至低度风险,需要有限度检讨或无须检讨	中度风险,需要适度检讨	中至高度风险,需要全面检讨	中至低度风险,需要有限度检讨
低	低风险,无须检讨	低风险,需要有限度检讨	中至低度风险,需要有限度检讨	低风险,需要适度检讨

资料来源:邵平. 商业银行合规风险管理[M]. 北京:中国金融出版社,2010.

6. 持续改进

合规风险管理并非一成不变,而是一个根据内外部规范、环境的变化而随时调整的过程。针对法规政策发生变化、制度流程发现缺陷等需要创新、修正的事项需适时做出反应,对行业规章制度进行相应的调整与完善。

(四)海外合规风险的管理

伴随着业务的拓展和规模的扩大,走向海外市场已经成为各家商业银行发展的重要方向之一,海外运营过程中需要加强风险的调控,特别是海外合规风险的监控与管理。2016 年 4 月,银监会发布了《中国银监会关于进一步加强银行业金融机构境外运营风险管理的通知》;7 月 14 日,银监会提出下半年将针对商业银行各项业务重点防范海外合规风险。要识别和防范海外合规风险可以从以下四个方面着手。

1. 加强风险识别判断,完善决策管理制度

银行业金融机构应加强对境外业务经营发展环境和风险形势的分析评估,充分认识境外业务的复杂性和特殊性,加强对业务所在国家或地区政治经济形势、金融市场走势和金融监管环境的跟踪研究。对已形成的损失或潜在的风险隐患,应及时识别发现,果断采取风险缓释和控制处置措施。同时,银行业金融机构境外业务发展速度和规模应与自身经营管理能力相匹配;应结合自身经营特点、比较优势和风险管理能力制定境外业务的中长期发展规划;针对境外业务相对境内业务的特殊性,建立健全覆盖各类境外业务流程的管理制度,由董事会或高管层审核批准并确保全行统一实施。

2. 明确境外运营责任,落实贷款"三查"要求

银行业金融机构在开展境外业务时,对于已设立境外分支机构的国家或地区,主要运营责任应由境外分支机构承担,相关业务应在满足境内监管要求的基础上更侧重于满足境外监管要求。对于尚未设立境外分支机构的国家或地区,银行业金融机构应审慎开展业务,并由母公司承担主要运营责任,相关业务应在满足境外监管要求的基础上更侧重于满足境内监管要求。银行业金融机构应严格遵循"了解你的客户"的原则,加强对境外借款客户的实地尽职调查,不得完全依赖第三方或借款企业提供的信息;加强授信审批的审慎性,充分评估抵质押品和抵质押手续的合法合规性和可操作性;定期对授信项目进行贷后检查,持续监测资金流向与用途,授信项目出现不符合授信条件和放款要求的情况时,应及时终止贷款后续资金的投放;加强债项与债务人的同时审核。

3. 审慎开展自营投资,强化内控合规管理

银行业金融机构应根据自身业务特点、规模和复杂程度,结合总体业务发展战略、管理能力和能够承担的风险水平,审慎开展自营性境外投资类业务,充分考虑投资对象和项目风险、所在国家或地区的经济金融形势变化和市场波动带来的潜在风险。债权类投资不能完全依赖外部评级,应将债权类投资纳入全行统一的风险管理体系;对于属于并表范围的股权类投资应经董事会审议,并全面评估投资损失可能对银行集团产生的影响。银行业金融机构应强化境外业务的合规管理;加强境外业务授权管理,确保各项境外业务在授权范围内开展;强化对境外业务涉及的第三方外包服务商的资信和运营标准要求以及考核管理;严格执行跨境法律审查,防范境内外法律冲突风险,切实加强对境外业务外聘律师等中介的管理。

4. 完善管理信息系统,强化境外机构监管

银行业金融机构应提高境外业务信息系统的自动化程度,在满足境外监管要求的条件下,实现境外业务流程的自动化管理、境外与境内信息系统的实时对接与整合,以及境外业务数据和相关信息向总行的及时报送,满足境外业务发展和管理需求。对境外信息不能与境内实时对接的区域,应审慎开展业务。银行业金融机构应强化境外机构的高管人员和关键岗位轮岗制度,明确轮岗时间和具体安排;加强对重要岗位人员的离岗审计,严格对离岗审计发现问题的责任追究。银行业金融机构应加强境外机构管理,要求境外机构严格遵守所在地法律法规、监管规则、税收、反洗钱及环境保护等方面的要求,关注境外资源、劳务用工、宗教以及文化习俗等方面对业务开展可能造成的影响。

【案例9-2】 某支行客户经理违规提供贷款担保

2011年11月16日,某支行向某钢结构有限公司发放贷款500万元,期限6个月,客户经理为张某。2012年5月12日,该公司负责人樊某电话通知张某,称王某(之前张某不认识此人)同意借给该公司500万元用于归还银行贷款,但要张某在借条上签字担保。因担心银行贷款逾期,同时张某也自认为与樊某住一个小区,对其人品比较了解,帮助樊某临时应急没有问题,张某作为担保人在借条上签字,王某直接将钱款转账给张某。此前,张某还分别在3月和4月,个人替该公司垫付了银行贷款利息6.6万元。5月15日中午,樊某电话通知张某,称其已要回750万元的工程预付款,估计下午3点半左右到账。为减少利息成本,樊某要求张某将之前向王某所借钱款分别归还赵某(另一债权人)和王某,张某随即按照樊某要求办理汇款。当日营业终了前樊某应归还的资金未到账,并处于失联状态,该公司在银行的贷款形成逾期。

5月16日,王某等人到银行要求张某代偿,并在网络上对此笔借贷担保纠纷进行歪曲事实的宣传,散布有损银行声誉的不实传闻,支行所在当地的一些网站陆续出现负面舆情,多家媒体的新闻记者或通讯员相继到支行进行采访。支行及时向分行、总行上报情况,与支行所在地市委宣传部及媒体、网站说明事实真相,及时控制了舆情。

5月19日,张某与王某达成还款协议,王某同时就在媒体上散布的不实消息向银行及张某出具了道歉信。

5月23日,张某提前履行完与王某的还款协议,王某到当地刑警大队书面撤销了对张某的指控。

第三节 声誉风险管理

自2007年7月以来,以美国次贷危机为导火索的金融危机迅速席卷全球金融市场,引发了全球性金融动荡。声誉风险在不同市场之间的传染而造成的不良影响,不可避免地起到了推波助澜的作用,彻底暴露了金融业在声誉风险冲击下的脆弱性。普华永道2006年11月至2007年1月对亚洲、欧洲、美洲420名商业银行高级管理人员的调查显示,在"您认为哪种风险对银行的盈利能力威胁最大"的调查中,有24%的人认为声誉危险是最大威胁,排在被调查的17类风险中的第二位。同时,在"能够有效地管理以下种类风险"的调查中,认为能够有效管理声誉风险的占16%,排在被调查17类风险的第五位。

对于从计划经济时期成长起来,长期依靠"国家信誉"背书来拓展业务的中国银行业来说,加强声誉风险管理就显得尤为迫切。

一、声誉风险管理概述

(一)声誉风险的含义与特征

1. 声誉风险的含义

商业银行通常将声誉风险看作对其经济价值最大的威胁,因为商业银行的业务性质要求其能够维持存款人、贷款人和整个市场的信心。这种信心一旦失去,商业银行的业务及其所能创造的经济价值都将不复存在,良好的声誉是商业银行生存之本。

国外一些文献将声誉风险定义为:重大的负面工作评价所带来的资金和客户损失方面的风险。这种风险影响着银行建立新客户管理和服务渠道以及继续为现有客户服务的能力,会使银行面临诉讼、金融损失或者客户流失的局面。2009年1月,《巴塞尔协议Ⅲ(征求意见稿)》明确指出,银行应将声誉风险纳入其风险管理体系中,并在资本充足率评估和流动性应急预案中适当涵盖声誉风险。

中国银监会2009年8月颁布的《商业银行声誉风险管理指引》将商业银行声誉风险定义为:声誉风险是指由商业银行经营、管理及其他行为或外部事件导致利益相关方对商业银行负面评价的风险。声誉事件是指引发商业银行声誉风险的相关行为或事件。重大声誉事件是指造成银行业重大损失、市场大幅波动、引发系统性风险或影响社会经济秩序稳定的声誉事件。中国银监会要求商业银行声誉风险管理应当全面覆盖商业银行的各种行为、经营活动和业务领域,督促商业银行规范声誉风险管理,引导商业银行完善全面风险管理体系,并通过审慎有效监管,保护广大存款人和消费者的利益。本书探讨的声誉风险的范围参考中国银监会的定义。

2. 声誉风险的特征

声誉风险的特征有如下五个方面:

(1) 突发性。

商业银行日常工作中的任何一个错误,甚至微小失误,以及外部一些不可预测的事件,都有可能引发银行的声誉风险,声誉危机对商业银行具有突发性。

(2) 衍生性。

声誉风险不可能完全脱离其他风险类别单独存在,而更多的具有衍生性特质。归根结底,声誉风险是一种负面评价。

(3) 难计量。

对声誉风险的计量研究还只是刚刚起步。总的来说,定性风险在声誉风险的评估中仍然占据主导地位,特别是对媒体报道进行系统全面的分析,正变得越来越重要,因为媒体报道直接影响利益相关者的感受和期望。

(4) 影响广。

声誉风险不仅会危害商业银行的声誉质量乃至生存发展,还可能给员工、客户、股东等带来恐惧和惊慌,甚至会通过连锁反应威胁到大部分同业其他商业银行的声誉,导致银行业体系紊乱等更为严重的后果。

(5) 传播快。

随着互联网的迅速发展,社会新闻传播速度日益加快。关于银行的争议和负面报道一经转载,传播范围和社会影响会得到几何级数的放大。而且,媒体的报道很多时候是间接传播,缺乏考证使得某些报道严重失实,给商业银行的声誉风险管理带来很大难度。

(二)声誉风险管理体系的内容及重点

一般来说,商业银行规模越大,抵抗风险的能力越强,同时意味着商业银行面临的风险因素越多,对其声誉风险的潜在威胁也越大。管理和维护声誉风险需要考虑内外部风险因素,有效的声誉风险管理体系应当重点强调以下内容:

(1) 明确商业银行的战略愿景和价值观念;
(2) 有明确记载的声誉风险管理政策和流程;
(3) 深入理解不同利益持有者(如股东、员工、客户、监管机构、社会公众等)对自身的期望值;
(4) 培养开放、互信、互助的机构文化;
(5) 建立强大的、动态的风险管理系统,有能力提供风险事件的早期预警;
(6) 努力建设学习型组织,有能力在出现问题时及时纠正;
(7) 建立公平的奖惩机制,支持发展目标和股东价值的实现;
(8) 利用自身的价值观念、道德规范影响合作伙伴、供应商和客户;
(9) 建立公开、诚恳的内外部交流机制,尽量满足不同利益持有者的要求;
(10) 有明确记载的危机处理和决策流程。

商业银行所面临的风险不确定因素,不论是正面的还是负面的,都必须经过系统化的管理。因为几乎所有的风险都有可能影响声誉风险,声誉风险是一种多维风险。建立良好的声誉风险管理体系,能够持久有效地帮助商业银行减少各种潜在风险。

(三)声誉风险管理的原则

1. 预防第一原则

声誉风险管理首先是事前管理,必须坚持预防第一的原则,及时准确地识别、评估现有和潜在的各种声誉风险因素,从源头上控制和缓释声誉风险。

2. 积极主动原则

应按照声誉风险管理的日标要求,积极主动地创建、维护、巩固和提升银行的良好声誉。处置声誉事件时应当迅速反应,果断作为,争取主动。

3. 全局利益原则

在管理声誉风险和处置声誉事件时,要从全局利益出发,将声誉风险和声誉事件对银行中心工作和整体发展目标的损害程度降到最低。

4. 及时报告原则

对于各类声誉事件,各当事机构和员工应当在规定的时限内向上级行直至总行如实报告,严禁各类拖延或瞒报行为。

5. 全员参与原则

声誉风险管理涉及银行经营的各个层面和环节,全行每个机构、部门和员工都负有维护银行声誉的责任,都应该积极防范声誉危险。

二、采取恰当的声誉风险管理方法

有效的声誉风险管理是有资质的管理人员、高效的风险管理流程以及先进的信息系统共同作用的结果。截至目前,国内外金融机构尚未开发出有效的声誉风险管理量化技术,但普遍认为声誉风险管理的最佳实践操作是推行全面风险管理理念、改善公司治理结构,并预先做好防范危机的准备,确保各类风险被正确识别、有效排序,并得到有效管理。具体而言,强化声誉风险管理培训,确保实现承诺,确保及时处理投诉和批评,尽量保持大多数利益持有者的期望与商业银行的发展战略相一致,增强对客户/公众的透明度,将商业银行的社会责任感和经营目标结合起来,是创造公共透明度、维护商业银行声誉的另一个重要层次,保持与媒体的良好接触,制定危机管理规划。

三、声誉风险管理规划

商业银行处理危机的能力和效果有可能进一步提高商业银行的声誉,也可能将声誉毁于一旦。商业银行有必要对危机管理的政策和流程做好事前准备,建立有效的沟通预案,制定有效的危机应对措施,并及时调动内外部资源以缓解致命风险的冲击。声誉风险管理规划通常包括以下几个内容:制定战略性的危机沟通机制,提高解决问题的能力,危机现场处理,提高发言人的沟通能力,危机处理过程中的持续沟通,管理危机过程中的信息交流,模拟训练和演习。

2008年国际金融危机表明,商业银行因各种风险爆发,声誉危机只不过是时间问题,因此,商业银行应当更加关注声誉风险管理问题。无论声誉危机何时发生,商业银行在系统制定声誉危机管理计划时,很多潜在风险就已经被及时发现并得到有效处理,这有助于最大限度地避免或延缓危机的到来。从这个意义上说,声誉危机管理规划能够给商业银行创造相当可观的附加值。

【案例9-3】 广西柳州分行声誉风险管理的思考与建议

近年来,广西柳州分行不断加大声誉风险管控力度,深入剖析声誉风险发生的原因,认真总结声誉管理中存在的问题,积极应对违规事件、服务质量等可能引发声誉风险的潜在风险,有效降低了负面舆情的发生率。

一、负面声誉事件的特点

(一)网点与ATM服务是负面舆情多发区

2013年,广西区分行监测到负面信息共324条,涉及网点服务问题164条,占比达51%,其中柳州分行18条,占比47%。涉及ATM服务问题62条,占比19%;其中柳州分行5条,占比13%。网点服务问题主要集中于开设窗口少、排队时间久、服务不热情;ATM服务问题主要集中在缺钞、暂停服务、吞卡、出现假钞等方面。

(二)理财、中间业务收费和代理保险成为媒体关注焦点

2013年,广西区分行通报的全部涉负信息中,理财业务10条,代理保险9条,业务收费8条,其中涉及柳州分行7条。在业务收费中,小额账户管理费、跨行取款收费、网银收费等是民众及媒体关注的焦点。

(三)互联网成为涉负信息发布主要渠道

2013年,广西区分行监控到的涉负信息来源于网络的有315条,来源于报刊的仅9条,其

中以地方区域网站、社区论坛为主,如广西新闻网红豆社区、龙城论坛、鹿寨论坛、融水好门户等。

（四）微博、微信逐渐成为声誉事件的爆发源头

2013年,广西区分行监控到的涉负信息有147条是通过微博、博客发布的,占比45%,其中柳州分行17条。微博传播面广,控制难度大,给舆情防控工作带来很大压力。不少微博信息都是客户在营业网点产生负面情绪后现场通过手机微博发布,部分配有现场照片;有的微博直接发送至中国农业银行官方微博、相关报刊网络官方微博、知名记者微博等,以吸引相关媒体注意。一些网点的外部形象、清洁卫生等问题,也通常被顾客或路人用手机拍下迅速发至微博、微信。

二、声誉风险管理存在的问题

（一）重视不够

一些基层行及员工对声誉风险管理缺乏深刻认识,防范意识较为淡薄,认为声誉风险就是一些负面新闻报道,只要舆情监管部门堵住就行了,对声誉风险重视不够,没有整体合力防控声誉风险意识。个别行疏于监测,麻痹大意,未能形成有效的网点舆情监测报告体系,无法将舆情有效化解于萌芽状态。

（二）缺乏长远规划

目前,虽然对声誉风险实行归口管理,但尚未实行真正意义上的全流程控制,也未纳入绩效考核体系。声誉管理往往"头痛医头、脚痛医脚",缺乏前瞻性、持久性。从近年来负面报道情况来看,经济案件、被诉案件、服务投诉、自助设备故障和客户信息保密是容易引发媒体危机事件的关键风险点。这些风险点分布在不同的岗位,涉及方方面面,仅仅依靠单个部门或事后"围追堵截"很难控制住,必须发动各部门、各级行齐心协力抓好源头治理和危机应对。

（三）尚未形成合力体系

声誉风险管理是一项系统工程,它不仅包括声誉风险发生后的处置,还包括声誉的建立、维持等。从形成声誉风险的过程来看,既有前期的事件发生,也有后期的接受媒体采访、危机公关等诸多环节,任何一个环节处理不好,都会形成不良后果。业务部门在进行业务日常推广时,关心更多的是业务指标,而对该产品可能引发的声誉风险关注不足,等到引发声誉风险事件时,才给予一定重视。事发后,不及时对业务流程、经营管理、服务质量进行实质性修正,对责任人缺少处罚,造成同类声誉风险事件重复发生。

（四）管理手段较为单一

基层行声誉风险管理部门设在办公室（综合管理部）,受职能、人手等客观条件制约,声誉风险管理主要是事后管理,对外信息监测和管理,尤其是对互联网舆情、微博等新闻媒介关注不够,不能及时发现、制止负面舆情和声誉风险扩散。对内监管上,较为注重舆情提示、风险提示等方式。

三、加强声誉风险管理的思考和建议

（一）完善声誉风险管理机制

一是强化声誉风险考核。将声誉风险纳入综合绩效考核,有效引导支行重视和积极开展声誉风险管理工作。加大资源配置保障,设立声誉风险岗,从人员和职能设计上保障声誉风险管理工作顺利开展。二是强化声誉风险管理部门职责。综合管理部作为基层行声誉风险的日常监管部门,负责指导、评估、监督、检查声誉风险管理工作。三是强化风险管理部门职责。建

立综合管理部与信贷管理部、内控合规部等风险管理部门各负其责、相互协同、信息共享的业务协作机制。四是强化业务部门职责。各业务部门作为声誉风险管理执行部门具体负责员工的教育、通报、处罚、考核。加强声誉风险管理部门和相关业务部门的联动,共同抓好风险管理培训,从源头控制或化解声誉风险事件。各业务部门在开展条线内产品研发、市场推广及客户关系管理等业务经营活动时,要充分考虑声誉风险因素,并承担与本部门职责相关的声誉风险排查、声誉事件应对处置等职责,着重解决好条线业务与人员管理"两张皮"的问题。

(二)加强声誉风险管理

一是加强监测。建立舆情监测快速反应机制,安排专人实时关注舆情,注重舆情信息研判,及时发现可能引起声誉风险的新闻报道,根据事件严重程度,采取不同的处理措施。成立网络评论员队伍,有组织地对网络舆情进行引导。二是及时报告。建立舆情监测、处置、报告制度,明确舆情监测范围,实现舆情分级、分类管理,明晰不同类型、级别负面舆情的报告路径。声誉风险事件发生后,要按照预案处理并及时报告上级行,有效处置各类负面舆情。2013年该行立新、城中支行联合化解媒体介入社保群众反映的网银收费事件值得借鉴。三是加强排查。定期对各业务部门、各重点岗位、各业务环节上可能存在的声誉风险隐患进行排查、识别,提炼其中可能导致声誉风险的因素,及时采取防控措施。四是预案处置。建立重大声誉事件应急处置制度,在日常工作中,一旦发现有媒体记者介入,第一时间报告声誉风险管理部门,由本级和上级声誉风险管理部门共同介入,力争舆情事件在媒体发表之前得到化解。网络、微博出现声誉事件苗头时,及时向上级行声誉风险管理部门汇报,通过各种途径进行化解。认真对待客户投诉,及时有效解决客户问题,将矛盾化解在萌芽状态。五是认真分析。对发生的声誉风险管理问题要认真分析起因,研究制定和实施针对性的应对、防范措施。对涉及工作的倾向性、苗头性问题,要做好舆情预警。建立声誉风险管理后评价机制,对声誉风险事件应对措施的有效性及时进行评估,总结成功经验,反思存在问题,促进声誉风险管理水平的提升。

(三)强化重点环节防范

声誉风险管理的最好防范措施就是不出质量差错、不出案子、不出新闻点,负面新闻就没有源头。从源头上来说,声誉风险的最终解决依赖于日常经营活动的严格管理、员工素质的全面提升、风险和案件防控能力的整体加强以及全行各项业务的健康发展。一是认真对待客户的每起投诉,避免相互推诿责任,确保客户投诉信息得到及时、有效处理。二是加大对制度落实情况的监督力度,坚持合法合规经营底线,从源头上消除声誉风险隐患。三是巩固文明服务标准导入成果,规范员工的服务言行举止,严格执行柜台服务考评,完善客服中心投诉处置联动机制。四是规范理财产品营销工作,加强对保险代理、基金销售等从业人员的培训、管理,杜绝不实宣传和误导客户的行为,尽职做好风险提示。五是重视信访维稳工作,做好不稳定因素的排查和化解工作,对上访人员进行有效的情绪疏导,对反映较多的老干部待遇、内退政策及待遇、物业改革、收入分配等问题,要帮助解决合理诉求,切实推动"事要解决"。六是加强员工网络发言管理,关注员工思想动态,严控员工对外发布"小道消息"、虚假消息等造成负面影响。七是妥善处置涉及内部员工的劳动纠纷、内部案件等各类事件,增强员工防范声誉风险的自觉性。八是规范网点内部标识和各类广告、公告的张贴和发布,杜绝出现商业信息泄漏和有损农行形象事情的发生。

(四)加强媒体应对

建立与当地主流媒体的合作机制,主动邀请媒体采访报道农行改革发展成果,提升社会形象。与媒体联动控制舆情事件,当发生声誉风险事件时,通过主流媒体进行澄清,有效处置声誉风险事件。增强新闻保密意识,严格遵守行内媒体新闻采访纪律,未经有关部门批准,不得接受任何新闻媒体的采访,不得随意在网络、报刊、电台等媒体上发表言论信息。重视网络舆情监测,及早发现重大舆情动向,对网上非法和过激言论,提前采取措施,争取把负面影响降到最低。针对虚假信息,通过采取公开澄清、跟帖引导、沉帖、主动邀请记者深入报道等方式,及时消除负面影响。

第四节 战略风险管理

商业银行面临风险威胁时,通常采取的风险控制措施都是应急性的,缺乏必要的前期准备,并往往建立在直觉反应基础之上,有时甚至对部分风险毫无直觉。为了避免因盲目承担风险造成的重大经济损失,同时又能适时把握发展机遇,商业银行应当将最佳的风险管理办法转变为商业银行既定政策和原则,从应急性的风险管理操作转变为预防性的风险管理规划,通过定期评估威胁商业银行的产品、服务、员工、财务、信息以及正常运营的所有因素,及早采取有效措施减少或杜绝各类风险隐患,确保商业银行的健康和可持续发展。战略风险管理就是基于这种前瞻性理念而形成的全面、预防性的风险管理方法,得到国际上越来越多的金融机构特别是大型商业银行的高度重视。

一、战略风险概述

战略风险是指商业银行在追求短期商业目的和长期发展过程中,因不适当的发展规划的战略决策给商业银行造成的不利影响的风险。商业银行的战略风险管理具有双重内涵:一是商业银行针对政治、经济、社会、科技等外部环境和内部可利用资源,系统识别和评估商业银行既定的战略目标、发展规划和实施方案中的潜在风险,并采用科学的决策方法和风险管理措施来避免或降低可能的风险损失;二是商业银行从长期、战略的高度,良好规划的实施信用、市场、操作、流动性和声誉风险管理,确保商业银行健康、持久运营。

战略风险管理一词出现于米勒的文章《国际商业中的综合风险管理架构》,米勒指出了企业对于战略环境不确定性的五种一般反应:规避、控制、合作、模仿以及适应。战略风险管理能够最大限度地避免经济损失、持久维护和提高商业银行的声誉和股东价值。商业银行致力于战略风险管理的前提是,理解并接受战略风险管理的基本假设:

(1) 准确预测未来分析事件的可能性是存在的;
(2) 预防工作有助于避免或减少风险事件和未来损失;
(3) 如果对未来风险加以有效管理和利用,风险有可能转变为发展机会。

战略风险管理通常被认为是一项长期的战略投资,实施效果需要很长时间才能显现。实质上,商业银行可以在短期内便体会到战略风险管理的诸多益处:

(1) 比竞争对手更早采取风险控制措施,可以更为妥善地处理风险事件;
(2) 全面、系统地规划未来发展,有助于将风险挑战转变为成长机会;
(3) 对主要风险提早准备,能够避免或减轻其可能造成的严重损失;
(4) 避免因盈利能力出现大幅度波动而导致的流动性风险;

(5) 优化经济资本配置,并降低资本使用成本;

(6) 强化内部控制系统和流程。

总之,战略风险同声誉风险管理一样,战略风险也与其他主要风险密切联系且相互作用,因此,也是一种多维风险。如果缺乏结构化和系统化的风险识别和分析方法,深入理解并有效控制战略风险是相当困难的。因此,商业银行需要拥有足够的实力,并已经做好充分准备来应对可能发生的危险,以确保持久、稳健运营。

二、战略风险管理的责任与流程

(一) 明确董事会和高级管理层的责任

董事会和高级管理层负责制定商业银行的战略风险管理的原则和操作流程,并在其直接领导下,设置战略管理/规划部门,负责识别、评估、监测和控制战略风险。董事会和高级管理层对战略风险管理的结果负有最终责任。

董事会和高级管理层负责制定商业银行最高级别的战略规划,并将其作为商业银行未来发展的行动指南。虽然重大的战略规划/决策有时需要提请股东大会审议、批准,但并不意味着战略规划因此长期保持不变。相反,战略规划应当定期审核或修正,以适应不断发展变化的市场环境和满足利益持有者的需求,同时最大限度降低战略规划中的战略风险。

董事会和高级管理层制定战略规划时,为了使商业银行所有员工理解战略规划的内容和意义并确保与日常工作协调一致,应当首先征询绝大多数员工的意见和建议。获得所有业务领域和职能部门对于竞争优势、现存问题等方面的深入理解,有助于战略规划和实施方案的制定更加符合实际情况,并减少可能对资本充足率和盈利能力造成的不利影响,降低战略风险。如果制定的战略风险规划缺乏足够的员工认同感,最终必将阻碍战略目标的顺利实现。

(二) 建立清晰的战略风险管理流程

1. 战略风险识别

与声誉风险相似,战略风险产生于商业银行运营的所有层面和环节,并与市场、信用、操作和流动性等风险交织在一起。商业银行战略风险的表现主要体现在四个方面:商业银行战略目标缺乏整体兼容性、为实现这些目标而制定的经营战略存在缺陷、为实现目标所需要的资源匮乏、整个战略实施过程的质量难以保证。通常,战略风险的识别可以从战略、宏观和微观等层面入手。具体而言,商业银行所面临的战略风险可以细分为:① 行业风险;② 竞争对手风险;③ 客户风险;④ 品牌风险;⑤ 技术风险;⑥ 项目风险;⑦ 其他(如财务、运营以及多种外部风险因素),具体如表9-4所示。这些战略风险都可以对商业银行的管理质量、竞争对手能力和可持续发展造成威胁。

表9-4　　　　　　　　　　　商业银行面临的战略风险

风险名称	风险表现
行业风险	商业银行之间的竞争日趋激烈,不可避免地出现收益下降、产品/服务成本增加、产能过剩、恶性竞争的现象
竞争对手风险	越来越多的非银行金融服务机构在提供更加便利和多元化的金融服务,填补市场空白的同时,也在逐步侵蚀商业银行原有的市场份额

续 表

风险名称	风险表现
客户风险	经济发展及市场波动同样导致客户风险/投资偏好发生转变,客户维权意识和议价能力也显著增强
品牌风险	激烈的行业竞争必然形成优胜劣汰,产品/服务的品牌管理质量直接影响商业银行的盈利能力和发展空间
技术风险	商业银行必须确保所采用的核心业务和风险管理信息系统具有高度的适用性、安全性和前瞻性
项目风险	商业银行统一面临诸如产品研发失败、系统建设失败、进入新市场失败、兼并/收购失败等风险
其他风险	政治动荡、经济恶化、社会道德水平下降等外部环境的变化,都将对商业银行的管理质量、竞争能力和可持续发展造成严重威胁

资料来源:中国银行业从业人员资格认证办公室.风险管理[M].北京:中国金融出版社,2013.

商业银行正确识别来自内外部的战略风险,有助于经营管理从被动防守转变为主动出击,适时采取研发新产品/服务、需求创新、业务拓展等战略性措施,提高盈利能力并确保竞争优势。例如,2008年国际金融危机为我国机构推行跨国投资战略提供了不少良机。然而,如何将所承担的投资风险转化为预期收益,需要敏锐的投资触觉和强大的风险管理能力。金融机构必须站在战略风险管理的高度,制订精细的海外投资计划,加强在实践层面学习国际领先金融机构的投资经验,充分理解并合理运用相关法律保护自身利益。

2. 战略风险评估

战略风险是无形的,因此难以量化。在评估战略风险时,应当首先由商业银行内部具有丰富经验的专家负责审核一些技术性较强的假设条件,如整体经济指标、利率变化、预期利率状况、信用风险参数等;然后由战略风险管理/规划部门对各种战略风险因素的影响效果和发生的可能性做出评估,据此进行优先排序并制定恰当的战略实施方案。具体如表9-5所示:

表9-5 战略风险评估及实施方案

风险影响 风险发生的可能	战略实施方案		
	低	中	高
轻微	接受风险	可接受风险,持续监测	采取管理措施,持续关注
中度	可接受风险,持续监测	应当采取管理措施	必须采取管理措施
显著	采取必要的管理措施	必须采取管理措施,密切关注	尽量避免或高度重视

资料来源:中国银行业从业人员资格认证办公室.风险管理[M].北京:中国金融出版社,2013.

3. 监测和报告

商业银行通常采用定期(每月或季度)自我评估的方法来检验战略风险管理是否有效实施。战略风险管理/规划部门对评估结果的连续性和波动性进行长期、深入、系统化的分析和监测,非常有利于商业银行清醒地认识市场变化、运营状况的变化,以及各业务领域实现整体经营目标所承受的风险。

4. 内部审计

内部审计部门应当定期审核商业银行战略风险管理流程,保障战略风险管理实施质量。及时有效的内部审计可以帮助商业银行更好地分析战略风险,也能为商业银行制定风险应对措施提供支撑,更是从商业银行内部管理着手提升应对战略风险能力的重要保证。

(三) 采取恰当的战略风险管理方法

战略风险涵盖了商业银行的发展愿景、战略目标以及当前和未来的资源制约等诸多内容。因此,有效的战略风险管理应当定期采取从上而下的方式,全面评估商业银行的愿景、短期目的以及长期目标,并据此制定切实可行的实施方案,体现在商业银行的日常风险管理活动中。在整个战略风险管理中,保持风险管理、战略规划和实施方案相互促进、统一协调,在实现战略发展目标的同时,将风险损失降到最低。

1. 制定以风险为导向的战略规划和实施方案

商业银行战略风险管理的最有效方法是制定以风险为导向的战略规划和实施方案,并深入贯彻在日常经营管理活动中。具体而言,可以从如下方面着手:

(1) 战略规划应当清晰阐述实施方案中所涉及的风险因素、潜在收益以及可以接受的风险水平,并且尽可能地将预期风险损失和财务分析包含在内。经过评估并具有较高可行度的假设,可以应用于战略实施方案中的分析评估,并针对风险敞口的规模提出适当的控制方案。所以,那些假定能够产生最大经济效益并拥有最大风险敞口的战略实施方案,需要商业银行做出最深入和广泛的风险分析与评估。

(2) 战略规划必须建立在商业银行当前的实际情况和未来的发展潜力基础之上,反映商业银行的经营特色。例如,大型的商业银行普遍擅长零售业务,有能力将更多的资源和技术持续投入大规模零售业务系统中;小型的商业银行则可以在某些专业领域采用先进的信息系统或与第三方合作,充分利用自身的地域或专业优势应对风险、提升效益。不同规模的商业银行只有通过全面、细微的战略规划,才能进行清晰的市场定位,创造特色产品/服务,在相对强势的业务领域保持竞争优势,最终实现长期战略发展目标。

(3) 战略规划应当从战略层面开始,深入贯彻落实到宏观和微观操作层面。在商业银行内部,不同业务领域和员工有时对遵守风险管理政策和原则并按照流程处理业务持有消极态度,甚至认为风险管理是人为地设置障碍或形同虚设。如果商业银行的所有员工都能积极参与风险管理的战略规划,将有利于加深员工对风险管理重要性的认识,使得风险管理/控制流程和措施更容易被贯彻与执行。同时,采用先进的信息系统记录和跟踪违规行为,定期、持久地进行风险评估,也有助于商业银行长期发展目标的实现。

最高层面的战略规划最终应当以切实可行的战略实施方案体现出来,应用于各业务领域。战略实施方案执行之前,业务部门应当认真评估其是否与商业银行的长期发展目标和战略规划保持一致、对未来战略发展目标的贡献,以及是否有必要调整战略规划;战略方案执行之后,无论成功与否,商业银行都应当对战略规划和实施方案的执行效果进行深入分析、客观评估、认真总结并从中吸取教训。

2. 经济资本配置

战略风险管理的另一重要工具是经济资本配置。战略风险管理则是在战略管理基础上,进一步考虑商业银行的战略规划和战略实施方案中的潜在风险,准确预测这些风险可能造成的影响并提前做好准备。战略风险管理的最有效方法是制定以风险为导向的战略规划,并定期进行修正。

【案例9-4】 我国商业银行的战略风险管理有待调整与加强

各银行的战略管理思维相似。各银行以国家"科教兴国"发展战略为基础,都制定了"科教兴行"的战略。这是银行基础要素相似、雷同的战略思维,并未考虑国家战略要求、自身要素结构、实力、特色、优势与劣势及环境变化的影响。并且,各银行基本都选择发展为"国际化、全能化、城市化的大银行"的战略定位。

各银行营销战略相似。由于缺乏对各自市场特性的深入调查与分析,产品与服务品种少、创新不足,各银行的营销战略在市场区域定位、目标客户选择、产品与功能定位等方面都十分雷同,既没有发挥各行的创造性与主动性,又忽略了各行特色与优势,从中也反映出银行从业人员营销战略创新思维的缺乏。

各银行战略风险管理体系尚未形成。各银行的战略风险管理体系尚未形成,只有总行的整体性战略,而缺少对各地区差异和各级领导班子不同的考虑,各分支机构没有自身特色。并且,总战略、各阶段子战略、各职能子战略、发展战略等之间缺乏配套,导致银行自身内部各方面、各分支机构、各区域市场都无法很好地实现资源共享、优势互补,加之外部战略网络的缺损,运营总体上效率不高,效益低下。

第五节 跨市场金融创新风险管理

一、跨市场金融创新概述

(一)跨市场金融创新的含义

所谓跨市场金融创新,指的是金融机构或经济主体在不同金融市场之间的金融活动,是金融机构为应对金融市场化环境突破分业经营约束、提高效率,通过各种交叉性金融工具或变换经营的组织形式,在多个金融子市场中进行各种金融活动。最近几年以来,随着金融市场化改革进程加快,金融市场竞争日趋激烈,不同机构间的交叉、融合不断加深,业务、产品创新不断涌现。这种交叉、融合的趋势,有效地打破了金融市场的分割,成为推动我国利率市场化的重要力量。不过,在提高金融效率、创造新盈利空间的同时,金融风险的交叉和传递也变得日益复杂,如何更好地认识和管理跨市场金融风险,成为金融监管改革的难点和重点。

(二)跨市场金融创新的主要领域

从实践看,可以将跨市场金融活动划分为两个层次:一是金融机构利用业务和产品的创新,来跨越货币、资本等多个金融市场的子市场;二是金融机构通过获取多种金融牌照,同时从事银行业、证券业和保险业,通过跨市场的机构主体来打通资本、货币市场以及保险市场。这两种类型的跨市场金融活动,对应到综合化经营混业经营的层面,常常也被称为内部综合化和外部综合化。过去几年中,两类跨市场金融活动都得到了迅速发展。由于跨市场牌照获取难度相对较大,中小型金融机构往往难以介入。因此,利用业务、产品创新来实现跨市场交易已成为更为主流的模式,这也是我国金融综合化经营值得关注的一个特征。

具体来说,业务、产品层面的跨市场创新主要集中在资产管理领域。过去几年中,随着利率市场不断深入和金融监管放松,各类机构都加大了资产管理业务的发展力度,在较短的时间中,各类产品创新层出不穷,发行规模迅速膨胀。从机构来看,银行、信托、证券、保险、基金公司、私募基金、期货公司、地方金融交易所及互联网平台等,都直接或间接涉足其中。从产品类型看,有银行理财、信托计划、券商资管计划、保险资管计划以及互联网理财产品等各种类型,门槛和风险收益特征覆盖了绝大多数客户的资产配置需求。粗略统计,截至 2015 年 6 月末,我国资产管理行业的总规模已达到 71.13 万亿元,增长速度远远快于其他金融产品。其中,银行理财规模最大,2015 年 6 月末为 18.37 万亿元,信托次之为 15.87 万亿元,券商资管和保险资管均在 10 万亿元左右。从增长来看,基金子公司尤其值得关注,短短三年规模已达到 7 万亿元,发展极其迅猛。

由于所受监管约束不同,以及客户和资金来源性质上存在差异,不同机构的资管产品在资金投向上各有侧重。商业银行和保险公司是典型的机构投资者,风险偏好较为接近,存款、货币市场工具、债券和非标等固定收益类资产占比都在 80% 左右,权益类资产(如股票和基金)占比相对较低。不过随着 2014 年以来股市升温以及保监会政策松动,保险资管的权益类投资占比在 2015 年有明显上升。此外,2013 年以来,在余额宝的带动下货币市场基金规模迅速扩大,这也使公募基金的资金投向中,货币市场占据了较高比重。公募基金信托公司、券商资管和基金类子公司则更倾向于证券投资。

总体来讲,经过几年的爆发式增长,资产管理行业已经成为金融产品交叉的主要领域。一方面,不同类型机构的资管产品本质属性近似,在目标客户、资金来源以及资金投向上诸多交叠;另一方面,由于各类机构所受监管不同,加之自身专业优势各异。实践中,各类机构在资管业务链上的合作也在不断加深。比如,2014 年以来随着股市上涨而迅速发展的配资业务,就是商业银行、信托公司以及证券公司利用资管产品进行的一种创新。除此之外,在股权激励、杠杆收购以及定向增发等证券市场交易中,也大量存在银行理财资金的身影。不同类型资管产品的嵌套交易,成为沟通银行资金和资本市场的重要桥梁。

二、跨市场金融创新风险的表现

从发展趋势来看,跨市场金融业务的迅速扩张有其客观必然性,既适应客户不断发展的需求,又推动利率市场改革深入,改善金融体系的资金配置效率。但也必须看到,在监管体系不完备的情况下,跨市场业务过度发展也有一定的风险隐患。

(一)容易导致局部市场的泡沫和剧烈波动

跨市场业务消除了不同市场的分割,有助于提高资金的配置效率,但这也降低了某些金融市场尤其是高风险的权益市场的准入门槛。在流动性充裕的情况下,交叉金融业务的过度发展,极有可能使巨额资金在局部市场上快速集聚,加剧其泡沫化程度,并形成巨大的危害。2015 年我国股市的剧烈波动与跨市场资管产品的繁荣有着很大的关系。

(二)加大了系统性风险

本质上说,交叉跨市场风险是一种传导风险。各种金融机构在追求规模经济和范围经济、不断突破分业经营限制而相互融合的过程中,由于加强了在资本、资金、产品等方面的联系,很容易将某个市场的风险传导到其他市场,这种风险的影响不仅仅局限在某一市场中,而是通过股权控制、资金交易等纽带,将单个行业、单个市场的风险渗透到金融市场的各个子市场与传统的金融风险。例如,信用风险、操作风险以及市场风险不同,对交叉业务风险的关注更多地在于其加速了上述这些金融风险外溢的速度,并扩大了金融风险外溢的范围,这些都意味着系统性风险的上升。

(三)流动性风险更加突出

作为推动利率市场的重要力量,跨市场业务发展在本质上是基于金融市场的业务创新。而且为确保一定的收益水平,跨市场产品或多或少的都具有"资金池"的特征,资金来源与使用间存在期限错配。在规模较小时,这种期限错配可能不是严重的问题,但当产品规模积累到一定程度,错配所造成的资金缺口一旦不能在金融市场上得到满足,就会引发流动性风险。目前来看,在利率下行和流动性较为宽松的环境下,各类资管产品为提高收益率,普遍通过加杠杆的方式加大资金融入规模并增加资产配置。根据中国人民银行的数据,2015年前三季度,以基金、理财产品和信托计划等资管产品为主的其他金融机构在货币市场上含回购和拆借净融入资金47.74万亿元,是2014年同期规模的2.11倍,增长速度远远超过其他机构。杠杆的过度使用会加大部分资管产品所面临的流动性风险。同时,作为货币市场上其他机构重要的交易对手,这种产品层面的风险也有蔓延到整个市场的可能。

(四)削弱了微观审慎监管的效力

跨市场业务中,有一部分与金融机构的监管套利有关。比如,早期为了规避存贷比和合意贷款规模限制,银行先后与信托、证券以及基金子公司进行通道合作,形成了一轮跨市场业务发展的浪潮。最近两年以来,随着内外部环境变化,绕贷款规模的现象明显减少,但利用其来提高资本充足率、降低不良率以及拓展银行资金运用范围(如借道其他金融机构进入股市等),成为新的发展方向。不管形式如何,分业监管体系下,不同监管主体对相似业务的监管标准不同,为监管套利类的创新提供了长期的动力,反过来讲,这些业务的发展也削弱了微观审慎监管的有效性,相当程度的风险没有被合理考量并纳入监管视野。

三、跨市场金融创新风险的管理

总体判断,跨市场金融业务的发展,是适应利率市场和金融脱媒环境的必然产物,也是我国金融业综合化经营混业经营的具体表现形式。从未来看,这一趋势还有深化发展的迹象。在监管体系以及金融机构自身管理能力尚不完善的情况下,跨市场业务过快发展也隐含着巨大风险,适度监管不可或缺。跨市场金融创新的管理,不仅要限制交叉业务和产品创新,而是要适应交叉风险的发展趋势及其风险特征,优化现有的监管架构,以尽可能地在推动利率市场改革继续深入的同时,守住不爆发区域性、系统性风险的底线。从根本上讲,针对金融市场改革不断推进,不同金融领域交叉明显加大的情况,应适时调整和优化现有的分业监管架构。长期或可考虑"混业经营、混业监管"的改革方向,形成统一的监管体系。短期则可考虑如下的优化措施。

(一)尽快打破刚性兑付

刚性兑付是促成资产管理行业迅速发展最重要的因素,但也是其面临的最大瓶颈。从目前情况看,在没有先打破刚性兑付的情况下,快速推进利率市场化,事实上已引发了金融过度创新的恶性循环。为吸引客户,金融机构竞相提高产品收益率,为支付这样的收益率,金融机构要么加大高风险资产配置(资金流向股市或其他高收益领域),要么提高固定收益投资的杠杆,要么通过不同产品间的交易来实施补贴(不断把支付延后)等,进而形成各种潜在风险。客观地讲,刚性兑付并非中国所独有,美国次贷危机中,各类产品过度使用信用增级也造成了事实上的刚性兑付,结果导致了风险、收益的严重错配。对比国际发展,尤其是中国目前的许多产品创新已经高度符合"影子银行"特征且规模扩张迅速的情况下,更应对刚兑可能导致的扭曲保持高度关注。

(二) 加强监管协调

尽快建立由具体部门牵头的统计体系,以及时、全面了解跨市场交易的规模以及资金流向。此外,应强化不同监管部门之间的协调机制,在信息共享、定期沟通之外,应赋予协调机制一定的决策权,可以在异常情况下适时进行干预,阻止风险的升级和扩散。统一监管规则也是监管协调的重要内容。目前来看,在各类机构均大力发展的资产管理行业,不同类型资管机构的监管环境存在较大差异,这也是引发监管套利的重要原因。在"分业经营"规则不变的情况下,建议加快推动商业银行资管部门成立专业化子公司,以便与保险公司和证券公司的改革进程保持一致。在此基础上,可以考虑将各类资管公司的监管统一到同一个监管机构,或制定基本相同的监管规则。

(三) 加大对重点业务的监管力度

在众多交叉业务中,尤其需要关注的是银行资金与资本市场的交叉。这主要因为银行风险具有较大的外部性,一旦被资本市场的波动所传染,容易引发系统性危机。也正是基于这种逻辑,大萧条之后,美国在 1933 年通过的《格拉斯-斯蒂格尔法案》禁止商业银行从事投资银行业务。2008 年金融危机之后,沃尔克规则再次提出要限制商业银行的权益类投资业务。在我国,政策对银行资金进入股市一直都有着严格限制。但在实践中,尤其是在资本市场上涨时期,银行资金利用各种渠道进入股市的情况并不少见。2014 年以来,银行资金通过伞型信托、上市公司定增配资以及受托管理等交叉(跨市场)业务进入股市的规模迅速扩张,是造成股票市场剧烈波动的重要原因。

尽管目前看,资本市场波动未对银行造成实质性的影响,但是这类业务继续发展以及规模失控可能造成的巨大潜在风险却不能忽视。建议相关部门加强在此类产品监管上的协调配合,共同制定相关政策法规,共同监督执行。其中,银行监管部门侧重资金"源头"的监管,严控与资本市场相关的产品和业务规模,更严格地把握信贷资金的发放标准和流向监管,降低挪用信贷资金的可能性。证券市场监管部门则应侧重于"流向"对资金总量的异常变化及其流向,应进行全面监控,并及时向相关部门进行通报。

(四) 加强对宏观审慎的关注,维护金融稳定

交叉跨市场业务的风险传染导致系统性风险明显上升,对此有必要加强宏观审慎管理以维护金融体系的稳定。在目前分业监管的体制下,应进一步明确宏观审慎管理职能的边界和归属,赋予宏观审慎管理部门在跨市场交叉性金融风险的监管职责与手段。这样一来,可以形成在统一系统性风险监管下,各专业监管当局在各自专业领域实施微观审慎监管的"伞型"架构,有效避免因交叉(跨市场)业务发展造成的监管真空、监管不足及监管套利问题,也能促进金融监管合作。减少重复监管。值得强调的是,由于高度依赖金融市场,交叉(跨市场)风险的一大特征是流动性的急剧上升。因此,在宏观审慎管理中,流动性管理变得至关重要。有关部门有必要进一步完善流动性风险的监测体系,及时优化流动性管理工具,扩大流动性管理工具

覆盖的对象，为更好维护金融体系稳定创造基础条件。

本章小结

本章主要阐述了商业银行面临的其他风险及管理办法，具体的风险类型包括操作风险、合规风险、声誉风险、战略风险与跨市场金融创新风险。操作风险是由不完善或有问题的内部程序、员工和信息科技系统，以及外部事件所造成损失的风险，其中包括法律风险，但不包括策略风险和声誉风险，其形成的原因有很多种；常见的度量方法有两种，分别为定性分析与定量分析；其管理流程主要包含四个部分，分别为风险识别、风险评估与计量、风险控制与提交风险报告。商业银行合规风险是指商业银行由于没有遵循适用的法律、规则和准则而可能遭受法律制裁、监管处罚、重大财务损失和声誉损失的风险；恰当的合规风险管理可以有效保障商业银行的稳健运营，伴随着市场的开拓，海外合规风险日益引起人们的关注，需要加强合规风险管理。声誉风险是指由商业银行经营、管理及其他行为或外部事件导致利益相关方对商业银行负面评价的风险，声誉风险具有突发性、衍生性、难计量等特征，声誉风险的管理包括识别、评估、监测和内部审计等环节，制定有效的声誉风险管理规划也可以在一定程度上降低声誉风险。战略风险是指商业银行在追求短期商业目的和长期发展过程中，因不适当的发展规划的战略决策给商业银行造成的不利影响的风险，战略风险的管理可以影响到商业银行的长远发展，对于其管理需要制定以风险为导向的战略规划和实施方案，同时需要进行有效的经济资本配置。跨市场金融创新风险是新形式的风险类型，其可以产生泡沫效应，也会加大其他风险，对于其管理需要统筹协调、突破刚性限制、全面规划。

思考题

1. 什么是操作风险？其形成原因有哪些？影响有哪些？具体包含哪些种类？
2. 操作风险管理的度量方法有哪些？操作风险的管理流程有哪些？
3. 什么是商业银行合规风险管理？管理原则有哪些？
4. 合规风险的计量方法有哪些？管理流程是什么？
5. 如何进行海外合规风险管理？
6. 什么是声誉风险？其特征有哪些？管理原则是什么？
7. 如何进行声誉风险管理？
8. 什么是战略风险？如何进行战略风险管理？
9. 跨市场金融风险的表现有哪些？如何进行跨市场金融风险管理？

微信扫码查看

第三篇
互联网金融篇

第三篇

五旬節全備福音

第十章 互联网金融与商业银行

学习目标

- 了解互联网金融的概念；
- 理解互联网的优势与金融业的诉求；
- 了解互联网金融与传统银行业的异同；
- 理解互联网金融对传统银行业的冲击；
- 理解互联网金融与传统银行业的融合发展模式。

学习重点

- 互联网的优势与金融业的诉求；
- "互联网+"背景下，传统银行的应对。

第一节 互联网金融概述

2013年是互联网金融元年，在中国金融改革的大背景下，互联网金融成为全面热点话题：余额宝、众筹、团购理财、P2P。互联网金融的创新以人们意想不到的速度在进行、革新。无论是对互联网企业还是传统金融业抑或是普通大众来说，互联网金融成为最热门的话题。短短几年，互联网金融迅猛发展。为什么出现这样的现象，互联网金融内涵究竟是什么，它与传统银行业的关系怎样，这些将是本节所要讨论的内容。

一、互联网金融为什么会出现

互联网金融的本质还是金融，互联网金融能够出现并在2013年后迅猛发展源自传统金融业内部存在一些问题，而互联网的一些特质恰恰能够有助于这些问题的解决，内外部因素共同作用驱动互联网金融成为当下最为热门的现象。因此，我们将分析传统金融业遇到的瓶颈以及互联网的一些特质。

（一）传统金融业的瓶颈

1. 银行主导的间接融资体系与偏弱的垄断竞争状态

在我国的金融资产结构中，2012年年底银行资产占整个金融资产总量的72%，股票资产占13%,债券资产占14%,其中公司信用类债券占比尚不足五成,这说明我国目前外源性融资绝大部分是通过银行体系的间接融资获得的,资本市场整体规模偏小,直接融资比例较低,这一点从社会融资总量结构也能得到证明。虽然以银行人民币贷款形式融资的比重从2002年的92%,下降到2012年的不足60%,其他方式融资的数量和占比有所上升,但其中大量以委托贷款、信托贷款等方式提供的融资则变相来源于商业银行;而且在社会融资总量统计之外,截至2013年年底,商业银行通过发行表外理财产品以及表内同业融资的方式实质性地绕道为企业提供的资金供给分别约为10万亿元和30万亿元。如果将这两部分纳入社会融资总量范畴,那么通过商业银行提供的融资占比将进一步上升。而这样的后果在于,当前银行业主导的融资体系下,由于我国的历史原因,银行信贷资源的配置不完全由市场决定,而是受限于政府的政策导向,甚至可能存在的权力寻租,这将影响我国金融业整体的配置效率。根据中国人民大学发布的报告,我国僵尸企业涌现最大的三个原因分别是地方政府和企业之间的政企合谋、地方政府之间和国企之间的恶性竞争、大规模刺激的后遗症,这个结论也支持了我们之前的观点。

近年来,在我国的银行业内部结构中,中小银行业金融机构发展较快,截至2016年8月底,共有城市商业银行132家、农村商业银行155家、农村合作银行20家、农村信用社70家、村镇银行374家,中小型银行机构数量的增加在一定程度上降低了银行业市场集中度,提升了竞争程度,但是这种改善是有限的。2012年年底,大型商业银行、股份制商业银行、农村中小金融机构和邮政储蓄银行占银行业金融机构资产的份额分别为44.9%、17.6%和15.6%,也就是说17家银行所占份额超过整个市场的60%。如果我们说近年来银行业竞争程度有所提高,那也主要表现为在17家银行,即12家股份制银行和5家大型商业银行之间的竞争趋于激烈。但根据于良春、秦宛顺等有关学者的研究,我国银行业处于垄断竞争状态且竞争程度依然偏低。在垄断竞争的行业环境下,银行业的危机意识、创新精神始终不强。尽管商业银行纷纷开展公司治理改革并呼吁"以客户为中心",但其中"坐"与"等"的文化特点依旧比较明显,管理链条长,客户信息分散,整体合力不足,服务能力"头重脚轻",一线直接服务客户的响应能力非常有限。虽然商业银行作为经营风险的金融机构,对客户需求反映的"迟缓"一定程度上内含对风险的顾虑,但本质在于上述强势地位弱化了银行业的危机意识,行业真正以客户为核心进行开放营销的服务理念尚显薄弱,跟踪客户需求并设计创新产品的能力较低。

2. 金融市场中存在信息不对称

信息不对称引起的中小企业信贷配给是一种长期均衡,导致利率的价格杠杆作用被弱化,商业银行资源配置效率被降低。Bhattacharya认为,信息摩擦和不对称信息为金融中介的存在提供了最基本的解释,由此可以理解,商业银行作为金融中介的一个重要作用就是通过减轻金融市场上的信息不对称来提高资金需求方与供给方的匹配度。但现实情况却表明,目前商业银行在处理信息不对称问题中发挥的作用非常有限,或者说是缺乏积极性。因为没有嵌入更好的技术手段对海量客户数据进行挖掘分析,所以在比较处理信息付出的成本与所得收益后,银行更加青睐不需支付信息获取费用即可稳赚较高收益的信贷业务,由此导致的直接结果便是中小企业受到信贷配给而被挤出。Stiglitz等人通过建立S-W模型提出在信息不对称环境下,信贷配给是一种长期均衡状态,要求更高的借款成本来弥补风险是一种选择,但提高贷款利率有可能导致降低银行期望效用的逆向选择,因此,商业银行宁愿选择相对较低的利率,拒绝一部分贷款申请,以使得自身效用最大化,由此,信贷市场可贷资金的供求均衡情况像失业一样,无论贷款供给多么充足,信贷配给均衡状态下总有一部分贷款需求得不到满足。

3. 高昂的线下成本

商业银行负债对存款的高依赖性导致"跛足"渠道建设,不利于交易成本降低。存款一直是我国商业银行负债最重要的组成部分,而且《商业银行法》第三十九条第二款"(商业银行)贷款余额与存款余额的比例不得超过百分之七十五",从法律的高度要求银行必须吸收更多存款才能扩大贷款规模,获取利差收入。也就是说在商业银行严重依赖利息收入、资产管理能力不足的经营环境下,获取稳定的、低成本的存款来源是其生命线,截至2012年年底,存款在商业银行负债中的比重一直保持在80%以上。而要获取大量被动负债,商业银行自然选择通过广泛铺设物理网点、增加人员配备数量以期延伸经营触角,却对深挖电子银行建设关注不足,造成物理渠道和电子渠道"跛足"发展。相较基于互联网技术操作的电子银行,高投入的实体网点显然不利于降低资金成本,而且在提高业务效率、增加渠道交叉营销、节约时间成本方面不具优势。一般线下贷款,从审批到放款需要几个工作日甚至更多,而对于线上技术,从申请到获批,不受工作日等时间限制,最快只要几分钟。例如,富国银行充分利用其2 000多万网上银行客户和700多万手机银行客户开展交叉销售,客户50%以上的业务通过电子渠道完成,截至2012年年底,富国银行平均为每个家庭客户和企业客户分别提供6.05个和6.8个金融产品;由于其约2/3的小微企业贷款申请实现了电脑自动化审核、批复而无须贷款人审查,所以在提高效率的同时也降低了投入成本,富国银行处理单笔贷款成本仅30美元。阿里金融相关数据显示,阿里小贷目前单笔信贷的成本平均为2.3元,而传统银行单笔信贷的经营成本在2 000元左右。

(二)"互联网+"的特点

随着信息技术的发展,信息化对传统产业的提升日益受到重视。随着李克强总理的上任,借助互联网推动传统产业发展这一理念已深入人心。互联网能够给传统产业带来新的发展动力,归根结底来源于其有别于传统产业的一些特点。

1. 不同的成本模式

对于传统产业而言,有一个初始投入值,其产品的边际成本一般随产品数量的增加而递减,最后趋近于一个值,这个值明显比零大。而对于互联网产业而言,也是需要有一个初始投入值用于购买软件与硬件(在当前阶段初始投入值往往比传统行业高),但是借助信息技术与自动化技术,互联网产品的边际成本随产品数量的增加很快趋于零,这一点是互联网行业在成本模式上与传统行业最大的差异。此外,随着信息技术的快速迭代发展和网络效应的发挥,在互联网范围内的整体交易成本大幅度下降。一方面,硬件设备价格遵循着"摩尔定律"不断下降,网络宽带传输速度随着"吉尔德定律"快速提升,硬件成本的降低和网络带宽的提升让信息的覆盖面和传播范围得到指数级增长;另一方面,随着互联网内个体之间信息传递、交流、协作与整合成本快速下降,网络集聚效应的增强使得交易成本继续下降。交易成本的下降对现有的金融服务模式产生重大影响:一是信息储存成本的下降有助于缓解信息不对称,社交网络、电商平台、搜索引擎等互联网技术下,个体多维度行为被记录、储存的成本大幅度下降,互联网能够对个体的行为进行多维度刻画,降低了依赖专业人员调查来缓解信息不对称的传统金融服务模式;二是计算成本下降提升了信息加工处理的效率,随着计算能力的不断提升,以云计算为代表的新型计算技术提高了信息加工处理的能力,形成了远超人脑的计算效率,进而对风险定价和风险管理效率带来提升;三是网络互通成本的下降提升了金融服务的可获得性,在未来移动通信网络覆盖各地,个体能够实时通过手持终端来享受金融服务,促进了服务覆盖面的扩展。

2. 形成以大数据为特征的新型信息处理模式

信息是金融的核心,是构成金融资源配置的基础。由于从技术上具备了从各个维度记录个体行为信息的能力,互联网形成了通过全方位的大数据来提炼偏好、判断信用,甚至预测未来行为的商业模式,大数据的出现对金融服务方式产生了重大影响。一是大数据将影响银行信用风险管理体系。当前银行需要建立一整套依托专业人员的专业化风控体系来管理信用风险。一旦单个个体的多维度行为信息数据被采集记录后,实现了可以依托数据提炼、加工和分析来降低信息不对称的技术手段,这将显著提升信用风险管理有效性并降低管理成本。二是大数据将提升银行金融营销服务能力。丰富的客户行为数据能够有助于银行的市场研判和需求预测,进而为金融服务的精准定位和营销提供基础。

3. 促进双边平台的兴起

通过打造双边平台来跨界竞争是互联网金融的核心模式。平台模式并非仅在互联网时代出现,历史上的集市、专业市场和现代的购物商城,均是双边平台的典型代表。但是在互联网时代,在网络效应的外部性和极低成本复制的双重作用下,双边平台以令人难以置信的速度和规模席卷全球。以网络零售为例,传统的购物商场中,更多的消费者意味着更为拥挤的购物环境、更恶劣的服务态度和更高的价格,但是在互联网环境下则完全不同,消费者更多意味着可以吸引更多的商家入驻,增加的商品种类和商家数目更加吸引更多的消费者。此外,消费者增多不但没有增加拥挤,反而能够使后来加入的消费者根据前面消费者的消费体会评价来评判商家好坏,进而能够吸引更多的消费者加入。互联网时代的双边平台能够像滚雪球一样,不断吸引越来越多的供应方和需求方加入其中,促进了整个平台服务范围的扩展和实力的增强。双边平台不仅逐步颠覆了线性化的产业组织模式,而且通过整合不同的服务商,逐步衍生成为一种以平台为基础的生态系统。双边平台的出现对金融服务模式产生深远的影响:一是平台具备天然的自然垄断性,与传统线下行业更为分散化的竞争秩序不同,信息技术相关行业容易在一个阶段内呈现出"赢者通吃"的规律,即行业第一名占据70%的市场份额,第二名占据20%的市场份额,而余下的所有竞争者只能分享剩余的10%,因此某一平台一旦在业内形成龙头地位,短期内撼动成本较高。二是双边平台具备天然的数据"生产"能力,是重要的数据积累方式。仍以电商平台为例,消费者一次购买行为的完整轨迹,包括信息流、物流和资金流的信息均自动被平台方所记录,实现"三流合一"的自然融合,平台方对数据资源独占优势衍生出各类创新的金融服务模式,并进一步强化平台的自然垄断能力。三是平台有较大的驱动力去整合各类服务,而金融服务存在被整合的趋势。金融服务的主要职能在于承担资金流的转移支付和补充提供,以便促成交易。为了提供一站式服务,平台方有极大的驱动力去整合资金流,以此来提升消费者对平台的黏性。四是平台方决定了平台内的客户和交易规则,在平台上,金融机构往往处于被动接受局面,容易被管道化和后台化。

4. 互联网精神的运用

与技术手段、商业模式等直观的要素不同,互联网精神(思维方式和管理方式)也成为平台能够快速壮大的关键要素之一。互联网企业充分运用互联网管理思维方式形成了传统行业难以逾越的竞争优势。对于互联网精神的解读有很多，综合多种观点，互联网精神可以被归纳为8个字：开放、平等、协作、分享。"开放"的目的在于尽可能降低交易成本进而吸引更多的群体加入到平台当中，促进平台繁荣；"平等"是互联网对平台中每个个体的服务一视同仁，互联网必须通过标准化的平等服务模式来迅速实现扩张，以达到平台的垄断；"协作"和"分享"扩大了平台跨边和同边的网络外部性。例如，小米手机通过与一群手机发烧友协作来帮助自身不断完善手机功能，以此实现跨边的网络效应；淘宝消费者对购买体验的评价分享直接影响了后来者的购买决策，越多的消费者将吸引更多的后来者，促进了同边网络效应。因此，互联网精神促使互联网金融服务呈现出简单、实用和普惠的特征。

对比传统金融业所存在的问题以及"互联网+"的特点，发现借助"互联网+"，金融业可以解决自身所存在的问题：借助于所构建的平台以及以大数据为特征的信息处理技术，最大化地挖掘相关数据，构建个人用户以及企业用户行为模型，消除信息不对称；借助"互联网+"的独特成本模式，控制线下服务所带来的高成本；通过构建平台，充分吸收社会投资需求与社会融资需求，提高直接融资比例，对投资需求与融资需求的匹配模式进行标准化，减少不合理因素对投融资的影响；最关键的是利用"互联网+"改造传统金融业时，需要使用互联网思维优化商业模式，降低信息流动的成本，提高资金运用的效率，而不仅仅只是把线下业务简单放到线上。

二、互联网金融的内涵

因为互联网的特性能够解决目前金融业所面临的问题，所以互联网与金融天然便会有结合的趋势。这也导致了这样一种情况，互联网金融领域的实践很丰富并且发展迅猛，但是理论发展相对滞后，如互联网金融的定义目前依旧处于争议之中。

（一）互联网金融的定义

"互联网金融"一词早在互联网与金融融合之始便已零散地见诸报端，但其作为一个正式的概念广为传播则始于2012年。2012年8月24日，中国平安的董事长马明哲在公司的中期业绩发布会上证实其正在与阿里巴巴的马云、腾讯的马化腾筹划成立互联网金融公司，从此掀起了互联网金融概念的浪潮。虽然中国人民银行在2013年第二季度的中国货币政策执行报告中使用了"互联网金融"一词，并且也写入了2014年的国务院政府工作报告，但学术界至今并未对互联网金融形成普遍认可的严谨定义。

在关于互联网金融的研究中，有一类观点强调信息技术进步给金融行业带来的改变。殷剑峰明确指出，互联网金融是"电子金融"的一类，其无非是利用互联网来提供金融服务。周宇也认为，从广义上讲，通过或依托互联网进行的金融活动和交易均可划归互联网金融，既包括通过互联网进行的传统金融业务，也包括依托互联网创新而产生的新兴金融业务。与之相似，阎庆民也认为互联网金融是以信息科技为基础的，传统金融机构也可以利用并且正在利用互联网金融。王永利就此认为，互联网金融是指应用互联网技术、平台和渠道等从事的金融活动，传统金融机构应用互联网推出的金融业务与非传统金融机构依托互联网开办的金融业务是其两种主要模式，尽管二者在体制、机制、技术平台和业务模式等方面存在很大差别。

然而，不少研究者并不赞同这种强调技术的观点。霍学文认为，互联网金融远非将互联网技术应用于金融那么简单，而是需要将互联网的思想融入金融行业，从而创造出新的金融形态。李钧对互联网思想进行了归纳：互联网思想是高效共享、平等自由、信任尊重，是点对点、网格化的共享互联，从而形成信息交互、资源共享、优劣互补，并从这些数据信息中挖掘出价值。这实际上也代表了绝大多数支持互联网金融的研究者的看法。

此外还有一部分学者根据互联网金融的实践，认为需要区分（狭义的）互联网金融和金融互联网。马云认为，互联网与金融的结合存在两种演化路径：一种是从金融到互联网，即金融互联网，金融机构运用互联网技术提供更好的金融服务，开发出更优秀的金融产品，这方面银行、证券与保险很早就在做相关的尝试，金融行业可以说是我国信息化开展最早的行业；另一种是从互联网到金融，即（狭义的）互联网金融，如阿里巴巴、腾讯等互联网公司开发出支付宝（余额宝）以及微信支付等第三方支付工具，借助互联网平台开展理财服务，另外，问题频发的一些众筹平台也被认为是互联网金融的实践。吴晓求更加深入地指出，对于传统金融机构来说，互联网只是一个手段，它们吸纳、运用包括互联网技术在内的现代信息技术，去创新金融工具、构建新的网络系统，与此同时，原有的运行结构和商业模式并没有相应地发生变化，这可称为金融互联网。而互联网金融则是指以互联网为平台构建的具有金融功能链且具有独立生存空间的投融资运行结构，这是一种飞跃的"基因变异"，将会对现存金融体系的理念、标准、商业模式、运行结构、风险定义和风险管控等诸多方面提出挑战。但是在我们看来，就目前的互联网实践来看，互联网企业进入金融领域后，确实在存贷款、投资理财、融资模式上借助于互联网的特点整合了一些资源，提高了效率，但是并没有表现出对传统金融业的颠覆，而且两者在业务结构、风险控制上没有本质的差别，两方面在实践中都存在一些问题，需要相互转化。

最后，在互联网金融定义的研究中，还有一个派别——"未来派"，综合各方定义来看，可能未来派的定义最为准确。未来派认为互联网金融是一个谱系概念，涵盖因为互联网技术和互联网精神的影响，从传统银行、证券、保险、交易所等金融中介和市场，到瓦尔拉斯一般均衡对应的无金融中介或市场情形之间的所有金融交易和组织形式。这一派的观点认为互联网金融是一个未来的概念，互联网金融的商业模式远没有发展成形。互联网金融还需要20年才能成形，主要基于两点考虑：第一，互联网金融的发展速度，主要取决于互联网技术的发展速度，而不是金融自身的发展速度。我们预计，20年后互联网技术将在目前的基础上，进一步大幅降低金融活动中的交易成本，并解决信息不对称的问题。第二，20年后伴随着互联网成长起来的这一代人（基本上都在1980年后出生）将成为社会主流，他们的互联网使用习惯将极大地影响金融交易和金融组织形式。

（二）互联网金融相比于传统金融的不变与变

1. 互联网金融相比于传统金融"不变"的方面

（1）金融的核心功能不变。互联网金融仍是在不确定环境中进行资源的时间和空间配置，以服务实体经济。具体表现在：① 支付清算；② 资金融通和股权细化；③ 为实现经济资源的转移提供渠道；④ 风险管理；⑤ 信息提供；⑥ 解决激励问题。

（2）股权、债权、保险、信托等金融契约的内涵不变。金融契约的本质是约定在未来不确定情形下各方的权利义务，主要针对未来现金流。比如，股权对应着股东对公司的收益权和控制权，债权对应着债权人定期向债务人收取本金和利息款项的权利。金融契约曾经主要以物理形式存在（比如我国最早的A股股票），目前则多以电子形式存在，并建立了有关托管、交易和清算的机制。但不管金融契约以何种形式存在，其内涵不变。在互联网金融中，所有金融契约都是数字化的，并构成互联网金融的交易基础。

(3) 金融风险、外部性等概念的内涵也不变。在互联网金融中,风险指的仍是未来遭受损失的可能性,市场风险、信用风险、流动性风险、操作风险、声誉风险和法律合规风险等概念及其分析框架依然适用。同时,互联网金融也存在误导消费者、夸大宣传、欺诈等问题。因此,互联网金融监管的基础理论不变,审慎监管、行为监管、金融消费者保护等主要监管方式也都适用,但具体监管措施与传统金融有所不同。

2. "变"的方面

互联网金融的"变"主要体现在互联网因素对金融的渗透。

(1) 互联网技术的影响,主要体现在移动支付和第三方支付、大数据、社交网络、搜索引擎、云计算等方面。互联网能显著降低交易成本,缓解信息不对称问题,提高风险定价和风险管理效率(会远远超过人脑的判断效率),拓展交易可能性边界,使资金供需双方可以直接交易,从而影响金融交易及其组织形式。这里要特别强调三个技术趋势:一是信息的数字化,为大数据在金融中的应用创造条件。二是计算能力的不断提升。在集成电路(IC)领域摩尔定律至今仍有效,而云计算、量子计算、生物计算等有助于突破集成电路性能的物理边界。三是网络通信的发展。未来,互联网、移动通信网络、有线电话网络和广播电视网络等将高度融合,高速 WiFi 将覆盖全球。这三个技术趋势不仅会影响金融基础设施,还会促成金融理论的突破。

(2) 互联网精神的影响。传统金融有一定的精英气质,讲究专业资质和准入门槛,不是任何人都能进入,也不是任何人都能享受金融服务的。传统金融创新主要是金融产品(契约)创新,即使用金融工程技术和法律手段,设计新的金融产品。部分新产品具有新的现金流、风险、收益特征,实现新的风险管理和价格发现功能,从而提高市场完全性,比如期权、期货、掉期等衍生品。部分创新产品以更低的交易成本实现已有金融产品(及其组合)的功能,如交易所交易基金(ETF)。

第二节 互联网金融对传统银行业的影响

互联网金融的发展对传统银行业有着很大的影响,但是要深入理解互联网金融的发展对传统银行业的影响,就需要分析互联网金融在发展过程中的优势和劣势,了解互联网金融对我国经济的影响。

一、互联网金融的整体影响

(一) 互联网金融的优势

1. 降低金融系统性风险

技术的发展极大减小了金融交易的成本和风险,扩大了金融服务的边界。创新技术实现所需的大数据处理,成为互联网金融的竞争核心点。例如,京东和阿里巴巴,"以技术为驱动的数据金融业务"成为京东商城的发展目标之一,阿里巴巴也将"数据、平台、金融"作为未来的三大业务发展方向,数据成为重要的战略资产。现阶段互联网金融表现出复杂得多风险性。任何事物在其发展之初都伴随着风险和不确定,互联网金融是一种创新,代表了金融创新的方向,打破了银行对金融的垄断,促进了利率市场化,倒逼银行转型,对这一新生事物,应为其发展创造良好环境。

为了尽快度过金融转型期,实现互联网金融的健康发展,内部要协调,外部要优化,技术支撑要科学恰当。要明确互联网金融机构的法律定位,完善资金第三方存管制度,健全互联网企业内控制度,加强对互联网的金融监管。至少在现阶段,中国还实行分业管理的模式,即"一行三会",在这种情况下,银行、信托业务由银监会管,保险业务由保监会管,证券业务由证监会管。对违法违规、虚假披露对投资者造成损失,必须严惩不贷。保证金融运行的健康,保护投资者的合法权益。

2. 普惠金融的民主化

2013年11月12日,中国共产党第十八届中央委员会第三次全体会议通过《中共中央关于全面深化改革若干重大问题的决定》,正式提出"发展普惠金融,鼓励金融创新,丰富金融市场层次和产品"。普惠金融将成为完善中国金融市场体系的重要内容,促进中国金融体系向更包容、全覆盖、有竞争活力的方向发展。

互联网金融模式的本质决定了它是普惠金融和民主金融的真实化身。互联网金融融合网络的平台开放、信息共享的天性,有效发挥自身的"长马尾效应",使该模式中信息对称共享,脱媒去中心现象明显,在提高金融资源流通速度和效率的同时,降低流通成本和交易门槛,优化多元交易渠道。具体来看,互联网金融的普惠民主性,在服务"三农"、促进全民参与、提高中小微企业金融服务质量等传统金融长期忽视的方面得到了较好体现。首先,互联网金融有效降低了金融机构在农村布点的成本,促进"三农"金融服务的深度和广度;其次,网络技术的普及,应用渠道的方便快捷,使理财向全民理财发展,互联网金融有效地解决了小中微企业的贷款难、额度小等问题。

3. 提高资源配置效率

互联网金融的本质是支撑国家资源配置的金融,是传统金融和互联网在手段、模式、思维路径上的深度融合,产生的一种新型金融模式。它从根本上说是国家的经济社会发展需要,是人民大众的生活生产需求,归根结底是为实体、为经济、为社会和国家服务。

互联网金融背景下的效率提升,主要体现在三方面——服务效率、资源流转效率和配置效率。首先,互联网金融业务主要由计算机处理,操作流程完全标准化,客户不需要排队等候,随时随地方便办理,而且业务处理速度更快,用户体验更好。其次,电子化手段极大地提升了金融业务的服务效率,省去了中间环节,降低了传统金融机构的成本,优化了用户体验,加速了金融资产的流转速度,使资源流动效率得到提升。最后,金融领域垄断性的打破,使得金融资源配置得到了有效提高。

4. 互联网思维下的金融服务新模式

可信赖是互联网金融得以生存发展的生命线。互联网金融对网络的依赖性极强,如果可受信赖得不到保障,其负网络效应将使互联网金融瞬间土崩瓦解,这也是国家加强监管的主要原因之一。相反,如果信赖度提高,也会产生极大的正网络效应,吸引更多的人群加入。在互联网金融时代,社交网络、电子商务、第三方支付、搜索引擎等形成了庞大的金融数据量,云计算和行为分析理论使大数据挖掘成为可能,数据安全技术使隐私保护和交易支付顺利进行,搜索引擎使个体更加容易获取相关金融信息。这些技术的发展极大减小了金融交易的风险,扩大了金融服务的边界,增强了互联网金融服务的可受信赖度。

(二)互联网金融的劣势

互联网金融将金融置于数据平台之上拓展了金融服务边界,增加了金融服务维度。它以其庞大的高黏性客户储备与分析能力从技术上缓解了市场信息不对称问题,形成了较为优秀的信用管理体系,客户覆盖率提高,加之虚拟化操作带来的高效率与低成本,形成了对传统金融思维模式的冲击。但是互联网金融也带来了一些负面影响。

1. 互联网金融快速发展存在监管套利因素

欧美国家均已对包括互联网金融等新兴金融模式逐步纳入监管范畴并进行监管,而我国各项已有的政策法规相对僵硬,不具配合弹性,面对互联网金融这一新生事物,在确定监管主体、协调监管机构、制定监管制度方面尚处于研究阶段,这使得互联网金融利用监管真空能够在信息使用、资金投向、风险管理等方面实施"套利"进而野蛮生长。但未来纳入监管的趋势必然缩小监管套利的空间,这将考验部分互联网金融模式的生存能力。

2. 互联网公司稳定性不足

互联网金融所依托的互联网企业,其竞争往往表现为"螳螂捕蝉,黄雀在后",生生死死异乎寻常。一方面,由于信息复制成本低、技术更新日新月异,当市场带头者拓展新领域后,大量竞争者纷纷涌入,市场陷入产品免费使用的无序恶性竞争中,一段时期后大批企业退出市场,FM365、MSN、校内网、人人网、开心网等的兴衰史足以证明。行业洗牌导致的企业频繁更迭降低了互联网公司经营的稳定性。另一方面,互联网企业发展金融功能,必然需要纳入大量金融人才,在不同的文化背景下,如何将互联网技术人才与金融人才有效整合并发挥合力,这恐怕绝非易事。历史上从不缺乏由于人力资源整合不力而导致企业失败的案例。普华永道会计师事务所2009年对100家业务跨界扩展失败的公司进行了研究,发现有85%的首席执行官承认,管理风格和公司文化的不兼容是最终导致失败的主要原因。

3. 大数据的正反面

大数据是"未来的新石油",无疑会对未来科技与经济发展带来深远影响。同样,作为核心资产,大数据是推动互联网金融发展的基础,但其本身尚不完美。

(1)大数据对数据规模与去冗降噪技术要求较高。一方面,大数据意味着数据集合不断扩大,从GB到TB再到PB级,甚至开始以EB和ZB来计数,目前能拥有如此数据规模的公司凤毛麟角,"大数据"依然处于理论状态。另一方面,大数据一般都来自多个不同的源头,往往以动态数据流的形式产生,而且在大数据时代便利数据获取的同时也必然会降低数据的造假成本,因此,大数据中常常包含有不同形态的噪声数据,所以,如何对数据去冗分类、去粗取精、去伪存真,通过数据清洗整合来挖掘有价值的信息,把"大数据"变回"小数据",这是对数据研究人员的技术考验。

(2)数据使用存在社会壁垒。大数据面临的一个重要问题是个人、企业和政府机构的各种数据和信息能否方便地融合。如同人类有许多种自然语言一样,作为网络空间中唯一客观存在的数据难免有多种格式,但当大数据成为联系人类社会、物理世界和网络空间的纽带时,便需要通过统一的数据格式构建融合人、机、物三元世界的统一信息系统。当前的网络数据主要表现为与平台绑定的数据格式,跨领域跨行业的数据共享仍存在大量壁垒,海量数据的收集,特别是关联领域的同时收集还存在很大挑战。而且尚未有成熟的研究成果用于解决大数据信息使用与保护隐私之间的矛盾,Agrawal 和 Srikant(2000)提出"保护隐私的数据挖掘"的概念,尝试在尽可能少损失数据信息的同时最大化地隐藏用户隐私。Dwork(2006)提出了新的差分隐私(Differential Privacy)方法,即通过添加噪声使数据失真,从而起到保护隐私的目的。差分隐私保护技术可能是解决大数据中隐私保护问题的一个方向,但是这项技术离实际应用尚有距离。

4. 风险问题

风险不容忽视。虽然互联网提供了融资平台,缓解了微贷难,填补了传统金融服务的空白,具有成本低、效率高、服务便捷、突破时空限制等特点,但在发展实践中,互联网金融仍存在较大的风险,主要表现在以下几点。

(1) 信用风险大。目前我国信用体系尚不完善,互联网金融的相关法律还不健全,互联网金融违约成本较低,容易诱发恶意骗贷、卷款跑路等风险问题。特别是 P2P 网贷平台由于准入门槛低和缺乏监管,成为不法分子从事非法集资和诈骗等犯罪活动的温床。自 2013 年以来,淘金贷、优易网、安泰卓越、旺旺贷等 P2P 网贷平台先后曝出"跑路"事件。

(2) 风险易扩散。由于互联网金融采用线上交易,使得金融欺诈更容易发生,也是金融犯罪的新工具。互联网金融的实时性和扩散性更强,容易引发风险扩散,成为风险扩散的助推器。

(3) 网络安全不容乐观。互联网金融的各种端口直接与外部网络连接,容易受到黑客和病毒攻击。CNNIC 研究报告显示,2013 年下半年,有 74.1% 的网民遭遇过网络信息安全问题,总数达到 4.38 亿人,经济损失合计 196.3 亿元。目前,互联网金融安全问题十分突出,网络金融犯罪问题不容忽视。一旦遭遇黑客攻击,互联网金融的正常运作会受到影响,危及消费者的资金安全和个人信息安全。例如,杭州"跑酷金融"上线 6 天就遭到黑客攻击,被迫关闭;"余额宝"先后出现账户盗用、用户资料泄露等事件。

(三) 互联网金融对我国经济的作用

一是缓解中小企业融资难等问题。互联网金融业务一方面具备贷款门槛较低、额度较小、交易比较灵活等优势,能够匹配中小企业的需求;另一方面也能够强有力地推动传统银行等金融机构重新进一步优化配置金融资源,给予中小微企业更多支持。

二是有效推进金融创新。互联网与金融业务的融合将重塑我国当前的金融生态,金融创新将不断涌现。传统金融领域也将被迫推动商业模式等转型和创新,金融创新的空间进一步打开。

三是推动传统银行等金融机构变革。随着互联网金融的快速发展,传统金融机构将不得不主动推动其机构变革,以改革其业务模式、业务流程、组织结构等全方位的变革适应新的发展形势。

二、互联网金融对传统银行业的冲击

在互联网金融日益兴起的背景下,银行传统业务至少在三方面受到挑战。首先,以支付宝为代表的第三方支付正在改变用户实现支付的入口,冲击银行的传统支付业务;其二,以阿里贷款为代表的网络贷款模式正在出现,冲击银行传统贷款模式;其三,以拍拍贷为代表的 P2P 模式正绕开银行实现个人存贷款的直接匹配,成为未来互联网直接融资模式的雏形,银行体系之外的证券、债券、P2P借贷以及互联网融资等渠道正对银行业务形成多层面的冲击。

究其深层原因,主要在于虚拟资产正在变实,实体经济进一步变虚。变化在以下四个方面:其一,互联网虚拟网点可很大程度替代银行物理网点;其二,互联网金融能突破时空局限,基于网络技术的便捷性,实现在任何时间、任何地点,灵活服务消费者;其三,互联网金融还可大幅降低业务成本;其四,互联网的大数据信息集散处理将大大提升银行业服务与风险管控能效。变化是互联网优势的集中呈现,变化也为互联网金融的布局提供了想象与实践的空间。

下面从金融投资行为、金融融资行为、金融中介行为这三个角度探讨互联网金融的影响。

(一) 对金融投资行为产生的影响

互联网金融在今天还是新生事物,对实体经济的影响或许有限,但在可预见的未来,谁也不能忽视这样一股异军突起的力量。互联网金融企业拥有前端的资源,拥有终端的客户,最重要的是拥有庞大的数据库,对于投资者而言,互联网金融给了世人实现"一般均衡"的可能,即全面公开、无损传播信息的渠道,以及建立在此渠道基础上的资源优化配置。

1. 降低了投资门槛

互联网金融的发展,降低了投资的专业技术和投资的最低额度及准入门槛。互联网金融在强大的云技术、互联网技术和大数据处理技术的支撑下,不仅使得资金供给者(财富管理需求者)与财富管理媒介更容易互动和配置,而且使原来只能被动接受金融机构财富管理服务的公众,以及难以投资高门槛的财富产品普通人,都能够更加主动地进行财富管理活动。因此,各种"宝宝"成了"屌丝们"的理财首选。本质上余额宝是一种货币基金,但其除了具有货币基金低风险、收益稳定的特征外,更实现了T+0交易方式,投资者可以随时使用余额宝的资金进行购物或者转账。

2. 投资操作更便捷

互联网金融的发展和网络的普及,使得有投资理财需求的人使用电脑和移动设备就可以完成操作,基本可以做到上班投资两不误。而以智能手机为标志的移动互联网时代的到来,呈现出理财时间碎片化的新特点,更使得互联网金融的触手深入大众生活的方方面面、点点滴滴。据最新公布的《2013年淘宝基金互联网理财趋势报告》中的数据显示,消费者使用淘宝基金理财的时间主要集中在9:00—17:00和20:00—1:00(次日凌晨)两个时间段。这与传统的投资理财时间段9:00—15:00相比,除了新增20:00以后这个"晚间"理财时间段外,与传统理财时间重合的中午时段(12:00—2:00)和早晨时段(7:00—9:00),同时参与理财的人数也呈现持续增长的态势。

3. 投资选择更丰富

余额宝带来全民理财时代,人们的主流理财方式从单一的存入银行变成如今拥有多渠道、多形式、多种类的丰富选择。从阿里巴巴到百度、腾讯、苏宁、京东等都在布局互联网金融战略。从传统银行涉水互联网金融推出银行系"宝宝"到证券公司、保险公司、信托公司纷纷参入战局相应推出各类互联网金融理财产品,金融网销类产品乱花渐欲迷人眼。互联网最大的价值在于平台化,依托自身的流量和需求汇聚能力,与更多的理财产品展开合作,提供更加多样化的选择,发挥自身灵活、便捷以及规模化的优势,将传统的线下理财产品的客户与线上用户融合起来,完成从专卖店到理财产品网上超市的转型。

随着利率市场化的不断推进和资金面的整体变化,未来不排除可能对货币基金的收益产生影响。在资金规模愈趋增长后,互联网金融产品的多元化将是未来的发展方向,投资者的选择也日趋丰富。收益率、风险控制、影响力、资金转账的灵活性将是投资者选择产品的主要因素。

(二) 对金融融资行为产生的影响

互联网金融对解决中小企业融资难、推广普惠金融、发挥金融支持实体经济的作用等方面具有积极意义。普惠金融是一种能够有效、全方位为社会所有阶层和群体提供服务的金融体系。便利、快捷、惠及各方的金融,互联网金融因为具备特有优势,符合国家金融改革和创新的方向。

1. 扩展了筹资渠道

融资难是中小企业发展的瓶颈,以 P2P 网贷为代表的互联网金融模式的发展和兴起,在一定程度上为破解这一难题带来生机。除了银行借款、证券融资、招商引资等传统渠道,互联网金融使筹资增加了互联网渠道。

(1) 银行借款。银行借款是间接融资,是信用经济的融资方式,它以银行为经营主体,按信贷规则运作,要求资产安全和资金回流,而风险取决于资产质量。信贷融资由于责任链条和追索期长,信息不对称,由少数决策者对项目的判断来支配大额资金,使风险过度积累。信贷融资需要发达的社会信用体系支持。银行借款是企业最常用的融资渠道,但银行的基本做法是"嫌贫爱富",对风险大、规模小的企业或项目不愿借款,哪怕是有很高的预期利润。相反,实力雄厚、收益或现金流稳定的大型企业是银行主要的贷款对象。

(2) 证券融资。证券融资是市场经济融资方式的直接形态,公众直接参与,市场监督最严,准入门槛较高,具有广阔的发展前景。证券融资主要包括股票、债券,并以此为基础开展资本市场运作。与信贷融资不同,证券融资由众多市场参与者决策,是投资者对投资者、公众对公众的行为,直接受公众及市场风险约束,风险由投资者直接承担。

(3) 招商引资。招商引资一般也是一种股权融资,但它不通过公开市场发售,是一种通过市场运作手段寻找战略投资者的融资方式。因此,其优缺点与发行股票上市类似,但由于不需要公开企业信息以及被他人收购的风险较小等原因,通过招商引资的方式融资也受到企业的普遍欢迎。

(4) 互联网渠道。公众可采用众筹、P2P 等网站进行资金募集。平台的"开放性"打破了业务、客户的时空局限性,而"规模效应"又让金融机构看到了通过平台开展业务的经济性。阿里小贷利用其积累的"大数据",成功解决了中小微企业贷款征信成本高的难题。

2. 解决了中小企业资金压力

民营企业"缺钱"问题已存在多年。2014 年"两会"提案的数据表明,90%的民营企业在发展中最大瓶颈是资金紧张,最大的困难是缺钱,"钱荒"是影响小微企业发展的主要原因之一。尤其是占比 99%的中小企业融资难度更大,他们面临着资金使用成本昂贵、资金链断裂风险增大等问题。但就是这样一支队伍,创造了全国 GDP 的 60%。银行贷款作为企业融资的主要方式,要真正满足中小企业的贷款需求仍须克服不少难题。中小企业通常信用水平较低、财务管理不规范,甚至会出现逃税和做假账的情况,银行很难真实考核企业经营状况和贷款项目,只好消极对待。近年来,银行加大了对不良资产的监控力度和责任追究力度,与其冒风险将贷款放给中小企业,不如选择大型企业更安全。另外,中小企业贷款数额较小、频率又高、手续多、工作量更大,成本远高于大型企业,所以银行积极性自然不高。

3. 降低了筹资成本

借助于互联网平台,企业、银行、金融机构、小额贷款公司等零距离接触,通过互相了解对方的信用和诉求,信息不对称程度下降,信息的获取和处理成本大幅减少,资源配置的效率大幅提升。同时带来融资成本、融资门槛降低。相反,银行具有资金及资源方面的优势,但更须借助互联网改造金融产品的服务体验从金融混业以及产品设计的角度,银行服务中小企业要做到综合和集合、跨域与跨界。中小企业面临不同的成长周期,除传统信贷外,需要金融功能的综合,如保险、消费、租赁等,以配合中小企业不同的成长和发展需求。

(三) 对金融中介行为产生的影响

1. 倒逼金融体系形成无中介均衡

互联网金融符合现有经济学、金融学的基本理论,不管是对互联网金融已有形态的解释,还是对未来发展的预判,目前的经济学、金融学都提供了足够的分析基础。互联网金融是瓦尔拉斯一般均衡对应的无金融中介或市场情形,这是互联网金融的理想情形。瓦尔拉斯一般均衡是经济学的理论基石之一,说明在一系列理想化假设下,完全竞争市场会达到均衡状态,此时所有商品的供给和需求正好相等,资源配置达到最优。在瓦尔拉斯一般均衡中,金融中介和市场都不存在,货币也可有可无。而现实中之所以存在金融中介和市场,主要原因在于信息不对称和交易成本等因素。但随着互联网发展信息不对称和交易成本将显著降低,互联网金融将逐渐逼向"瓦尔拉斯一般均衡"对应的无金融中介或市场情形。

2. 金融脱媒弱化银行核心业务竞争优势

金融"脱媒"是指随着直接融资的发展,资金供给通过一些新的机构或新的手段绕开商业银行,输送到需求单位,也称资金的体外循环。实际上就是资金融通的去中介化,包括存款的去中介化和贷款的去中介化。在传统融资过程中,主要的障碍是资金的供求双方无法及时有效地沟通资金供求信息。互联网金融的发展,改变了金融信息传递方式和传播途径,为金融交易储备了大量的信息数据基础,逐步弱化了金融中介的作用。另外,商业银行作为支付服务的中介,主要依赖于债权债务清偿活动中,人们在空间和时间上的分离,互联网金融的发展,打破了时间与空间的限制,冲击着商业银行的支付中介地位。比如以支付宝为代表的互联网第三方支付已经削弱了银行作为社会支付平台的地位,而以Facebook为代表的社交网络拥有大量实名用户,未来可以在内部完成资金供需。

3. 银行基础营收下滑

目前,互联网金融创新大多集中在理财领域,而微信支付、余额宝等参与者的增多意味着互联网金融已经表现出明显的普适性。互联网金融的优势不仅在于金融业务所使用的工具和媒介不同,更在于其深刻地改变着金融的固有格局,高成本、低透明和少量参与者、被低成本、高透明和多元参与者所取代。传统金融依靠物理网点的局限被打破,从而撬动着电商消费、理财等大众化领域,影响消费习惯的同时,塑造新的商业模式。传统金融中介,即银行、券商等大家熟知的理财渠道。由于其起点过高,理财手续烦琐,部分具有投资需求的客户已经转向互联网获取相关理财产品,造成传统金融中介吸储能力被削弱,中间收入减收,导致基础营业收入下滑。

4. 运营模式转变

互联网充分依托虚拟网络和外部实体网络平台,其业务开展主要基于互联网平台,大部分金融服务都可以通过互联网实现。互联网银行没有营业网点,不发放实体银行卡,客户主要通过电脑、电子邮件、手机、电话等远程渠道获取银行产品和服务。因没有网点经营费用,直销银行可以为客户提供更有竞争力的存贷款价格及更低的手续费率。降低运营成本,回馈客户是直销银行的核心价值。同时,相比传统实体银行固定的工作时间,直销银行可以利用互联网、移动通信等方式为客户提供365天24小时不间断的网上金融服务,为客户进行网上交易和支付提供了极大的便利。

5. 资源配置路径优化

传统银行融资的门槛过高,融资时间过长,融资难度过大,从而造成社会性金融资源配置效率过低。而互联网金融的成本和渠道优势,使得微小企业走向网络化的融资渠道,从而大大降低了融资难度,缩小了融资周期,降低了融资成本,优化了社会资源配置。以民生银行为例,2013年7月,民生电子商务有限责任公司(下称民生电商)在深圳前海注册,民生电商主要面向中小微企业和个人,为其提供完善的信息平台、服务平台、撮合平台、做实平台等综合性电商和金融服务。其核心在于与银行合作,依托供应链上的核心企业,为其上下游小微企业提供金融服务。

第三节 互联网金融与传统银行业的融合发展

一、商业银行业务与互联网的融合发展趋势

互联网将促进技术与金融的深度融合,金融需求促进技术的发展,反过来技术发展又推动金融模式的变革。在以互联网为背景的竞争战略下,商业银行的金融业务应积极与互联网技术融合发展。

(一)业务领域的综合化

随着互联网的蓬勃兴起,国内金融市场多元化发展使金融脱媒趋势更加明显,商业银行传统客户基础面临日益明显的分流压力。客户需求的多样化、个性化,商业银行单一的商业模式已经很难满足客户的需求,这一方面促进了商业银行与非金融企业的融合,另一方面要求商业银行提供综合化金融服务,以维护生存发展的空间。因此,商业银行应以商业模式的综合化经营重塑发展模式。经营的融合化是未来互联网背景下商业银行发展的重要趋势。

通过多元化的并购与战略合作,以开放共赢的思路搭建平台产业链和金融生态系统的建设,跨界经营将成为一种普遍的模式。中国平安收购深圳发展银行就是金融行业综合经营化的例子,它实现了保险、银行、证券、支付、P2P业务的整合优势。工行、建行建立了电商平台,以期通过整合资金流、信息流和物流释放更大效益。阿里集团业务覆盖了电商、物流、金融、娱乐等多个领域,以满足客户日益多元化的需求,实现"一站式综合服务"。

(二)投资活动的大众化

在传统模式下,服务小客户的收益与成本难以匹配,这些数量庞大、地域分散、单体贡献度不高的小客户无法获得高品质的金融服务,其潜在金融需求无法满足。而移动互联可用极低成本迅速聚集原本分散的中小客户,使其规模之和足与大客户匹敌。这种经济模式的本质其

实就是规模经济,从而可以使原本高高在上的投资门槛大幅降低,使广大中小客户可以参与到投资活动中来,提高了金融服务的参与范围与参与程度,拓展了金融市场的参与主体,是对传统商业社会"二八定律"的颠覆。例如,传统商业银行理财产品起购金额多为五万元至数十万元不等,信托产品起购金额多为数百万元,而如阿里的娱乐宝投入 100 元钱就可以参与投资电影项目,百度百发的起购金额仅为 1 元,微信理财通的购买门槛甚至低至 0.01 元,超低的进入门槛及相对较高的收益使产品吸金规模增长强劲,目前,微信理财通资金规模已超 800 亿元,日均资金流入量已达 12.5 亿元。而为了应对互联网金融产品对存款的分流影响,商业银行纷纷推出新的在线产品,如工银瑞信的现金快线下调购买门槛至 0.01 元。

（三）企业融资活动的个性化

互联网的发展大大推动了金融创新,新的产品层出不穷,金融市场服务多元化程度大大提高,这其中包含了针对不同经营类型、不同财务特征、不同风险水平客户的个性化融资产品。企业可根据自身特点,在生命周期中的不同阶段选择相适应的融资产品与方式。比如,创业初期可以采用 P2P、众筹等融资方式帮助企业建立;企业小有规模后采用针对中小型企业的小额贷款,协助企业实现进一步发展;企业具有一定规模时,可通过互联网 IPO 等方式获得大额融资,以实现企业的发展壮大,如 Google 公司上市就绕过了投资银行,而直接在网上发行。针对这种趋势,商业银行也开始推出更多个性化的金融服务。

（四）服务渠道的整合化

互联网背景下的金融服务的关键是大力拓展和丰富线上服务渠道,但这并不意味着放弃线下,线下渠道仍是影响线上业务竞争力的关键因素。在线上支付时代,电子银行与物理网点两种渠道属于互为补充的并存关系,当电子支付从线上进入线下,就可以随时随地满足任何环境下的金融服务需求,物理渠道因时因地制宜的个性化设计就显得格外重要。商业银行应借鉴互联网思维,使互联网技术与金融业务深度融合,从以往前后台分离、集约化管理模式中跳脱出来,将网络、电话、手机、短信、微信等线上服务,以及网点、社区等服务渠道进行整合,在同一层面统一设计,逐步转向线上线下一体化运营。构建"任意一点接入、线上线下互通互联、全程响应、体验一致的一体化渠道体系",实现传统物理渠道和互联网渠道的有机结合。

（五）产品设计的客户化

商业银行的核心是客户资源,在当前的互联网环境下客户的重要性日益凸显。金融服务的客户吸引力来源于对客户需求的准确把握与满足,未来商业银行产品设计的最大变革将是以客户为中心。传统商业银行做产品的路径是不断完善产品,等到产品成熟再投向市场。然而这种方式无法满足客户快速变化的需求,通过快速迭代开发和交互设计,对客户体验进行快速的反馈,让客户参与到产品的设计和开发中,从而更好地符合客户需求。比如,微信的产品最初推向市场时仅具备简单的即时通信功能,此后根据市场反馈快速丰富了微信支付、理财功能,2014 年农历春节又及时推出微信红包功能,通过迭代开发迅速完成了产品的推广与完善。目前多家银行的手机银行也采用了迭代开发的方式,通过对客户使用行为和使用习惯的大数据分析,不断优化完善产品。

（六）金融服务的随时随地化

随着移动互联网技术的快速发展,"O2O"模式的普及、在线离线信息的整合,互联网打破了信息流与资金流传播的物理边界,它既没有时间限制也没有空间限制,7×24 小时运转是互联网世界的常态,人们在任何时间、任何地点均可以获得所需要的金融服务。对客户而言,以往高高在上的金融服务如今走近了客户身边,不但触手可及,而且在日常生活场景中频繁发生。比如,基于支付宝平台的余额宝,其客户通过网络能够随时随地交易、转账、信用卡还款等,通过电脑或移动上网终端能够全天 24 小时办理这些业务。基于地理位置信息的服务可以随时为客户提供身边的餐饮、娱乐、消费、服务,并完成服务的支付和交付。基于互联网技术的金融产品日益丰富和完善,未来金融服务的可获得性将更加突出。

二、商业银行与互联网金融的融合发展对策

在互联网技术与金融业务不断融合的大趋势下,商业银行一方面要从规模扩张向重视客户信息分析和客户需求感知的智慧型经营转型,另一方面还要不断加强与互联网技术的互动,实现新的发展。商业银行应在以下几个方面注重与互联网金融的交互创新。

(一) 市场拓展领域

金融业是信息密集的行业,信息密集是商业银行的优势,海量的客户信息和交易行为信息是尚未充分开发的宝藏。数据的充分运用将成为互联网金融时代银行巩固和提升核心竞争力的基础。而移动互联网提供的新型外部数据收集渠道,大数据分析技术提供的客户行为数据分析能力,云计算技术提供的内部员工办公协同能力和内部运营数据的分析能力等,都是新兴数据处理技术带给商业银行的全新生产工具,是开启信息宝藏的金钥匙。商业银行要抓住大数据时代的机遇,充分利用海量信息优势,快速拓展市场:① 寻找潜在客户,扩大客户群体。应用大数据思想,商业银行应借鉴吸收"互联网"的思维和创新,分析客户的交易行为、工作性质、生活习惯等各类信息,进行数据分析和挖掘,总结客户行为特点,发现尚未满足的客户需求,寻找并拓展潜在的客户;② 通过产品创新为更多客户提供服务。通过重塑业务流程,高效配置资源,向客户提供更符合需求的产品,提升客户体验,扩大产品的服务范围,如通过分析客户投资产品的购买频率、金额、时间等数据,总结客户的购买偏好,丰富产品种类并进行精准推销。

(二) 客户服务领域

金融业务发展的来源是客户的满意,商业银行应充分利用互联网平台的优势,以客户为中心,针对客户快速变化的需求,有针对性地进行创新,加快转变传统的客户服务方式。一是建立交互式的服务方式。以客户需求为引领进行产品及流程设计,针对不同的客户群体进行差别化的推广,同时接收来自客户的评价反馈,及时对金融服务提供的内容与方式进行调整创新,及时跟踪客户需求的动向。例如,平安银行的手机钱包强调个性化与定制功能,用户可根据需要对业务功能进行自主定义,满足了客户的个性体验。微信银行洞察客户需求,在农历新年前夕推出微信红包,风靡一时,不到 20 天的时间里参与用户超过 500 万。二是统筹一体化的服务渠道。渠道是商业银行获得客户、维护客户的重要纽带,也是企业战略理念、市场定位、创新能力等实力的综合体现。商业银行应围绕客户体验,加快线上、线下渠道的建设与整合,使服务渠道能够与产品、流程协调配合。

(三) 支付领域

第三方支付是近年最重要的金融模式创新之一。按照央行 2010 年在《非金融机构支付服务管理办法》中给出的定义,第三方支付是指非金融机构作为收、付款人的支付中介所提供的

网络支付、预付卡、银行卡收单以及中国人民银行确定的其他支付服务。按照经营领域不同及是否存在物理介质划分,中国第三方支付可分为以支付宝、快钱、汇付天下等为代表的线上支付模式,和以拉卡拉、盒子支付等为代表的线上线下结合支付模式。随着移动支付的快速发展,第三方支付呈现"O2O"(Online to Offline)的特征,不断由线上向线下发展,线下支付也积极向线上迁移,双方融合进一步加深。手机上的移动支付以"支付宝钱包"和"微信支付"为典型代表。支付手段作为连接客户与金融机构的关键节点,起着重要的承上启下的作用。商业银行应充分利用产品创新,立足于第三方支付沿业务链条向两端延伸,发展综合化经营,参与到资金往来外的其他商务活动过程,全面掌握这个复杂系统中资金流、物流、信息流,为客户提供更加综合化、智能化的金融服务。

(四)融资领域

在融资领域,互联网在一定程度上降低了市场信息不对称程度,从而减少了交易双方的交易成本。例如,P2P和众筹都是融资领域新出现的商业模式,虽然其发展还远远不足,对传统商业银行在融资领域的地位影响很小,但满足了部分小微企业及普通个人客户的融资需求。商业银行应借鉴网络融资的思路,利用银行掌握的大量客户征信信息,借助银行完善的风控体系,建立融资平台,为各个客户群体提供融资服务。

(五)风险管理领域

在互联网背景下,金融安全面临着全新的挑战,加强风险防控,维护客户信息及资产安全,是商业银行经营过程中的重要环节。充分利用内外部信息,采用数据分析技术,形成深度整合加工与综合利用信息的机制,发现风险隐患,部署防控措施,是新形势下风险管理领域的新方法。将采集获取到的各类内部信息与外部信息、结构化和非结构化信息全面梳理整合,形成跨部门、跨机构、跨区域、跨业务、跨产品、跨风险的信息,突破信息孤岛、信息割裂等障碍。针对不同风险、不同业务、不同产品对信息进行加工利用,发现风险隐患,提升风险防范能力。阿里小贷开展金融服务过程中,凭借系统积累的大量交易信息,对贷款人的财务状况及信用状况进行核定,实施贷款审批,从而降低了贷款风险。

三、互联网背景下商业银行发展需处理的几个关系

互联网时代,作为现代商业银行的决策者,最重要的不是要实现多少金融产品的互联网化,而是首先要从思维意识层面认清互联网和金融业的融合趋势,根据商业银行本身的业务特征和风险偏好,制定和践行互联网环境下的商业银行发展战略,其中最重要的是要处理好以下几方面的关系。

(一)维持传统优势与开拓新领域的关系

商业银行经过几十甚至上百年的经营,积累了宝贵的金融从业经验,形成了完善的业务流程,构建起了科学的风险防控体系。它们不仅实体网点丰富,而且技术实力雄厚,资金安全性高,已经拥有了庞大的忠实客户群,具备了扎实的品牌信任度。同时传统商业银行积累的海量业务数据也为大数据时代背景下进行客户识别、精准营销、准确定价、风险识别、资本计算等提供了难以复制的历史优势。在互联网时代,传统商业银行过度地追求新领域的开拓,很有可能导致传统优势的丧失,从而触发战略风险的产生。例如,大量开发收益水平高且流动性强的新型理财产品,虽然可以在短时间内获得与新兴互联网金融企业的竞争优势,但同时也给商业银

行本身带来更高的盈利压力,只能通过不断提高产品定价和承担更大的风险来换取持续的利润增长。在这种情况下,传统商业银行会进一步将经营压力转嫁给客户和经营实体,造成客户的流失和资产的损失,反而丧失了最基本的资金融通功能。无论是新金融,还是互联网金融,或者移动金融,其本质仍是金融,而金融的本质是资金融通和定价风险。传统商业银行需要冷静分析形势,认清自身优势,依托自身稳健审慎的经营文化,依托风险治理架构、风险管理技术方面的优势,在维护好本身竞争优势的同时,借鉴互联网思维,取长补短,有选择性地开拓与本身原有传统业务具有互补性的新领域,逐步扩展业务范围,有计划地实现互联网时代商业银行的战略转型。

(二) 短期利益与长远发展的关系

传统商业银行要率先面对互联网金融企业和同业的创新竞争压力。例如,"余额宝"依靠高收益和低门槛,上市两周就吸金66.01亿元,分配给客户的高额投资回报来源是对银行业利润的挤压分割;中信银行携手信诚基金推出的"薪金宝",几乎囊括了现有银行卡的所有支付功能;P2P和众筹等投融资方式也在不断侵蚀着传统商业银行的利息收入和中间业务收入。在传统商业银行不断推动本身互联网金融产品创新的同时,类似的竞争产品必然伴随着日新月异的互联网技术而不断推出,传统商业银行也必须面对互联网产品的竞争,不断开发竞争型产品,以牺牲短期收益来留住客户和资金,在进行产品创新过程中,商业银行要面临全新的领域,要面对技术和业务的挑战,企业本身也要进行与产品创新配套的机构、服务方式和渠道改革、业务流程和信息系统改造等。产品创新的力度越大,前期投入成本就越高,而且因为产品具有金融和互联网融合的特性,很有可能出现风险损失、产品开发失误、销售失败甚至违规惩罚等情况,这些都是互联网环境下金融创新所必须付出的短期代价。因此,商业银行决策者在互联网时代进行商业模式的创新时,应承受外部竞争和内部改革所带来的短期成本上升和收入下降的压力,放长眼光,既要有短期的及时跟进型策略,也要有长期的战略性创新型规划。

(三) 客户体验与风险控制的关系

在未来以客户为中心的互联网金融模式下,客户体验是创新产品生存的最基本要素,产品的安全性、便捷性和友好性将是决定产品销售情况和客户去留的重要因素。但是如果过于追求客户的便捷体验,将降低安全标准,造成安全隐患。如果过于追求安全和风险控制,则产品会因糟糕的客户体验而无法生存,因此,需要权衡好客户体验和风险控制的关系。

根据马斯洛的需求层次理论,每个人都有生理、安全、社交、尊重和自我价值实现的需求。商业银行首先应保证好客户的信息和资金安全,重视风险控制。其次,客户体验的内容十分丰富,既包括安全,也包括便捷、友好、吸引等内容,只有综合提升客户各项体验,才能获得综合满意度。商业银行要以客户的安全体验为基础,在保证客户信息和资金安全的基础上,通过业务流程重塑、完善交互式设计等方式,进一步追求使用便捷、设计友好、内容吸引度高的客户体验。

(四) 业务创新与依法合规的关系

在互联网和金融融合的时代,商业银行要处理好业务创新与依法合规的关系。在进行产品创新时,商业银行要在全面了解、领会和遵守相关监管规定的同时,将产品和服务做到极致,充分发挥产品的新特性和优势。例如,由于监管空白,没有基本的资本金、贷存比、流动性等一系列监管指标约束,很多互联网企业依托强有力的科技创新及平台,将原来很多在线下禁止或者难以实现的业务搬到了线上,企业迅速发展。但是,也有企业抱着"赚大钱开银行"的心态,在产品创新的过程中有意或无意踏入监管禁区。例如,支付宝等快捷支付以"创新业务、改善客户支付体验等"为由,其客户身份验证、客户与银行签约脱离了银行渠道或界面,通过支付宝网页进行,明显不符合银监会 86 号文要求,其业务发展已经偏离了正常的轨道,不利于企业未来的健康成长。因此,审慎进取的心态是互联网金融获得理性发展的前提,商业银行要进行有限度、有约束的创新,一方面要把握好时代机遇,坚持创新的精神,另一方面也要重视合规性风险,避免误入监管的禁区。

本章小结

　　本章主要从商业银行视角对互联网金融的一些基本问题进行了简单介绍。本章首先对互联网金融出现的背景进行了分析,根据对互联网特点以及当前金融存在问题的讨论,点出互联网金融出现的历史使命。然后在背景分析的基础上深入剖析了互联网金融的内涵。一般的看法是互联网金融对传统银行业造成了深远的影响,但互联网金融的这种深远影响包含正面和负面的因素,分别来源于互联网金融本身的优势和劣势,因此,在分析这样的影响时需要在此基础上辩证地分析积极的影响与消极的影响。本章分别又从金融投资行为、金融融资行为和金融中介行为三个角度分析互联网金融带来的变化。最后从商业银行与互联网金融的融合发展趋势、融合发展对策以及几个重要的领域进行讨论,分析商业银行与互联网金融的融合发展问题。

思考题

1. 简单把线下业务搬到线上,是否就实现了互联网金融?
2. 互联网的优势是什么?它对金融业有什么帮助?
3. 互联网金融对传统银行业的冲击有哪些?
4. 找一个具体的案例,谈一谈商业银行与互联网金融的融合发展对策。

微信扫码查看

第十一章 互联网时代下银行业创新实践

学习目标

- 理解互联网银行的定义与特征；
- 理解互联网金融常见的几种模式；
- 了解互联网银行与传统银行业的异同。

学习重点

- 互联网金融的常见模式；
- 互联网银行的特征。

第一节 互联网银行概论

自从20世纪80年代，以互联网为代表的信息技术呈现快速发展的势头，也带来了人们生产和生活方式的巨大改变。在金融领域，互联网技术和金融业务的结合产生了我们称之为"互联网金融"的产品和业务模式。从目前的发展来看，"互联网金融"大致可以划分为以下四类：传统金融业务的互联网化、基于互联网平台开展金融业务、全新的互联网金融模式、金融支持的互联网化。

第一类——传统金融业务的互联网化，包括互联网银行（Direct Banking，也叫直营银行或者直销银行）、互联网券商（Online Discount Brokerage，也叫在线折扣经纪券商）和互联网保险（Direct Insurance，也叫直营保险）。

第二类——基于互联网平台开展金融业务。这里的互联网平台包括但不限于电子商务平台和互联网第三方支付。这类互联网金融模式主要表现为在网络平台上销售金融产品，以及基于平台上的客户信息和大数据面向网上商户开展的小额贷款和面向个人开展的消费金融业务。

第三类——全新的互联网金融模式，主要是指P2P网络贷款和众筹融资。这两类投融资模式借助互联网真正实现了小额、去中心化和快速高效，是最具革命性的互联网金融模式。

这三类互联网金融模式在本质上都属于金融业务，也都需要监管。

第四类——金融支持的互联网化。这类互联网金融模式不属于金融业务，它们起到了为金融业务提供"支持"的功能，包括但不限于金融业务和产品的搜索、互联网家庭理财服务、理财教育服务以及投资社交平台等。这些网络平台虽然不提供金融服务,但是却能够大大提升人们对于金融产品和业务的认知,从而提高金融体系的运营效率,也是互联网金融的重要组成部分。

本章主要讨论互联网金融第一大类传统金融业务的互联网化。金融互联网的相关概念已经在本书第十章做了介绍,因此,本章首先对互联网银行的概念进行探讨。

一、互联网银行的定义

互联网银行在中国还是一个比较新的概念,但在欧美已经有二十多年的发展历史,形成了相对成熟的发展模式。互联网银行是指一般不通过传统的营业网点和柜台,而是通过电话、信件和ATM,以及通过互联网和移动终端来提供银行服务的银行。互联网银行最早出现在20世纪80年代末的欧美国家,后来由于互联网技术发展和应用的优势,美国的互联网银行慢慢脱颖而出,数量也最为集中,基本代表了互联网银行发展的状况和趋势。

二、互联网银行的发展

世界上最早的互联网银行之一是第一互联网银行(First Direct),由当时英国四大银行之一的米德兰银行(Midland Bank)创办,其他三大银行是巴克莱银行、劳埃德银行和国民西敏寺银行。第一互联网银行在1989年首次使用电话提供银行业务,没有物理营业网点,后来通过互联网提供银行服务;同时,电话银行业务一直运营良好。1991年第一互联网银行的存款账户就达到了2万个,1996年已超过63万个存款账户,成为当时世界上最大的"虚拟银行"。

美国最早的互联网银行之一是安全第一网络银行(Security First Network Bank,SFNB),1995年10月开始通过互联网提供银行服务。SFNB的创业想法来自于两个连襟兄弟在1994年的一次家庭聚会,他们分别担任一家软件和加密技术公司SecureWare的CEO和一家小型银行Cardinal Bancshares的CEO。当时有两位律师通过互联网发布了一则移民服务的广告引起了很大反响,这激发了兄弟二人在互联网上提供银行服务的创业想法。由于当时人们对于基于互联网提供银行服务的最大顾虑是安全问题,因此,为军方提供安全软件的SecureWare公司的参与在很大程度上打消了公众的顾虑。SFNB投入运营后发展很快,两个月就开通了1 000个账户,并于1996年成功上市,1998年被加拿大皇家银行收购。

互联网银行在20世纪90年代中后期经过了一段时间探索之后,在21世纪的第一个十年快速发展。总体来说,互联网银行在过去20年间,从无到有,规模从小到大,从不入主流到广受重视,经历了一个缓慢起步到快速发展的过程,这其中有制度、技术和产业的三重原因。一是利率的市场化。美国在1986年完成了利率的市场化,市场化的结果首先导致银行在存款利率方面的竞争,而互联网银行由于成本优势因而能够提供比传统银行更高的利率。二是互联网技术的发展。互联网技术加上之前的电话和ATM使得银行能够提供更低成本、更有效率的服务。据美国联邦存款保险公司的统计,营业部、ATM、互联网/移动互联网、电话每笔交易的成本分别为3.97美元、0.59美元、0.56美元、0.1美元,因此,在过去的十年间,银行的业务量中直营手段所占的份额在迅速扩大。三是金融产业竞争。在1980年美国大约有70%的个人或者家庭的金融资产存放在银行,到了1995年这个比例下降到25%,银行业长久的统治地位受到了证券业和基金业的挑战,因此,提供价值更高、效率更高以及更有亲和力的服务也是整个银行业的迫切要求。

三、互联网银行的特征

同传统银行相比,互联网银行具有以下鲜明特点:

第一,互联网银行具备价格优势。互联网银行几乎不设实体网店,因而能够减少银行的运营成本,从而让利给客户。具体表现为能够提供更有竞争力的存贷款利率及更低的手续费率,一般不收取账户管理费,为新开客户提供具有一定吸引力的礼品或礼金,部分互联网银行还提供全球免费的 ATM 取款等功能。

第二,互联网银行的目标客户定位在新一代中等收入群体。总体来说,这部分人群对互联网较为熟悉,并且大部分都已经养成网上消费的习惯。另外,这一群体对存款利率十分敏感,可能会对多家银行的存款利率进行对比;此外,可能由于工作繁忙等原因,他们没有充裕的时间前往实体营业点等待办理业务。互联网银行则恰好迎合了这部分人群的偏好特点,不但能够节约办理业务的时间,更提供了具有竞争力的存款利率,因此,对这类人群具有很大的吸引力。

第三,互联网银行提供的产品比较标准化,相对单一,主要产品有活期及定期存款、大额存款、转账汇款、网上交易支付、按揭贷款和理财投资等。每个种类下面供客户选择的产品数量也较少,不提供个性化、定制化的产品和服务。如果将传统银行比喻成产品种类繁多的百货商场,那么互联网银行则相当于 24 小时营业的便利店,以更实惠的价格销售常用的产品。

第四,互联网银行的服务过程简捷高效。以开立储蓄账户为例,客户在线输入姓名、性别、社会保险号、住址、其他银行账户等信息,足不出户即可完成开户申请,相对于传统银行柜台申请加上开通网上银行的流程,节省了大量时间和精力。加之互联网银行的网页设计风格简洁,突出重点,产品种类也精简,客户很容易就能找到所需要的服务项目,然后即可像网上购物一样自助完成业务流程。

第二节 互联网时代与银行业相关的互联网金融模式

一、网络银行与手机银行

(一)网络银行

网络银行有两种定义:第一种含义涉及对"网络"一词的理解和对网络银行性质的认定。网络并不仅指局域网、互联网等开放型电子网络,还包括各类银行的内部网络、资金转移网络、支付清算网络,甚至电信网络,只要作为银行信息产品和服务的载体都被视为一种新的银行业务通道,统一划归网络银行的范畴。第二种含义涉及对网络银行的业务认定和银行职能。网络银行被认为是在网络中拥有独立的网站并为客户提供一定服务的银行。网络银行的产生不仅仅是业务模式演变的结果,同时也是金融机构互联网化的结果。

在大致经历了业务处理电子化、经营管理电子化、银行再造等三个阶段后,网络银行得以产生。

（二）手机银行

手机银行也称移动银行、移动金融服务，是指利用手机、PDA 或其他移动设备等来实现客户与金融机构的对接。手机银行在 20 世纪 90 年代末诞生于捷克，由该国的 Expandia Bank 与移动运营商 Radiomobile 打造，目前已经出现了多种模式和大量案例。2013 年 12 月，中国人民银行行长周小川在接受《财经》杂志专访时也表示，应该借鉴国际经验，通过手机银行为农村地区、边远地区和贫困地区提供基本金融服务。

表 11-1 归纳了手机银行的四种主要模式。

表 11-1　　　　　　　　　　　　　手机银行的主要模式

	银行主导	合伙企业	非银行主导	非银行发起
账户或存款的持有者	银行	银行	银行	运营商或者其他非银行机构
提现机构	银行	银行	银行或代理商	运营商或者其他非银行机构
支付指令的执行者	任何运营商	特定运营商	特定运营商	特定运营商
典型例子	多数手机银行	MTN Mobile Money, Smart	M-PESA, Wizzit	Globe, Celpay

这里需要说明以下两点：

第一，多数手机银行属于银行主导模式，移动运营商只提供运营平台，也是手机银行最早的模式，至今在发达国家仍是主流。

第二，非洲国家出现了大量手机银行创新，而且移动运营商、第三方支付公司等非银行机构在手机银行中扮演了重要角色。比如，肯尼亚的手机银行 M-PESA 由移动运营商主导，已经成为全球接受度最高的手机支付系统，在肯尼亚的汇款业务已超过该国所有金融机构的汇款业务之和。非洲国家金融系统不发达，难以满足人们对金融服务的基本需求，特别是经营网点不足，给这些新兴的手机银行模式带来了巨大的发展空间（如表 11-2 所示）。

表 11-2　　　　　　　　　　　　　非洲国家手机银行概览

	Celpay	M-PESA	MTN Mobile Money	Wizzit
是否针对金融空白	否	是	部分是	是
安全性	资金存放在银行	资金存放在银行	需要银行账户	需要银行账户
提现方式	不能提现	代理商	ATM；银行分支机构	ATM；银行分支机构
是否可以转账	是	是	是，任何银行账户	是，任何银行账户
特殊硬件要求	是	否	32k Sim 卡	否

资料来源：David Porteous. The Enabling Environment for Mobile Banking in Africa[D]. 2006.

二、移动支付与第三方支付

(一)移动支付

移动支付主要指通过移动通信设备,利用无线通信技术来转移货币价值以清偿债权债务关系。移动支付存在的基础是移动终端的普及和移动互联网的发展,可移动性是其最大的特色。随着移动终端普及率的提升,移动支付在未来完全有可能替代现金和银行卡,在商品劳务交易和债权债务清偿中被人们普遍接受,成为电子货币形态的一种主要表现形式。移动支付的特点如下:第一,以移动通信设备为载体,主要表现为手机;第二,运用无线通信技术;第三,电子货币是移动支付存在的基础,电子货币与移动支付是一对孪生兄弟;第四,移动支付是货币形态的表现形式而非货币本质的改变;第五,移动支付的发展依赖于第三方支付。

在我国,近年来移动支付发展迅速。来自艾瑞咨询的数据显示,截至2013年第三季度,我国移动支付交易规模达到2 965.1亿元,移动支付呈爆发性增长,环比增长185.3%。此外,2013年我国智能手机的保有量为5.8亿台,同比增长60.3%;2013年移动购物在移动互联网市场规模中占比为38.9%;2013年移动游戏(俗称"手游")也呈爆炸性增长,市场规模达到112.4亿元,同比增长246.9%。移动互联网市场的发展带动了移动支付的发展,随着移动互联网市场的发展,移动支付自身也在变化,形式更加多样化,出现了短信支付、NFC近场支付、语音支付、二维码扫描支付、手机银行支付、刷脸支付等移动支付方式。

(二)第三方支付

第三方支付指通过互联网在客户、第三方支付公司和银行之间建立连接,帮助客户快速实现货币支付、资金结算等功能,同时起到信用担保和技术保障等作用。来自艾瑞咨询的数据显示,2013年第三季度我国互联网支付市场交易规模达14 205.8亿元,环比增速26.7%。其中,支付宝占比达到49%,财付通以19%居第二位,如图11-1所示。

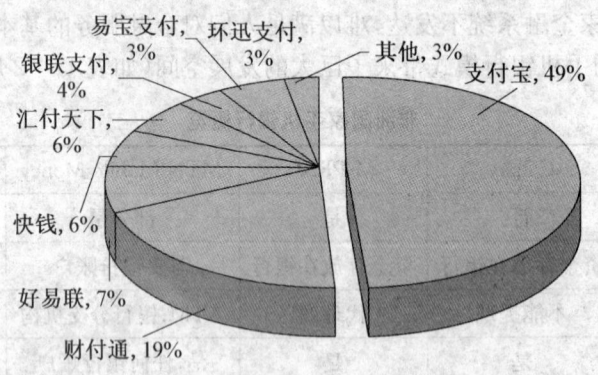

图11-1 第三方互联网支付市场格局

(三)第三方移动支付

第三方移动支付主要指第三方支付公司通过移动终端完成的支付,提供移动支付的主体是第三方支付公司。2013年我国第三方移动支付市场交易规模达12 197.4亿元,同比增长707.0%。其中,远程移动互联网支付在整体移动支付中的占比达到93.1%,近场移动支付占比为0.8%。从中可以看到,近场移动支付的占比还很低,存在很大的发展空间。随着语音支付、二维码扫描等支付方式的发展,以及个人账户的逐步集成,这一现状将逐步得到改变。

2013年第二季度,从第三方移动支付业务的交易额情况看,支付宝、拉卡拉、财付通位于市场交易额规模的前三名,市场份额分别为58%、21%和6%,如图11-2所示。

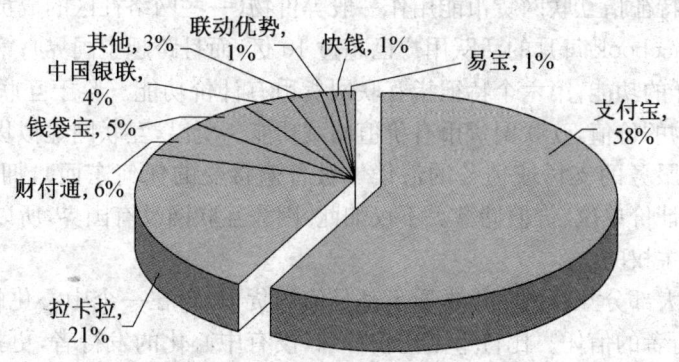

图11-2 第三方支付移动支付市场格局

三、互联网货币

关于互联网金融环境下的货币形态,核心观点是:未来,很多信誉良好、有支付功能的网络社区将发行自己的货币,称为"互联网货币"(Internet Currency);互联网货币将被广泛用于网络经济活动,人类社会将重新回到中央银行法定货币与私人货币并存的状态。互联网货币会挑战目前的货币基础理论、货币政策理论和中央银行理论。

(一)互联网货币的概念

目前已经出现了互联网货币的雏形——虚拟货币(Virtual Currency),典型的例子包括比特币、Q币(腾讯公司)、Facebook Credits(Facebook公司)、Amazon Coins(亚马逊公司)、魔兽世界G币(暴雪公司)、Linden Dollars(Linden实验室)。在网络游戏、社交网络和网络虚拟世界等网络社区中,这些虚拟货币被用于与应用程序、虚拟商品和服务(以下统称为"数据商品")有关的交易,已经发展出非常复杂的市场机制。

有些虚拟货币与法定货币之间不存在兑换关系,只能在网络社区中获得和使用,如魔兽世界G币;有些虚拟货币可以通过法定货币来购买,也可以用来购买虚拟和真实的商品或服务,但不能兑换为法定货币,如Amazon Coins;还有些虚拟货币能与法定货币相互兑换,还可以用来购买虚拟和真实的商品或服务,如比特币、Linden Dollars。欧洲央行的研究表明,2011年美国虚拟货币交易量在20亿美元左右,已经超过一些非洲国家的GDP。传统支付企业纷纷进入虚拟货币领域。2011年,VISA斥资1.9亿美元收购PlaySpan公司,该公司处理在线游戏、电子媒体和社交网络中的电子商品交易;美国运通以0.3亿美元收购虚拟货币支付平台Sometrics。移动支付发展起来后,虚拟货币的便利性、交易功能得到了更充分的体现。

以虚拟货币为蓝本,我们用以下六个特征来定义互联网货币:

(1)由某个网络社区发行和管理,不受监管或很少受到监管,特别是不受或较少受到中央银行的监管;

(2)以数字形式存在;

(3)网络社区建立了内部支付系统;

(4) 被网络社区的成员普遍接受和使用；

(5) 可以用来购买网络社区中的数据商品或实物商品；

(6) 可以为数据商品或实物商品标价。

其中，第四个特征指互联网货币能用作一般等价物（一些网络社区的成员超过了很多国家的人口数，比如 Facebook 每月的活跃用户已超过 10 亿，而且跨越了国界）；第五个特征指互联网货币有交易媒介的功能；第六个特征指互联网货币有计价功能。鉴于互联网货币的购买能力以及所购买之物的价值，互联网货币有价值储藏功能。所以，互联网虚拟货币满足货币的标准定义（在商品或服务的支付或债务的清偿中被普遍接受的任何东西），拥有货币的三大功能——交易媒介、计价单位、价值储藏。不仅如此，因为互联网没有国界，所以互联网货币天生就是国际性的、超主权的。

到目前为止，大部分互联网货币本质上都是信用货币，存在一个中心化的发行者，其价值取决于人们对发行者的信任。比特币则比较特殊，没有中心化的发行者，更接近贵金属货币，后文将详细讨论。

（二）互联网货币的经济学

1. 与网络社区、网络经济的关系

（1）互联网货币对网络社会的好处。

互联网货币可以给网络社会的好处如下：可以对数据产品实现独立定价；可以存在网络账户，有"财富效应"；方便网络社会成员之间的交易和支付活动；增强成员对网络社区的黏性，网络社区有自己的管理规则，类似"俱乐部规则"，成员使用互联网货币可以得到比法定货币（如我国的人民币）更高的效用；扩充网络社会的收取来源，如互联网货币的"铸币税"、与法定货币的兑换差价以及不活跃成员的互联网货币残值等；促进网络社区中的经济活动，如应用程序开发和广告活动；没有现金，不存在假币。

（2）互联网货币与网络经济发展相适应。

首先，数据商品与实物商品之间的界限越来越模糊。数据商品与软件、电子图书、音乐、电影、新闻资讯等，在存在形式上没有差别，都是数字化的信息流，所引致的消费者真实效用也是相通的。人们（特别是年轻人）也越来越认可数据商品的价值。未来，很多不需要物流的商品和服务都可以在互联网上生产、交易、消费，并且在人类经济活动和消费序列中所占的比重会越来越大（比如，在网上求医看病；腾讯公司 2012 年收入中，来自网络游戏的收入约为 228 亿元，占比达 51%）。在这些网络经济活动中，不一定要有法定货币的使用。

其次，网络经济活动和实体经济活动之间的联系越来越紧密。设想一个可能的情景：某人生产数据产品（比如空气质量监测软件），在某个网络社区出售，获得一定数量的互联网货币；然后，他用互联网货币去麦当劳买汉堡；麦当劳再用收到的互联网货币去网络社区购买数据产品。在这个过程中，通过互联网货币的媒介作用，网络经济活动和实体经济活动之间实现了完美分工和价值交换，法定货币则被排除在外。

2. 网络支付促成的货币新形态

（1）网络支付促进互联网货币的发展。

在互联网金融环境下，网络支付将与移动支付、银行卡等电子支付方式高度整合，真正做到随时、随地、以任何方式支付，会使互联网货币的使用越来越便捷。实际上，在目前的虚拟货币案例中,网络社区成员的账号就可以视为互联网货币存款账户,通过手机上网,高效的移动支付网就形成了。

未来可能的情景是:每个人(企业)都同时拥有互联网货币账户和(在中央银行的)法定货币账户;不同网络社区的互联网货币可以相互兑换,跨网络社区的交易和支付非常方便;互联网货币与法定货币之间的兑换很灵活,趋向可相互交易;互联网货币不仅用于网络经济活动,也广泛参与实体经济活动;出现基于互联网货币的金融产品和金融交易,比如针对互联网货币的股票、债券、存贷款、信用透支等。

(2)互联网货币符合人类货币形态的发展规律。

到目前为止,人类货币形态的发展大致可分为三个阶段:第一个是物物交换阶段,不存在货币。第二个是商品货币阶段。货币本身就有价值,如黄金、白银等贵金属。也包括可以兑换为硬币或贵金属的纸币,货币创造主要取决于贵金属的发现和冶炼。第三个是信用货币阶段。货币本身没有价值,不一定能兑换为硬币或贵金属,其使用价值取决于人们对货币发行者的信任。

在信用货币的早期阶段,货币发行者以私人机构为主,私人货币占主导地位。法定货币直到引入中央银行制度后才出现,是由国家通过法律确立的法定偿还货币,具有强制性(即支付中必须用此货币,不能用其他载体)。中央银行、商业银行、存款者、借款者共同参与货币创造。中央银行的货币性负债,比如流通中的现金、商业银行在中央银行的储备金,是基础货币。商业银行的信贷供给和证券投资导致存款的多倍扩张。

不同货币按流动性从高到低可以划分为 M1、M2、M3 等多个层次。因为中央银行的信用很好,并且负责管理支付清算系统,所以法定货币替代了私人货币。

但目前这种由法定货币主导的货币制度不是人类货币形态演变的终点。

一方面,哈耶克、弗里德曼早在 20 世纪 50 年代就对这种货币制度有过怀疑。哈耶克认为,18 世纪以来一直流行的那种认为发行货币是政府很重要的一项职能的传统观点并不正确。政府在发行货币上并没有天然的优势,相反,货币发行主体单一甚至是造成通货膨胀、经济周期性波动的重要原因。因此,他建议采用多货币发行主体互相竞争发行货币的方式,通过竞争机制维持货币发行的稳定,增加人民福利。弗里德曼则设想废除美联储,用一个自动化系统取代中央银行,以稳定的速度增加货币供应量。

另一方面,尽管私人货币已不再在大范围内流通,但一些"准私人货币"仍普遍存在。比如,我国 20 世纪大学食堂的菜票就是典型的"准私人货币",可以在各食堂买饭菜,也可以在小卖部买日用品,同学之间可以相互借贷。在现代社会,各种商品和服务优惠券、信用卡积分、航空里程积分等"准私人货币"更是层出不穷。

互联网货币由网络社区发行和管理,属于"信用货币+私人货币"。我们认为,互联网货币不会被法定货币所替代,主要有两个原因:第一,在网络经济活动的很多环节,用户不一定接受法定货币。第二,互联网技术的发展,使支付活动可以在中央银行支付清算系统之外发生。而支付从来就是与货币紧密联系、一同演变的。因此,未来法定信用货币将与互联网货币并存,成为人类货币形态的第四个发展阶段。

(三)比特币

比特币是世界上第一种基于 P2P 分布技术在互联网发行和交易的电子货币,由中本聪在 2008 年发明,2009 年 1 月 3 日正式运行。截至 2013 年 12 月底,已发行约 1 200 万个比特币,按 1 比特币可兑换 900 美元计算,总市值超过 100 亿美元,已经超过了 60 多个国家的 GDP 总量。

比特币的技术基础是密码学的发展和互联网的普及,最大的特点是不通过中央银行或第三方机构发行和交易,并因运用现代数字签名技术而具有较好的匿名性。比特币在发展早期,得到了技术狂热分子、反政府主义者和非法交易者的支持。这些人认为比特币体现了民主精神,是对主权货币、银行体系的挑战,特别是可以对抗政府在货币发行上的垄断地位以及由滥发货币引发的通货膨胀。随着比特币逐步实现与现实货币的自由兑换,并涉足现实商品和服务的购买,比特币越来越受到媒体、政府和民众的重视,同时也引起了很多争议。

此外,经从比特币衍生出来多种互联网货币,包括 Litecoin、Peercoin 等,这些互联网货币保留了比特币的主要思想,仅在个别特征上可以与比特币区分开来。

四、基于大数据的网络贷款

(一) Kabbage 简介

Kabbage 创立于 2009 年,主要为不满足银行贷款条件的网上商户提供运营资金。在 eBay、雅虎、亚马逊等电商平台上聚集了数量庞大的中小型网商,它们的资金需求具有周期短、金额小等特点,但因为 FICO 信用评分低于 720 分,又不愿意承担抵押个人资产的风险,所以很难从银行获得贷款。Kabbage 针对这部分群体,分析与它们有关的网络数据,为其提供信用贷款。现在,Kabbage 的客户已超过 10 万户,年度信贷规模总量约 2 亿美元,单个客户平均每年拿到 10 笔贷款。

从数据来源、贷款发放、贷后管理三个部分介绍 Kabbage 的业务模式,如图 11-3 所示。

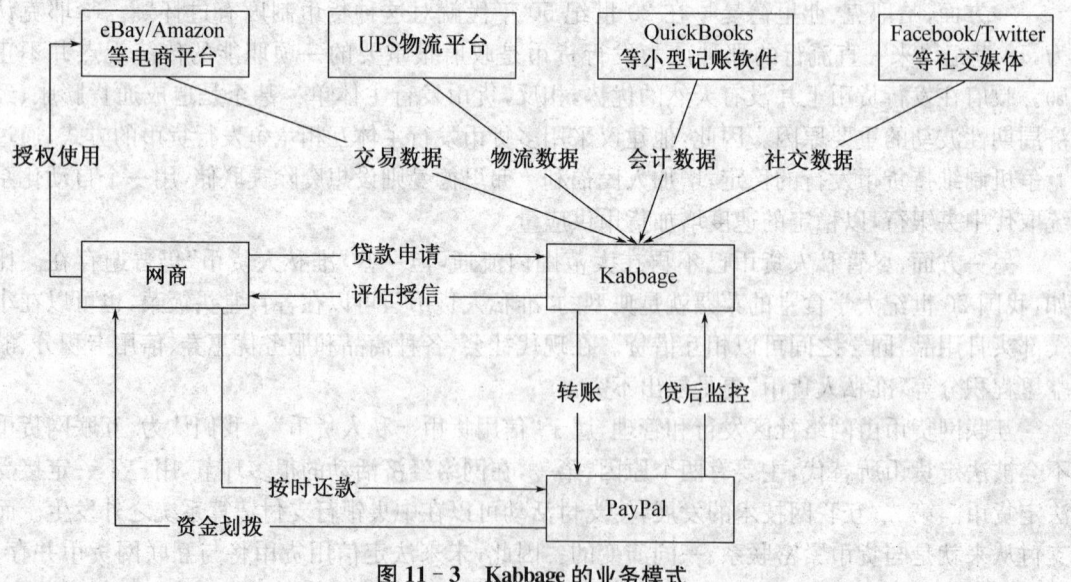

图 11-3 Kabbage 的业务模式

1. 数据来源

Kabbage 自己不积累历史数据,主要依赖第三方数据。这些数据的共享或读取通过取得授权的账户关联来实现。数据必须是可标准化、时间序列化的,可以通过互联网直接传送。

Kabbage 的主要数据来源如表 11-3 所示。

表 11-3　　　　　　　　　　　　　　Kabbage 的数据来源

数据类型	来源	说明
信息流	eBay/Amazon	电商平台上商品的浏览数、价格、评价、库存变动及周转率
现金流	PayPal	在线支付账户的现金流入流出数据(要检验时间、数量是否与货物销售数据相符)
物流	UPS	物流数据(要检验是否与在线销售数据相符,可核查是否真实发货及发货速度、物流效率等)
社交网络	Facebook/Twitter	与客户的关系经营,社会化营销能力
线下商家	QuickBooks	小型记账软件

Kabbage 是第一家将社交网络分析纳入信用评价的金融服务机构,网商可以通过在社交网络上与潜在客户群体保持良好关系而提高授信额度。Kabbage 基于网商的经营情况、在社交网络上与客户互动情况等信息开发了一套信用评级体系——Kabbage Score。Kabbage Score 可以随时根据最新信息进行动态调整,与传统的 FICO 信用评分相比,能更好地描述网商的经营图景。

从网商的角度看,它们提供的有用信息越多,就越有可能从 Kabbage 获得贷款,贷款条件也越优惠,因此,有动机去关联更多的自有账号。Kabbage Score 及相关报告能帮助网商监测网店运营状况,还可由网商提供给第三方机构。网商能对症下药,改善网店业绩,提高 Kabbage Score 的评级,从而提高授信额度,实现良性循环。总之,Kabbage 与网商实现了充分的激励相容。

2. 贷款发放

Kabbage 的口号是"7 分钟内拿到成长所需资金"。网商提交注册数据后,Kabbage 后台系统自动审核该网商是否拥有足够长时间的网络销售数据。网商只有在通过审核后才有资格提交贷款申请,之后一切审核程序都由 Kabbage 后台系统自动完成。Kabbage 依据信用评估结果决定是否授信,以及授信金额、利率和期限。Kabbage 的算法可以保证在 7 分钟内输出结果,并将资金打到申请人指定的第三方网络支付账户。Kabbage 的放贷是高度定制化的,可以针对每一个申请人的需求制订个性化方案,如根据申请人的经营情况、贷款目的,自动调整贷款额度、期限和利率。

Kabbage 拥有"网上拍卖和交易场所环境下提供流动性贷款的方法"等几项专利。网商可以凭借未卖出但已上架待售的商品向 Kabbage 申请贷款,在商品卖出收到货款后再偿还贷款。在这个过程中,Kabbage 从订单贷款中收取利息或费用,网商则可以提前获得现金流,以维持营运资本。

Kabbage 提供的信用贷款金额在 500 美元到 4 万美元之间。贷款利率由贷款期限(最长 6 个月)和网商信用状况决定,一般为 2%~7%(30 天)和 10%~18%(6 个月)。

3. 贷后管理

Kabbage 的还款安排非常简单。每月到约定的还款日,Kabbage 从网商的支付账户中扣除固定的还款金额(加上若干处理费用)。网商可以选择提前还款,并且提前还款不会产生任何额外成本。

Kabbage贷后监控的核心是,通过多重数据源交叉验证(尤其是支付账户的现金流向数据),了解网商的真实经营情况。Kabbage做到了对网商销售情况和资金流向的实时掌控,能在第一时间对现金流紧张的商户做出预警,提高关注级别。Kabbage如果确认某商户有支付困难,可以从该商户的支付账户转回部分现金,并采取不再予以授信的惩罚性措施。

Kabbage对拖延还款设立了惩罚机制。在还款日,如果支付账户中没有达到规定的月度还款额,Kabbage通常会收取35美元作为延迟费用,同时保留向其他追贷机构报告的权利。如果商户从第一个还款日就开始拖延还款,Kabbage会将该商户视作不诚信,并交由公司法务部门处理。

Kabbage坏账率大约在1%,低于美国银行业5%~8%的平均水平。

（二）阿里小贷简介

阿里小贷2010年6月由阿里巴巴和复星、万向、银泰等共同出资成立,是国内第一家服务于电子商务领域小微企业融资需求的小额贷款公司。阿里小贷以阿里巴巴、淘宝、天猫平台内积累的海量交易数据为依据放贷(主要贷款类型如图11-4所示),无须抵押物,无须担保,贷款金额通常在100万元以内。所有贷款流程都在网上完成,通过支付宝发放,基本不涉及线下审核,最短放贷时间仅需3分钟。信誉度较高的客户还可以通过申请和人工审核获得超额贷款,金额在1 000万元以内。

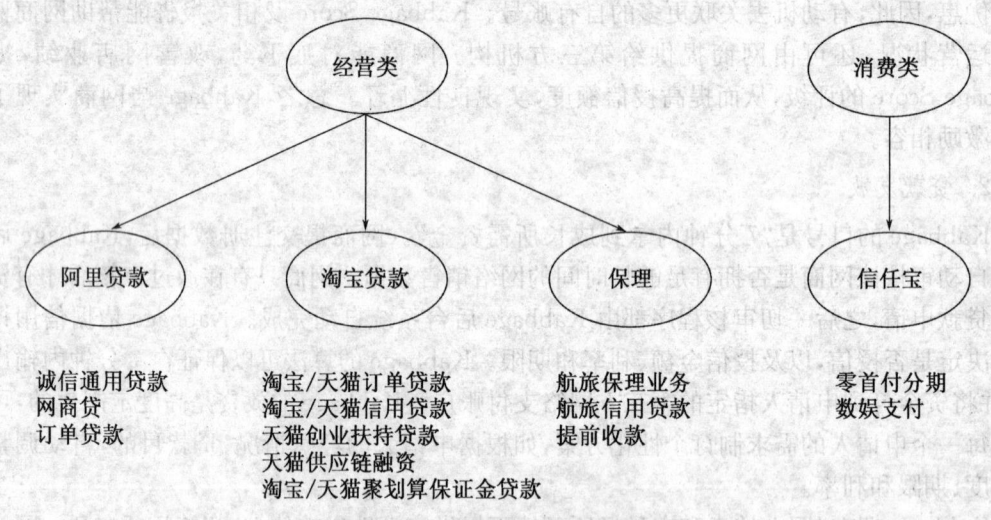

图11-4 阿里小贷主要贷款类型

2013年,阿里小贷累计客户数超过49万家,贷款余额超过120亿元(成立以来累计放贷超过1 000亿元),户均贷款余额不到4万元(户均授信约13万元),不良贷款率在1%以内。在资金来源方面,自有资本20亿元左右,2013年完成资产转让约80亿元。

从贷款申请、贷款审批与发放、贷后管理、IT系统四个部分来分析阿里小贷的业务模式,如图11-5所示。

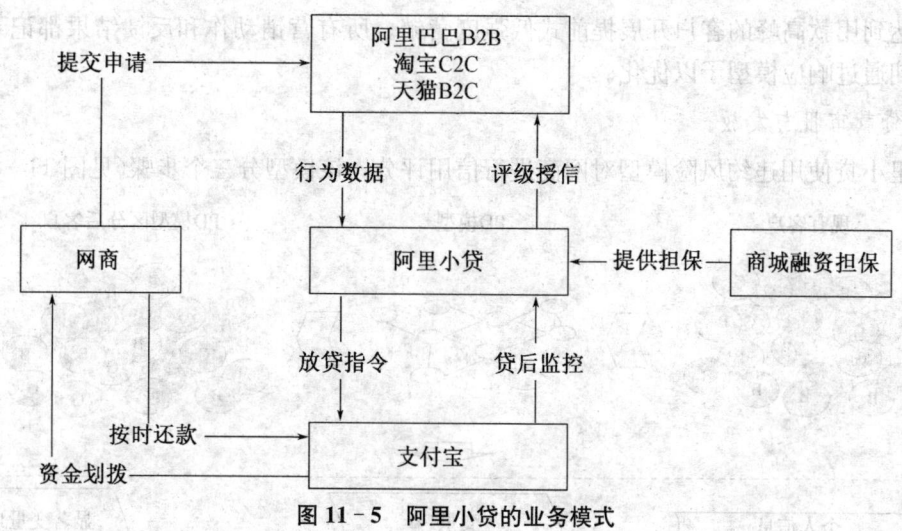

图 11-5　阿里小贷的业务模式

1. 贷款申请

准备申请贷款的客户,首先登录阿里小贷首页,在线提交贷款申请表。申请表信息主要包括申请额度、公司名称、法定代表人姓名、法定代表人手机号、法定代表人邮箱、法定代表人婚姻状况,其中前五项为必填项。

阿里小贷接收到贷款申请后,调查团队调阅客户在阿里巴巴 B2B、淘宝 C2C、天猫 B2C 等平台上的交易记录、信用记录、同业比较、库存变动、财务信息、非财务评价、征信报告、银行对账单等信息,并进行外包走访。外包走访工作包括:首先,阿里小贷授权并委托第三方专业机构派外访专员直接上门拜访申请贷款的企业,当面了解企业的经营情况,并对贷款所需资料进行拍照收集;然后,阿里小贷的客户经理与客户电话沟通确认,外访专员现场征信并拍照收集主要的申请资料。

值得一提的是,阿里小贷通过水文交易预测模型(见图 11-6),对客户进行主动营销。水文交易预测模型的主要原理是,利用水文变量预测淘宝的未来交易金额(能有效剔除季节性波动的影响),判断客户资金规模和偿还贷款的能力,对处于用款高峰的客户开展最大力度营销,

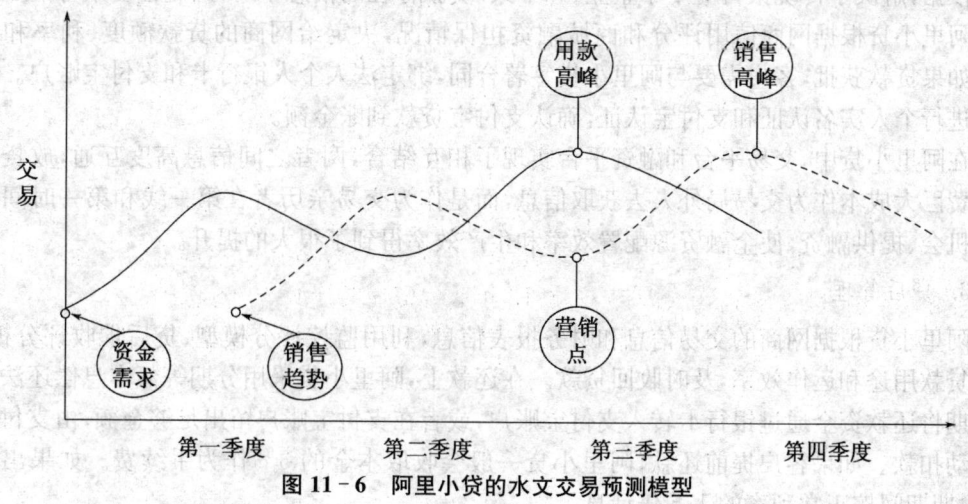

图 11-6　阿里小贷的水文交易预测模型

对即将达到用款高峰的客户开展提前式低强度营销。所有营销动作和反馈结果都记录在案,并在后期通过响应模型予以优化。

2. 贷款审批与发放

阿里小贷使用违约风险模型对网商进行信用评分。该模型分三个步骤(见图11-7)。

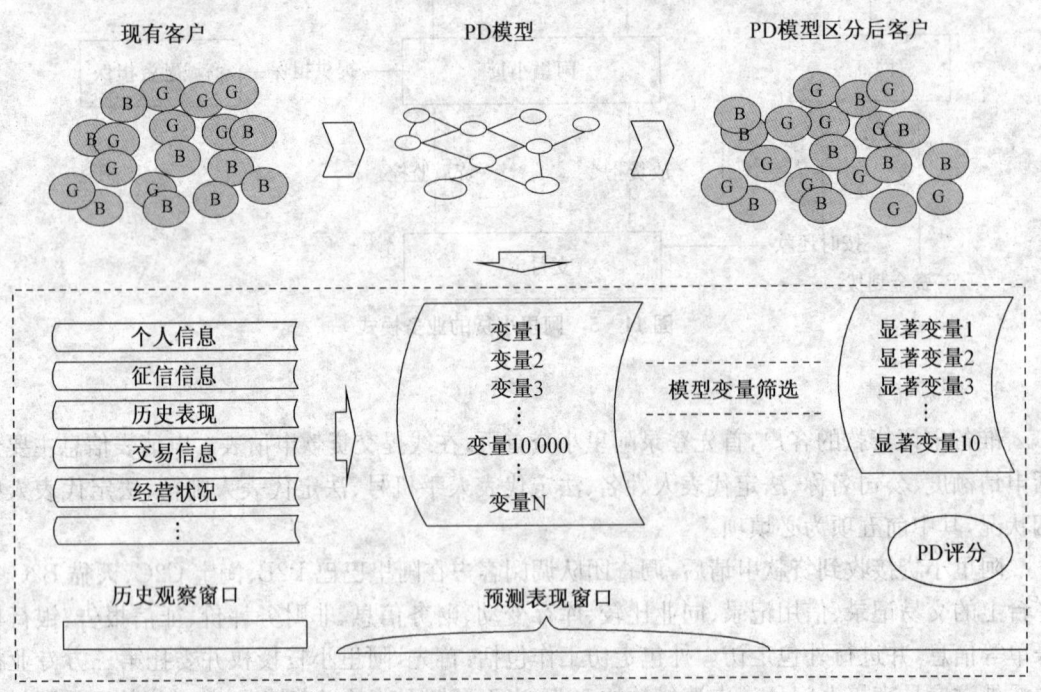

图11-7 阿里小贷的违约风险模型

第一步,归集现有客户的个人信息、征信信息、历史表现、交易信息和经营状况等信息。第二步,根据归集的信息,筛选出对信用状况有显著影响的变量,建立PD模型。第三步,根据PD评分对潜在客户进行分类,区分出信用好和信用不好的客户。通过该模型,网商在阿里巴巴生态系统中的信用记录、交易、投诉纠纷情况等百余项信息得到了充分运用,最终作为贷款评审依据,解决了传统银行对中小企业(和个人)贷款存在的信息不对称、流程复杂等问题。

阿里小贷根据网商信用评分和商城融资担保情况,决定给网商的贷款额度、利率和期限等。如果贷款获批,客户需要与阿里小贷签署合同,绑定法人个人银行卡和支付宝账户。阿里小贷进行个人实名认证和支付宝认证,确认支付宝贷款到账金额。

在阿里小贷中,交易平台和融资平台实现了相互结合,两者之间信息高度互通,放贷者不必花费巨大成本作为交易局外人去获取信息,而是作为交易亲历者在第一线和第一时间发现融资机会、提供融资,使金融资源配置效率和生产效率得到了很大的提升。

3. 贷后管理

阿里小贷根据网商的交易信息和财务报表信息,利用监控评分模型、贷后催收评分模型,监控贷款用途和运作效率,及时收回贷款。在还款上,阿里小贷采用分期等额本息偿还法。客户定期将还款资金通过银行卡转入支付宝账户,或者在支付宝账户留出足够金额,由支付宝系统自动扣款。如果客户提前还款,阿里小贷一般会收取本金的3%作为手续费。如果出现逾期,逾期期间按正常利率的1.5倍计息。

4. IT系统

阿里小贷规划了覆盖整个信贷生命周期的管理系统,包括贷前管理、贷中后管理、反欺诈、市场分析、信用体系和创新研究六大板块,如图11-8所示。

信贷生命周期管理领域			
市场营销与客户获取 (Acquisiton & Origination)	客户管理与账户管理 (Portfolio Management)	催收与资产保全 (Collection & Recovery)	欺诈防范与欺诈检测 (Fraud Prevention & Detection)

决策管理框架				
数据模型	规则管理	模型与规则库存	案件管理	报表体系
生产系统数据模型 业务流程数据模型 风险数据集市模型 监管数据集市模型 策略优化数据模型 模型开发/监控数据 ……	监管政策规定 内部基本制度 产品管理办法 业务操作规程 关键计算方法/ 公式 ……	决策引擎系统——AGDS Basel II & III 参数体系 申请评分——A Score 行为评分——B Score 催收评分——C Score 流失评分——Attrition 响应评分——Response 客户细分模型——Segmt 交叉销售模型——Upxsell 评分——Basel II 参数映射 客户风险分层 ……	客户关系系统 审贷流程系统——E2E 早期预警案件管理 客服/外呼系统 催收案件管理 资产保全案件管理 押品管理系统 ……	生产核心系统数据 小贷流程系统数据 决策引擎系统数据 小贷数据集市 企业数据仓库——EDW 业务报表系统 Ad-hoc查询 监管数据计算与报表 模型开发/监控数据 策略设计/评估数据

图11-8 阿里小贷的贷款管理系统

目前已经完成开发的模型是:① 风险模型,包括违约风险模型、经营风险模型、监控评分模型、贷后催收评分和违约损失率(Loss Given Default,LGD)模型;② 营销模型,包括客户响应、客户流失、客户忠诚度、生命周期、交叉销售、事件营销和客户价值。

正在开发的模型有:① 反欺诈模型(这对网上金融交易非常重要),包括虚假交易模型、非本人经营模型、身份冒用模型、盗号模型;② 客户行为模型,包括滴灌式成长分析、个体差别化定价和水文交易预测模型;③ 阿里信用模型,包括地址标准化、自然人/经营人/法人认定、信贷信用评分、卖家信誉评分、买家信誉评分和履约能力模型。

阿里小贷的决策系统每天处理上千万客户、数千万次交易、上千万条消息和超过10T的数据量,输出数百亿元授信和3G数据量。考虑到阿里巴巴庞大的用户群,阿里小贷如果有银行牌照(也就是能吸收公众存款,资金来源更充裕),将非常有竞争力。

五、P2P网络借贷

P2P网络贷款是近年来兴起的一种互联网上个人对个人借贷模式。P2P网络贷款出现的背景是正规金融机构一直未能有效解决中小企业融资问题和替代民间金融机构,而以互联网为代表的信息技术,大幅降低了信息不对称和交易成本,使得个人对个人借贷这一人类最早的金融模式焕发出新的活力,并弥补了正规金融机构的不足。P2P网络贷款使投资人(放款人)和借款人都能受益。借款人可以获得比民间借贷更便利的信用融资渠道,付出更低的借款成本,投资人可以获得比银行存款更高的回报。

全球第一个P2P网络贷款平台是2005年3月成立于英国的Zopa。目前,P2P网络贷款行业内比较受关注的是美国的Lending Club、Prosper,它们运营比较规范,相关监管措施完备,信息披露也很充分,其中Lending Club发展得更好一些。2007年Lending Club开始运营,办公地址在旧金山,没有分支机构。所有业务都通过互联网和电话开展。截至2013年10月底,Lending Club已经累计促成了27.7亿美元的借贷交易,产生了2.5亿美元的利息收入,是全球最大的P2P网络贷款平台,而且发展非常迅速(见图11-9)。

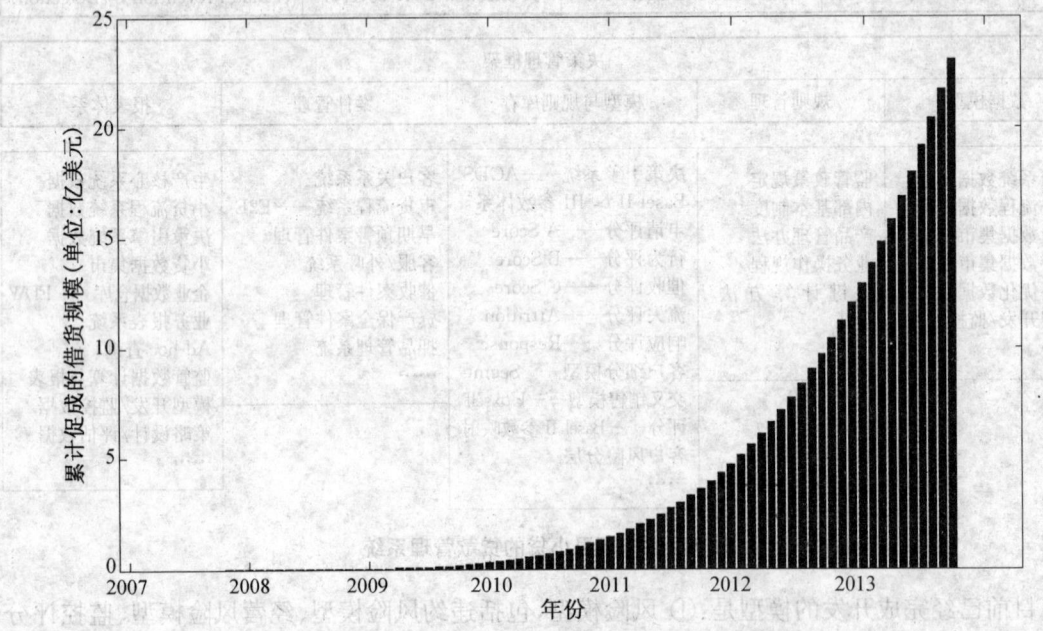

图11-9　Lending Club累计促成的借贷交易模型

以下从运营框架、监管框架两个方面对Lending Club进行重点分析。

(一) 运营框架

Lending Club为满足美国法律和监管(特别是证券监管)形成了非常有特点的运营框架,核心参与者有四类:Lending Club、投资人、借款人和WebBank(见图11-10)。其中,WebBank是一家在犹他州注册、受联邦存款保险公司保护的商业银行。

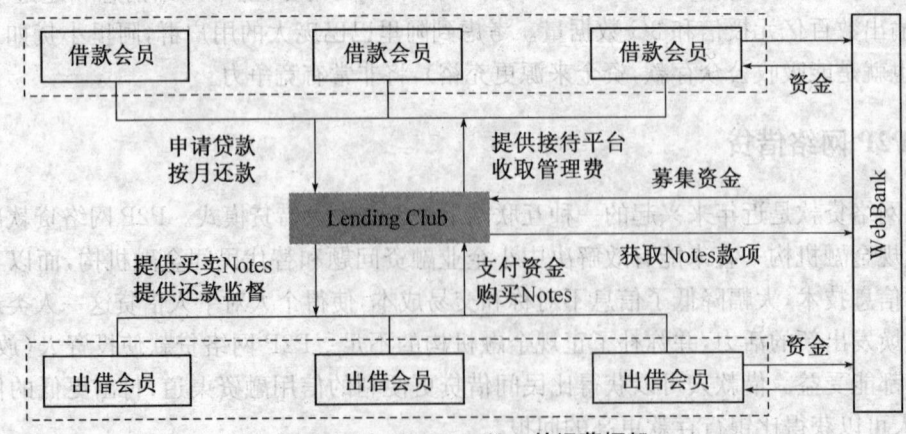

图11-10　Lending Club的运营框架

尽管P2P的本意是个人对个人(Peer to Peer),但在Lending Club的运营框架中,从法律上讲,投资人和借款人之间不存在直接的债权债务关系(实际上,他们注册时使用账号名称,保持匿名,彼此不认识,也不允许获取对方的真实姓名和地址)。投资人购买的是Lending Club按美国证券法规定发行的票据。给借款人的贷款,先由WebBank提供,再转让给Lending Club。每一个系列的票据均对应着一笔贷款,两者之间存在类似于镜像的关系。如果不考虑Lending Club向投资人收取的服务费,借款人每个月对贷款偿付多少本息,Lending Club就向持有对应票据的投资人支付多少。如果借款人对贷款违约,对应票据的持有人也不会收到Lending Club的支付(即Lending Club不为投资人提供担保),但这不构成Lending Club自身的违约,所以Lending Club不承担与借贷交易有关的信用风险。对WebBank而言,因为向借款人放贷以及向Lending Club转让贷款几乎同时发生,也不承担与借贷交易有关的信用风险,在一定程度上类似于托管银行的角色。贷款的信用风险实际上完全由投资人承担。

因此,Lending Club运营框架的核心是有镜像关系的贷款和票据。每对贷款和票据均有相同的本金、利息、期限、现金流特征,这类票据被称为收益权凭证(Payment Dependent Notes),类似于证券化中的转手证券(Pass Through Securities)。通过贷款和票据的安排,尽管Lending Club、WebBank和借贷双方之间存在复杂的契约关系,但从信用风险的角度看,投资人和借款人之间如同有直接的债权债务关系,而Lending Club、WebBank则如同不介入借贷交易。所以,在Lending Club的运营中,涉及贷款的发放和转让以及票据的发行和交易,跨越了银行和证券两个领域。

Lending Club从向投资人出售票据和安排WebBank发放贷款的过程中,收取服务费作为盈利。对于投资人收到的每一笔支付,Lending Club都会收取1%的服务费。借款人要向Lending Club一次性缴纳贷款手续费(origination fee),手续费的细节待下文介绍。

(二)美国的监管框架

美国对Lending Club的监管体现了功能监管(而不是机构监管)的理念,即按从事的业务、产生的风险来监管(见图11-11)。

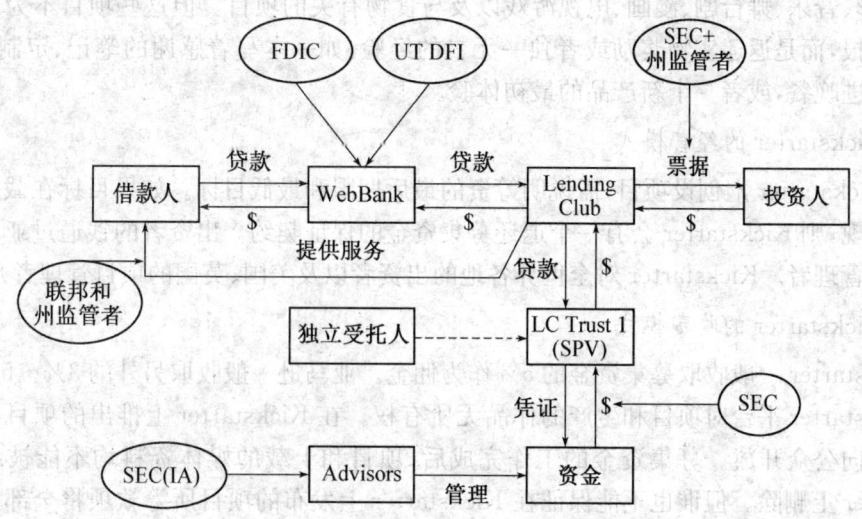

图11-11 美国对Lending Club的监管

美国证监会是 Lending Club 的主要监管者,原因是 SEC 将 Lending Club 向投资人发行票据视为证券发行。SEC 的重点是 Lending Club 是否按要求披露信息,而不是检查或监控 Lending Club 的运作情况,也不是审核票据的特征。

Lending Club 采用了暂搁注册方式,通过发行说明书向 SEC 登记注册发行证券的意向。发行说明书要详细披露 Lending Club 的运营机制和公司治理结构、票据的基本条款,并向投资人无保留地提示所有可能出现的风险。在具体发行时,Lending Club 要向 SEC 说明相关票据的信息,包括对应贷款的条款以及借款人的贷款目的、工作状态和收入等匿名信息等。此外,SEC 还要求 Lending Club 每季、每年披露财务报告。Lending Club 披露的这些信息,都可以在 SEC 的 EDGAR 系统和 Lending Club 网站上查到。

六、众筹融资

众筹融资主要是互联网上的股权和类股权融资。对于生产者来讲,他们在发生成本之前就获得了未来消费者的资金,得到了白手起家开展生产的机会。同时,如果众筹资金反应冷淡,生产者在投产之前就会慎重考虑自己的想法。这与投入资金、项目失败后才反思相比,可以节省投资成本。众筹融资不仅是获得资金的渠道,更是一个评价、判断产品设计及市场前景的平台。此外,大型出资者往往倾向于对生产者的设想施加约束,众筹融资平台则有效地缓解了这一问题。对于消费者来讲,他们在最终产品生产之前就可以与生产者接触,获得最新产品;可以根据自身收入水平和对众筹项目价值的判断选择参与份额。目前,国外众筹融资以美国的 Kickstarter 为代表,国内以天使汇为代表。本节主要对 Kickstarter 进行重点分析。

(一) Kickstarter 公司模式

1. Kickstarter 公司的设立

2009 年,派瑞·陈(Perry Chen)、扬西·斯特里克勒(Yancey Strickler)和查尔斯·阿德勒(Charles Adler)合作,在美国纽约成立了 Kickstarter,主要通过网站为创意项目募集公众资金,如电影、音乐、舞台剧、漫画、电视游戏以及与食物有关的项目。但这些项目不为出资者提供现金回报,而是返还实物奖励或者独一无二的经验,如一本写着感谢的笔记、定制的 T 恤、与作家共进晚餐,或者一个新产品的最初体验。

2. Kickstarter 的经营模式

在 Kickstarter 上创设项目,需说明筹资的最后期限和最低目标。如果目标在截止日期之前没有实现,则 Kickstarter 会有一个退还募集资金的保证契约。出资者的钱通过亚马逊支付转给项目管理者。Kickstarter 对全世界各地的出资者以及美国、英国的项目管理者开放。

3. Kickstarter 的收费模式

Kickstarter 一般收取募集资金的 5% 作为佣金。亚马逊一般收取另外的 3%~5% 作为费用。Kickstarter 平台对项目和生产的作品无所有权。在 Kickstarter 上推出的项目都将被永久存档和向公众开放。募集资金的工作完成后,项目和上载的媒体资料均不能被编辑或从 Kickstarter 上删除。但谁也不能保证在 Kickstarter 上发布的项目所筹款项将全部用于相关项目,或满足支持者的期望。出资者也没有办法直接确认该项目的情况,除非直接询问该项目的拥有者。Kickstarter 建议出资者自己判断是否支持一个项目。他们还警告项目的管理者,如果未能兑现承诺,可能会被判令对出资者进行损害赔偿。

4. Kickstarter 的平台项目

Kickstarter 将平台发布的项目分为 13 大类和 36 小类。13 大类分别是:艺术、漫画、舞蹈、设计、时尚、影视、食物、音乐、游戏、摄影、出版、技术和喜剧。影视与音乐是最大的类别,占 Kickstarter 项目的 50% 以上,吸引了 Kickstarter 平台的大部分资助。

5. Kickstarter 准则

为使 Kickstarter 平台保持创新项目融资焦点的地位,所有项目创建者需遵循以下三个准则:① 创建者必须有创新项目;② 项目必须可归属 Kickstarter 的 13 大类别;③ 创建者不得从事 Kickstarter 禁止的行为。Kickstarter 对硬件和产品设计项目有额外要求,具体包括:① 禁止使用照片般逼真的效果图和模拟演示产品;② 限制对单个项目或对"一套想法"项目捐献的数额;③ 需要实物原型;④ 需要制造计划。这些准则旨在巩固 Kickstarter 的政策,即为人们所支持项目的完成而募资,而不是一个产品订单。Kickstarter 还强调了一个概念,即一个项目属于创设者和出资者的共同协作,所有类别的项目都要描述创作过程中面临的风险与挑战。Kickstarter 的目标亦在教育公众并鼓励他们对社会做出贡献。

(二)众筹融资的经济学

1. 典型事实

(1)资金不受地域限制。互联网使众筹融资平台上出资者和筹资者之间的交易较少受到空间距离的制约。例如,音乐创作融资平台 SellaBand 就是在音乐人与乐迷之间搭建的一个互动平台。音乐人可以快速有效地推介自己的作品,由网站吸引发烧友的支持与赞助,筹集经费发行唱片。再通过铁杆乐迷的支持和网站的公布,吸引更多支持者,扩大影响力,刺激唱片销售。在 SellaBand 平台上,超过 86% 的出资者与音乐企业的距离大于 60 英里(1 英里=1.609 公里)。对一般的众筹融资平台而言,出资者与筹资企业之间的平均距离约为 3 000 英里。

(2)资金高度倾斜。据统计,在 2006 年到 2009 年间,对一般的众筹融资平台而言,61% 的生产者没有筹集到任何钱,0.7% 的生产者募集到了 73% 以上的资金;在 Kickstarter 上,1% 的项目筹集到了 36% 的资金,10% 的项目筹集到了 63% 的资金。

(3)在项目融资的早期阶段,朋友和家人的资金发挥了关键作用。朋友和家人对项目的早期投资,通过促进资本积累向以后的出资者提供了信号,而且是最具有参考价值的信号。

(4)众筹资金可能取代传统的资金来源,如房屋净值贷款。

2. 激励机制

众筹融资过程中有三类主要参与者:项目管理者、出资者和众筹融资平台。下面分别讨论他们的激励机制。

(1)项目管理者(生产者)。

项目管理者选择众筹融资的原因主要有以下两个:

一是资金成本较低。项目管理者的早期资金一般来自个人储蓄、房屋净值贷款、个人信用卡、朋友和家人投资、天使投资和风险投资。在某些情况下,众筹融资可能使项目管理者以更低的成本获得资金,原因如下:① 更好的匹配。项目管理者可以与对该项目有最高投资意愿的出资者匹配。这些项目的出资者不再局限于某些特定的地方(比如与生产者在地理位置上接近),而是在全球范围内进行匹配。② 捆绑。众筹融资过程中,在一定条件下出资者可提前获得产品,确认产品的创新价值。但在一定程度上,众筹融资也便利了项目管理者捆绑出售股权并获取希望得到的资助,并且能够靠销售前期产品降低资金成本。③ 信息。在一定程度上,众筹融资比传统的早期资本来源能产生更多信息,这些信息可能会增强出资者的支付意愿,从而降低资金成本。例如,Pebble Technology 公司的创始人埃里克·米吉科夫斯基(Eric Migicovsky)收到捐赠、赞助、朋友融资等之后,通过众筹融资平台发布 Pebble 智能手表项目,披露相关信息,得到了一些出资者对产品创新性的认可,进而吸引了更多出资者购买该产品、扩大筹资规模,从而提高产品整体价值,降低资金成本。

二是可以获得更多的信息。项目管理者根据出资者的反应和选择,判断产品的创新性和实用性,并进一步修正前期的想法和计划。项目管理者可以对市场需求进行分析和推测,提供符合市场需求的产品,提升后期产品的成功概率。此外,关于产品需求的市场信号,使项目管理者可以了解未来用户和出资者对产品功能改进的建议,这些建议有助于项目管理者尽快围绕产品开发更好的系统。例如,Pebble 智能手表根据用户提出的需求,开发软件应用程序,兼容 iPhone 和 Android 手机,使功能增加到查阅 iMessage 短信、来电显示、上网浏览、邮件实时提醒、使用微博和查看社交网络信息,无形中增加了新的潜在用户。

(2) 出资者。

① 投资机会:早期企业的出资者传统上限于企业附近,众筹融资则为全球、远距离的出资者提供了投资机会。

② 参与新产品的早期开发和生产:众筹融资项目使产品爱好者成为早期股东,而他们的参与可以提高公司的价值。

③ 社交网络:对于出资者而言,在众筹融资平台上的投资本质上是一种社会活动。他们通过投入部分资金可得到更好的与项目管理者沟通的机会。

④ 支持一个产品、服务或观念:在众筹融资平台上,慈善扮演着一个重要的角色。一些出资者支持项目,没有收到有形的物质奖励,也没有参与相关的在线社区,目标是发现具有潜力的新产品和新企业。

(3) 众筹融资平台。

众筹融资平台主要是为了获得利润,一般收取交易成功项目总资金的 4%~5%作为交易费用。因此,它们的目标是最大限度地增加成功项目的数量并扩大其规模。这要求设计健全的市场运行规则来吸引优质项目,减少欺诈行为,并高效地完成创意和资本的匹配。众筹融资平台上交易成功的创新项目具有广告效应,可以引起媒体的关注和报道,而这会进一步扩大出资者规模,提高项目交易成功概率和平台盈利水平。

七、移动金融与社交金融

前面介绍了当前互联网时代下与银行业相关的一些互联网金融商业模式,在当下的情况下,都会涉及移动与社交因素。下面分别探讨移动金融与社交金融。

(一)移动金融

移动互联网是对传统互联网的升级,成长空间巨大。传统电子商务和移动互联网结合产生了移动金融新型服务模式。移动金融在时间和空间上的突破性,使人们能够随时随地享受优质的金融服务。

根据中国互联网络信息中心发布的《第 34 次中国互联网络发展状况统计报告》，截至 2014 年 6 月底，中国网民数量达到 6.18 亿人，其中手机网民达到 5 亿人，手机首次超越台式电脑成为第一大上网终端。这显示出，随着手机网民占网民比例不断上升，手机已经取代 PC 成为人们上网的最常用设备。智能手机已经成为人们 24 小时的随身装备，这也成为现代信息社会人们生活方式的最重要特征。从增长的速度和发展前景看，移动金融的增长速度远超网银的增长速度。

移动金融的服务内涵正不断丰富，在金融服务和生活服务的覆盖能力上，很可能全面超越桌面互联网时代的网银服务。重力感应、二维码识别、手机定位等移动新技术不断融入金融业务，手机购物、NFC 手机支付、O2O 交易等新型服务手段不断出现，极大方便了客户，使他们随时随地享受智能与信息化的金融服务，这是传统桌面互联网金融服务所无法企及的。从"双十一"网络购物的情况来看，传统电子商务的增速约在 80% 左右，而移动电子商务的增速可达 500%。越来越多的商业银行将资源投入移动金融新业务上来，将服务客户的战场转移到手机终端等移动设备上来。移动金融模式下，借助移动第三方支付平台、微博、微信等社交网络平台，商业银行将逐步创新支付结算、代理收费、代理基金、代理保险、线上收单等收费型业务，移动金融将在很大程度上帮助银行摆脱利差依赖型的发展模式，同时为商业银行提供多元化收入的发展空间，为商业银行盈利发展转型提供广阔的平台。

截至 2014 年 6 月末，国内已有上百家商业银行推出了自己的手机银行系统，其中主要的国有商业银行和股份制商业银行的手机银行客户端已基本实现对各智能终端操作平台的全覆盖，并涵盖账务查询、缴费（公共事业缴费、交通罚款等）、理财、基金、保险、证券、黄金、外汇交易、代发工资、商旅应用（机票、火车票等）、娱乐应用（电影票、彩票等）等多项功能，已能较为全面地满足用户需求。

但受产品定位限制，很多商业银行仍然将手机银行看成是传统网上银行在移动互联网上的"迁移"，未能有效结合移动互联网的特征开展业务创新，这种发展思路逐步导致了两个方面的后果：一是使移动互联网金融产品同质化特征日趋严重，即使为数不多的业务创新（如交通银行的"手机银行无卡取款"业务）也迅速被市场同业跟随，导致市场竞争日趋激烈，并弱化了商业银行在线上渠道与产业其他各方及终端消费群体的议价能力；二是在手机支付等领域，由于相对缺少研发落地新业务的积极性和紧迫感，商业银行相较部分优质的第三方支付机构及互联网企业而言，在一定程度上丧失了市场先发优势。鉴于此，商业银行应更加关注新型客户群体的金融需求，关注客户特征变化，进一步细化不同客户的个性化产品服务定位。

手机银行的便利性和低成本，对企业也颇具吸引力。比如，交通银行在手机银行上推出的"财务总监（CFO）频道"，企业财务人员可通过该服务在掌上迅速处理企业付款交易，为企业用户带来更具创新的金融体验。招商银行针对移动商务运营企业的需求，推出一系列手机银行产品，提供移动金融服务。一些城商行企业手机银行则采用"核心账户—出纳账户"的方案，帮助企业提高资金收付控制能力。

将生活服务与金融服务及现有移动产品捆绑，是商业银行针对成熟的个人用户提供的个性化综合产品服务。很多银行已陆续推出新一代手机银行，整合了公用事业、电影票购买、餐饮娱乐等生活类缴费支付服务，加上原有的"无卡取现"、近场支付等服务，构建了更为完善的移动支付环境，加强了用户与商户的合作，使手机终端真正成为可随身携带的 POS 机。针对高端用户有着较高的实时理财需求,新一代手机银行还为客户提供了基金管理、证券管理、受托理财、外汇管理等功能,使他们获得更好的使用体验。

除了自身在移动金融领域所做的努力之外,商业银行还通过与电信运营商开展合作,发力移动金融领域,移动金融产业链的形式也由此变得更加丰富。2010年11月25日浦发银行与中国移动签署战略合作协议,成为电信业和金融业的首次战略合作尝试。双方的"联姻"将对通信行业和金融行业产生深远影响,极大地加快了移动金融、移动电子商务、手机汇款等多项移动通信与金融产品的融合创新业务的面市。

通过建立移动金融新型服务模式,商业银行服务覆盖的地理范围和潜在客户群体也扩大了许多,这为商业银行未来的发展提供了广阔的想象力和空间。

(二) 社交金融

银行业务伴随着互联网发展,一路从网上银行,到手机客户端,再到微信平台,走进了我们的生活,从中孕育出了一些新的盈利模式。

就目前的发展来看,最具有社交特质的当属微信平台金融服务。微信作为目前国内最流行的社交媒体,用户量超5亿人。毫无疑问,没有哪家银行想错过这个巨大的市场。当前,用户的使用习惯正在迅速从传统互联网向移动互联网转移。为维护和扩大客户基础,提高客户黏性,招商银行于2013年7月2日推出招行微信平台。该平台融合了招商银行信用卡和一卡通业务,集合了账户余额查询、转账汇款、理财产品购买、缴费、信用卡账单查询、还款等功能,使得客户可以将日常生活中最常用的金融业务直接通过微信办理。紧随其后,工商银行、交通银行、中信银行、浦发银行等陆续推出了微信银行服务,但目前主要是提供信息服务,比如余额、黄金白银价格、存贷款利率、外汇牌价、基金净值等金融信息。近期,为了扩大微信金融服务的优势,各家银行开始以差异化、特色化的服务模式来招揽客户。例如,多家银行在微信平台上试水"手机近场支付",让每个微信号都成为一个微信钱包,实现微信公众账号的订阅及交易支付、微信号之间的交易支付、实体店内的现场手机支付等微信模式的金融服务。

面对未来互联网向移动社交化发展的趋势,商业银行抢滩微信平台,是对移动、社交化平台的又一次探索。各家银行希望能够给微信平台注入更多富有创意的功能,把微信平台打造成为金融服务的门户,将该平台上汇聚的大量个人信息、朋友圈的人脉关系和大数据嫁接,进而对广告营销、网络购物甚至金融借贷产生影响,从而开创出新的商业模式。微信营销是银行建设微信金融平台的第一步,下一步则需通过搭建更加开放的平台,与电子商务公司、航空公司以及其他金融机构实现跨界合作,使微信平台的服务更加丰富和多元化。同时,以线上线下相结合的模式,通过交叉营销、跨界服务等手段,商业银行可在微信金融平台上与特约商户、线下企业开展广泛合作,实现联盟价值,充分发挥合作营销作用,深度锁定上下游企业、终端客户。此外,银行还要积极介入本地重点行业和客户群,针对百货、餐饮、商旅、物流、电力、通信、高新技术等传统优势行业及新兴领域,构建战略联盟,在互惠互利、共同发展的前提下,开发各类区域性微信服务,增加增值服务内涵,锁定客户资金流,在降低自身运营成本的同时,布局抢滩消费金融等市场。

但是,应该清楚的是,在移动金融领域,银行在为客户提供微信金融服务的同时,完全可以考虑超越腾讯等第三方机构,着眼建设更加独立、更高层次的竞争性平台,即建设以"微金融+微生活+微营销"为核心的全方位金融综合服务平台,让客户不仅能在该平台上办理各类银行业务,还能实现消费金融领域的移动支付。对银行而言,要实现这一步并不容易。与传统的金融模式截然不同,线上金融所有的支付、营销流程都必须实时在线完成,这些都对银行的产品服务、支付流程、营销流程、业务流程再造提出了更高的要求。当前,银行需要借助微信金融平台,深度发展银企合作,采用交叉营销模式,以第三方支付的方式开拓微信金融新业务,挖掘新的客户资源,进一步拓展银行服务范畴。

第三节 互联网银行与传统银行业的比较

一、互联网银行规模尚小但增长速度很快

就总体规模而言,互联网银行业仍只是银行业中正在成长中的一小股新兴力量,与占据银行业95%以上规模的传统银行不可同日而语。但我们应当看到其增长速度之快,十年间,互联网银行业在美国整个银行业中的规模占比翻了近两番。

2003年互联网银行业总体资产规模为897.79亿美元(除去Ally Bank、Scottrade Bank和Sallie Mae Bank以外的13家互联网银行资产总和),当年银行业的总体规模为9.08万亿美元,互联网银行业占银行业的比重还不到1%。

经过十年的发展,2012年16家互联网银行的总资产规模攀升至5 397.18亿美元,而银行业的规模也增长至14.45万亿美元,互联网银行业在整个银行业中的规模占比为3.5%。类似地,2003年互联网银行业总存款在银行业中的占比为1.1%,净贷款和租赁的占比为0.82%,2012年两者占比分别上升至3.64%和3.88%。

此外,从绝对增长速度来看,2003—2012年,互联网银行业和整个银行业的资产规模年均复合增长率分别为22.03%和5.3%;在存款规模上,两者的年均复合增长率分别为22.03%和6.85%;在贷款规模上,两者的年均复合增长率分别为23.46%和3.87%;在净利润方面,两者的年均复合增长率分别为44.06%和6.38%。因此,尽管在绝对规模上互联网银行的规模很小,但互联网银行业的增速远超银行业平均水平。

再把这16家互联网银行的平均表现与美国十大银行对比,以下数据也支持互联网银行规模尚小的结论:资产规模上,互联网银行的平均总资产约为美国十大银行平均水平的3.4%;存款规模上,互联网银行的平均总存款约为美国十大银行平均水平的3.5%;贷款规模上,互联网银行的平均净贷款及垫款约为美国十大银行平均水平的3.8%;净利润规模上,互联网银行的平均净利润约为美国十大银行平均水平的2.5%;员工规模上,互联网银行的平均员工人数约为美国十大银行平均水平的0.08%。

但是应当注意到,互联网银行个体间的差异很大,互联网银行业巨头Ally Bank和ING Bank的资产规模都达到近千亿美元,超越了大部分的传统银行。从规模总量的增长速度来看,互联网银行的增速远超美国十大银行:2003—2012年,互联网银行和美国十大银行的资产总额平均年增长率为14.93%和8.47%;存款规模上,互联网银行和美国十大银行的存款总额平均年增长率为16.65%和9.9%;贷款规模上,互联网银行和美国十大银行的贷款及垫款净额平均年增长率为15.53%和7.20%;净利润上,互联网银行和美国十大银行的净利润平均年增长率为18.19%和3.71%。

二、互联网银行运营效率更高

互联网银行主要通过互联网提供服务，不依赖物理网点，这大大减少了互联网银行对办公设备及硬件设施的需求，因此，互联网银行可以减少在非生息资产（即无法为银行带来收入的资产，如办公楼等固定设施）上的投入，这种先天的"轻资产"特性决定了互联网银行拥有更高比例的生息资产。换言之，互联网银行能够更好地利用资产来产生盈利。

在生息资产占银行总资产的比例这一指标上，互联网银行明显高于传统银行。2003—2012年，互联网银行业和银行业整体的生息资产占比都较为稳定。其中，互联网银行业的生息资产占总资产比在93%~96%之间，而银行业的平均值为85%~88%。2008年以后，整个银行业的生息资产占比有所上升，但仍比互联网银行业要低大约8个百分点。

更高的生息资产占比也导致了互联网银行利息收入、利息支出占比高于传统银行。以美国十大银行的平均水平为代表，可以对比得到以下结论。

首先，互联网银行营业收入中净利息收入的比重高于传统银行。截至2012年，互联网银行的净利息收入占营业收入比为72.47%，高于同期美国十大银行58.63%的平均水平。相应地，非利息收入占营业收入比中，2012年互联网银行该指标占比仅为27.53%，显著低于当年美国十大银行41.37%的平均水平。这表明，与业务全面、发展成熟的传统银行相比，互联网银行主要集中发展贷款业务，贷款业务创造的利息收入也成为其主要的收入来源。

其次，利息支出占总支出比重上，互联网银行十年间始终高于美国传统银行。截至2012年，互联网银行的利息支出占总支出比为31%，而美国十大银行该指标仅为11%。再对比两类银行的非利息支出占总支出比，美国十大银行则以89%的非利息支出占比远超互联网银行当年69%的平均水平。结合员工薪酬占非利息支出比，2012年16家互联网银行平均员工薪酬占比仅为25.37%，而美国十大银行的平均值为42.89%。对比两类银行在支出结构上的差异可以发现，美国互联网银行的主要支出是存款业务产生的利息支出成本，美国十大银行的非利息支出近一半为员工工资。

最后，在运营成本方面，由于所需的员工数和硬件设施都要少于传统银行，互联网银行在支付员工薪酬、购买维护硬件设备等方面可以节省一笔可观的非利息费用。较低的成本收入比直接反映了互联网银行业在降低运营成本方面的优势——当投入相同水平的运营成本时，互联网银行获得的营业收入更高。

除2005年以外，互联网银行业的成本收入比都要显著低于银行业的平均水平。2005年以后，互联网银行的成本收入比逐年下降。2011年的互联网银行业成本收入比为48.68%，比美国银行业低14.4个百分点。2012年由于员工规模有较大幅度扩张，员工薪酬福利支出上升，成本收入比上升至52.68%，仍比美国银行业低10.24个百分点。

同样，平均每家互联网银行的运营成本也低于美国十大银行的平均值。过去十年间，互联网银行的成本收入比整体呈持续下降趋势，2004年起成本收入比较之美国十大银行的优势逐渐明显，两类银行的成本收入比差距逐渐扩大。截至2012年年末，美国互联网银行的平均成本收入比降至50%，明显低于美国十大银行70%的同期平均水平。

三、互联网银行业员工效率更高

互联网银行不依赖物理网点，因此大大减少了员工需求，在创造同等价值的同时提高了互联网银行业的员工效率。互联网银行业的员工高效表现在高人均资产、高人均存款、高人均贷款和租赁以及高人均利润等4个方面。

2012年美国互联网银行业的员工人均资产是银行业平均水平的3.28倍,当年互联网银行业员工人均资产2 447万美元,美国银行业员工人均资产747万美元。类似地,2012年互联网银行业的员工人均存款为1 788万美元,是当年银行业平均水平的3.48倍;2012年互联网银行业的员工人均净贷款和租赁为1 326万美元,是银行业平均水平的3.7倍。

在盈利能力方面,以员工人均利润进行衡量,2012年互联网银行业的人均利润为30.73万美元,人均盈利能力是银行业平均水平的4.6倍。

从个体看,美国16家互联网银行的员工效率也高于美国十大银行:从每名员工管理的资产来看,互联网银行的人均资产约为美国十大银行平均水平的10倍;从每名员工管理的存款来看,互联网银行的人均存款约为美国十大银行平均水平的11倍;从每名员工管理的贷款来看,互联网银行的人均贷款及垫款净额约为美国十大银行平均水平的9倍;从每名员工创造的利润来看,互联网银行的人均利润约为美国十大银行平均水平的22倍。

除了绝对水平,互联网银行业的员工人均资产、人均存款以及人均贷款和垫款的增速也很快,说明员工人数少这一优势给互联网银行业带来的规模效应还在不断增强。这一点也能从人均盈利能力不断提升得到验证。除去金融危机的特殊时期,互联网银行业的人均创造利润逐年增长。

四、互联网银行普遍提供更高的存款利率

互联网银行提供的存款利率高于银行业平均水平,这是互联网银行业凭借吸纳储蓄来扩大规模迅速崛起的重要原因之一。在生息资产付息率这一指标上,互联网银行业与银行业整体的差异,反映出互联网银行向客户提供了更高的存款利率。例如,RBC Bank和CIT Bank分别提供3%与0.9%的在线储蓄账户收益率,远超过银行业平均值0.11%。

2003—2012年,在同一利率市场环境下,互联网银行业和美国银行业整体的生息资产付息率表现出一致的变动趋势,2007年前逐年上升,2007年后随着降息政策的执行而逐年下降。但互联网银行业的生息资产付息率始终高于银行业平均水平。2007年以前,互联网银行业高于银行业平均水平约1个百分点;2007年后,这一差距缩小到0.5个百分点。

五、互联网银行投放的风险更高

对16家银行的贷款进行分析,可以得出的结论是:互联网银行业投放的贷款风险更高,相应获得的收益也更高。

首先,贷款净损失率、损失覆盖率和贷款拨备率三个指标都一致地反映了互联网银行业总体的贷款风险高于银行业平均水平。在2003—2012年,互联网银行业的贷款净损失率始终比银行业高。这说明总体上互联网银行业投放的贷款风险较高。2006—2009年金融危机期间,互联网银行业的贷款净损失率连年攀升,且上升幅度大于传统银行。其中,最大的互联网银行Ally Bank由于持有大量的次级抵押贷款,2009年贷款净损失率超过8%。在渡过金融危机之后,互联网银行和传统银行都采取了更为稳健的经营作风,互联网银行业的贷款净损失率逐年下降至2012年的1.28%,但仍高于整体银行业当年1.09%的总体水平。

其次,作为对高风险的补偿,互联网银行业获得了相对较高的贷款利息收益。在生息资产收益率这一指标上,2003—2012年互联网银行业的表现一直稳定高于银行业整体水平,说明互联网银行业从贷款中获取的收益要高于传统银行业。

最后,互联网银行业对于高风险贷款带来的运营风险的承受能力正逐步提升。损失覆盖率以银行营业收入与坏账损失之比衡量了银行消化坏账的能力。损失覆盖率越高,表明银行应对坏账损失的能力越强,运营风险越小。

对比互联网银行业和整个银行业的损失覆盖率,可以划分为三个阶段:在第一阶段,2003—2006年市场环境较好,互联网银行业和整个银行业的损失覆盖率都在逐年上升,但是,这一阶段互联网银行业的损失覆盖率只有银行业平均水平的约1/2,反映了发展初期的互联网银行业尚未稳定,基础较为薄弱,运营风险高于传统银行业。第二阶段,2006—2009年受到金融危机的冲击,银行贷款坏账增加,而营业收入减少,导致互联网银行业和整个美国银行业的损失覆盖率迅速下降。第三阶段,在金融危机之后,互联网银行业与银行业的损失覆盖率趋同,2010年以后开始高于银行业平均水平。这说明,在金融危机之后,互联网银行业采取了更为健康稳定的发展策略,其消化坏账的能力相对于美国银行业的总体水平而言有了一定提升。

在个体层面,我们也发现了同样的结论。以贷款净损失率衡量美国两类银行的贷款风险,可以发现平均每家互联网银行的贷款风险要高于美国十大银行的平均水平。截至2012年,互联网银行的贷款净损失率为1.3%,同期美国十大银行的平均值是0.93%。

贷款风险水平在金融危机之前、金融危机期间和金融危机之后截然不同的三个阶段反映了互联网银行业不断走向成熟的历程。

六、近年来互联网银行获得了更高的资产回报率

2010年至今,互联网银行业在资产回报率方面的优异表现令整个银行业瞩目。2010—2012年互联网银行业的总资产回报率(ROA)分别为0.93%、1.47%和1.34%,比同时期整个银行业的总体表现分别高出0.29、0.6和0.34个百分点。从净资产收益率来看,2010—2012年互联网银行业实现的净资产收益率(ROE)分别是8.31%、12.43%和11.36%,比同年美国银行业的整体表现高出2.58、4.83和2.63个百分点。

通过更进一步的分析发现,互联网银行业在后金融危机时期表现出的高回报,源自于互联网银行业较高的净利润率和资产利用率。净利润率是指扣除所有成本、费用和企业所得税后的利润率,反映了银行控制成本、创造利润的能力。2010年以后美国互联网银行业的净利润率超过了美国银行业总体状况,这是因为互联网银行业每产生一份营业收入,其运营成本较低——这是由互联网银行业特有的商业模式决定的。

同样,互联网银行业高资产回报的另一因素——高资产利用率也是由互联网银行业特有的商业模式先天决定的。互联网银行业的固定资产占比极少,高达93%以上的资产都是生息资产,因此,互联网银行业利用资产创造利润的效率极高。

就个体来看,这16家互联网银行的平均ROA也高于美国十大银行的平均值。具体表现在:互联网银行的ROA自2006年起开始显著高于美国十大银行的平均水平,虽中途受金融危机影响有所下滑,但危机过后互联网银行复苏强劲。2010—2012年互联网银行1.08%、1.34%、1.39%的资产收益率始终高于美国十大银行同期0.78%、0.85%、0.74%的水平。

类似地,互联网银行的ROE在2010年后开始超越美国十大银行,且二者差距逐渐扩大,

2010年互联网银行ROE领先美国十大银行1.53个百分点,2012年互联网银行的领先优势扩大至4.65个百分点。

本章小结

本章主要从商业银行视角讨论了互联网金融的一些创新实践。互联网金融实践与商业银行关系最紧密的模式无疑是互联网银行,因此,开篇第一节分别从定义、发展与特征三个角度对互联网银行进行了论述,在这一部分读者需要联系上一章互联网以及互联网金融的优劣势来理解互联网银行的内涵。第二节则介绍了与商业银行相关的互联网金融主要模式,分别是网络银行与手机银行、移动支付与第三方支付、互联网货币、基于大数据的网络贷款、P2P网络借贷、众筹融资以及移动金融与社交金融。在笔者看来,互联网最核心的作用是消除信息不对称,而理解这些模式的作用时读者也可从这一角度将这些模式进行分解分析。最后则是基于相关学者的研究,从实际数据上来对互联网银行和传统银行进行比较。

思考题

1. 什么是互联网银行?互联网银行与传统银行的区别有哪些?你觉得互联网银行与传统银行的本质区别是什么?
2. 你觉得什么样的环境下网络银行或手机银行能够快速流行?我们国家目前是否具有这样的环境?
3. 基于大数据的贷款与P2P网络借贷两者的业务模式与传统银行业借贷有何差别?基于大数据的贷款、P2P网络借贷与传统银行业借贷,三者在风险控制有何优缺点?
4. 移动金融和社交金融为什么会成为互联网金融的重要工具?
5. 简述互联网银行的优点与缺点。

微信扫码查看

第十二章 互联网时代商业银行风险监管与控制

学习目标

- 理解互联网时代金融监管面临的主要问题；
- 了解互联网时代金融监管的发展趋势；
- 了解互联网时代美国银行业的监管概况；
- 理解互联网时代的传统风险的新内容以及涌现出来的新风险；
- 了解STORM监管框架。

学习重点

- 互联网时代的传统风险的新内容；
- 互联网时代涌现出来的新风险。

第一节 银行变革与监管的博弈

一、金融监管理论及发展演进

（一）20世纪30年代以前以信用管理为主的金融监管理论

早期的金融监管是不系统的，其理论和实践经历了一个漫长缓慢的发展过程。1720年英国颁布《泡沫法》标志着世界金融监管的正式开始，它的许多重要原则一直影响到今天。但是，当时的政府金融监管并非完全现代意义上的金融监管，其主要是政府针对证券市场的不稳定性而采取的干预措施。

从银行业产生到20世纪初，经济自由主义盛行并占据统治地位。放任自流的经济政策得到西方主流社会的普遍推崇，人们坚信"看不见的手"的力量与市场机制的完美性。19世纪中后期，各主要资本主义国家开始建立中央银行制度。

受古典主义和新古典自由主义经济思想的影响，20世纪30年代以前的金融监管很少干预金融机构的日常行为，更不对调节利率等金融服务和市场价格进行直接控制。从方法和手段上讲,这一时期的金融监管比较尊重市场选择的结果,基本上不使用行政命令,而是强调自律;关于市场准入、业务范围等方面的限制比较宽松,也相对灵活。

(二) 20 世纪 30—70 年代强调约束的金融监管理论

现代金融监管体系是在 20 世纪 30 年代世界经济大萧条以后确立的。经济大萧条使美国经济水平急剧下降,在这种情况下,作为罗斯福新政的一部分,金融业的改革在一系列新的法律相继颁布后迅速展开。政府对金融业的态度也从尽量维持不干预的政策转为全面管制,以保证金融体系的安全。

鉴于经济大萧条的经验教训,这一时期的金融监管主要以安全性为首要目标,以求防止金融体系的崩溃对宏观经济的严重冲击。政府通过立法对银行经营行为进行直接干预与限制是其重要的特点。各国政府正式大规模对经济运行进行直接干预,金融监管的手段和内容也相应发生了重大的变化。作为一种危机应对措施,各国都建立了以严密的管制和专业化为特征的金融体系。许多现代意义上的银行监管措施是在这次大萧条之后发展起来的,如利率管制、外汇管制、分业管制、机构管制以及对资本充足率、贷款集中度、资产质量、资金流向和银行内部管理制度的监管等。存款保险制度在这场危机后正式诞生。

20 世纪 30—70 年代的金融监管,是建立在防范经济危机的基础之上的,其目标是金融体系的安全优先,而金融自由化理论则尊崇效率优先的原则。金融自由化理论并不是对政府金融监管进行全面否认和摒弃,而是要求政府金融监管做出适合于效率要求的调整。在这种情况下,金融监管理论开始转向如何同时兼顾安全稳定和效率两个方面。

(三) 20 世纪 70—90 年代注重效率的金融监管理论

20 世纪 70 年代,困扰西方国家的"滞涨"使政府干预主义受到了挑战。在金融领域,金融自由化理论逐步抬头。这一理论认为,一方面,金融管制使金融机构和金融体系的效率严重受损,金融业的发展受到抑制;另一方面,政府管制措施也会失灵。因此,金融自由化理论主张放松金融管制,特别是利率管理、经营范围限制、经营地域限制,以恢复金融业的竞争,提高金融业的活力与效率。金融自由化理论认为,在金融体系比较稳定的情况下,金融体系的效率应成为更重要的目标。因此,这一时期的金融监管充分考虑了金融机构和金融体系的效率。

20 世纪 80 年代后,随着西方发达国家金融一体化、全球化、自由化的不断发展,金融创新此起彼伏,大大改变了金融业的原貌。金融创新使金融机构和金融业务之间的界限日益模糊,原来对金融业实行分业经营的国家,政府管制和法律界限被不断突破,混业经营不断增强。与此相对应,各国金融监管体制也在进行重大变革,逐渐由分业监管转向混业监管或部分混业监管模式。随着世界经济金融的一体化、全球化与自由化,金融监管由分业模式向混业模式转变的趋势正在加强。许多发达国家开始将分散重叠的金融监管机构进行合并,采取"万能监管部门"模式,实行一体化监督。

(四) 20 世纪 90 年代以后全面发展的金融监管理论

到了 20 世纪 90 年代,国际金融市场接连发生国际性金融危机,又迫使人们认识到,简单地放松管制不可取,对金融业的监管依然十分重要。以英国和日本为例,两国都在 20 世纪末设立了统一的金融监管机构,明确了中央银行的职责。

进入 21 世纪后,各国的金融监管从观念到方式、方法都有所转变,这段时间的金融监管尤其注重两个方面:一是金融监管要确立安全和效率并重的目标;二是由于金融业发展全球化的趋势日益增强,金融监管必须加强国际合作和协调。

2008年国际金融危机之后,国外金融监管理论及实践转向强化金融监管,坚持审慎性原则,致力于建立全面覆盖的金融监管体系。

二、互联网时代金融监管理论发展趋势及框架选择

（一）互联网时代金融监管面临的问题

在金融创新的背景下,互联网金融的发展对金融监管提出了新的挑战。一是互联网金融创造了新的金融活动空间——网络空间。在此空间中,金融活动的身份认定、合同关系、资金监管和个人信息保护等问题都缺乏健全的法律制度。二是新技术层出不穷、更新换代迅速。在这种形势下,金融监管要认知这些技术,并对其进行监管,仍缺乏组织保证和实践能力。三是互联网活动中,侵害消费者权益的行为时有发生,要实现对这种侵害的监督、认定、诉讼和制裁,在一定程度上还缺乏有效的法律途径和手段。四是互联网金融的消费者行为往往体现出集中度高、蔓延迅速的特征,这对防止危机发生,制止危机蔓延,维护市场信心提出了更高的要求。

鉴于此,为了确保金融市场稳健发展,保障消费者利益,维护金融体系稳定,有必要对参与互联网金融的银行业机构,特别是新型机构如网络银行进行监管。

（二）互联网时代金融监管理论发展趋势

2008年爆发的国际金融危机使各国对现有金融系统和监管体制进行了系统审视,特别是正确看待了金融创新。金融创新仅仅是转移和分散风险,而不能消除风险,因此,金融创新要坚持审慎原则,充分考虑投资者和消费者的风险承受能力。

为此,各国金融监管部门开始坚持审慎监管的原则,加强宏观审慎监管、逆周期监管和金融创新监管,努力提高监管的有效性,帮助和督促金融机构建立健全严格的风险管控机制和合理、科学的激励约束机制。

另外,各国金融监管机构都在积极地做好金融机构的风险防控工作,着力于建立全面覆盖的金融监管体系,将所有金融机构和金融产品都纳入到金融监管体系中,消除监管真空和监管盲点。各国的监管当局之间也在不断加强信息沟通,加强协调与合作。

对于网络银行,国外金融监管机构要求将其纳入监管体系内,依法监管,并关注其特色风险的管理。

（三）互联网时代金融监管框架选择

尽管美国、英国、德国和日本等国在监管体制上存在差异,但各国的金融监管存在以下共性:

第一,都在一个利率相对市场化、存款保险制度相对完善的环境中开展监管。

第二,强调依法监管,完善相关的法律制度。各国都制定了有关电子商务、电子签名、网络安全和消费者隐私保护等相关法律法规,并以此作为互联网时代金融监管的制度依据。

第三,强调统一监管和全面监管。各国都将互联网金融统一纳入监管,与传统金融机构一视同仁。同时,讲求各独立金融监管机构之间相互协作,包括不同行业金融监管机构之间的合作,以及各国金融监管机构之间的协作。

第四,强调有重点的监管。重点监管流动性风险、信息安全、消费者保护、声誉风险及合规

风险。

第五，强调现场监管和集中统一监管。针对金融机构的互联网业务，各国金融监管机构增配了专业力量，实施集中监管与现场监管，提高监管专业性、效率和响应速度。

第二节 互联网时代美国银行业的监管

一、美国监管环境概况

(一) 监管主体和对象

在一般情况下，美国的监管体制是按国家和州两个层面划分，每个层面均由各分业金融监管机构共同进行监管的双线多头模式。1999年，美国通过了《金融服务现代化法案》，结束了长达66年金融分业的历史，正式实行混业经营。对混业经营的金融控股公司，美国以联邦储备委员会（以下简称"美联储"）对其进行综合监管，其他分业金融监管机构按金融控股公司的经营业务进行具体监督，形成了各分业金融监管机构各司其职，美联储居中协调的"伞形"监管体系。其中，美联储、联邦存款保险公司(FDIC)和货币监理署(OCC)是负责银行业监管的主要机构。

(二) 监管的目标和原则

美国金融监管目标主要包括：维护公众信心，建立有效、竞争的银行系统服务，保护消费者以及允许银行体系因经济变化而调整。基于这些监管目标，美国在互联网金融的监管方面特别关注保护消费者隐私及信息安全。

美国金融监管原则强调依法监管。为应对互联网金融的监管，美国制定和颁布了大量规范新技术使用、信息安全和消费者保护的法律法规。同时，美国金融监管还注重集中统一监管和综合性监管。对美国的系统重要性银行设立专门的检查小组，全权负责研究与检查该银行的所有业务。

(三) 监管的内容和方式

美国金融监管的内容包括市场准入监管、业务运营监管、市场退出监管。货币监理署早在2001年就颁布了《互联网及全国性银行许可公司手册》，并对银行业务运营的监管制定了一套检查办法。

FDIC依靠存款保险制度已经顺利地承接并完成了安全第一网络银行、ING Direct银行和Netbank银行等网络银行的兼并、收购与破产清算。美国金融监管方式是直接监管和委托监管结合，实行量化的监管，强化风险管理与建立风险评估体系，平衡成本和效率。

二、涉及的法律制度

在20世纪90年代网络银行兴起后，美国集中制定了大量规范新技术使用、信息安全和保护消费者的法律法规。这些法律法规的制定，成为互联网环境下金融监管制度要求遵守的标准和法规。

(一)主要法律制度

为顺应金融创新和技术现代化的趋势,美国于1999年制定了《金融服务现代化法案》。而以保护消费者隐私及信息安全为目标,美国制定了诸多法律,主要有2000年的《电子签名法》、2002年的《联邦信息安全管理法》和2005年的《个人数据隐私与安全法》。

这些法律都对互联网的创新进行了规范。其中,《金融服务现代化法案》提出保护客户隐私和确保金融安全;《银行服务公司法》提出了对服务提供商监管的要求;《美国爱国者法》提出了对反洗钱方面的要求;《计算机舞弊及相关法》提出了有关信息安全的具体要求。

(二)监管制度的关注点

货币监理署在其《银行行政许可办法》中要求特别关注互联网环境下银行的流动性风险和信息安全。其中,信息安全涉及系统安全、网络安全、加密、访问控制、入侵监控、供应商管理和支持网络银行业务的相关服务等方面。

而针对流动性风险,《银行行政许可办法》指出,依靠互联网吸收存款的银行,在其筹建计划中容易低估吸收存款所需的市场及运营费用,因而可能增加流动性风险。同时,由于互联网的便利性,当市场发生变化时,比如市场利率升高,存款可能会迅速流动,短时间内形成流动性风险。所以,该办法要求在筹建审批时特别考察网络银行的初始资本实力、融资能力、流动性管理政策以及流动性风险应急预案。

联邦金融机构检查委员会(Federal Financial Institutions Examination Council,FFIEC)在其《电子银行检查手册》中指出,对于电子银行业务的检查范围包括:管理层责任及规划、外包管理、信息安全管理、内部控制、业务连续性控制、网站内容、网络商标、消费者隐私保护、消费者信息披露和网络交易监控。

《电子银行检查手册》还指出信息安全管理应遵守1999年《金融服务现代化法案》中关于保护客户信息的安全标准指南;同时,消费者信息披露应遵守《电子签名法》。

三、第三方监督体系

美国还有各类行业标准、外部审计以及行业协会对银行业进行监督。一是内部控制及监督。金融机构内部稽核部门按照部分法律法规的要求进行内部控制和监督,如2002年的《萨班斯—奥克斯利法案》。二是外部审计。如果是上市公司,金融机构还会由外部会计师事务所或审计师事务所对其实施检查,检查结果出现在该机构的审计报告中,并在金融市场上披露。三是咨询评估机构的专业评估。金融机构通常采用信息技术行业标准建设信息系统。而它们也经常聘请专业的评估机构对其信息技术进行认证,以提升市场竞争力。这些标准主要有:国际标准化组织(ISO)颁布的相关标准,如ISO/IEC 27001;美国国家标准与技术研究院(NIST)颁布的相关标准,如NIST SP800-30,以及国际信息系统审计与控制协会(ISACA)颁布的相关标准,如COBIT。四是行业自律管理。

四、监管手段和方法

(一)市场准入

2001年,货币监理署针对网络银行颁布了《互联网及全国性银行许可公司手册》,建立了单独的准入程序,有关的准入要求主要有:① 需要评估并讨论通过网络吸收存款的能力,提前关注流动性风险;② 要求管理人员拥有足够经验;③ 需要有充足的注册资本与融资能力;④ 需要对客户进行可靠的身份认证、隐私保护和信息安全保护;⑤ 在开办分支机构的手续上,美国金融监管机构要求能够简化。

(二) 日常重点监督

各金融监管机构针对互联网银行业务的特点,颁布了一系列规定和指引,并进行监管和检查。例如,在客户身份识别方面,美国金融监管机构均要求银行能有效进行客户身份识别和验证,在通过互联网、电子邮件方式开立账户时需做到谨慎、尽责,并差异化管理高风险交易客户的身份验证。美国联邦金融机构监管委员会(FFIEC)为金融监管机构设计了信息技术风险评估体系(URSIT),用来对银行机构的信息系统风险进行评估和审计。各金融监管机构陆续颁布了银行信息系统安全检查,以及保护客户个人隐私的管理办法和指引。这些监管主要表现在以下方面:① 定期检查银行信息系统的安全性;② 检查银行在保护客户个人信息、金融信息和隐私数据方面是否尽职,包括有效的身份识别过程,可靠的身份认证技术和信息安全措施,对客户的安全教育及业务提示,保护银行网址及网页跳转提示等;③ 要求银行提交可疑交易报告,防止洗钱;④ 要求银行报告与信息技术相关的犯罪行为;⑤ 监管银行的信息技术供应商;⑥ 要求储蓄机构在客户允许的前提下披露交易记录;⑦ 要求在网站中披露该银行是否受到 FDIC 保险;⑧ 要求银行网站披露银行所提供的网络服务;⑨ 要求对客户进行风险教育和知识普及。

(三) 现场检查与非现场检查

美国金融监管机构对互联网银行业务的检查主要以现场检查为主,而非现场检查则是与传统业务一致的。美国金融监管机构现场检查的目标是评估银行经营战略、业务流程和内部控制是否妥当。现场检查的主要内容是风险管理和内部控制。具体来说,美国金融监管机构认为应在交易、战略、声誉、信贷和合规性方面对网络银行进行比实体银行更频繁的考核和审查。美国金融监管机构的非现场监管主要实行重大事项报告制度,要求银行对可疑行为及安全事故及时进行报告。

五、美国监管实践带来的启示

(一) 集中统一监管

对美国集银行、证券和保险业务于一身的大型金融集团,美国金融监管机构设立专门的检查小组,全权负责研究与检查该银行的所有业务,确保由专业人员对其进行监管和检查,实现对口的现场监管,掌握其风险状况、风险控制和机构战略。

(二) 补充原有法律法规

美国的基本法律环境相对健全。不仅有诸如电子签名、电子银行、电子商务、网络信息安全及隐私保护方面的法律法规,还具有比较完善的社会征信体系。而互联网环境下金融业务的特点,如交易双方不见面、合同电子化及互联网传输的安全性等,使得原来用于规范传统银行的法律法规难以适应新的业态。美国金融监管机构主要通过补充原有的银行监管法规实现互联网环境下的金融监管。

（三）明确监管重点

美国金融监管机构从准入门槛、日常监管和退出机制三方面制定了有针对性的规范。

(1) 在准入门槛上，要求考察银行的初始资本、股东实力和融资能力；针对长期盈利问题要求考察银行的经营战略、产品策略和流动性管理能力；针对专业要求高的特点规定银行必须有专业的技术人才和有丰富银行工作经验的人才。

(2) 在日常监管上，针对互联网环境下与客户缺乏直接接触的情况，要求必须做好客户身份的有效识别；针对互联网没有地域限制的特点，简化了开办分支机构的手续；针对信息技术依赖程度高的特点，对信息系统的可靠性和安全性提出更高要求；最后，金融业务主要通过互联网完成，因此，对客户信息保护、交易安全和防范网络欺诈的要求更加严格。

(3) 在退出机制上，建立和实施存款保险制度。在银行遭遇破产危机时，由FDIC牵头进行破产重组。可以剥离不良资产，售卖优质资产，让有能力的银行承接破产银行储户的账户及资金；亦可以通过建立过桥银行，为问题银行注入暂时维持银行经营的资金，保护储户的账户和资金。待问题银行还清贷款后，可以再寻找出资人对该银行进行重组。

第三节　银行业传统风险新特征

一、信用风险新特征

随着互联网金融的快速发展，传统行业也面临严峻的挑战。以往由于对小微企业进行信用风险全面评估的成本高，成本收益不匹配，传统商业银行无法在成本可控的情况下解决信息不对称问题。互联网企业则能基于自身所拥有的大数据，创新性地进行数据挖掘，从不同角度切入，从而在一定程度上解决了信息不对称问题，并能对小微企业进行低成本的信用风险评价，进而开展融资业务。但由于互联网金融的特殊性，除了传统的信用风险特征外，还衍生出了一些新的信用风险特征。

（一）互联网环境下交易对手引发的信用风险更为复杂

1. 目标贷款客户身份验证问题

在传统情况下，开展融资业务需要核实对方的各种证件，需要去工商行政管理局查询档案，还需要上门实地调查对方经营环境以及与对方高管面谈等，通过诸如此类的手段可以相对准确地对企业的身份主体进行了解。而互联网金融服务的虚拟化致使交易双方互不见面，所有证件信息通过互联网进行传递无法亲眼见原件，也无法实地查看企业的经营情况，甚至是否有经营场所都无法准确判断。交易对手是否是有资质的主体企业是贷款的前提条件，在无法核实该因素的情况下，为对方提供融资将直接导致信用风险暴露。

2. 信息维度单一化问题

对企业的风险评价数据主要来源于所能采用的数据，如电商平台自营的小额贷款公司，数据来源于集团内电子商务网站，所以，通过数据分析降低信息不对称仅仅是将集团内部的数据信息不对称程度降低，企业可能还有别的互联网经营渠道，或者还有线下的实体经营，单一互联网平台的数据仅仅是一部分,仅能部分反映企业的情况。即使这个平台上的经营再出色,所能够反映的风险评价再优秀,也是相对片面的。

3. 信息真实性问题

尽管通过数据分析在一定程度上降低了信息不对称程度,但信息真实性问题却还是不能轻视和回避的。互联网的虚拟性以及网络数字化,致使制造虚假信息的成本非常低,交易对手可以相对轻易地利用这一点对那些会对自身信用评价产生较大作用的数据造假,如交易平台的卖家、买家互动信息,容易让资金提供方基于此信息得出截然相反的判断。所以大量的虚假刷票行为导致该信息真实性问题急剧放大,另外,在传统融资过程中,虚假交易的防范是一项重要工作,除了查看各种单据,还要对仓库中存货、在途货物的运输情况进行核实;但在互联网金融中,该项因素难以判断,资金流、货物流都是网络数据,故而不能核实对应贸易的真实性,这使造假相对简单又很难有效核实。当然,这些问题在互联网产业不断成熟后会得到逐步解决。

4. 关联问题

关联关系是传统信用风险管理较为重要的一个问题,传统银行对有一定比例的资产控制关系、业务控制关系、人事关联关系的企业或企业集团当作一个借款人,普遍实行统一管理。在互联网金融下,资产控制关系、业务控制关系、人事关联关系三者都被弱化,互联网信息数据主要是经营层面的信息流和相关信息,而不会深入涉及上述三者,因此,容易导致将关联交易所产生的信息流作为风险评价的重要因素,从而造成对关联企业及集团的过度融资。

5. 售后传导的信用风险问题

在传统贸易中,交易双方对于贸易商品首先都会在现实生活中进行确认,商品错误或者售后问题都不是突出的问题。在互联网模式下,贸易商品都是网络线上化,通过图片或者视频进行确认,少了线下实体的核实容易造成对商品不满意或商品不合适等一系列问题(实际上在目前的网络购物中,该现象非常普遍),商品纠纷问题引起资金收付问题也进一步传导至融资的信用风险。

6. 融资用途监控问题

通过互联网平台融资,很有可能将资金划至企业平台所在的资金交易账户,由于银行无法直接监控平台账户,所以无法确认企业的资金用途和去向,是否挪用以及是否进行高风险投资等。虽然可以委托平台监控企业的资金用途,但这一问题不能完全解决,资金挪用风险仍是互联网金融较为突出的信用风险。

(二)互联网本身特有的风险也能导致信用风险触发和扩大

1. 安全问题

网络安全问题是困扰互联网的一大难题,此前频频报道的网上支付账户被盗就是典型的例子。互联网账户的安全性与银行账户的安全性是无法比拟的,互联网的资金流无法避免安全问题。交易对手的账户一旦出现风险,资金出现问题,将直接导致信用风险的暴露。

2. 平台运营问题

互联网产生信息流需要基于一定的平台,如阿里巴巴平台、敦煌网平台等。平台作为信息流的载体,本身运营的稳定性也至关重要。一旦平台运营出现问题,就相当于交易对手的生存平台出现问题,将直接影响信用风险的暴露。

3. 网络信用体制缺乏

互联网平台大量存在,给予了企业更多的选择,企业可以从一个平台转至另外一个平台继续经营。但互联网平台之间信息并不共享,平台之间并没有协同形成互联网行业规章制度。企业在一家平台出现不诚信行为或其他不利于风险评价的行为,不会影响其在另外一家平台的信誉,没有共享的黑名单制度将导致无法识别该问题产生的信用风险。传统情况下,人民银行的征信系统可以共享此类信息,而互联网的网络信用体制尚待建立。

4. 经营存在不确定性

互联网思维会改变企业的经营思路,但新思维下的经营方式存在不确定性。比如,传统的企业产品或者服务都是相对固定的,因此,对于成熟的企业,订单失败的可能性非常小。互联网思维下,企业的产品或服务相对不那么固定,由于大数据分析的存在,企业可以知道什么样的产品和服务是最受欢迎的,逐利性使得企业根据这些信息对产品或服务进行调整,相当于定制产品或服务,在这种情况下,订单成功与否则会带有一定的不确定性(取决于定制产品和服务的能力),而这种不确定性可能导致信用风险。

5. 互联网的传播性带来信用风险的"羊群效应"

互联网融资类业务,单一客户逾期容易在借款人群中快速扩散,降低客户心理上的违约成本,由于互联网本身存在"盲从性","坏孩子"的示范效应带来的信用风险违约暴露将远大于线下融资业务。

6. 互联网金融产品快速验证性和高淘汰率给信用风险管理带来挑战

在银行线下业务中,任何一个融资类产品从产生、测试、实践到检验反馈,有一个相对固定的周期(短则半年,长则1～2年),有相对充裕的时间进行充分讨论和论证。而在互联网线上业务中,产品生命周期将大幅度缩短,甚至会不到1个月。在这样一个快速运转的环境中,各类信息纷繁芜杂,对传统银行信用风险管理至少带来两大挑战:一是对互联网金融信用风险管理人员综合素质的考验,如对复杂信息的处理能力,对客户特征及心理的充分揣摩,对新技术的掌握以及快速应变、及时调整策略并承担起策略落地的职责;二是针对互联网金融快速变化的特征,需要实现适度授权与风险层级管理的协调。风险政策决策需汇报的部门过多,可能会延误时机,出现信贷政策未能紧跟市场变化而带来信用风险;但授权过大,又会出现风险过于集中或依赖于某一个人或某几个人。

【案例12-1】 以第三方支付为核心的融资案例来了解相关信用风险,如图12-1所示。

商业银行通过第三方支付介入该模式为下游供应商融资,融资环节为:① 产品需求方、供应商与生产厂商签订合作协议,明确第三方支付形式;② 终端供应商向银行申请对应订单的流动资金贷款;③ 第三方支付方确认订单真实性;④ 银行审批放款至产品供应商第三方支付账户;⑤ 产品需求方通过第三方支付向产品供应商支付货款;⑥ 产品供应商将货款支付给银行,以偿还银行本息。

从融资环节可以看出,供应商本身资质、订单真实性都需要第三方支付方确认;银行仅了解供应商与产品需求方相关的一部分信息,无法掌握企业其余信息;第三方支付方需要保证监控供应商不挪用资金,还需要保障自身交易账户的安全等,这都有可能出现问题引发信用风险。

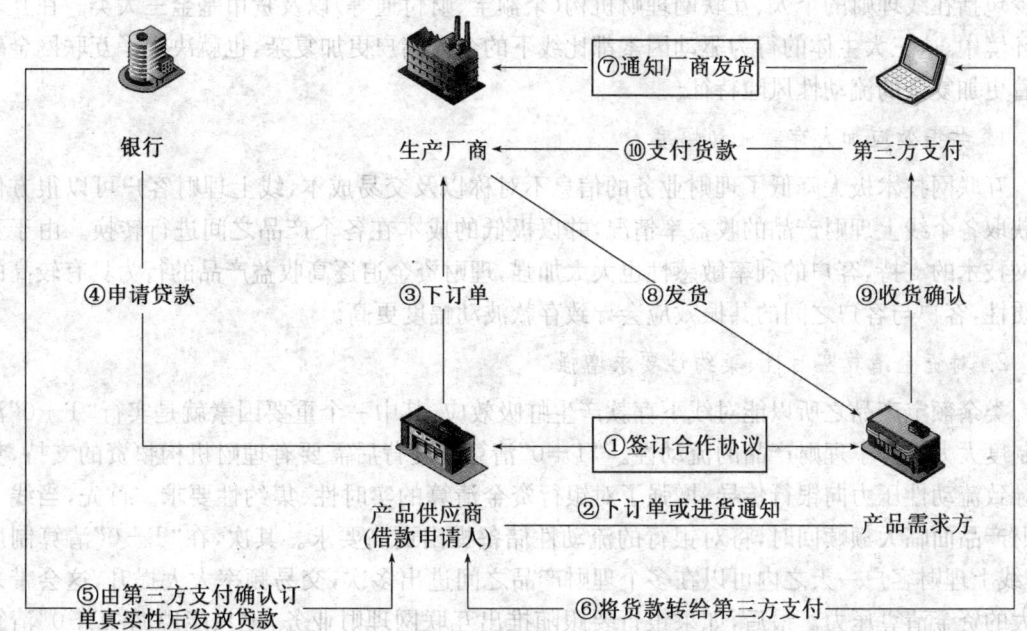

图 12-1 以第三方支付为核心的融资流程

互联网的迅猛发展为企业提供了新的融资方向,但同时也会滋生相应的信用风险。金融机构要及时跟进互联网的发展,研究基于行业、企业的影响,并识别新的信用风险特征,有针对性地进行信用风险管理。

二、流动性风险新特征

互联网时代,零散的客户变为互联网集合客户,在新的技术条件下,客户行为特性发生了较大转变,导致银行面临的流动性风险也发生了深刻的变化。

(一)存款结构变化加大流动性风险

在互联网金融的多种形态中,对银行流动性管理冲击最大的是互联网理财。以余额宝为代表的互联网理财工具凭借其高收益、高流动性、高便捷度等优势吸收了大量存款。虽然互联网理财的目标人群是线上海量客户的小额资金,但其对线下的大额资金具有同样的吸引力,所以,溢出效应十分明显。余额宝自诞生后,仅半年的时间就突破了 4 000 亿元的规模;与此同时,银行体系存款增速也创造了新低。银行在感受到存款流失的压力后,也主动开拓互联网金融业务,这会进一步促使银行体系内的线下储蓄转化为线上理财资金。

储蓄存款从银行体系转向互联网理财,再通过货币基金以同业存款等形式流回银行体系,导致银行的存款结构发生深刻变化。根据中国银监会发布的《商业银行流动性管理办法(试用)》的要求,在计量流动性覆盖率时,储蓄存款适用的流失率为 10%;而同业存款在流动性管理上属于大额不稳定资金,适用的流失率则是 100%。因此,即便不考虑互联网环境下各方主体的行为特征的变化,这种存款结构变化本身也会加大银行的流动性风险。

(二)主体行为变化加大流动性风险

线下储蓄存款的控制人一般是大量零散的个人,而互联网理财资金的控制人则更加复杂,至少包括在线理财的个人、互联网理财机构(余额宝、财付通等)以及货币基金三大类。在互联网环境中,这三大主体的行为驱动因素都比线下的个人储户更加复杂,也就决定了互联网金融有着更加复杂的流动性风险特征。

1. 共振效应加大存款波动幅度

互联网技术极大降低了理财业务的信息不对称以及交易成本,线上理财客户可以很方便地获取各个线上理财产品的收益率情况,并以极低的成本在各个产品之间进行转换。由于互联网技术的支持,客户的利率敏感性也大大加强,理财资金追逐高收益产品的行为具有较高的同质性,客户与客户之间的共振效应会导致存款波动幅度更高。

2. 对资金清算实时性、集约性要求增强

类余额宝产品之所以能对线下存款产生虹吸效应,其中一个重要因素就是实行"T+0"清算制度大大提升了理财产品的流动性。"T+0"清算制度背后需要有理财机构垫资的支持,势必导致流动性压力向银行传导,增强了对银行资金清算的实时性、集约性要求。首先,当线上理财产品面临大额赎回时,将对银行的流动性储备提出更高要求。其次,在"T+0"清算制度下,线上理财客户一天之内可以在多个理财产品之间进出多次,交易频率大大提升,这会带来更大的资金清算压力。最后,如果银行要跟随推出互联网理财业务,也只能遵循"T+0"清算制度,实时资金清算的要求将进一步从银行外部渗透到银行内部。

3. 流动性风险更具有传染性

当前的线上理财在流动性风险管理方面存在以下三个方面的不足:一是第三方支付公司往往不具备流动性管理的经验和能力,只是线上理财客户对此还没有充分认识。当线上理财产品出现流动性问题并使市场意识到这个问题时,市场对所有第三方支付公司都可能产生信任危机。二是货币市场基金虽然具备流动性管理经验,但是在市场出现流动性紧张时,常常陷入"赎旧—抛售资产—触发更大赎回"的恶性循环,在风控机制上就会加大流动性风险的传染性。三是线上理财普遍采用"第三方支付+货币市场基金"的形式,具有较大的同质性,而投资者也无法甄别不同理财产品的流动性管理能力的高低。当某只线上理财产品遇到兑付问题时,可能会出现多米诺骨牌效应,同质性导致更强的传染性。

【案例 12-2】 宝中宝是国内第三方支付平台 A 为个人用户打造的一项余额增值服务,用户超过 5 000 万人,规模已突破一万亿元人民币。宝中宝对客户的宣传口号是"随用随取,1 小时到账"。B 是国内一家大型股份制商业银行,宝中宝是 B 深圳分行的重要客户,在 B 深圳分行存款达 300 亿元。万事通是国内最大的即时通信软件公司 GG 新成立的一款类似宝中宝的产品,GG 利用其即时通信软件用户群巨大以及用户忠诚度高的优势,配合"收益盖过宝中宝,认购还送专属表情"的宣传攻势,产品一面市即受到广大用户的疯狂抢购。

由于该类产品认购赎回均十分便利,导致基础客户对价格敏感性大幅增强,宝中宝的众多用户纷纷申请提现用于认购万事通。某日上午 10 点,宝中宝通知 B 深圳分行要立即将 300 亿元存款全部转走。而 B 深圳分行日常仅有 50 亿元的备付,无法立即满足宝中宝的提款需求,B 深圳分行立即向其总行申请调拨 300 亿元头寸,而由于当天其总行和货币市场流动性均十分紧张,一直到中午 12 点才将 300 亿元头寸调至深圳分行。由于调拨时间过长,导致宝中宝众多用户资金没有在 1 小时内到账,关于宝中宝支付困难的谣言四起,更多的宝中宝用户以及其他各种类宝中宝产品的用户纷纷申请提现,挤兑风险跃然眼前。而对于 B 银行,为满足宝中宝以及其他类似产品的提款需求,日间大量融入资金,而日终又面临大量提现成功的客户存款回流,造成了日间流动性的大幅波动。

三、操作风险新特征

互联网金融业务与传统银行业务不同,一是业务及交易多借助于网络、移动通信以及信息技术等渠道,不再是传统金融的面对面沟通及确认模式;二是与银行注重服务"高大上"的传统形象不同,互联网金融更关注"屌丝"感受,多追求客户数量、客户体验,较少关注风险防范,基于大数据积累的风控模式是银行管理的一次大的突破。

从目前看到的受互联网金融影响的操作风险案例看,多为由创新的信息技术、通信手段以及客户群体带来的外部欺诈,并呈批量性和高传染性特征,其中,移动支付产品的操作风险以及因互联网金融产品对银行业的风险传染较为普遍。

（一）基于移动互联网的移动支付产品操作风险比较复杂

随着智能手机的日益普及,移动支付将呈几何级数增长,据艾瑞咨询对中国移动支付(不包含银行、银联间移动支付)市场研究显示,2012 年中国移动支付交易规模为 1 511 亿元,2013 年达 12 197 亿元,增长近 10 倍。由于业务涉及手机生产厂商、电信运营商、第三方支付、银行等多个跨行业经营机构,资金支付安全协调难度较大,在整体趋势不可挡的情况下,操作风险防范的研究非常重要。其风险主要包括手机银行智能移动客户端和网络环境安全风险防范,在此过程中面临着身份认证局限、客户端环境检测、网络传输环境安全等问题。

在身份认证方面,普遍采用短信认证、预约码验证以及预留信息验证等方式,由于客户安全意识薄弱、频繁的人际关系互动造成密码被破解或盗窃。随着 4G、WiFi 的普及,免费 WiFi 易成为电子银行欺诈的手段,黑客假冒 WiFi 站点,套取客户的银行账号和密码,前期已多次发生假冒银行短信提示密码器升级、诱骗客户登陆假冒银行网站诈骗资金事件。

对于智能手机的客户端,目前缺乏有效的硬性要求对其硬件和软件进行全面检测,且既涉及客户隐私,又不能影响客户交易速度,困难重重;而网络传输环境安全问题,即通过钓鱼 WiFi 站点、通信截取等手段窃取客户资料,在网银同样存在。移动支付中,无卡支付、基于手机渠道认证身份越来越多,利用电信运营商的漏洞进行诈骗呈上升趋势,运营商网络链路的稳定性和可靠性已然成为影响客户资金安全及声誉风险的重要考量因素。

应该说,任何不基于面对面的交易,总会存在中途信息被窃取的可能性,但目前国内尚未能够就此有效立法,由于技术手段高超,也难以取证;加上出于保护弱势群体的考虑,往往要求银行为客户损失买单,因此,造成了银行外部欺诈损失。

（二）基于互联网金融对传统银行业的风险传染不容忽视

非银行类的互联网金融对银行业的风险传染不容忽视,主要包括第三方支付、余额宝等互联网理财销售产品、P2P 网贷等,上述互联网金融企业业务范围已涵盖支付结算、理财销售和小额贷款等。

由于目前缺乏有效监管,第三方支付机构用户注册不需要亲见亲签,但最终资金清算却需经过银行,这易造成对银行风险的传染。2013 年年末出现的第三方支付机构对于 POS 机安装及受理审核不严导致银行信用卡大额套现损失事件,已充分证实了这个问题的存在。

余额宝等互联网理财产品高于银行理财产品的收益率和无购入门槛设置,已经在行业中掀起了相当大的波澜。但互联网企业理财产品多为代销的基金或理财产品,风险提示不足,自身风险管控能力较弱,在缺乏监管的情况下,往往有"非法集资"之嫌。

部分投资者利用信用卡资金进行网贷,由于网贷公司频发倒闭、卷款事件,银行如未能及时中止清算,易造成客户资金受损及银行操作风险损失,而信用卡透支资金进入网贷,操作上已涉嫌非法套现,当贷款逾期或形成坏账,会影响客户信用卡还款。

四、市场风险新特征

(一)互联网金融将加剧系统性市场风险

由于互联网金融本身具有开放性和跨时空性的特点,随着其在金融市场业务上的应用更加深入和广泛,更多业务、更多机构、更多客户能够突破时空和地域的约束参与其中。在此趋势下可以预见,依托互联网和技术平台开展的金融市场业务规模将会不断扩大、产品创新效率进一步提高、交易频率也将快速提升,而线下交易平台也会更多,由此带来的价格波动将更为剧烈频繁、各参与者之间的联系将更为复杂。事实上,与互联网风险的突发性和关联性的特征相似,市场风险也具有突发性和关联性,而随着互联网和金融市场业务越来越紧密,上述市场风险特征更为显著,风险更加难以量化、不可预测性程度更高,并以更快的速度蔓延,危害度呈几何级数增长。

(二)互联网金融将改变传统的市场风险管理机制和流程

互联网金融的快速发展,主要得益于用户体验的改善和满意度的提高。借助技术平台,互联网金融能够针对细分的客户群体,在诸多互联网服务终端提供有针对性的、综合性的金融产品,以供客户个性选择和灵活下载,实现较低的成本和较高的服务效率。同时,由于互联网的开放性和信息共享,将会有效减少传统银行业务的信息不对称,客户可在多家银行提供的网络金融产品中进行对比和选择,客户维护难度因此增加,继而带来更为激烈的市场竞争,倒逼银行加速从过去"产品中心"向"客户中心"转变。

作为银行金融服务的重要组成部分,在"以客户为中心"导向下,金融市场业务不仅要为客户提供功能更为全面、效率更高的全天候交易性平台,还要和其他业务互相配合,高效率地为客户量身打造综合性金融产品。与此相应,银行的市场风险管理核心也必将向"服务客户"转变,由此必将加快传统市场风险管理机制和流程的转变。

(三)互联网金融将扩大传统市场风险的内涵和外延

跨业性是互联网金融的一个显著特点,在开放的平台和日趋成熟的技术支持下,通过系统能更高效地将过去流程差异巨大的业务融合在一起,这一方面有助于优化流程,提高客户体验及产品市场竞争力;另一方面也使得传统市场风险与其他风险之间的边界趋于融合,不断扩充市场风险的内涵。比如,网络理财产品就是一种综合性的互联网金融产品,它将渠道管理、资产托管、产品设计、资金交易、投资/支付终端、机构管理、融资端客户结合成一个一体化平台,进而将其中市场风险管理的内涵和外延扩大,与信用风险管理、流动性管理、资产负债管理、技术风险和操作风险紧密结合在一起,难以区分。一旦职责划分不够明确,极易出现监管真空地带而导致风险集聚甚至爆发。

此外,为应对经营环境和监管政策的改变,未来银行业需要深入改革以实现经营转型,改革举措之一就是大力提高跨境、跨业、跨市场的经营能力,实现从存量管理向流量经营,从持有型资产向交易型资产转变。在互联网和技术平台支持下,这一转变将加速推进,比如信贷资产的证券化和流通、理财产品在银行间市场甚至更大范围金融市场上的转让和流通等,将依托互联网平台实现广泛和深入的推进,金融市场业务与其他业务的联系将更趋紧密,由此带来市场风险管理外延的拓展。

五、声誉风险新特征

现代商业银行作为高风险、高信用的金融企业,从某种意义上讲,声誉管理比利润绩效更重要。一旦遭遇声誉风险危机,不仅会直接损害商业银行自身的信誉,直接影响到上市银行在资本市场的市值表现,而且会导致银行品牌价值等无形资产的损失,甚至决定银行的生死存续。大量研究表明,声誉因素在关键时刻比财务业绩更能提升或挫伤一家公司的声望。而在互联网时代,商业银行的声誉风险管理将显得越发重要。

(一)互联网时代信息传播机制发生了变化

与任何一个生命体一样,商业银行的风险或一般性的矛盾纠纷演变为严重的声誉危机事件也有一个从萌芽到发展,再到大规模爆发,最后衰退化解的过程。这一演进机制是一个能量由小到大的累积过程,当其累积效应超过一定的临界值时,在外部条件的刺激下,就有可能迅速转变成声誉危机。而在互联网时代,一个负面消息,一夜之间传遍互联网已经是很轻易的事情,因此,一个事件使一个著名企业遭遇危机甚至濒临破产不再只是假想。

相比传统媒介渠道,互联网上的信息传播具有以下鲜明特点:一是即时性。网络通信技术的发展使社会的信息传播变得日益便捷。原先人们通过传统媒体几天之后才能了解到的信息,现在通过网络几分钟就能知晓,而且可以实现即时更新。二是开放性。网络是一个开放性的平台,在全球各地,所有的人都可以通过这个开放的网络平台共享信息资源。三是连锁性。以数码形式存储的网络信息不受传统物质载体的限制,通过超文本链接方式提供信息,使网络成为"一部永远读不完的大书"。此外,网络沟通的连锁性还体现在某一网络信息或网络事件上,可能会在某一群体甚至不同群体之间产生连锁反应,引起扩散甚至放大效应。四是互动性。传统的传播方式,除了当面交流等形式外,较难实现即时的互动传播,而网络使互动的沟通与传播成为可能。

(二)互联网时代信息传播的受众群体具有鲜明特征

从受众变化看,当下客户存在如下特征:一是负面情绪占据了舆论的主导地位,部分民众的失落感、被抛弃感和不满情绪加重;二是群众的民主和维权意识明显增强,对于以往影响微小的利益损害不再不管不问,而是积极维护自己的权益;三是圈子文化形成,在新媒体产生之后,客户通过各自喜好形成"文化部落",由于部落关系多为强关系,所以,相关信息在部落之间传递速度远超以往;四是信息接收门槛提高,由于文化水平及信息途径增多,对于信息的接收程度也产生了变化,当下信息接收情况更符合俗语"好事不出门,坏事传千里";五是受众时间碎片化,更符合互联网新媒体的特征,而新媒体在监管审核方面存在一定漏洞,易导致客户偏听偏信。

(三)信息传播的媒体和银行也在发生一些变化

从媒体变化看,当前媒体存在如下特征:一是当下媒体呈现扁平化、碎片化、去中心化;二是受到新媒体冲击,导致部分传统媒体人出走,形成新媒体中的自媒体;三是受到冲击后的传统媒体由于底线、文风、文化内涵等原因,无法与新媒体抗衡,导致入不敷出,进而产生了媒体通过新闻倒逼企业就范的事件;四是新媒体,尤其是以微博、微信、Instagram 等社交类新媒体为典型,具有极强的私密性,无法通过外部手段获取信息或扭转信息。从银行变化看,当前存在如下特征:一是相对而言,银行更适合通过传统媒体对品牌、产品进行宣传,由于传统媒体的失势,银行在宣传方面也需进行痛苦转型,无法像传统媒体一样进行必要有效的媒体关系维护;二是由于银行自身的底线以及监管要求,不能合理、及时地运用新媒体作为宣传手段,同时也在应对层面产生滞后等问题;三是传统银行业不具备互联网特征,在某种程度上也难以同新媒体匹配。

(四)声誉风险管理难度显著提高

1. 难以有效识别和评估声誉风险

经过多年的努力,商业银行在管理信用风险、市场风险、运营风险和利率风险等方面取得了很大的进步,越来越多的计量方法、评估模型得到了广泛应用,对商业银行的可持续发展发挥了重要作用。但当前国际学术界和金融界对声誉风险识别、计量和评估方面的研究还远远不够,特别对网络渠道,如微博、博客、论坛等自媒体等进行系统全面分析、量化、预警的研究非常欠缺,不能有效地进行危机预警和防控,舆情发生后的风险管控和干预能力不足。银行声誉危机开始经常是很小的客户投诉或纠纷,一般不会引起银行管理者的重视和关注,但通过媒体进行大众传播,尤其通过网络媒体孵化、发酵后,往往会演变成巨大的声誉危机。银行只能被动地等到风险集中爆发后再加以处理,导致危机化解成本急剧增加。

2. 声誉风险及其危害缺乏衡量与有效控制手段

在互联网时代,声誉风险与传统传播时代相比具有传播速度快、传播范围广、传播影响大和传播危害严重等特点。目前,商业银行对声誉风险及其危害的衡量,国际上还普遍缺乏有效的标准和手段,包括《巴塞尔协议Ⅲ》和美国的《企业风险管理指引》等都未对声誉风险进行相关界定,为声誉风险的识别、监控等带来很大的障碍。目前,商业银行面临突发的声誉风险事件,对其传播速度、范围、影响和危害预计不足,往往在事件发生后采取补救措施,声誉风险管理基本沦为被动的危机事件,风险管理效率低下,作用有限。

【案例 12-3】 国内某股份制银行对于互联网时代声誉风险给银行带来的严峻挑战,可以说有着深刻体会。2011 年,该行某员工在微博上辱骂另一员工,一时间引发了社会的广泛关注,给该行带来了一定负面影响。在这类事件的处理过程中,有几点需要银行业机构注意:

(1)互联网传播之快易引发公众关注。该声誉风险事件是率先通过微博等自媒体传播的,随后网友利用网络迅速传播到微博或论坛上,微博的巨大影响力与人气网站的关注度促使事件在极短的时间内进入公众视野,引起公众持续关注事件进程,并等待权威网站的最新报道。有学者提出新媒体的议程设置,即"新媒体(微博、论坛社区、博客或手机等)提出议题—媒介关注—全社会参与—政府行为的模式。"这种新型的议程设置模式肯定了新媒体尤其是微博在突发事件中的影响力,"在新媒体环境下,网民个人能够通过博客、微博、BBS 帖子、电子杂志、SNS 社区、网络视频、手机视频、DV 短片、手机照片、网络相册等多种方式实现信息的大量发布和广泛传播,成为突发性事件的信源"。微博等自媒体与论坛不同,博主通常非常重视自己形象的树立与身份认同,信息发布的草根性、原创性很强,并且在不断的转载中传播开去,短时间内可以形成群体性热点事件。

(2)舆情事件传播的公开性满足受众知情权。面对网络谣言,主流网络媒体是最合适的辟谣媒体。相比于网友言论,它是权威的;相对于政府,它是第三方,更容易被网民接受;相对于电视、广播和纸媒,它的快捷性、互动性是其他媒体难以企及的。该银行在该事件中运用网络媒体包括官方微博的正式致歉,对网友质询的快速回应,以及事件处理结果的及时通报等取得了较好的效果。正是因为信息的公开透明,这一突发事件在网络并未形成较大的负面影响。

(3) 网络论坛传播对突发信息的辨识度增强。由于转型期社会各种伦理观念正在重新塑造,在以往突发事件的网络论坛传播中,很容易出现群情激愤、谣言四起的情况,与所发生事件相关的负面情绪集结于突发事件之中。这种状况的产生与受众对网络信息的辨识度不高有关,在门槛较低、缺乏把关人效应的网络信息发布中,很容易产生极端的言论和态度。而这种言论经过网络论坛的"蝴蝶效应"迅速外化,可能形成强有力的舆论,进而引起群体事件,从而表现出网络论坛传播对突发信息辨识度增强的特征。在上述银行事件的扩大传播阶段,因为该银行处置得当,反应迅速,在论坛中正反观点形成交锋型的舆论,有助于推进事件更加公开透明。

第四节　互联网时代衍生出的全新风险形态

一、网络欺诈风险

近年来,电子商务发展迅速,网上支付成为网络消费的重要组成部分。2013年,全国共发生网上支付业务236.74亿笔,金额达1 060.78万亿元,同比分别增长23.06%和28.89%。同时,伴随着电子商务的兴起,第三方支付机构飞速发展,截至2013年6月,获得第三方支付牌照的企业达223家。

相比传统的面对面交易,网络交易更为方便快捷,但消费过程中无法直接验证消费对象,只能通过网络验证安全要素,在提高便捷性的同时,安全系数相对较低。近年来,有关网络欺诈的报道不时见于各类媒体,网络欺诈损失大、影响范围广,已成为全社会关注的焦点,需引起金融机构及各级政府的关注。网络欺诈风险成因及危害包括以下几个方面。

(一) 互联网产品重创新、轻风控

互联网时代鼓励创新,速度至上,延伸到互联网产品的支付环节,为了方便快捷,有的产品验证要素少、验证过程过于简单。例如,某第三方平台的快捷支付只需输入平台账号和密码即可完成支付。这些流程中的薄弱环节给了不法分子可乘之机。

(二) 持卡人安全意识薄弱

持卡人自身安全意识较为薄弱,也是造成网络欺诈损失的重要成因。通常,互联网支付时都需要提供持卡人的卡片信息、密码以及发送到手机的动态验证码才能够完成支付。不法分子要进行网络欺诈,也必须得到这些信息。因此,很多不法分子会找各种理由来骗取持卡人的这些信息,比如以网购退换货、机票退改签等为缘由骗取客户信息。此时,持卡人薄弱的安全意识成全了不法分子。部分持卡人对于此类短信或电话没有丝毫怀疑,轻易点击陌生人告知的链接,将卡片信息以及动态验证码全部告诉不法分子,导致损失。根据中国互联网协会发布的数据,2013年在国内近6亿网民中,有13.4%的网民遭遇各种网络欺诈。因此,加强整个社会的安全用卡意识已成为当务之急。

(三) 商户端操作不规范

第三方支付的蓬勃发展给网络支付市场注入了活力,但随着第三方机构规模的扩大,管理不规范的问题逐渐凸显,主要体现在套用虚假商户、二级商户信息缺失、平台接入不合规等方面。第三方机构的操作不规范使其上报给银行的信息缺失或不准确,给传统银行的风控体系带来了巨大挑战。

【案例 12-4】 泄露卡号有效期被账户盗用

2013 年 12 月,客户李某反映其信用卡在其不知情的情况下被盗刷购买了航空机票。经调查,李某之前曾购买过某航空公司的机票,但在启程前一天,李某收到航空公司短信:"××航空紧急通知:尊敬的××旅客:您好! 您预订的××××年××月××日,××××××航班因故已被取消。因此给您带来不便,敬请谅解! 紧急提示:收到信息后请立即与本公司客服联系,为您办理改签或退票,以免耽误您的行程。[××航空官方网站指定唯一办理客服电话:××××—××××××(注:改签,退票补 200 元补偿费)]。"李某一时间不知所措,急忙拨打了短信留存的电话,电话另一端不法分子以退改签为由向其索取了信用卡卡号和有效期,之后借助电话支付的便捷性,盗刷卡片,购买了机票。

为方便客户,航空类专线支付只需提供信用卡卡号和有效期两种信息便可完成,但在方便支付的同时也降低了不法分子的犯案难度。如果持卡人对信用卡卡号和有效期信息没有足够的警惕,很容易让不法分子有机可乘,骗取信息。

【案例 12-5】 快捷支付被盗用

快捷支付是指用户通过第三方支付平台绑定个人信用卡,首次绑定验证通过后,之后再通过第三方平台支付就不需再输入各类卡面信息,只需输入第三方平台的用户名和支付密码即可。

2014 年年底,持卡人欧某不慎将支付平台的用户名和密码透露给了号称为网店客服的人。但由于不是银行卡信息,欧某并未在意,也没有采取相关防护措施,之后就发生了快捷支付账号被盗刷的情况。

快捷支付是电子商务迅速发展背景下的创新支付产品。相比于每次支付都要拿出卡片输入一堆信息,快捷支付只需输入用户名和密码即可完成支付。此类支付产品虽然提高了支付的便捷性,但验证要素的减少降低了支付安全属性。

【案例 12-6】 网购用户误上钓鱼网站,信息被泄露

持卡人张某反映曾在某购物网站购物,之后客服人员表示要退款并发送了退款链接给张某,张某在退款页面上完成银行卡要素输入等待退款时却发生卡片被盗刷的情况。后经调查张某输入银行卡信息的界面并非真实的银行网站页面,只是不法分子制作的与真实银行网站页面相同的钓鱼网站,张某输入的信息被不法分子获取后其银行卡在网上被盗刷。

钓鱼网站是指通过伪造银行、购物网站等知名机构网站,意图引诱持卡人给出身份验证信息(主要包括银行卡卡号、支付密码、动态口令等)的行为。利用钓鱼网站诈骗时,犯罪分子通过精心设计假冒网站,引诱持卡人在网站上输入支付认证信息,在获得此信息后到真实的支付网站消费或转移持卡人资金。在此类欺诈手段中,虽然假冒网站被精心设计,但是域名等细节处肯定还是会有所不同,持卡人如果能够提高安全意识,仔细区分,就可以识破此类欺诈手法。

【案例12-7】 "浮云"木马修改支付金额和支付资金流向

2012年年初,众多受害人反映在低价购物网站支付钱款后,发现总是跳出某游戏网站账户充值成功的信息,之后发现受害人银行卡内的大量钱款不知去向。为什么银行卡内的资金被转入了游戏账号呢?经调查,有犯罪分子在冒充网站客服人员和受害者聊天时,以发送商品实物图片或其他文件为名,向受害人发送了一种新型木马病毒"浮云",该病毒在电脑后台拦截了支付平台订单并修改金额和提交地址,从而将受害人的资金转入了易变现的游戏账号。

木马病毒诈骗是指通过各种方法将木马病毒程序植入受害人计算机,并实现伺机窃取相关信息或进行其他相关犯罪活动等目的。它具有隐蔽性强、犯罪成本低、传播范围广等特点。一旦电脑被植入木马,受害人很难第一时间发现,而且现阶段有的木马可以躲避杀毒软件的查杀,造成受害人巨大损失。

【案例12-8】 某第三方支付机构二级商户信息缺失,导致银行监测困难

在网络消费中,由于第三方支付的便捷性,有不少客户会选择通过第三方支付通道进行支付。通过第三方支付通道支付,银行的信息全部来源于第三方机构。某大型第三方支付机构,由于其许多商户运作不规范,商户信息大多缺失,有信息的二级商户名也不准确,导致银行看到的商户名都是该第三方支付机构的名字,无法通过商户信息对交易做出判断,也无法进行有效的管控。在此情况下,正常交易和欺诈交易很难分辨,降低了银行的防范效率。

商户端的操作不规范不会对其自身业务产生影响,但会对银行的交易监测产生很大影响,降低了银行风险部门监控网络欺诈的效率和准确率。安全健康的网络支付环境不仅需要银行端的管控,更需要所有涉及环节主体的共同努力。

二、信息泄露风险

随着互联网和信息技术的发展,互联网已融入日常生活中,包括身份认证信息、银行卡信息、个人通信信息等大量数据被存留于各类商户中。而各类商户的数据安全管理水平良莠不齐,部分商户在数据安全方面的薄弱环节可能会被黑客利用,从而产生信息泄露的潜在风险。

（一）信息泄露的分类

信息泄露可分为个人信息泄露和批量信息泄露,个人信息泄露是指个人的身份信息、银行卡信息等不慎泄露或被他人盗取。批量信息泄露是指机构数据库遭受攻击,大量数据泄露。相比于个人信息泄露,批量信息泄露危害更大,涉及面更广,会影响整个互联网的安全体系,甚至对社会稳定造成威胁。

（二）信息泄露的危害

1. 网站社区信息泄露

网站社区信息泄露是指互联网社区、论坛、社交网络的数据库被攻破,相关数据遭窃取。大部分论坛、社交网络等没有支付或购物板块,发生资金盗用的可能性较小,但此类网站中除了个人信息外,还有好友关系等社交属性数据。若网站信息泄露,不但个体账户安全受到威胁,网站内的好友关系信息更有可能引发群体性的信息安全事件。一旦一个账户内的信息被完全掌握,易引发后续一系列的连锁反应,包括冒充亲友欺诈、篡改他人账户信息等。

2. 零售商信息泄露

大型零售商因市场份额高,交易量大,保存了大量的零售客户数据,主要包括两类信息:

① 客户在网站注册时的信息,包括客户的电话、住址、邮编等物流信息;② 客户在进行购物支付时绑定的信用卡信息,包括卡号、有效期等。通常,零售商的数据库安全性略低于金融机构的数据库,因此,零售商较易成为网络黑客的攻击目标。超大型零售商由于业务遍布全球,一旦其数据库被攻破,其影响将波及全球信用卡用户,影响网上支付安全。同时,由于零售商数据库中记录了用户的住址、电话等详细的物流信息,这些信息还会导致资料被篡改等更高等级的风险。零售行业与金融行业交集甚多,尤其在支付领域,所以一旦其数据库被攻破,发生信息泄露,将对金融支付造成巨大危害。

3. 金融机构及大型第三方机构信息泄露

大数据时代,银行、信用卡公司、券商、基金公司、大型第三方金融服务机构等金融机构累积了大量的客户数据,主要包括:① 客户银行卡片类信息,包括银行卡卡号、有效期、密码等;② 客户消费信息,包括刷卡明细、网上购物明细等;③ 客户资产配置信息,包括客户存贷款信息、证券交易信息等。金融机构的数据库安全等级极高,而且不与外界网络联通,一般很难被盗取。但一旦金融机构的数据遭泄露,其危害将是不可估量的。金融机构的数据一旦泄露,不法分子不需要再进行后续匹配或计算,可直接运用银行卡数据进行支付或消费,容易短时间内造成大量损失。更重要的是,如果金融机构发生大规模信息泄露,客户会纷纷赶到银行网点提现、挂失等,从而给银行日常运营带来较大冲击。

【案例 12-9】 CSDN 信息泄露事件

2011 年 12 月,用户主要为程序员和互联网爱好者的 CSDN 数据库遭黑客攻击,随后其 600 万用户的明文注册邮箱和密码被公布在互联网上。该事件迅速于互联网上传播开来,由于大量互联网用户的邮箱、QQ、支付账号等用户名及密码都为同一个,CSDN 的信息泄露使整个互联网的安全都受到了威胁。事后,CSDN 对外表示泄露的数据为 2009 年的备份数据库,当时的内容均为明文,未进行加密。

社区论坛虽然与互联网金融关系不大,但很多人在各类网站用相同用户名和密码的习惯却使社区论坛的用户名和密码价值千金。一般此类网站对数据库安全的重视度和金融机构不能同日而语,尤其对于账号和密码等信息还是明文存储,一旦泄露将会使互联网上人人都可以得到,对互联网金融的安全产生严重冲击。

【案例 12-10】 Target 信息泄露事件

Target 是仅次于全球最大零售商沃尔玛的美国第二大零售商,在美国有 1 797 家门店。在 2013 年 11 月 27 日至 12 月 15 日的感恩节购物季期间,该公司 4 000 万名顾客的信用卡和借记卡账户数据被盗,被窃取的信息涉及客户姓名、信用卡或借记卡号码、卡的有效期和卡片后三位安全代码。整个事件经过 19 天才被遏制住,是有史以来美国最大的零售商数据泄露事件。此次信息泄露主要涉及维萨(Visa)卡和万事达(Master)卡,全球范围内多家银行的信用卡及借记卡均被此次信息泄露事件牵连。在此次事件被披露后,银行纷纷通过主动换卡来防止风险发生。

零售商的网上支付系统和实体店零售终端积累了大量客户的卡片信息,其范围可能会涉及全球范围内的持卡人。类似 Target 这样的大型零售商的信息泄露不仅对其自身造成很大的舆论影响,更对全球范围内所有发卡行造成了巨大影响,银行不得不通过换卡来降低信息泄露事件对支付安全的影响。

【案例 12-11】 韩国全国信用卡信息泄露事件

2014年1月,韩国多家大型商业银行的客户信息遭泄露,涉及用户约1500万人。这是韩国金融行业最大规模的一次个人信息泄露事件。根据韩国检察院公布的数据,共有1.04亿条客户信息被泄露,内容包括手机号码、个人地址、信用卡账号、有效期限和信用等级等21项。除了已故者、重复注册用户和公司法人,事件涉及用户约1500万人。此次信用卡信息泄露并非因黑客攻击金融机构数据库引起,而是内部管控程序不严所致。该事件发生后,大量韩国国民拨打信用卡公司客服、赶到银行网点注销信用卡,一度造成了国民银行、农协银行等网点无法正常处理业务;而信用卡公司的客服电话也要拨打近几个小时才能接通。此次信用卡信息泄露事件不仅导致了金融信息的危机,更引起了韩国全国性的国民恐慌。

金融机构的数据库安全属性高,黑客攻击的难度比较大。但如果由于内部管控不严导致信息流出,其后果是不可估量的。随着信用卡的普及,大部分人都会有一到两张信用卡,个人信息泄露不但会使银行蒙受损失,大众对信用卡支付安全的信心也会动摇。更有甚者,如果出现像韩国这样涉及全国范围的信息泄露,对社会稳定也会产生负面影响。

第五节 "STORM"框架概述

一、现实背景和整体思路

总体来看,在互联网金融蓬勃发展的浪潮中,我国银行业借助互联网对商业模式、风险管控、组织架构、业务流程、产品服务等进行了一系列变革,出现了很多可喜的创新与突破,也产生了一些需要关注的风险和问题。与此同时,为贯彻落实党的十八届三中全会"在加强监管的前提下,允许具备条件的民间资本依法发起设立中小型银行等金融机构"的重要精神,民营银行试点工作正稳步推进。2014年3月11日,银监会已经完成前海微众银行、温州民商银行、天津金城银行、上海华瑞银行、浙江网商银行5家首批民营银行的批筹工作,引发社会各界对我国新型网络银行可能面世的期许。如何顺应时代发展,做到既包容创新、满足新时期下的金融服务需求,又能有效防范风险,确保金融安全稳定,是监管部门需要认真研究和妥善解决的重要问题。

我们认为,互联网环境下商业银行的监管应从金融业改革发展的全局出发,以"鼓励创新、防范风险、趋利避害、健康发展"为目标,坚持鼓励和规范并重、培育和防险并举,维护良好的竞争秩序、促进公平竞争。

基于这样的思路,关于监管框架的设计应以如下三点作为基础:

一是立足于制度的完善。近年来,巴塞尔银行监管委员会等国际监管组织在相关领域提出了一些重要的监管原则,部分国家和地区积累了很多具有代表意义的宝贵经验,我国学术界和一些组织也开展了大量卓有成效的研究与探索。监管部门要充分吸收这些最新的理论与实践成果,借鉴国际立法和监管的成功经验,结合我国实际发展情况,形成一套从市场准入到持续监管的监管制度。

二是立足于方法的创新。互联网技术加快了风险的传播及扩大速度,对监管工作的及时性、有效性提出了更高要求。监管部门应完善方式方法,更多地采用现代信息技术,加快实现监管手段的信息化。随着云计算和大数据技术的突飞猛进,很多商业银行都在探索以数据挖掘为基础的业务模式和风控技术。监管部门在金融数据资源方面有着得天独厚的优势,也应结合最新技术进展,加大计算机监管工具的研发投入,力争在风险监测、评估和预警领域取得新的进展与突破。

三是立足于理念的转变。现在对商业银行互联网业务创新的许多争论,往往是金融体系已有冲突(如利率尚未完全市场化、金融基础设施建设待完善等)在新技术、新商业模式下的放大。与之对应的监管框架,应置于"金融领域改革和创新"的大格局中统筹考量。这就要求我们辩证、全面、客观地看待商业银行的互联网业务创新,不能"无为而治""听之任之",更不能"嗤之以鼻""一棒子打死"。监管要有大禹治水的智慧、庖丁解牛的技巧,通过开正路、堵邪路的方式正确引导和规范,使其制度化和规范化。

二、必要性和出发点

在讨论具体的监管框架之前,有必要从商业银行互联网业务的特点出发,分析监管的必要性,进而有针对性地进行相关的顶层设计。

(一)防范风险的角度

历史经验表明,每一次重大的金融创新,在推动社会经济发展的同时,往往也带来始料未及的问题。互联网时代的银行业务,叠加了新技术手段和发展渠道所带来的特有风险。在传统金融风险变得更为复杂的同时,各类新型风险也在不断涌现。

在银监会2014年3月11日公布的第一批5家试点民营银行中,浙江网商银行和前海微众银行均提出以网络形式向个人客户和小微企业开展业务的经营方案。未来可能还会有更多的商业银行尝试这类新型的经营模式。同时,越来越多的商业银行利用互联网技术整合产品和服务,在原有电子银行业务模块基础上搭建专门的线上平台,将原有线下资产和负债业务内容转移到线上,不受物理网点和经营时间的硬性约束。这些新型创新拓展了金融服务的深度和广度,增强了金融机构的公共地位和外部影响,也意味着金融风险在更为广泛的公共领域中传导和发生的可能性。

商业银行探索利用互联网开展特色化、差异化的经营模式,在一些方面可能会存在新的政策诉求,甚至与现行的监管法规存在一定冲突。无论是回应市场的诉求,还是界定监管的红线,都需要从保护公众利益、防范金融风险的角度予以考量。

(二)保护消费者的角度

商业银行作为从事资金存贷业务的市场中介,其所具备的公共影响力是金融监管的重要原因。历史上任何国家的银行业危机都会对社会经济发展带来较大的冲击。银行作为信息的提供者比消费者具有先天的信息优势,互联网技术的复杂性与产品结构的深度融合,进一步加剧了消费者在市场参与过程中的信息不对称。在缺乏有效监管的情况下,非理性的竞争行为与不透明的信息披露,加大了公众的理性决策难度,增加了商业银行在风险发生时转嫁风险的可能性。

当前,部分商业银行的"互联网业务创新"存在诸多突破现行规定及业内规范的行为,明显违规;个别银行的内部业务合规性审查让位于规模发展,制衡机制形同虚设。国际上有关信息泄露、网络欺诈、误导销售的案例表明,互联网金融领域风险传染迅速,若不加以规范,势必将严重扰乱金融秩序,损害广大消费者的权益。监管部门必须加强投资者教育和金融消费者保护,对互联网创新产品的信息披露、宣传营销、投诉管理等提出更高要求。

(三) 深化改革的角度

现阶段商业银行互联网业务创新层出不穷,监管部门通过传统方式获得的事前信息常落后于市场的快速发展,所采取的措施有一定的滞后性。这就需要监管部门自身深化改革,完善相关监管标准或手段的有效性。主要有两种选择路径:一是在传统银行监管体系基础上进行修补、增添和调整;二是完全摒弃传统监管体系,另外构建专门调整互联网创新业务的监管框架。从各国实践看,主要采用前一种模式,即在传统银行监管框架仍然适用于互联网业务管理的同时,对现有框架加以相应调整,纳入针对互联网业务特殊风险的专门性规定。

从历史和现实的逻辑出发,互联网时代的商业银行仍然需要遵守资本管理、风险管理、内控合规方面的审慎监管规定。我国监管部门在机构监管和功能监管等方面多年积累的经验和规定仍然适用,但要以与时俱进的精神、实事求是的态度加以补充和优化。

三、框架结构和内容

经济的发展与金融业的变革催生了不同阶段的监管体系。针对互联网时代银行业的变革,完善商业银行监管框架将是一个历史演进的过程,它涉及多个层次的制度变革和技术创新。在这项复杂艰巨而又极具开创性的任务中,以下几个问题应在新的蓝图中予以充分考量。

(一) 监管机制(System)的新改变

在内部治理要求方面,应当督促商业银行建立符合互联网业务经营战略、业务特点、发展阶段的公司治理架构和内部控制体系,科学设定风险偏好,完善风险管理政策和程序,提高全面风险管理水平。在业务管理方面,应合理构建商业银行互联网业务治理体系,包括业务监管法规、监管部门的内部规程、行业的标准及自律规范等。在风险监测机制方面,应结合互联网业务特点,从产品设计、经营模式等多方面设计有针对性的统计监测和风险评级体系。在持续监管方式方面,应结合互联网技术的进步,改进非现场监管和现场检查手段,明确纠正和处罚措施。在外部配套环境方面,需要金融体系外部主体协同发挥作用,共同形成促进互联网创新业务发展的良好环境。

(二) 技术条件(Technology)的新要求

科技系统是保证商业银行互联网业务运营的基础,相应的信息科技风险要求应更为严格。一是实现科技系统的安全性、稳定性,包括网络安全、主机安全、应用安全、数据安全、运维安全和人员管理的安全。二是保证科技系统的可靠性和连续性,应避免单点安排,实现容量的可扩展性,具备弹性能力和业务连续性。三是具备科技系统的运营和管理能力,在技术应用层面重点建立数据采集能力、存储能力、处理能力和管理应用能力。

(三) 监管目标(Object)的新内涵

明确对银行监管的目标,是实行有效银行监管的前提和基础。只有明确监管目标定义,才可以有针对性地对具体的监管内容、对象、方法、手段以及监管组织形式进行选择和取舍,进而搭建起完整的监管架构。根据《中华人民共和国银行业监督管理法》,我国银行业监督管理的目标是"促进银行业的合法、稳健运行,维护公众对银行业的信心"。互联网时代银行业面临的变化趋势,对进一步丰富以上目标的内涵提出了新的要求。

(四) 风险监管(Risk)的新内容

与传统业务相比,互联网创新业务具备更特殊的风险属性,信用、流动性、市场、操作、声誉、法律、信息科技等风险因素具备了新的表现形式,需引起充分重视。法规体系、监管能力、配套环境以及外部合作等方面还存在很多尚待解决的问题,进一步加剧了风险管理的难度。这需要从顶层设计的角度确立风险监管的原则与任务,以指导监管工作的有效开展。

(五) 监管手段(Measure)的新突破

一是加强制度建设,夯实互联网创新业务健康发展的基础。监管部门应高度关注有关业态变化,及时回应市场主体和消费者的诉求,健全涉及商业银行互联网业务的法律规范。同时,对一些颁布时间较早、不适用于互联网环境的监管法规,适当予以修订。二是提高监管能力建设,加强对互联网业务有效的监管。针对传统业务的"线上化"趋势,应摸清底数,明确业务性质,守住监管底线。结合互联网技术的发展,创新非现场监管的方法和手段,调整现场检查重点和方式。针对各类业务创新,综合考量积极效果和风险特征,根据业务的风险属性实施分类和动态管理。三是注重行为监管方式,增强互联网业务可持续发展的内生动力。从重视系统性风险防范、重视消费者保护和营造良好创新文化三个角度,推进互联网时代商业银行监管框架建设。

本章小结

风险监管在 2008 年金融危机之后受到了广泛关注,而互联网赋予了商业银行实践新的内涵,在这种新的背景下有必要对新形势下的风险控制进行分析。基于此,本章首先对金融监管理论进行了回顾,紧接着重点分析了互联网时代的金融监管的特点。之后对互联网时代美国银行业的监管进行了回顾,寻找对我国互联网时代金融监管可以借鉴的内容。第三节和第四节是本章的重点和难点,第三节从传统风险出发分析了互联网赋予的传统风险新特征,而第四节则从互联网时代衍生的新风险进行探讨,读者在阅读过程中可以比对学习。最后介绍了实践中被广为使用的"STORM"框架,该框架从监管机制、技术条件、监管目标、风险监管和监管手段等 5 个方面系统地构建起一个框架。

思考题

1. 简述互联网监管理论的演进历程。
2. 简述互联网时代金融监管的主要问题。
3. 简述互联网时代传统金融风险新内涵出现的机理。
4. 简述互联网时代涌现的新风险的出现机理。
5. 简述 STORM 框架的主要结构。

微信扫码查看

参考文献

[1] [英]兹·克劳馥,等.金融服务业管理[M].王琴,译.上海:上海财经大学出版社,2006.
[2] 郑先炳.西方商业银行最新发展趋势[M].北京:中国金融出版社,2002.
[3] [日]青木昌彦.比较制度分析[M].周黎安,译.上海:上海远东出版社,2001.
[4] [美]M.A 佩苏略.银行家市场营销[M].张云,等译.北京:中国计划出版社,2001.
[5] [英]戈达德,莫纽利克斯,等.欧洲银行业:效率、技术与增长[M].曹小敏,译.北京:中国人民大学出版社,2006.
[6] [美]迈克尔·波特.竞争力[M].刘宁,高登第,李明轩,译.北京:中信出版社,2003.
[7] http://doc.mbalib.com/view/5b68e18b1695c60ab98e4dd745dfd16d.html.
[8] http://blog.sina.com.cn/s/blog_4953f34401000bn8.html.
[9] 成思危.中国经济改革与发展研究(第二集).http://www.ithao123.cn/content-7982895.html.
[10] 霍尼韦尔.金融风险管理手册[M].励雅敏,钱婵娟,等译.上海:上海译文出版社,2000.
[11] 宋清华,李志辉.金融风险管理[M].北京:中国金融出版社,2005.
[12] Caoutte, Altman, Narayanan. Managing Credit Risk [M]. New York: John Wiley & Sons, Inc. 1998.
[13] 朱忠明,张淑艳.金融风险管理学[M].北京:中国人民大学出版社,2004.
[14] 温红梅,姚凤阁,林岩松.金融风险管理[M].大连:东北财经大学出版社,2015.
[15] 陆静.金融风险管理[M].北京:中国人民大学出版社,2015.
[16] 中国银行业从业人员资格认证办公室.风险管理[M].北京:中国金融出版社,2013.
[17] 庄毓敏.商业银行业务与经营[M].北京:中国人民大学出版社,2014.
[18] 邵平.商业银行合规风险管理[M].北京:中国金融出版社,2010.
[19] 曾刚.跨市场创新需高度关注交叉金融风险[N].中国证券报,2016-01-06.
[20] 鲁守博.商业银行经营与管理[M].长沙:湖南师范大学出版社,2014.
[21] 汪逸真,丝文铭,郑昌錞.风险管理概论[M].北京:中国金融出版社,2015.
[22] 中国注册会计师协会.公司战略与风险管理[M].北京:经济科学出版社,2015.
[23] Jin H, Zhang C. Study on Innovation and Driving Mechanism of Internet Finance[C]. Proceedings of the 22nd International Conference on Industrial Engineering and Engineering Management 2015. Atlantis Press, 2016: 343-349.
[24] Xiaohui W. Study on Management System of Commodity Market of Virtual Network Economy of Modern Internet Finance[J]. Economics, 2016, 4(5): 238-242.
[25] Yang M, Lim W X. Recent Development of Internet Finance in China[J]. East Asian Policy, 2015, 7(03): 46-60.
[26] 褚蓬瑜,郭田勇.互联网金融与商业银行演进研究[J].宏观经济研究,2014(05):19-28.

[27] 管仁荣,张文松,杨朋君.互联网金融对商业银行运行效率影响与对策研究[J].云南师范大学学报:哲学社会科学版,2014(6):56-64.
[28] 胡世良.互联网金融模式与创新[M].人民邮电出版社,2015.
[29] 贾甫,冯科.当金融互联网遇上互联网金融:替代还是融合[J].上海金融,2014(02):30-35.
[30] 克里斯·斯金纳.互联网银行:数字化新金融时代[M].中信出版社,2015.
[31] 李海峰.智慧银行——银行互联网+[M].中国经济出版社,2016.
[32] 廖理,张伟强,王正位,等.互联网银行:美国经验与中国比较[M].清华大学出版社,2015.
[33] 刘越,徐超,于品显.互联网金融:缘起、风险及其监管[J].社会科学研究,2014(03):28-33.
[34] 盛佳,汤浔芳,杨东,等.互联网金融第三浪[M].中国铁道出版社,2014.
[35] 司马钱.互联网金融100问[M].电子工业出版社,2014.
[36] 谢平,邹传伟,刘海二.互联网金融手册[M].中国人民大学出版社,2014.
[37] 徐岚,徐青松.从美国经验看"互联网金融"对于国内传统银行业的冲击[J].上海经济研究,2014(07):97-101.
[38] 阎庆民,杨爽.互联网+银行变革与监管[M].中信出版社,2015.
[39] 姚文平.互联网金融:即将到来的新时代[M].中信出版社,2014.
[40] 赵旭升.互联网金融商业模式演进及商业银行的应对策略[J].金融论坛,2014(10):11-20.